Silvana Tismer

Der Eichsfelder Sagenschatz

Bibliografische Information der Deutschen Nationalbibliothek
Die Deutsche Nationalbibliothek verzeichnet diese Publikation
in der Deutschen Nationalbibliografie; detaillierte bibliografische Daten
sind im Internet über portal.dnb.de abrufbar.

1. Auflage Juni 2024
Lektorat: Jacqueline Meyer
Layout und Satz: Joachim Bartels
Umschlaggestaltung: Guido Klütsch, Köln
Umschlagabbildung: Adobe Stock ©Scheidle-Design
Druck und Bindung: Printing House Multiprint ltd., 10 A Slavyanska Str.,
2230 Kostinbrod, Bulgarien

ISBN 978-3-8375-2636-3

KLARTEXT

Jakob Funke Medien Beteiligungs GmbH & Co. KG
Jakob-Funke-Platz 1, 45127 Essen
info.klartext@funkemedien.de
www.klartext-verlag.de

Inhalt

Zum Geleit 5

In den Tiefen des Eichsfelder Kessels 7

Die Eichsfelder Höhen um Leinefelde und Dingelstädt 21

Westerwald, Hülfensberg und der Süden 47

Zwischen Werra, Burg Hanstein und Rusteberg 70

Heiligenstadt und seine Umgebung 93

Duderstadt, Teistungen und das Hahletal 127

Goldene Mark und Seeburger See 157

Zwischen Rhume, Ohmberg und Südharz 202

Das Ohmgebirge und der Sonnenstein 225

Zum Geleit

Ich war kaum neun Jahre alt, da fiel mir ein Buch in die Hände. Es hieß „Der Hahn auf dem Kirchturm". Darin fand ich viele kurze und längere, gruselige und humorvolle Geschichten. Sie alle hatten aber eins gemein: Sie trugen sich im Eichsfeld zu. Dieses Buch war für mich wie eine Offenbarung. Die Zeit hatte es nicht gut mit dem Exemplar gemeint, zu oft hatten es schmutzige Kinderhände, also meine, angefasst, ich hatte Tee und Brause darüber gekleckert. Aber immer wieder hatte ich es auch in die Hand genommen und darin gelesen. Meine Eltern fragte ich als Kind oft, ob wir zu den Orten fahren könnten, wo die Sagen spielten. Oft machten wir das, aber ab und an mussten sie den Kopf schütteln.: „Da dürfen wir nicht hin, dort ist Sperrgebiet." Sie sprachen von der innerdeutschen Grenze, die das Eichsfeld bis 1989 durchzogen, geteilt, ja regelrecht auseinandergerissen hat. Die Burg Hanstein und die Teufelskanzel waren tabu, der Hülfensberg lag im Fünf-Kilometer-Sperrgebiet, Teistungen war unerreichbar, obwohl kaum 15 Kilometer von meiner Heimatstadt Heiligenstadt entfernt.

Im „Hahn" standen auch nicht alle Sagen und Legenden des Eichsfeldes. Alles, was sich um Duderstadt, den Seeburger See, also den niedersächsischen Teil drehte, war nicht enthalten. Die Geschichten hätten ja die Sehnsucht nach dem Westen wecken können! Ich verbrachte meine Kindheit in der DDR. Als ich Ende November 1989 zum ersten Mal die Burg Hanstein mit eigenen Augen sah, war es für mich trotz der dunklen Winterwolken ein so wunderschöner Anblick, dass mir die Tränen kamen. Als ich zum ersten Mal den Hülfensberg erklomm, war ich voller Ehrfurcht vor diesem heiligen Ort.

1990 war das Eichsfeld endlich grenzenlos. Zu dieser Zeit hörte ich in Duderstadt das erste Mal etwas von der Nixe in der Rhumequelle, vom Teufel auf dem Westerturm und vom bösen Grafen Isang am Seeburger See.

Ich erfuhr von Karl Wüstefeld, der vor über 100 Jahren Eichsfelder Sagen gesammelt und aufgeschrieben hatte. Aber bis heute, inzwischen 35 Jahre nach dem Fall der Mauer, gab es kein Buch, das den gesamten Eichsfelder Sagenschatz beinhaltete. Ich habe es mir zur Aufgabe gemacht, die wunderbaren Geschichten und Legenden von Lindau bis Heyerode, von Ost und West, endlich zusammenzuführen, sie neu zu erzählen und – teils erstmals – aufzuschreiben. Denn es konnten mithilfe von Heimatforschern tatsächlich noch Sagen aufgespürt werden, die bisher noch nicht veröffentlicht wurden. Freunde und Familie halfen wiederum mit Spaß an der Sache dabei, herauszufinden, welche Schauplätze oder Relikte noch existieren: Mitunter gab es verblüffende Ergebnisse.

Sicherlich schlummern immer noch unentdeckte Perlen in alten Akten oder im Gedächtnis der Menschen. Darum erhebe ich mit diesem Buch auch keinen Anspruch auf Vollständigkeit. Der geneigte Leser muss sich auch nicht wundern, dass einige Motive an verschiedenen Orten ähnlich auftauchen, wie die weit verbreitete Glockensage oder versunkene Schätze. Viele der Geschichten muten märchenhaft an, doch oft steckt viel Wahres in ihnen – und vor allem die Mentalität einer ganzen Region: die des sagenhaften und grenzenlosen Eichsfeldes. Meiner Heimat.

In den Tiefen des Eichsfelder Kessels

DIE KLIPPEN
BEI BREITENWORBIS

Am südlichen Rand des Ohmgebirges lebte einmal ein Riese. Er war nicht nur der letzte seines Stammes, sondern auch ein gewalttätiger, unausstehlicher Kerl. Die Bewohner der umliegenden Dörfer mussten ihm jährlich Tribut zahlen. Lebensmittel, Kleidungsstücke, alles, was er begehrte, hatten die armen Leute heranzuschaffen. Er holte sich die Abgaben allerdings immer selbst ab.

Eines Tages hatten die Menschen genug. Als der Riese wieder kam, um seinen Tribut zu holen, empfingen sie ihn bis unter die Zähne bewaffnet mit Dreschflegeln, Heugabeln und Sensen. Auf einen Kampf ließ der Riese es nicht ankommen. Innerlich wütend kehrte er um. Aber er wollte Rache.

Genau sieben Tage später kam er wieder an den Rand des Ohmgebirges und wälzte einen schweren Felsen vor sich her. Als die Breitenworbiser das sahen, begannen sie zu schwitzen. Da rollte schon der Felsen herunter, genau auf das Dorf zu. Doch auf einmal blieb er liegen, als hätte ihn eine unsichtbare Hand aufgehalten. Der Riese kam näher, um zu sehen, was den Brocken aufgehalten hatte. Im Gras lagen zwei fünf- bis sechsjährige Kinder. Sie hatten Erdbeeren gesammelt, bis sie müde wurden. Die Erdbeersträuße hielten sie noch im Schlaf in den Händchen. Voller Wut wollte der Riese sie erwürgen, aber eine unsichtbare Hand hielt ihn zurück. Die Kinder, inzwischen erwacht, rannten verängstigt zum Dorf. Der Riese indes stemmte sich gegen den Felsen, um ihn weiterzuschieben. Doch so sehr er auch drückte, er bewegte sich nicht.

Plötzlich gab es einen furchtbaren Krach. Der Brocken war in zwei Teile zersprungen, bewegte sich aber keinen Deut weiter. Jetzt sah er Riese ein, dass er hier nichts mehr ausrichten konnte. Er kehrte ins Ohmgebirge zurück, packte seine Siebensachen und verschwand für immer, denn er wollte nicht täglich durch den Felsen an seine Ohnmacht erinnert werden. Die Bewohner der umliegenden Dörfer nannten die beiden Felsbrocken jetzt „Kippen“, weil es von unten so aussah, als wollten sie gleich auf Breitenworbis kippen. Später kam ein „L“ hinzu. Seitdem heißen die beiden Felsteile „Die Klippen“.

DAS SEELOCH
BEI GERNRODE

Im Nordosten von Gernrode in Richtung Kirchworbis soll es einen tiefen und großen See gegeben haben. Weit dehnte er sich aus, sogar Schiffsverkehr soll es gegeben haben. In Gernrode gab es selbstverständlich einen kleinen Hafen, alle Waren mussten dort verzollt werden. Der Weg über den See war kürzer als außen um ihn herum. So wurde Gernrode ein wohlhabendes Dorf, in dem sich sogar einige Schiffsherren niederließen. Einer von ihnen aber, der reichste, war furchtbar geizig, sein einziges Sinnen und Streben war es, seinen Reichtum weiter zu vergrößern.

Dann kam ein schlimmes Jahr. Die Ernte war sehr schlecht ausgefallen, viele Menschen litten Hunger. Unser geiziger Schiffsherr sah die Gelegenheit, noch mehr Geld zusammenzuraffen. Er handelte auswärts eine ordentliche Menge Getreide ein, das er über den See per Schiff nach Gernrode brachte. Pro Scheffel Korn verlangte er vier Taler. Aber was wollten die Leute machen, sie mussten ja essen ... Da stand ein armer Holzhauer vor der Tür des Schiffsherrn. Er zählte drei Taler und sieben Pfennig ab. „Mehr habe ich nicht, das ist mein letztes Geld", sagte er zu dem Geizhals. „Überlasst mir um Gottes Willen einen Scheffel Korn." Doch der Geizhals rief: „Unter vier Talern gebe ich nichts her!" Alles Bitten und Flehen half nichts. Johannes Achimus, wie der Schiffsherr geheißen haben soll, ließ sich nicht erweichen. Der Holzhauer drehte sich um, fluchte und beschloss, sich zu rächen und das Schiff des Herrn Johannes zu zerstören. Um Mitternacht, als alles schlief, schlich er zum kleinen Hafensteg. Aber das Schiff war nicht mehr da.

Am nächsten Morgen hatte sich wie ein Lauffeuer die Botschaft im Dorf herumgesprochen, das Schiff von Herrn Johannes sei untergegangen. Der ließ den See absuchen, schickte sogar Taucher hinein, vom Schiff jedoch fehlte jede Spur. Niemand konnte sich erklären, wo es war. Dieser Verlust machte den Mann noch hartherziger und geiziger.

Drei Jahre später näherten sich drei Handwerksburschen Gernrode. Da sahen sie nah am Ufer des Sees einen riesigen Fisch. Sie sprangen beherzt ins Wasser, packten ihn und zogen ihn heraus. Ganz erstaunt waren sie, als sie im Magen des Fisches ein langes viereckiges Schild fanden. Darauf stand der Name: Johannes Achimus Bley. Man brachte den Fund zu ihm. Nun wisse er, dass das Schiff untergegangen sei, denn das Schild habe er dem Kapitän vor der letzten Fahrt mitgegeben, sagte der Schiffseigner. Ab diesem Tage war er wie ausgewechselt. Er wusste, dass es Gottes Werk gewesen war, um ihn für seine Hartherzigkeit und seinen Stolz gegenüber dem armen Holzhauer zu strafen. Den ließ er gleich zu sich holen, bat ihn um Verzeihung und versorgte ihn mit reichlich Korn. Auch anderen armen Menschen gab er von seinem Reichtum – und fand nun ein größeres Glück und mehr Zufriedenheit als vorher beim Zusammenraffen der Schätze.

Der Dorfschmied
von Gernrode

In alten Zeiten vernahm man zur Geisterstunde im östlichen Teil des Dorfes Gernrode in einer Straße ein unablässiges Hämmern. Dort hatte einst ein Schmied gewohnt, der ein hervorragender Meister war, aber auch ein genauso furchtbarer Geizhals. Eines Tages kam aus einer Stadt ein reicher Herr, der von der Kunstfertigkeit des Schmieds gehört hatte, und bestellte bei ihm ein Grabgitter. Zu dem gehörten dreizehn Ringe. Der Schmied solle einen außergewöhnlich hohen Lohn haben – doch nur, wenn das Gitter innerhalb einer gewissen Frist fertig sei und keinen Tag später. Sonst müsse er die Annahme verweigern, sagte der Fremde. Der Schmied war einverstanden und machte sich an die Arbeit. Die ging so gut voran, dass er einen Tag vor dem Fristende das Gitter fertig hatte – bis auf den dreizehnten Ring. Nach dem Abendbrot machte er sich wieder an die Arbeit. Aber es wollte einfach nicht klappen: Der Ring zersprang immer wieder in kleine Teile. Der Schmied fluchte zum Gotterbarmen, aber es half nichts. Mitternacht war nahe, aber sollte er auf den Lohn verzichten und sollte alle Arbeit umsonst sein? Der Schmied ärgerte sich so, dass er den Teufel um Hilfe rief. Der stand sofort vor ihm und versprach Hilfe, aber nur, wenn der Meister sich ihm mit seinem Blut verschreibe. Dieser dachte nur an sein Geld und nickte, öffnete die Pulsader des linken Unterarms und unterschrieb den Vertrag mit seinem Blut. Jetzt ging die Arbeit leicht, im Handumdrehen war der Ring fertig. Als der Stadtherr am Morgen erschien, war er hocherfreut und gab dem Schmied wegen der mehr als meisterhaften Arbeit das Doppelte des vereinbarten Lohnes. Der Schmied packte das Gold und Silber in seine eiserne Truhe, die bald bis obenhin gefüllt war.

Lange aber sollte er sich nicht freuen. Genau ein Jahr später erschien der Teufel und nahm ihn mit. Zur Geisterstunde aber kehrte der Schmied jede Nacht in seine Werkstatt zurück, um den dreizehnten Ring fertigzustellen, der sein Verhängnis wurde. Doch immer, wenn es ein Uhr schlug, zersprang der Ring, der Spuk war vorbei – bis zur nächsten Nacht. Erst als man die Schmiedewerkstatt abriss, verstummte auch das mitternächtliche Hämmern.

Das Gasthaus zum goldenen Kreuz

In Gernrode trug ein Gasthaus früher den Namen „Zum goldenen Kreuz“. Der Legende nach brach eines Tages im Unterdorf ein verheerendes Feuer aus. Es griff immer weiter um sich und drohte das ganze Dorf zu vernichten. Aus allen Nachbardörfern eilten die Menschen mit Feuerspritzen herbei, um beim Löschen zu helfen und noch irgendetwas zu retten. Aber es schien umsonst, die Flammen loderten und fraßen ein Haus nach dem anderen. Nur einige wenige Häuser im Unterdorf waren noch nicht in Reichweite der bedrohlichen Flammen.

In ihrer Not riefen die Gernröder nun Gottes Hilfe an und versammelten sich eiligst zu einer Prozession. Als sie laut betend und singend am letzten Haus im Unterdorf angekommen waren, erschien plötzlich über dessen Dach eine riesige Gestalt. Sie trug ein strahlendes goldenes Kreuz in der Hand und gebot dem Feuer Einhalt. Die Flammen wurden immer kleiner und erloschen schließlich. Das letzte Haus blieb verschont. Der damalige Besitzer brachte aus Dankbarkeit ein goldenes Kreuz über der Haustür an. Als später ein Gasthaus daraus wurde, bekam es den Namen „Zum goldenen Kreuz".

DAS SCHLÄCHTERSLOCH
BEI DEUNA

In der Nähe von Deuna, am Rande des Mühlberges wohnte einst ein Schlachter. Der soll ein sehr böser Mensch gewesen sein. Nichts war vor ihm sicher. Heimlich stahl er des Nachts den Bauern das Vieh aus den Ställen, schlachtete es in seiner abgelegenen Hütte und verkaufte das Fleisch heimlich in weiter entfernt liegenden Regionen. Es kam so weit, dass die Bauern Wachen aufstellten. Aber es gelang dem Bösewicht lange, die Wächter zu narren oder sie zu umgehen.

Doch schließlich ereilte ihn die gerechte Strafe. Er schreckte nicht davor zurück, einer armen kinderreichen Witwe die einzige Kuh zu stehlen, die sie besaß. Am Morgen, als die Witwe zum Melken in den Stall kam, sah sie, dass die Kuh verschwunden war. Sofort kam in ihr der Verdacht hoch, dass es der Schlachter war. Sie eilte zu dessen abgelegener Hütte und kam gerade dazu, als er das Tier abstach. Da stieß die arme Frau einen fürchterlichen Fluch gegen den gottlosen Mann aus und wandte sich um. Kurz nachdem sie den Schlachter verlassen hatte, tat sich die Erde auf und verschlang den Bösewicht mit Haus und Hof. Nur eine Vertiefung blieb im Boden – das Schlächtersloch.

DER WALSBORN
BEI DEUNA

Am Deunaer Dünkreuz steht eine alte, über vierhundert Jahre alte Linde. Unter ihr entspringt eine klare Quelle, der Walsborn. Walsborn und Kreuz sind ein Andachtsort, es ist den Deunaern sozusagen angeboren, hierher zu kommen, Gottesdienste zu feiern oder ein stilles Gebet zu sprechen. Einst soll hier ein Kloster gestanden haben, Spuren davon sind sogar gefunden worden. Die Deunaer sind fest davon überzeugt, dass neben dem Walsborn ein Messgewand vergraben liegt. Jährlich soll von diesem ein Faden verfaulen. Man sagt, sobald der letzte Faden verwest ist, werden die drei benachbarten Dörfer Deuna, Niederorschel und Rüdigershagen untergehen.

DIE KOHLSTEDE

In alten Zeiten lebte unter dem Dün nahe Deuna ein Köhler mit seiner Familie. Arm waren sie, aber fleißig, und sie taten niemandem etwas zuleide. Ihre Behausung wurde in Deuna nur „die Kohlstede" genannt, auf Hochdeutsch „die Kohlenstätte".

Nun hauste aber oben im Dünwald in einer Felsspalte eine arge Räuberbande. Ihr war der Köhler ein regelrechter Dorn im Auge, denn seine Meiler brannten so hell, dass sie die nächtlichen Raubzüge behinderten und schwierig machten. Eines Abends fiel die Bande über die Hütte her und ermordete den Köhler, seine Frau und sogar die Kinder. Das sorgte für großes Entsetzen im Dorf. Kurz darauf wurden die Räuber schließlich gefasst und am Ort ihrer größten Bluttat, an der Kohlstede, am Galgen erhängt.

DER GOTTLOSE GRAF

Es ist einige Jahrhunderte her, da lebte in Deuna ein Graf, der als gottloser Mensch bekannt war. Er war so vermessen, dass er einst auf dem Hülfensberg im Südeichsfeld, gerade als die Prozession um das Allerheiligste zog, nach der Monstranz geschossen haben soll. Die Gläubigen waren so entsetzt über diesen ungeheuerlichen Frevel, dass ein Tumult ausbrach, währenddessen in dem Durcheinander der Graf fliehen konnte. Zwar kam der Adlige wieder heil in Deuna an, aber die Sache hatte ein Nachspiel: Nicht lange darauf traf bei ihm der Befehl ein, sich in Mainz beim Kurfürsten für den Vorfall zu verantworten. Mit vier Pferden machte sich der Graf auf den Weg, um am Ziel von den Richtern zum Tode verurteilt zu werden. Der Kurfürst aber, recht milde gestimmt, änderte das Urteil ab. Zur Strafe sollte der Graf die vier edlen Rösser in Mainz lassen, die dann verkauft würden. Der Erlös solle für die Anschaffung einer neuen Monstranz für den Hülfensberg verwendet werden, verfügte der Kurfürst. Auch musste der Missetäter geloben, ohne Hut und Stock zu Fuß nach Deuna zu laufen. Als er dort ankam und ihn die Leute verwundert fragten, warum er denn ohne Hut und Stock komme, soll er nur gesagt haben: „Besser ohne Hut und Stock als ohne Kopf."

DIE QUELLE
IM WIDEI

Einst begab sich ein kleines Mädchen mittags zu einer Quelle im Widei bei Niederorschel, wie eine Wiese genannt wird. Die Quelle kann ihre Farbe wechseln. Normalerweise ist das Wasser klar, ab und an aber auch leicht rötlich gefärbt. Der Volksglaube behauptet, dass dort unter der Erde Zwerge leben. Je nach dem, was sie unterirdisch gerade tun, zeigt sich oben die Farbe des Wassers. Wenn die kleinen Geister waschen oder backen, ist es klar, wenn sie aber schlachten, dann kommt die rote

Farbe hinzu. Das kleine Mädchen wuchs in einer armen und kinderreichen Familie auf und hatte von den Zwergen gehört. Zu neugierig geworden, wollte es ausprobieren, ob es die Zwerge zu Gesicht bekommen könne. Plötzlich stand wie aus dem Boden geschossen ein winziges Männlein mit grauem Bart vor dem Kind, nahm es bei der Hand und verschwand mit ihm unter die Erde. Das Mädchen sah voller Staunen eine Menge Zwergenvolk, das gerade fleißig mit Backen beschäftigt war. Ein junger Zwerg reichte dem Kind ein kleines rundes Brot. Auf einmal bebte die Erde – das Mädchen fand sich auf der Wiese wieder, in der Hand aber hielt es noch das Zwergenbrot, das ihm aber ungewöhnlich schwer vorkam. Es rannte nach Hause, um von dem Erlebnis zu erzählen. Die Geschwister und die Mutter machten ungläubige Gesichter, aber auch sie befanden das Brot für ungewöhnlich schwer. Als sie es anschnitten, sahen sie, dass es mit lauter Goldstücken gefüllt war. Jetzt hatte die Not ein Ende.

DER GLOCKENBORN BEI NIEDERORSCHEL

Östlich von Niederorschel stand auf einer Anhöhe zwischen den Flusstälern von Ohne und Wipper kurz vor deren Zusammenfluss einst das Dorf Wendelrode. Dass es das Dorf gab, ist belegt, davon zeugen Urkunden und heute noch die Wendelröder Mühle. Doch es fiel wüst. Der Kirchhof soll sich in der Nähe der Mühle am rechten Ufer der Wipper befunden haben.

Es wird erzählt, dass die Wendelröder im Dreißigjährigen Krieg eine furchtbare Angst vor den Schweden hatten. Diese Angst war berechtigt, zogen die Horden doch plündernd und brandschatzend durch das Eichsfeld. Die größte Angst aber herrschte bei den Wendelrödern, dass die beiden wunderbaren Kirchenglocken den Schweden bei ihren verheerenden Raubzügen in die Hände fallen könnten. Sie versenkten sie lieber in einer tiefen Quelle westlich der Wendelröder Mühle. Der genaue Grund dafür ist nicht bekannt. Vielleicht hofften die Wendelröder, dass sie die Glocken nach dem Abzug der Schweden wieder aus der Quelle holen können. Oder sie dachten, wenn sie die Glocken nicht haben können, dann sollen sie die Schweden erst recht nicht haben. Die Quelle trug jedenfalls fortan den Namen Glockenborn.

Das Dorf ist untergegangen, auch der Glockenborn sickert nur noch in einem Graben vor sich hin. Aber für viele Niederorscheler ist es ein magischer Ort geblieben. In der Silvesternacht, so wird bis heute erzählt, könne man heute noch tief in der Erde die Glocken von Wendelrode klingen hören, wenn es ganz still ist und man angestrengt lauscht.

Die Bonifatiuswallfahrt
in Niederorschel

Einst war Niederorschel einer der bekanntesten Wallfahrtsorte im Eichsfeld. Zu tausenden strömten die Gläubigen in Prozessionen hierher. Die größte war die Bonifatiuswallfahrt. Nach altem Volksglauben soll der Missionar in Niederorschel an genau der Stelle gepredigt haben, wo heute die Pfarrkirche, die Marienkirche, steht. Jährlich kamen die Pilger am 5. Juni, zum Fest des heiligen Bonifatius, nach Niederorschel, obwohl er kein Kirchenpatron ist. Im Jahr 1800 waren es noch mehr als dreißig Prozessionen. Bei der letzten Feier der Wallfahrt 1831 wurde die Zahl der Pilger auf etwa fünftausend geschätzt, die vor allem aus Deuna, Gernrode, Bernterode, Hausen und Breitenholz kamen.

Woher Vollenborn seinen Namen hat

In alten Zeiten hieß das Dorf Vollenborn einfach nur Born, erzählt die Sage. Auch wenn es ein gutes Stück entfernt war, so mussten die Einwohner genau wie andere Dörfer Frondienste im Kloster Beuren leisten. Die Börner hatten den weitesten Weg von allen und kamen deswegen auch regelmäßig zu spät. In Beuren wurde es zum Spaß für alle, wenn sie der Börner ansichtig wurden, ihnen schon aus Schabernack entgegenzurufen: „Da komme de fulen Börner", also „Da kommen die faulen Börner". So wandelte sich der Name von Born in Fulenborn, dann in Faulenborn und schließlich in Vollenborn. Aber die Vollenborner waren damals wie heute genauso fleißig wie der Rest der Eichsfelder und trugen den Spottnamen zu Unrecht.

Die Sage von der Ritterhansburg

Einst soll in der Feldmark von Deuna ein Dorf mit dem Namen Neuendorf gelegen haben. In dessen Zentrum gab es eine Anhöhe mit einer Burg, die Ritter Hans gehörte. Freigiebig war er aber nicht nur der Kirche gegenüber, sondern auch den Armen. Die Dorfbewohner aber waren ganz anders geartet, hasserfüllt gegenüber allem, was Kirche, Religion und deren Diener hieß. Eines Tages trieben sie es ganz toll. Sie veranstalteten in der Kirche einen Aufruhr und jagten den Geistlichen zum Dorfe hinaus. Nur wenige Tage später kehrte dieser unter dem Schutz von Ritter Hans zurück.

Nach einiger Zeit musste sich der Ritter auf eine Reise begeben. Diese Gelegenheit nutzten die Dorfbewohner, um ihren Geistlichen erneut aus dem Hause zu zerren und ihn gar zu steinigen. Schwer misshandelt konnte er sich nur knapp auf den nahen Dün retten. Um Mitternacht, das Dorf lag im tiefen Schlaf, gab es auf einmal ein garstiges Getöse und furchterregendes Gedröhn. Die Erde tat sich auf und verschlang das Dorf mit Mann und Maus. Nur die Burg von Ritter Hans blieb wundersamerweise verschont. Lange stand sie einsam in der Feldmark, bis die Schweden sie im Dreißigjährigen Krieg zerstörten.

WIE REIFENSTEIN ZU SEINEM NAMEN KAM

Das frühere Zisterzienserkloster Reifenstein, auch Rivenstein, Riphenstein und Rifenstein in der Geschichte genannt, liegt in einer engen Waldschlucht herrlich zu Füßen des Düns. Wie der Name Reifenstein entstand, das erzählt eine Sage: Einst kam ein Kriegsobrist des Königs Attila in diese Gegend. Sein Name war Rive. Die Landschaft gefiel ihm so gut, dass er den Entschluss fasste, sich hier niederzulassen. Er suchte einen Berg aus und baute darauf eine Burg. Er benannte sie nach sich selbst Rivestein. Heute zeugt kaum noch ein Stein von dieser Burg, aber der Platz, wo sie einst stand, wird heute noch „Alte Burg“ genannt und ein Teil des Waldes trägt noch immer den Namen Burghagen.

DIE VERSTOPFTE QUELLE

Es gab einmal einen Brunnen bei Reifenstein, dessen Wasser übermütig über die Steine sprang und ins Tal floss, wo es von den Zisterziensern als Trinkwasser sehr geschätzt wurde. Eines Tages aber gab es ein gewaltiges Krachen im Inneren des Berges. Anstelle des Brunnens schoss ein gewaltiger Wasserstrahl hervor, der Felder und Fluren zu überschwemmen drohte. Alle Mühe, die sich die Menschen gaben, war vergebens. Das Sprudelloch ließ sich nicht verschließen. Egal, was man hineinstopfte – alles wurde sofort von den Wassermassen wieder fortgerissen.

Jetzt war guter Rat teuer. Im Kloster Reifenstein lebte ein alter frommer Bruder, der Tag und Nacht den lieben Gott anflehte, das Unheil zu beenden. Eines Nachts hatte er einen Traum: Das Sprudelloch lasse sich schließen, wenn ein weißes Messgewand hineingelegt wurde, das nur einmal von einem Menschen getragen wurde, nämlich von einem jungen Priester bei dessen Primiz. Ganz früh am Morgen eilte der Bruder zu seinem Abt und erzählte ihm seinen Traum. Der Abt lächelte, zuckte aber mit den Schultern. „Träume sind Schäume, aber was soll's. Wir können es versuchen, wir haben nämlich zufällig solch ein Messgewand.“ Beide wandten sich zur Sakristei, und der Abt übergab ihm ein weißes Messgewand, das er selbst nur einmal bei seiner Primiz getragen hatte. Der Bruder eilte so schnell er konnte mit dem Messgewand zur Quelle, wickelte es um einen großen Stein und verstopfte das Sprudelloch. Zur gleichen Sekunde versiegte das Wasser, der Brunnen plätscherte nur noch wie vor dem Unheil.

Alle tausend Jahre, so heißt, verfault von diesem Messgewand nur ein Faden. Sobald der Letzte verwest ist, wird das Wasser wieder mit Gewalt aus dem Berg strömen und alles mit sich reißen. Dann aber sei auch das Ende der Welt gekommen.

DAS GNADENBILD
VON BREITENHOLZ

Genau dort, wo heute die Kirche von Breitenholz steht, gab es früher einen mit saftigem weichem Rasen bewachsenen freien Platz mit einem prächtigen Holunderbaum in der Mitte. Damals lebte in Birkungen ein Landmann, der alle Hände voll zu tun hatte, den Lebensunterhalt zu verdienen, zumal ihm seine fromme Ehefrau noch mit einem Zwillingspärchen beschenkte, zwei herzallerliebste Mädchen. Doch die Mutter kränkelte. Am siebten Geburtstag der Mädchen starb sie. Aus dem nahen Kloster Reifenstein hatte ein alter Pater der Mutter im Tode beigestanden. Er nahm die Hände der Schwestern, führte sie an das frische Grab und sagte: „Nun erwählt die Himmelskönigin Maria zu eurer Mutter. Sprecht jeden Tag drei Ave Maria, dann wird es euch an göttlichem Schutz nicht fehlen."

Die Mädchen wuchsen zu wunderschönen liebenswerten Jungfrauen heran, die den Rat des Paters, der auf sie einen tiefen Eindruck gemacht hatte, genau befolgt hatten und es weiter so fortführten. An einem herrlichen Sommertag, es war das Fest Maria Heimsuchung, gingen sie ins Breite Holz und kamen zur Lichtung. Am Holunderbaum knieten sie nieder, um ihre drei täglichen Ave Maria zu beten. Doch kaum waren sie fertig, so gab es im Baum ein Rauschen. Die Mädchen sahen hoch und erblickten in den Zweigen eine strahlend schöne Frau, eine goldene Krone auf dem Kopf, ein Zepter in der Hand und auf dem linken Arm ein schönes Kind, das wiederum eine Kugel in der Hand hielt. „Ich bin Maria, die ihr zur Mutter erwählt habt", sprach die Erscheinung mit sanfter Stimme. „Dieser Platz hier soll eine Stätte zur Gottesverehrung werden. Das ist mein Wunsch." Und sie verschwand.

Bald war im ganzen Dorf Birkungen bekannt, was sich im Breiten Holz zugetragen hatte. Die frommen Einwohner zauderten nicht lange, sondern erbauten auf der Lichtung eine Kapelle. Der Vater der Mädchen ließ eine Marienstatue anfertigen, die genau der Beschreibung der Töchter entsprach. Bald kamen Wallfahrer von allen Seiten zur Kapelle, die noch immer vom Holunderbaum beschattet wurde. Die Mädchen nahmen nach dem Tod des Vaters den Schleier und traten in das Zisterzienserinnenkloster Beuren ein. Nach und nach lichtete sich der Wald um die Kapelle, ein Dorf entstand, das den Namen Breitenholz erhielt.

Dann kam der Dreißigjährige Krieg. Dorf und Kapelle gingen im Feuer unter, das die Schwedenhorden allerorten entzündeten. Die Einwohner, die sich in den Wald geflüchtet hatten, suchten in den Trümmern der Kapelle verzweifelt nach dem Gnadenbild, aber es war verschwunden. Erst wurde das Dorf wieder aufgebaut, dann die kleine Kirche. Beim Aufräumen der Trümmer fand man zur großen Freude der Leute das Bildnis unversehrt neben dem verkohlten Holunder unter einer schützenden Steinplatte. Der Fundort blieb beim Kirchenneubau frei, das Bild wurde erst im Freien aufgestellt, dann kam es in die Kirche, um es vor Wind und Wetter zu schützen. Jährlich bei der Wallfahrt wird es an der Stelle draußen aufgestellt, an der es gefunden wurde. Laut Expertenmeinung stammt es aus dem 13. Jahrhundert.

Einer anderen Sage nach soll das Gnadenbild eines Tages neben dem Holunderbaum gefunden worden sein. Trotz des heißen trockenen Sommertages soll Marias Gewand am Saum feucht wie von Tau gewesen sein. Fuhrleute aus Breitenholz meinten es zu kennen, sie hatten das Gnadenbild in einer Kirche bei Nordhausen gesehen, wo man Maria sehr verehrte. Doch als sich das Dorf dort dem lutherischen Glauben zuwandte, sei die Statue plötzlich verschwunden gewesen. Maria, so heißt es, habe sich zu Fuß auf den Weg ins treue katholische Eichsfeld gemacht. Die Wallfahrt an Maria Heimsuchung findet bis heute statt.

Der Untergang von Siegfriederode

Nahe Worbis lag einst das Dorf Siegfriederode. Weithin kannte man es früher als ein reiches Dorf. Berüchtigt aber war auch der Geiz der Bewohner und Bauern. Im Dorf lebte eine arme Witwe mit zwei kleinen Kindern, die durch eine schwere Krankheit zusätzlich in große Not geraten war. Die arme Mutter versuchte, für ihre beiden Lieblinge kräftige Nahrung und frische Milch zu bekommen. Sie ging von Haus zu Haus und bat um die milde Gabe. Aber da sie nicht bezahlen konnte, wurde sie an jeder Haustür barsch abgewiesen. Nach wenigen Tagen versuchte sie es noch einmal. Aber wieder hatte niemand Erbarmen. Als die Mutter nach Hause kam, war ihr jüngstes Kind an Entkräftung gestorben. Voller Verzweiflung und mit unfassbarem Groll trat die Mutter vor ihr Haus und verfluchte das ganze Dorf und seine hartherzigen Bewohner. Nach der Beerdigung verließ sie mit ihrem anderen Kind das Dorf für immer und fand in Worbis bei einer Familie gütige Aufnahme.

Sieben Wochen vergingen. Da erhob sich im „Kessel", wie das breite flache Becken genannt wird, ein so furchtbares Unwetter, wie es noch nie jemand erlebt hatte. Es war, als sei der Jüngste Tag angebrochen. Als es wieder hell wurde, war bis auf ein paar Mauerreste und Schutt Siegfriederode vom Erdboden verschwunden.

DIE SCHATZGRÄBER
VON SIEGFRIEDERODE

Der Schultheiß von Siegfriederode war vor dem Untergang des Dorfes der habgierigste und geizigste Bewohner von allen. Er war kinderlos und der Reichste im Dorf. Sein Geiz war in der ganzen Umgebung sprichwörtlich geworden. Das ganze zusammengeraffte Geld bewahrte er in einer schweren Eisentruhe auf, die er in seiner Scheune vergraben hatte. Er gönnte niemandem nur den kleinsten Heller. Darum hatte er alle verflucht, die in Zukunft den Schatz heben wollen. In seiner Bosheit fügte er dem Fluch hinzu, dass die Hebung des Schatzes nur möglich sei, wenn sich zwei Brüder an der Stelle gegenseitig töten.

Das hatte sich bis nach Worbis herumgesprochen. Verschiedene Worbiser wollten gesehen haben, dass auf der Wüstung Siegfriederode jede Nacht eine blaue Flamme tanze. Man war sich sicher, dass das die Stelle des Schatzes war. Eines Tages beschlossen zwei gewitzte und mutige Bürger aus Worbis, es zu wagen. Sie besaßen zwei Ziegenböcke, die Brüder waren. Sie nahmen sie in einer sternenhellen Nacht mit hinaus zur Wüstung und zu der Flamme. Dort angekommen, reizten sie die beiden Tiere, bis die aufeinander losgingen und sich so lange mit den Hörnern zusetzten, bis sie tot niederfielen. In diesem Moment schlug die Turmuhr von Worbis Mitternacht. Die beiden Worbiser begannen eifrig zu graben und stießen bald auf einen eisernen Deckel. Sie hoben ihn und blickten auf lauter Gold. Aber als sie die Truhe herausheben wollten, stand plötzlich der Schultheiß vor ihnen. Voller Ingrimm hob er eine glühende Ofengabel und drohte den Schatzgräbern. Das war zu viel. Voller Entsetzen ließen sie alles im Stich und rannten nach Hause. Am nächsten Morgen lagen die beiden toten Ziegenböcke bei ihnen im Stall. Niemand hat seitdem gewagt, den Schatz von Siegfriederode zu heben.

DER GLOCKENBORN
VON SIEGFRIEDERODE

Ein Schweinehirt aus Breitenholz hatte seine Tiere hinunter in den Siegfriedsgrund getrieben. Am Mittag brachte ihm sein Töchterchen das Essen, das Haar in niedliche Zöpfe mit einem roten Band gebunden. Während der Vater aß, kümmerte es sich um die Herde und trieb mit der Peitsche in den Händen die Tiere, die sich verstreut hatten, wieder zusammen. Nur eine alte Sau kümmerte sich nicht um das Peitschenknallen, sondern wühlte unablässig an einer Stelle. Das Mädchen ging zu ihr, um nachzusehen, was es da gebe. Voller Erstaunen sah es, dass das Schwein einen metallenen Knauf freigelegt hatte. Sofort rief es den Vater herbei, der fleißig mitgrub. Bald erkannten sie den oberen Teil einer Glocke. Der Vater wollte sie herausziehen, doch er schaffte es nicht, die Glocke saß fest.

Da sprach er zu dem Mädchen, da er schon oft solche Geschichten gehört hatte, sie solle doch das rote Band aus den Zöpfen lösen. „Meine Großmutter hat gesagt: Was der stärkste Mann nicht zuwege bringt, das vermag ein reines Mädchen." Das Kind staunte, zögerte aber nicht und schlang das Band um den Glockenknauf. Es fing an zu ziehen – und wenig später stand die Glocke auf dem Gras. Jetzt lief das Kind ins Dorf zurück und erzählte von dem Fund, was sogleich neugierige Bewohner auf die Weide eilen ließ. Aber nicht nur aus Breitenholz, sondern auch aus anderen umliegenden Dörfern strömten die Leute herbei, um zu sehen, was es da gab. Bald gab es Streit und Zwist, denn Breitenholz, Breitenbach und Worbis machten Ansprüche geltend. Eine weise Frau trat in die Mitte und riet: „Ladet die Glocke auf einen Wagen und spannt ein blindes Pferd davor. Dann seht ihr, wohin die Glocke gehört." Dieser Rat war so gut wie jeder andere. Gesagt, getan. Das blinde Pferd brachte die Glocke nach Breitenbach und blieb vor der Kirche dort stehen, war nicht zu bewegen, weiterzulaufen. Also bekam die Glocke ihren Platz im Turm. Und als sie das erste Mal ertönte, wollten die Leute „Sau fand, Mädchen band" aus dem Klang herausgehört haben. An der Stelle, wo die Glocke gefunden wurde, brach eine Quelle hervor, die den Namen „Glockenborn" erhielt.

Die Worbiser Krengeljäger

Es ist viele, viele Jahre her, da verriet ein wandernder Bäckergeselle den Worbiser Bäckermeistern ein Rezept zum Backen echter Brezeln, im Eichsfeld „Krengel" genannt. Nun wollten aber die Bäcker zusammenhalten und jedem genug zum Leben lassen. Also verabredeten sie, nur an einem festgelegten Wochentag die Krengel zu backen. Darauf freute sich schon immer die ganze Stadt. Damals gab es noch keine Schaufenster. Darum brachten die Bäcker lange Stangen vor ihren Backstuben an, auf die sie die frischen, knusprigen und noch heißen Krengel hängten. Wer welche haben wollte, nahm sich die gewünschte Anzahl herab, ging in die Backstube und bezahlte. Oh, was war das für ein köstlicher Duft, der allwöchentlich durch Worbis zog!

Als sie merkten, wie begehrt die Krengel waren, einigten sich die Bäcker darauf, den Verkaufspreis zu erhöhen. Da wurden die Worbiser böse. Einige von ihnen wollten das nicht widerstandslos hinnehmen, vor allem nicht die Gassenbuben. „Laufen können wir, und springen auch", sagten sie trotzig. Und dann ging es los: Kaum hatten die Bäcker die Krengel draußen auf die Stange geschoben, standen die Buben in den Startlöchern. Sie rannten los, rissen im Sprung ein bis zwei Krengel von der Stange und verschwanden im Galopp in den Gassen. Oft fegte wie ein Blitz auch ein Bäcker hinterher. Aber in den seltensten Fällen erwischte er einen der frechen Schuljungen bei der allwöchentlichen Hetzjagd. Bald musste sogar die Obrigkeit einschreiten, um dem frechen Krengelklau Einhalt zu gebieten: Die Gendarmen mussten hinter den Bengeln mit den Krengeln her.

Einmal war ein Fremder über Nacht in Worbis. Er öffnete am nächsten Morgen das Fenster der Gaststube und sah im gleichen Augenblick einen Buben mit zwei Krengeln in den Händen die Straße heruntersausen, hinter ihm ein dicker Bäcker und ein Gendarm mit gezogenem Säbel, dem der Schweiß von der Stirn flog. „Was ist denn hier los?", fragte der Fremde. „Was machen die Leute denn da?" Der Wirt schmunzelte: „Die? Die jagen Krengel", antwortete er. Seitdem heißen die Worbiser mit Spitznamen Krengeljäger.

Der Nadelbrunnen
in Worbis

In Worbis lebte einst eine arme Witwe. Zahlreiche Schicksalsschläge hatte sie schon hinter sich gelassen, ihr einziges Glück war ihr Sohn, ein aufgeweckter, fröhlicher Bursche. Doch als er um die sechs Jahre alt war, suchte ihn eine schwere Krankheit heim, durch die er erblindete. Auch diesen neuen Schicksalsschlag trug die Mutter mit Geduld. Aber sie besuchte mit ihrem Söhnchen täglich die Rochuskapelle und bat Gott um Barmherzigkeit. Eines Tages hatte sie einen Traum. Sie solle ihrem Söhnchen im Altengrund mit dem Wasser des Altenbrunns siebenmal die Augen waschen, dann würde er wieder sehen können. Kaum war sie erwacht, rief sie ihren Sohn und machte sich auf den Weg zum Altenbrunn, der nur wenige Minuten zu Fuß von der Rochuskapelle entfernt liegt. Dort angekommen, schlug sie über den blinden Augen ihres Kindes das Kreuzzeichen, kniete sich an den Rand der Quelle und wusch ihrem Sohn sieben Mal die Augen. Dabei rutschte ihr eine Nadel vom Brusttuch in die Quelle. Gerade wollte sie nach ihr greifen, als ihr Sohn freudig ausrief: „Mutter, ich kann sehen!" Sie sprang voller Verwunderung auf, traute der Sache aber nicht so recht. Um ihn zu prüfen, fragte sie den Knaben, was da auf dem Grund der Quelle liege. „Eine Nadel", antwortete er prompt. Die Freude der Mutter war unermesslich. Die Witwe drückte ihr Kind an ihr Herz und hütete die Nadel als Andenken an das Ereignis wie einen Schatz. Auf dem Rückweg in die Stadt hielten beide noch einmal an der Rochuskapelle, um dem Herrgott zu danken. Später stiftete die Witwe bei der Quelle ein stattliches Kreuz, der Altenbrunn wird aber seitdem von den Worbisern Nadelbrunnen genannt.

DIE GOLDENE GLOCKE
VON WORBIS

In der Klosterkirche zu Worbis, in Sankt Antonius, hing vor Urzeiten eine goldene Glocke. Sie wurde so genannt, weil sieben Goldmünzen, die ein Mann gestiftet hatte, beim Gießen mit hineingemischt wurden. Die Glocke besaß dazu noch einen vollen, wohltönenden und warmen Klang, sodass aus der ganzen Umgebung immer wieder Leute kamen, nur um sie zu hören. Als der Dreißigjährige Krieg das Eichsfeld und damit Worbis erreichte, versuchte eine dreiste Schar schwedischer Soldaten, die von den Goldmünzen gehört hatten, die Glocke aus dem Turm zu stehlen. Sie stiegen hinauf und wollten sich gerade an die Arbeit machen, als plötzlich in der Luft eine blaue durchscheinende Hand erschien und sich schützend über die Glocke ausstreckte. Die Soldaten packte die nackte Angst und sie machten sich sofort aus dem Staub. Wo aber diese Glocke später hingekommen ist, das vermag niemand mehr zu sagen.

Die Eichsfelder Höhen um Leinefelde und Dingelstädt

DIE DREI BLUTSTROPFEN ODER DER BURGGEIST VOM SCHARFENSTEIN

Auf der Burg Scharfenstein hoch über Beuren lebte einst ein Graf aus dem Geschlecht der Scharfensteiner. Mächtig war er, reich und angesehen, gleich zwanzig Dörfer waren ihm tributpflichtig. Zwei Kinder wurden ihm und seiner Frau geschenkt, ein Sohn und eine Tochter. Doch bald nach der Geburt des Töchterchens starb die junge Mutter. Die Grafenkinder wuchsen heran. Während der Sohn ein stattlicher Jüngling mit frohem Sinn und Tapferkeit wurde, hatte seine Schwester nicht nur die strahlende Schönheit der Mutter, sondern auch deren sanftes und edles Wesen geerbt.

Der junge Graf befand sich auf dem Heimweg von einem Turnier, bei dem er alle Gegner bezwungen hatte. Doch in der Nacht stürzte sein Pferd und schleuderte den Reiter in einen tiefen Graben. Er erlitt so schwere Verletzungen, dass er kurze Zeit später starb. Für den alten Grafen war das so ein furchtbarer Verlust, dass er vor Gram fast verging. Seine Tochter aber übertrug all ihre Liebe zum Bruder nun auf ihren Vater. Aber auch sie konnte nicht verhindern, dass in ihm eine tiefe Bitterkeit blieb. Er war nun ohne Erben. Geduldig ertrug das Mädchen die Launen, von denen auch sie nicht verschont blieb.

Auf der Burg gab es einen jungen, edlen Knappen von überaus schöner Gestalt. Er gehörte dem niedrigen Eichsfelder Landadel an, aber wegen seiner Kühnheit, seines furchtlosen Wesens und seines Edelmutes hatte er sich das besondere Vertrauen des alten Scharfensteiners verdient. Aber der Graf wusste nicht, dass der Knappe in tiefer, stiller Liebe zu seiner Tochter entbrannt war. An einem kalten Wintertag machte sich die junge Gräfin in den Wald auf, um die frische Luft zu genießen. Dabei stolperte sie über eine im Schnee versteckte Baumwurzel und fiel mit einem lauten Aufschrei zu Boden, wo sie ohnmächtig liegenblieb. Der Knappe war ebenso gerade im Wald unterwegs, als er den Schrei hörte. Tief erschrocken beugte er sich über die bewusstlose Grafentochter, brachte sie wieder zu sich. Doch aufstehen konnte sie nicht. Sie hatte sich den Fuß verrenkt, was der Knappe mit einem kundigen Griff wieder in Ordnung brachte. Laufen aber war unmöglich. So nahm der Knappe sie auf die Arme und trug die süße Last zur Burg zurück. Ihm schlug das Herz bis zum Hals vor Wonne, der jungen Gräfin so nah zu sein.

Als der alte Graf den Knappen mit der Tochter auf dem Arm sah, fuhr er regelrecht zusammen, zu tief saß noch die Erinnerung an den Tod des Sohnes. Schnell fragte er, was passiert sei. Nachdem die Tochter in ihr Gemach getragen war, drückte der Graf dem Knappen fest die Hand. Aber als nach einigen Wochen die junge Gräfin wieder genesen war, war sie wie verwandelt. Vorher lebhaft und heiter, war sie nun in sich gekehrt, still und ging gern auf einsamen Wegen. Zu tief hatte der Blick des Knappens sie getroffen, der vor Liebe strahlte. Als sie wieder einmal einsam durch den Wald strich, traf sie ihn. Es bedurfte nicht vieler Worte, sie gestanden sich ihre Liebe und gelobten ewige Treue.

Der alte Graf aber haderte immer noch mit seinem Schicksal, keinen Erben mehr zu haben, aber er erinnerte sich an seine Pflicht, seine Tochter ebenbürtig zu verheiraten. Er hatte auf einer Reise ins Hessenland einen Grafen aus einem vornehmen und schwerreichen Geschlecht getroffen, der alle Eigenschaften besaß, die der stolze Scharfensteiner von einem Schwiegersohn verlangte. Er lud ihn zur Jagd. Und schon bei der ersten Begegnung machte die junge Grafentochter einen tiefen Eindruck auf den jungen Grafen. Noch am Tag vor seiner Abreise hielt er um die Hand der Jungfrau an, die der Vater freudig gewährte. Aber seine Tochter sagte: „Vater, ich achte den Hessengrafen. Aber da ich keine Liebe für ihn empfinde, was für mich die erste Bedingung für einen glücklichen Lebensbund ist, kann ich ihn nicht zum Ehemann nehmen." Kein Zureden half, das Mädchen blieb dabei. So musste der Hesse unverrichteter Dinge abreisen.

Kurze Zeit später ritt der alte Scharfensteiner brummig zur Jagd, was die beiden Liebenden sofort nutzten, um sich zu treffen. Doch das Jagdglück blieb aus, sodass der verdrossene Vater vorzeitig zurückkam und die beiden im Schlossgarten ertappte. Jetzt ging ihm ein Licht auf. „Nun ist mir alles klar", schrie er zornig. „So hast du mein Vertrauen missbraucht", schleuderte er dem Knappen entgegen. „So stirb, du Treuloser!" Er zog das Messer und stieß es dem Knappen ins Herz. „Was hast du getan!", schrie die Tochter und sank besinnungslos neben ihren toten Geliebten. Als sie aus der Ohnmacht erwachte, sah sie auf ihrem schneeweißen Kleid drei Blutstropfen, genau über ihrem Herzen. Erneut wurde sie ohnmächtig und musste ins Schloss getragen werden. Sie fiel in ein hitziges Fieber und redete immer wieder wirr von drei Blutstropfen. Ohne das Bewusstsein wiederzuerlangen starb auch sie.

Aber die Jungfrau sollte auch im Tod keine Ruhe finden. Genau ein Jahr nach der Bluttat erschien sie zur gleichen Minute am Ort des Geschehens, auf dem weißen Kleid drei große Blutstropfen. Oft wurde sie bei Tag gesehen, wie sie aus einer Luke nahe der Sonnenuhr stieg und in stiller Trauer über die Mauer des Schlossgartens wandelte, bis zu der Stelle, wo ihr Geliebter den Tod gefunden hatte. Dann verweilte sie einige Zeit in Gedanken verloren, ging weiter in Richtung Burgtor und verschwand spurlos im Rittersaal. Später erschien sie nur noch zur Geisterstunde, nahm aber denselben Weg. Sie wurde weit in der Gegend „der Burggeist" genannt.

Jahre vergingen. Die Burg Scharfenstein, nun ohne jeglichen Erben, wechselte mehrfach die Besitzer, bis die Familie von Entzenberg Eigentümerin wurde und mit denen von Wintzingerode auf Burg Bodenstein in eine erbitterte Feindschaft geriet, die ebenso Anspruch auf den Scharfenstein erhoben. Aber wie es so ist, wenn die Alten sich streiten, lieben die Jungen. So auch hier. Der Junker von Bodenstein und das einzige und bildschöne Töchterlein des von Entzenberg entbrannten in glühender Liebe zueinander. Der Junker vom Bodenstein stieg auf sein Pferd, ritt zum Scharfenstein und hielt um die Hand des Mädchens an. Der Alte aber wies ihn mit Hohn und Spott ab. So fasste der Junker den Plan, seine Geliebte zu entführen und sich dabei die Erscheinung des Burggeistes zunutze zu machen. Durch einen geheimen Boten ließ er seiner Angebeteten eine Botschaft zukommen: In der siebten Nacht zur Geisterstunde wolle er mit seinem Pferd vor dem Burgtor sein. Sie solle sich wie der Burggeist kleiden und den Weg über die Mauer nehmen, am Tore wolle er sie empfangen. Das Mädchen stimmte zu.

Kaum hatte in besagter Nacht der Turmwächter Mitternacht geblasen, erschien eine Frauengestalt auf der Mauer. Sie wandte sich dem Tor zu und sprang dem wartenden Junker in die Arme. Voller Entsetzen aber stellte der fest, dass er kein Wesen aus Fleisch und Blut an sich drückte, sondern den Burggeist. Ihn packte Todesgrauen. Sein Pferd ließ sich nicht halten und jagte den Berg hinab in die Nacht. Währenddessen bereitete sich die junge Entzenbergerin vor. Auf ein weißes Kleid nähte sie drei rote Läppchen. Sie war noch dabei, als der Turmwächter Mitternacht verkündete. Schnell kleidete sie sich an und verließ ihr Gemach. Sie ging über die Mauer zum Burgtor. Dort wartete sie und wartete und wartete. Als es ein Uhr schlug, ging sie enttäuscht zurück in ihr Gemach. Am nächsten Morgen aber herrschte Entsetzen in der Burg. Der Bodensteiner lag tot mit gebrochenem Genick am Fuß der Burg. Der alte Entzenberger nahm seine Tochter ins Verhör, die schließlich alles gestand. Die vorher so lebenslustige Jungfrau wurde menschenscheu, bestieg oft die Schlossmauer und sprach vor sich hin, bis sie im Irrsinn endete. Nach ihrem Tod erschien wieder der Burggeist, zwar seltener als früher - aber immer im weißen Kleid mit den drei Blutstropfen.

Wie Kreuzebra zu seinem Namen kam

Damals ging die alte Heerstraße von Dingelstädt nach Heiligenstadt südlich am Dorf Kreuzebra vorbei. Ursprünglich hieß es nur Ebera oder Ebra. Zwischen 1262, als es in einer Urkunde noch Ebra hieß, und 1341 muss es die Namensänderung gegeben haben, denn da heißt es schon Kruzisebra. Es verdankt den neuen Namen einem Partikel vom Heiligen Kreuz, an dem Jesus starb. Die alte Heerstraße war am Sonntag nach dem Gottesdienst ein beliebter Treff für die Ebraer Männer, um sich umzuhören, die durchziehenden Reisenden neugierig zu befragen, woher sie kämen und wohin sie wollten, und vor allem um Neuigkeiten aus aller Welt zu hören. An der Stelle, wo sie sich trafen, gab es eine Einengung der Straße und eine Dornenhecke.

Eines Sonntags fiel ein Bote aus Mainz, der nach Heiligenstadt unterwegs war, den

Eberschen Männern in die Hände. Er teilte ihnen ahnungslos mit, dass er ein Partikel des Heiligen Kreuzes mit sich führe, welches er an die Stiftsherren von Sankt Martin in Heiligenstadt übergeben solle. Jetzt wollten die Männer die Reliquie sehen. Der Bote erfüllte den Wunsch, holte die reich verzierte Kapsel hervor und öffnete sie. Die Ebraer bestaunten die Reliquie mit heiliger Scheu. Doch plötzlich entglitt der Partikel den Händen und fiel in die Dornenhecke. Als man ihn wieder herausholen wollte, war er an der Hecke wie angewachsen. Niemand schaffte es, ihn vom Zweig zu entfernen. Jetzt war guter Rat teuer. Der Dorfpfarrer wurde herbeigerufen. Aber auch ihm wollte es nicht gelingen. Nun standen alle vor einem großen Rätsel. Der Bote bat den Pfarrer, das Allerheiligste aus der Kirche zu holen. Das geschah und das ganze Dorf begleitete jetzt den Pfarrer ehrfürchtig bis zur Hecke. Er machte mit dem Allerheiligsten das Kreuzzeichen über dem Partikel. Der löste sich und fiel zu Boden, woraufhin er mit Triumph zur Ebraer Kirche gebracht und zur Verehrung aufgestellt wurde. Für die Ebraer war klar, dass es ein Wink des Himmels sei, darum baten sie den Boten, es behalten zu dürfen. Der drehte um und reiste statt nach Heiligenstadt zurück nach Mainz, wo er dem Erzbischof das Geschehen schilderte. Der erfüllte die Bitte aus Ebra. Seitdem heißt Ebra Kreuzebra.

DER BOGSBÜHEL
BEI KREUZEBRA

Als der heilige Bonifatius durch das Land zog und auf dem Hülfensberg der Sage nach die Heiden zum Christentum bekehrt hatte, wandte er sich nach Norden und kam in die Gegend, in der heute Kreuzebra liegt. Das hieß in alter Zeit noch Evera. Eine Niederlassung des slawischen Stammes der Wenden lebte dort und hatte auf dem Bogsbühel, etwa eine Viertelstunde nordwestlich des Dorfes, ihre Kultstätte eingerichtet. Dort gab es einen heiligen Hain, in dem ein Bildnis ihres Gottes Bog, auch Bielbog genannt, aufgestellt war und wo die Wenden ihn verehrten.

Bonifatius predigte im alten Dorf Evera genau an der Stelle, an der heute die Pfarrkirche von Kreuzebra steht. Die Wenden aber wollten vom Christentum nichts wissen. Als Bonifatius jedoch über die Ohnmacht ihres Gottes Bog sprach, reichte es einigen der Einwohner. Sie packten Bonifatius, legten ihn in Ketten und schafften ihn den Berg hinauf in den Hain, wo sie ihn ihrem Gott opfern wollten. Der Priester hatte den Dolch schon in der Hand, aber bevor er ihn Bonifatius ins Herz stechen konnte, zersprangen die Ketten und fielen klirrend zu Boden. Der Missionar erhob sich und schaute auf die in Staunen erstarrte Menge. „Hier seht ihr das Zeichen der Erlösung“, rief er, hob das Kruzifix in Richtung des Götzenbildes, das im gleichen Augenblick von seinem Sockel stürzte und in viele Stücke zerfiel. Das machte doch tiefen Eindruck, viele Wenden ließen sich taufen. Bonifatius aber erbaute an dem Platz seiner ersten Predigt in Evera eine Kirche.

DIE WERDIGESHÄUSER KIRCHE

Der Sage nach stand einst das Dorf Werdigeshausen an einem Feldweg von Kefferhausen nach Heuthen. Als es in einer Fehde zerstört wurde, lag auch die Dorfkirche in Schutt und Asche. Die Einwohner zogen nach Heuthen und Kefferhausen, ihr Dorf bauten sie nicht wieder auf. Als schließlich der Schutt der Kirche weggeräumt wurde, fand sich unter den Trümmern das wie durch ein Wunder unversehrte Gnadenbild. Nun beanspruchten beide Dörfer, Heuthen und Kefferhausen, das Bildnis für sich. Man ließ das Los entscheiden, das auf Heuthen fiel. So wurde das Gnadenbild mit würdigen Feierlichkeiten an die Heuthener Kirche übertragen. Aber am nächsten Morgen war es verschwunden. Es fand sich an seinem alten Platz auf der Wüstung Werdigeshausen und stand seelenruhig auf einem Quaderstein. Noch einmal und dann ein drittes Mal wiederholte sich dieser unerhörte Vorgang. Die Heuthener aber sahen es als ein Zeichen des Himmels. Sie verzichteten und bauten gemeinsam mit den Kefferhäusern eine neue kleine Kirche anstelle des zerstörten Gotteshauses. Sie ist dem heiligen Cyriakus geweiht und einer der vielen Wallfahrtsorte im Eichsfeld. Auch heute wird das Gotteshaus häufig noch „neue Kirche" genannt.

Im Dreißigjährigen Krieg, so wird weitererzählt, wurde die Klus von Werdigeshausen von einer Horde schwedischer Soldaten zerstört. Als sie abgezogen waren, suchten die Heuthener und Kefferhäuser nach dem Gnadenbild. Aber es war vergeblich, es blieb verschwunden, wahrscheinlich hatten es die Schweden zerstört oder mitgenommen. Als der drei Jahrzehnte währende Krieg vorbei war, wurde eine neue Kirche an dem wunderbaren Platz gebaut. Die neu aufgestellte Statue des heiligen Cyriakus ist heute noch in ihr zu sehen.

DIE UNSTRUTQUELLE ODER „DIE UNSTETE TRUDE"

Es gab einst den Grafen Waldemar von Thüringen, der eine Tochter hatte. Sie hieß Gertrud, wurde aber nur Trude genannt. Sie war ein wildes und unstetes Kind. Zudem war das Mädchen furchtbar neugierig und stellte Dinge an, die von ihrer Umgebung als unschicklich empfunden wurden. So verstieg sie sich dazu, an ihrem zwölften Geburtstag plötzlich wie ein Pferd zu wiehern, obwohl zahlreiche hochrangige Gäste von höchstem Adel an der Tafel saßen. Mal riss sie aus und wurde erst nach Stunden von der Wachmannschaft im Wald auf einem hohen Baum sitzend gefunden. Dazu kam noch, dass sie alles wusste, was am Grafenhofe und im Schloss vor sich ging, egal, ob es die heimliche Affäre ihres Vaters mit einer Zofe war oder wer ein Stück Käse aus der Vorratskammer gestohlen hatte. Als ihr ein Burgfräulein das Häkeln und Stricken beibringen sollte, piesackte Trude das Burgfräulein so lange mit der Nadel, bis es aufgab. Es ging so weit, dass sie, als sie ihre erste Beichte ablegen sollte, das auch brav tat, dann aber den Abt ermunterte, ihr jetzt seine Verfehlungen zu berichten.

Es ging immer so weiter. Verlobungsversuche scheiterten und als ihr einmal ein Schnürsenkel riss, nahm sie kurzerhand die Saite einer Laute, deren Besitzer heiße Tränen vergoss, sein wertvolles Instrument so ruiniert zu sehen. Am Ende saß sie noch im Kerker und horchte die Gefangenen aus. Es half auch nichts, dass Waldemar ihr einen Keuschheitsgürtel anlegte, als er zum Kreuzzug ins Heilige Land musste. Trude und ein Stallbursche schafften es, den Gürtel zu knacken. Trude wurde schwanger.

Waldemar kehrte zurück und musste das alles mit ansehen. Er war nun überzeugt, das Mädchen sei vom Teufel besessen und holte einen Teufelsaustreiber vom Schloss Reinhardsbrunn. Als Pater Angelus, der Exorzist, mit ihr auf Wanderschaft ging, piesackte sie ihn mit so unverschämten Fragen, dass er nicht mehr an sich halten konnte und zuschlagen wollte. Im gleichen Augenblick verwandelte sich Trude in eine Quelle, aus der unentwegt Wasser hervorsprudelte. Schließlich wurde das Wasser zu einem Fluss. Und so wie Trude war auch der Strom unstet. Darum nannten die Leute die Quelle die „unstete Trude“, woraus sich später das Wort „Unstrut“ entwickelte. Noch immer fließt die Unstrut von Neugier getrieben und voller Unruhe durch das Land.

Die Nixe von der Unstrutquelle

Das Land westlich von Kefferhausen war einst von Sümpfen durchzogen. Aber die findigen Bewohner der Gegend fanden immer Wege und Stege, um die Moore sicher zu durchqueren. Einst kam ein fremder Jüngling in die Gegend und wollte es den gewitzten Eichsfeldern gleichtun und sich seinen eigenen Weg suchen. Der Bursche war zwar von schöner Gestalt, aber um die Geistesgaben war es etwas schwächer bestellt. Er geriet vom Pfad ab und stürzte in den Sumpf.

Was er auch versuchte, es zog ihn tiefer, statt empor. Doch wunderbarerweise schien er nicht unterzugehen. Stattdessen sprudelte an der Stelle reines, klares Quellwasser hervor. Aus dem Wasser erhob sich plötzlich eine wunderschöne Nixe mit langen, blonden Haaren vor ihm. „Du gefällst mir. Ich möchte dich zum Gemahl“, eröffnete sie ihm mit einem Lächeln. Der Bursche fühlte sich natürlich sehr geschmeichelt. Aber als er etwas länger darüber nachdachte, wollte er doch nicht sein ganzes Leben im Wasser zubringen. „Ich bin einverstanden“, sagte er zur Nixe. Aber vor der Hochzeit müsse er zu Hause noch einige Dinge erledigen. Dann komme er zurück. Die Nixe glaubte ihm, hob ihn aus dem Wasser und stellte ihn auf sicheren Boden. So ganz schien sie dem Burschen aber doch nicht zu trauen. „Ich folge dir“, sagte sie.

Egal, wohin er Bursche sich wandte, das Wasser folgte ihm. Jetzt bekam er es mit der Angst zu tun und rannte ohne Unterbrechung los. Mühlhausen kam in Sicht, Bad Langensalza, an Gebesee vorbei ging es bis Straußfurt und Sömmerda. Jetzt versuchte er, nach Norden zu entkommen und hetzte in Richtung Artern, das Wasser und die Nixe immer im Nacken. Wieder änderte er die Richtung, nun rannte er nach Roßleben, dann nach Nebra, Laucha und Freyburg. Bei Naumburg aber ging es nicht mehr weiter. Er stand vor einem anderen Fluss, der Saale. Sie konnte er nicht überqueren. „Du wolltest mich betrügen", rief die Unstutquellen-Nixe zornig. „Jetzt musst du auf ewig mit mir in den Fluten leben." Sie packte ihn und zog ihn in die Tiefe. Sie scheinen aber doch ganz gut miteinander auszukommen. Denn es heißt, dass sie alle hundert Jahre in einer mondhellen Nacht aus den Fluten auftauchen, sich lieben und dann wieder im Wasser verschwinden.

BONIFATIUSPFENNIGE

Der Sage nach fand Bonifatius, als er durch das Land zog und die Liebe Christi verkündete, nicht viel Interesse oder gar Verständnis. Die Leute strebten weit mehr nach irdischen Gütern als nach dem Seelenheil. Die Älteren verlangten vom Missionar und seinen Gehilfen sogar Geld. Wenn sie das nicht bekamen, so warfen sie mit Steinen nach ihnen. Eines Tages reichte es dem duldsamen Heiligen. Bonifatius verfluchte alles Geld im Land. Sofort schrumpfte jeder Pfennig zu einem kleinen, flachen, runden Stein. Diejenigen, die das Wunder mit eigenen Augen sahen, erschraken furchtbar vor dieser Macht eines Gottes, dass sie sich bekehren und taufen ließen. Aber was Stein war, blieb Stein. Und immer, wenn die kleinen Scheibchen, meist im Frühjahr oder Herbst vor allem rund um Dingelstädt und Kreuzebra, aus der Erde auftauchen, nicken die Menschen und sprechen von den Bonifatiuspfennigen.

AM TOTENWEG
BEI DINGELSTÄDT

Einmal ging ein alter Mann aus Dingelstädt am Abend den Totenweg herauf. Es war im Winter, gerade war frischer Schnee gefallen. Der Mond schien hell im Nachthimmel. Plötzlich sah der Dingelstädter, dass vor ihm noch ein Mann auf dem Weg ging. Aber der große Fremde trug Kniehosen und hatte statt Strümpfe die Waden umwickelt. Das wunderte den alten Mann. Und dann bemerkte er mit Schrecken, dass der Fremde vor ihm nicht die geringsten Fußspuren im Schnee hinterließ. Das Grauen packte ihn. Er machte kehrt und eilte so schnell er konnte, nach Hause. Dort erzählte er, dass ein Toter vor ihm her gegangen sei.

Das „Schwarze Kreuz“ von Dingelstädt

Als in Dingelstädt die Pest wütete, so berichtet die Sage, hätten beide Friedhöfe nicht ausgereicht, um die vielen Opfer, die an der Pest starben, beizusetzen. Dazu bestand noch eine große Infektionsgefahr. Aus diesen beiden Gründen begrub man die Toten, um den Pesthauch aus dem Ort zu bekommen, außerhalb und südlich des damaligen Marktfleckens. Nachdem die Seuche abgeklungen war, errichteten die Dingelstädter ein Kreuz an der außergewöhnlichen Begräbnisstätte. Sie nannten es „das Schwarze Kreuz“, um daran zu erinnern, dass hier die am „Schwarzen Tod“ Gestorbenen liegen.

Der Hase mit drei Beinen

In alten Zeiten, so erzählt die Sage, hat ein Bauer aus Dingelstädt in seinem Feld einen jungen Hasen gefangen und mit nach Hause genommen. Die Kinder hatten mit dem Tier ihren Spaß. Er bekam ein Plätzchen im Stall, die Kinder versorgten ihn täglich mit reichlich Futter, erst mit frischem Klee, später mit grünem Kohl, sodass aus dem putzigen Tier ein prächtiger ausgewachsener Hase wurde.

Dann stand die Kirchweih vor der Tür. Die Familie beschloss, dass aus dem Hasen ein ordentlicher Festtagsbraten werden sollte. Die Bauersfrau wollte ihn sogleich schlachten, doch der Bauer widersprach: „Ein Hase schmeckt nur gut, wenn er geschossen wird und nicht geschlachtet.“ Er schlang um das linke Hinterbein des Hasen einen Strick und band ihn an einem Baum in seinem Garten fest. Der grenzte direkt an das Mühlenwehr. Der Bauer lud sein Gewehr mit einer ordentlichen Ladung Schrot, legte an und drückte ab. Der Hase lag still im Gras. Als aber der Bauer nähertrat, sprang Meister Lampe auf, setzte über die Gartenmauer und raste auf seinen nunmehr drei Beinen das Mühlenwehr hinunter. Das linke Hinterbein lag noch am Strick festgebunden unter dem Baum. Seitdem soll der Hase zur Geisterstunde am Mühlenwehr spuken und späten Wanderern Beine machen.

Der Mehlsee

In Dingelstädt führt eine Straße heute den Namen „An der Mehlsee“. Einst soll hier, als noch keine Häuser standen, eine Einsenkung bestanden haben, die den Namen Mehlsee trug. Die Sage erzählt, dass dort ein Fuhrmann mit seinem Gespann des Weges gekommen sein soll. Der Wagen war schwer mit Mehl beladen. Aber der Kutscher geriet vom Weg ab und versank mit Wagen und Pferd in dem sumpfigen Gelände. Nie wieder kam er zum Vorschein. Aber an der Stelle bildete sich ein kleiner See, der ab sofort „Mehlsee“ genannt wurde.

DER SAUBRUNNEN
IN DINGELSTÄDT

Eines Tages hatte der Schweinehirt von Dingelstädt, da war es noch ein kleines Dorf, sein Borstenvieh ins Rieth getrieben. Dort trennte sich eine alte Sau plötzlich von den anderen Schweinen und wühlte immerfort an einer Stelle im sumpfigen Boden. Der Hund trieb sie stets zu den anderen Tieren, aber sie drehte sich sofort wieder um, rannte zu der Stelle zurück und wühlte weiter. Dem Hirten wurde es dann doch zu bunt. Er wurde neugierig und schaute selbst nach, was an der Stelle so besonders war. Aus dem aufgewühlten Boden sprudelte auf einmal eine klare Quelle hervor. Der Hirte kostete das Wasser und fand, dass es einen ganz vorzüglichen Geschmack hatte. Das fanden auch die Dingelstädter. Sie nannten ihn einfach Saubrunnen. Vor etwa zweihundert Jahren bekam die Quelle sogar eine steinerne Einfassung. Aus dem Namen Saubrunnen wurde im Laufe der Zeit „Sauerbrunnen."

Noch bis Mitte des 20. Jahrhunderts aber spielte die Quelle eine weitere Rolle, als nur gutes Trinkwasser zu spenden. Oft kamen Kinder mit ihren Eltern oder Großeltern zu ihr, denn sie galt als „Kinderbringer". Hier konnten sich Kinder, nachdem sie als „Opfergabe" einige Zuckerstückchen auf den Brunnenrand legten, ein Geschwisterchen bestellen und sogar Wünsche äußern, ob es ein Brüderchen oder ein Schwesterchen werden soll.

MARIA IM BUSCH

Anno 1232 soll es gewesen sein, nur ein Jahr nach dem Tod der heiligen Elisabeth von Thüringen, da wohnte am Rande von Dingelstädt, damals ein unbedeutendes Dorf, ein Ehepaar. Selbst kinderlos hatte es einen elternlosen Jungen in Pflege genommen. Er war von seinen leiblichen Eltern fromm erzogen worden und besaß einen aufgeweckten Geist. Die Pflegeeltern aber waren herzlos und ohne echte christliche Liebe. Saßen die Eheleute drinnen beim Schmaus, musste sich der Knabe mit einem Kanten trockenen Brotes auf den Stufen der Haustreppe begnügen. Nicht weit entfernt lag ein niedriger Hügel, der Kerf. Dort gab es allerlei dichtes und niedriges Gebüsch. Am Südabhang aber befand sich eine freie Stelle. Das war der Lieblingsplatz des Jungen. Hier dachte er an die Gottesmutter, teilte ihr all seine kleinen und großen Sorgen mit und sprach auch oft ein Gebet zu ihr.

Eines Tages, als er wieder einmal dort saß, erschien sie ihm. Strahlend schön trug sie ihr göttliches Kind auf dem Arm. Liebevoll neigte sie sich zu dem Jungen und sprach mit sanfter Stimme: „Fürchte dich nicht. Ich will deine Mutter sein und deine führende Hand durchs Leben. Sag aber den Leuten im Dorf, sie sollen hier an dieser Stelle, inmitten des Gebüschs, eine kleine Zelle errichten und darin ein Bildnis von mir mit meinem Sohn aufstellen." Daraufhin verschwand sie.

Der Junge rannte nach Hause und erzählte, was er erlebt hatte. Oh, wie wurde er von den Pflegeeltern ausgelacht! Aber nach einer Weile hatte er die gleiche Erscheinung wieder. Jetzt erzählte er auch anderen Leuten im Dörfchen davon, die aber nur verwundert den Kopf schüttelten. Erst, als es zum dritten Mal passierte und ein Spielkamerad des Jungen mit dabei war, da schenkten die Leute ihm endlich Glauben und folgten dem Wunsch der Gottesmutter. Bald kamen Menschen von nah und fern mit ihren Anliegen in die kleine Zelle im Gebüsch mit dem Bildnis. Fast alle fanden Erlösung und so verbreitete sich der Ruf von „Maria im Busch" bald immer mehr.

Der Junge aber genoss den besonderen Schutz Marias. Eine vornehme Frau kam eines Tages ins Dorf. Sie erkannte, was für ein Geist in ihm schlummerte und ermöglichte ihm das Theologiestudium. Bei seiner Primiz, seiner ersten Feier der Heiligen Messe, erschien Maria und nickte ihm freundlich zu. Der junge Priester sorgte dann dafür, dass das kleine Muttergotteshäuschen zu einer geräumigen Kapelle erweitert wurde. Bald wurde „Maria im Busch" zu einem bekannten Wallfahrtsort.

Es gibt aber noch eine zweite Sage. Sie erzählt von einem frommen Hirtenjungen, der in Dingelstädt lebte. Während er seine Schafe hütete, tat er nichts lieber, als fromme Lieder für Maria zu singen. Es war der 8. September, der Festtag Mariä Geburt, als er ein Stück Wollstoff zum Schneider bringen wollte, damit er ihm ein warmes Kleidungsstück für den Winter anfertige. Auch hier hatte er wieder ein frommes Marienlied auf den Lippen, als er am Kerfhügel vorbeikam. Da sah er auf einmal in den Haselstauden und Heckenrosen eine wunderschöne Frau mit einem Kind auf dem Arm. Der Junge sah, wie sie versuchte, das Kindlein vor dem rauen Wind zu schützen. Ohne nachzudenken, reichte der Junge ihr den Wollstoff. Sie neigte dankend das Haupt und verschwand. Aus dem Hirtenjungen wurde später ein Priester, wie es immer sein Herzenswunsch war. Bei seiner Primiz erschien ihm Maria mit einem Mantel aus seinem Wollstoff. Er sah es als seine Lebensaufgabe, die Ehre Mariens zu fördern. Er sammelte Geld und baute an der Stelle, wo sie ihm erschienen war, eine Kapelle und ließ ein speziell dafür angefertigtes Gnadenbild aufstellen. Auch in dieser Geschichte wurde „Maria im Busch" schnell zu einem bekannten Wallfahrtsort. Da der Zulauf über die Jahre immer größer wurde, musste die Kapelle immer weiter ausgebaut werden. So entstand die Wallfahrtskirche „Maria im Busch", die „Kleine Kirche". Sie liegt heute längst innerhalb des Stadtgebietes von Dingelstädt. Das erste Gnadenbild gibt es nicht mehr, das jetzige stammt aus dem 15. Jahrhundert.

DIE STECKENPFERDREITER
VON DINGELSTÄDT

Im Dreißigjährigen Krieg waren die Schweden auch nach Dingelstädt eingedrungen. Sie steckten das Dorf in Brand und plünderten die Häuser aus. Einer der schwedischen Offiziere machte sich mit ein paar Männern auf den Weg zur „Kleinen Kirche", um an ihr seinen Übermut auszulassen. Doch vor dem Gotteshaus angelangt, bäumte sich sein Pferd auf und versuchte, seinen Reiter abzuwerfen. Es gebärdete sich wie wild, es halfen weder Sporen noch Peitsche. Als das Pferd nach allen Seiten ausschlug, lösten sich drei Hufeisen. Sie flogen mit solcher Gewalt gegen die Kirchentür, sodass sie in deren Holz steckenblieben. Als der Offizier das sah, überlegte er es sich anders. Sobald er das Pferd wendete, war es wieder lammfromm, als wäre nichts vorgefallen. Kein Schwede wagte es danach, sich der „Kleinen Kirche" auch nur zu nähern. Die Hufeisen ließ man, so heißt es, bis zum Jahr 1838 in der Tür. Da wurde Dingelstädt von einem verheerenden Brand heimgesucht, der auch die Kleine Kirche in Schutt und Asche legte. Aber im Gedenken an den Vorfall gibt es bis heute den Brauch des Steckenpferdreitens, bei welchem sich am Ostertag mittags um dreizehn Uhr die noch nicht schulpflichtigen Jungen von Dingelstädt bei der „Kleinen Kirche" versammeln. Sie kommen auf Steckenpferden angeritten, die mit Bändern und kleinen Schellen geschmückt sind. Sobald alle da sind, geht der Umritt um die Kirche los. Die Erwachsenen spendieren den Kleinen dabei Süßigkeiten. Punkt vierzehn Uhr ist der Spaß beendet, die kleinen Kerle „traben" wieder vergnügt nach Hause.

DIE TEMPLER
VOM KERBSCHEN BERG

Einmal hatte sich ein Bauer aus Kefferhausen verspätet. Mitternacht war nahe, als er von Dingelstädt den Heimweg antrat. Genau zur Geisterstunde war er in der Nähe der Kerbschen Mühle, als er einen Templerzug erblickte. Eine stattliche Anzahl weißgekleideter und hochgewachsener Herren mit Helmen auf den Köpfen gingen immer zu zweit in Richtung des Kerbschen Berges. Unser Bauer, alles andere als furchtsam, wurde neugierig. Die Neugier plagte ihn regelrecht, was es mit der Erscheinung auf sich hat, von der er schon so viel gehört hatte. Er schlich hinterher. Plötzlich öffnete sich der Berg und gab den Blick auf eine hell erleuchtete Kirche frei. Die Templer schritten hinein, auch der Bauer wand sich durch das Portal, das sich von selbst wieder schloss. Er versteckte sich in einer Nische, von der aus er aber alles überblicken konnte.

Herrlich war die Kirche geschmückt, der Altar glitzerte von Gold und Silber. Um die Schultern trug jede der Gestalten einen weißen Mantel mit einem roten Kreuz. Sie bewegten sich einmal um den Altar, trugen Kreuz und Fahnen voran. Ganz am Schluss aber sah der Bauer einen ehrwürdigen alten Ritter mit einem goldenen Kreuz auf der

Brust, an dessen Seite einen jungen Mann ohne Mantel. Die Männer bildeten einen Halbkreis, der alte Mann nahm auf einem kostbaren Thron Platz. Plötzlich warfen alle gleichzeitig die weißen Mäntel ab und standen in roten Waffenröcken mit Schwert an der Seite und der Lanze in der Hand da. Drei schritten zur Rechten und drei zur Linken des Alten und nahmen Aufstellung, sechs weitere postierten sich vor dem Altar. Der junge Mann kniete vor einem rot ausgeschlagenen Betpult nieder, die restlichen Templer nahmen in den Kirchenbänken Platz, worauf ein Priester an den Altar trat und die heilige Messe feierte. Es ertönte eigenartiger Gesang und Waffengeklirr während der Wandlung. Im Augenblick des heiligen Aktes zogen die Ritter vor dem Altar die Schwerter und senkten sie. Danach trat der junge Mann unter einer tiefen Verbeugung vor den ehrwürdigen Alten, der der Ordensmeister zu sein schien. Beide wechselten Fragen und Antworten, die der Bauer aber nicht verstehen konnte, so sehr er die Ohren auch aufsperrte. Ansonsten herrschte tiefe Stille in der Kirche. Der Knappe kniete, der Alte zog sein edelsteinbesetztes, kostbares Schwert und gab ihm drei leichte Schläge auf die Schulter und umarmte ihn dann. Auch die anderen Templer umringten den neuen Ritter in ihrer Mitte, umarmten ihn und klopften ihm auf die Schulter. Alle zogen die Mäntel wieder über und verließen in Zweierreihen die Kirche. Auch der Bauer schlüpfte hinter ihnen hinaus. Genau als sich der Zug der Landstraße näherte, schlug es eins – und alle waren in der gleichen Sekunde verschwunden.

Die Schatzgräber vom Kerbschen Berg oder
Wie zwei Dingelstädter dem Teufel entkamen

Eines Tages beschlossen zwei Brüder aus Dingelstädt, ihr Glück zu versuchen und nach großen Schätzen, vergraben auf dem Kerbschen Berg, zu suchen. Sie schulterten Spaten, Schaufeln und Hacken und machten sich eines Abends auf den Weg zur Anhöhe, wo sie zu graben begannen. Aber es half nichts, nirgendwo stießen sie auf einen Schatz. Da riefen sie in ihrer Verärgerung den Teufel herbei. Der erschien auch prompt und versprach ihnen den Schatz, falls sie sich ihm mit Leib und Seele verschrieben und das Abkommen mit ihrem Blute unterschreiben würden. Jetzt zögerten die beiden, der eine bekam sogar richtig Angst vor der Hölle. In seiner Not fiel ihm ein, was sogar der Wahrheit entsprach und schrie: „Unser Andrees kann ja gar nit geschriebe…!" (Unser Andreas kann ja gar nicht schreiben). Im selben Moment war der Teufel verschwunden. Zwar gingen die beiden Brüder leer aus, aber sie hatten ihre Seelen noch.

DIE BRAUTHECKE
BEI DINGELSTÄDT

Ein Brautpaar aus Kreuzebra war vor Jahrhunderten zu Fuß nach Mühlhausen unterwegs, um dort bei einem Goldschmied die Trauringe zu bestellen. Es war tiefer Winter und grimmig kalt. Der Schnee lag hoch auf Feldern und Wegen und machte das Vorankommen sehr beschwerlich. Die beiden jungen Leute aber waren voller Glück in Gedanken bei der bevorstehenden Hochzeit und schritten wacker aus. Um die Mittagszeit waren sie glücklich in Mühlhausen angekommen, erledigten ihre Besorgungen und machten sich wieder auf den Heimweg. Aber es hatte erneut dichtes Schneetreiben eingesetzt, das Gehen wurde immer mühsamer. Nach mehreren Stunden konnte die Braut, obwohl ihr Verlobter sie stützte, vor Müdigkeit nicht mehr weiter. Sie waren in der Nähe einer Hecke, die etwas Schutz bot. Auch der junge Mann war erschöpft. So setzten sie sich nieder, um neue Kräfte zu sammeln. Aber bald schliefen sie vor Müdigkeit ein. Gefunden wurden sie am anderen Tage. Sie saßen friedlich nebeneinander unter der Hecke, die Hände ineinandergelegt. Sie waren erfroren. Die Hecke wurde von nun an von den Menschen „Brauthecke“ genannt.

BEBERSTEDT

Einst soll im kleinen Ort Beberstedt zwischen Hüpstedt und Dingelstädt ein großer Strom geflossen sein, dessen Bett heute noch erahnbar ist. Als das Fräuwechen von Engeland über das Eichsfeld Leid und Trauer brachte, soll es auch nach Beberstedt gekommen sein. Das Fräuwechen stieg über eine Öffnung in den Erdboden und zog den Strom einfach mit hinab. Das ehemalige Kloster Reifenstein, so heißt es weiter, soll über diesen unterirdischen Wassern stehen und über ihm mit Ketten befestigt sein. Seitdem ist der Strom verschwunden.

DAS KLÜSCHEN
VON HÜPSTEDT

Ein Bauer aus Hüpstedt hatte vor vielen hundert Jahren einige Besorgungen zu erledigen. Der Weg war weit, der Aufgaben viele – darum sagte er zu seiner Frau, er werde wahrscheinlich auch über Nacht ausbleiben, sie solle sich keine Sorgen machen. Aber alles lief wie am Schnürchen, sodass er viel eher alles erledigt hatte, als gedacht. Da er den Weg gut kannte und gern in seinem eigenen Bett schlafen wollte, beschloss er, sich auf den Heimweg zu machen. Es war Winter. Der Schnee lag mehr als kniehoch. Straßenbäume gab es noch nicht. So war der Mann, ohne es zunächst zu merken, von seinem Weg abgekommen. Mitten in der dunklen Schneewüste stand der Bauer und lauschte. Ihm war, als höre er Hundebellen. Doch das verstummte wieder. Trotzdem beschloss er, in diese Richtung weiterzugehen. Er ging und ging stundenlang, aber er erreichte kein Ziel. Er schwitzte und war so erschöpft von dem anstrengenden Marsch, dass er kaum noch weiterkonnte. Seine Müdigkeit drängte ihn dazu, einfach niederzusinken. Sein Verstand aber sagte ihm, dass Schlaf bei der Kälte sein Tod sein würde. In seiner Not sprach der Bauer ein Gebet zu Maria und gelobte, ihr an der Stelle eine Kapelle zu errichten, wo er das erste Licht sehen würde. Er nahm die letzten Kräfte zusammen und schleppte sich weiter. Plötzlich sah er einen Lichtschein. Eingedenk seines Versprechens steckte er seinen Stock in den Schnee, um diese Stelle bei Tag wiederzufinden. Er ging weiter auf das Licht zu und sah kurz darauf die ersten Häuser wie Schemen in der Dunkelheit.

Jetzt wusste er, wo er war. Der Lichtschein kam aus seinem eigenen Haus. Seine Frau kam ihm an der Haustür entgegen und seufzte erleichtert. „Gott sei Lob und Dank, dass du wieder da bist“, sagte sie. Ihr Mann erzählte ihr von der Gefahr und seinem Schwur. Seine Frau wurde ganz still. Dann sagte sie: „Du wolltest ja erst morgen zurückkommen, darum bin ich zeitig ins Bett gegangen. Aber vor einer halben Stunde bin ich aufgewacht und war voller Unruhe. Ich glaubte dich in Lebensgefahr. Darum bin ich aufgestanden und habe das Licht entzündet. Mir kam der Gedanke, es vor das Fenster zu stellen.“ Beide dankten Gott und der Jungfrau Maria für die Gnade und Hilfe. Am nächsten Tag war die Stelle anhand des Stockes, der im Schnee steckte, schnell gefunden. Und im folgenden Sommer baute der Bauer die kleine Kapelle und stellte ein Bildnis der Gottesmutter mit dem Jesuskind darin auf. So entstand die kleine Kapelle, die nur „die Klus“ oder „das Klüschen“ genannt wird.

Der kopflose Reiter oder Der Mord am Talgraben

Es war mitten im Dreißigjährigen Krieg, als im Jahr 1632 der Mühlhäuser Haufen das Unstruttal verwüstete. Dabei machte er auch vor Silberhausen nicht Halt. Als die Marodeure abzogen, war in dem schmucken kleinen Eichsfelder Dorf kein Stein auf dem anderen geblieben. Selbst die Kirche hatten die rohen Kerle nicht verschont. Vier Jahre lang war Silberhausen nicht existent. Dann kehrten die Bewohner, die das Morden überlebt und sich in die Wälder oder zu Verwandten geflüchtet hatten, zurück, um ihr Dorf wieder aufzubauen. Große Entbehrungen nahmen sie in den kargen Kriegsjahren in Kauf, um Häuser und Höfe neu zu errichten, für eine neue Kirche aber reichte das Geld nicht.

Acht Jahrzehnte gingen ins Land, langsam ging es den Silberhäusern besser. Sie beschlossen, den Gürtel nochmals enger zu schnallen und auch den Bau einer neuen Kirche zu stemmen. Zuvor wurden sie achtzig Jahre von Helmsdorf mit bepfarrt. Als der letzte Stein, der letzte Dachziegel für das Gotteshaus an Ort und Stelle war, luden sie den Bischof ein, ihre Kirche zu weihen, damit alles seine Ordnung habe. Der Bischof aber lehnte ab, als er erfuhr, dass die Kirche keinen eigenen Kelch für die Kommunion besaß. Er werde die Kirche erst weihen, wenn ein Kelch da sei. Jetzt war guter Rat teuer. Die Bewohner hatten ihren letzten Groschen für den Kirchbau ausgegeben, wo sollten sie noch etwas hernehmen, um auch einen Kelch zu bezahlen? Zu hoch war die Summe.

Man beschloss, sich das Geld von Helmsdorf zu leihen. Als Pfand gab Silberhausen das Kleine Hölzchen, ein Waldstück nahe beim Dorf. Die Helmsdorfer liehen das Geld und setzten die Frist fest, binnen derer die Summe zurückgezahlt werden musste. Der Kelch konnte angeschafft werden, dieses Mal kam auch der Bischof und weihte die Kirche. Danach brach erneut eine harte Zeit für die Silberhäuser an, jeden Bissen sparten sie sich vom Munde ab, um das Pfand einzulösen.

Es kam der Abend des Tages, an dem um Mitternacht die Frist ablief. Aber noch immer fehlten einige Münzen an der Summe. Es wurde immer dunkler, die Leute blicken besorgt zur Sonne, die unbarmherzig am Horizont tiefer und tiefer sank. Die Nacht brach herein. Da kam ein Bauer angefahren, der noch einige Waren verkauft hatte. Er sprang vom Kutschbock und lief, einen kleinen Geldbeutel in der Hand, zur Kirche. Darin hatte er den noch fehlenden Betrag. Sofort sprang ein Bursche auf sein Pferd, griff nach der nun gut gefüllten Geldkatze und jagte im gestreckten Galopp Richtung Helmsdorf, denn es fehlte nicht mehr viel an Mitternacht. Aber die Sache musste sich herumgesprochen haben. Direkt an der Gemarkungsgrenze zwischen den beiden Dörfern, am Talgraben noch auf Silberhäuser Gebiet, lauerten einige dunkle Gestalten im Schutz der Nacht. Sie rissen den Boten vom Pferd und schlugen ihm mit einem Schwerthieb den Kopf ab. Die Leiche ließen sie liegen und verschwanden mit dem Geld.

Seitdem ist in dunklen Nächten zur Geisterstunde im Gebiet zwischen Silberhausen, Helmsdorf und Dingelstädt der kopflose Reiter unterwegs, der seine Mörder sucht und damit die Schurken, die Silberhausen um das Kirchholz gebracht haben. Ruhelos irrt er durch die Hohlwege und hat schon manchem späten Wanderer einen gehörigen Schrecken eingejagt. Das kleine Wäldchen aber gehört bis zum heutigen Tag zu Helmsdorf.

Der kopflose Reiter

Einst waren zwei Burschen aus Dingelstädt in Helmsdorf zur Kirmes zu Besuch. Vom leckeren Gänsebraten über schäumendes Bier bis zum mitreißendem Tanz – es hatte ihnen dort ausgezeichnet gefallen. Darum traten sie auch erst zu fortgeschrittener Stunde den Heimweg an. Unterwegs schwärmten sie sich gegenseitig von dem Abend und den schönen Helmsdorfer Mädchen vor. Die Wolkramshäuser Mühle hatten sie gerade hinter sich gelassen, als sie die Helmsdorfer Turmuhr schlagen hörten. Automatisch zählten sie mit und wurden blass, als der zwölfte Schlag verklungen war. Mitternacht – und sie mussten doch noch am Furtweg vorbei. „Der Reiter ohne

Kopf", hauchten sie. Wie oft hatten ihnen die Eltern und Großeltern davon erzählt. Keiner wollte den anderen wissen lassen, wie sehr die Angst in den Gliedern saß. Aber die Schritte Richtung Furtweg wurden ihnen doch etwas schwer. Kaum hatten sie ihn erreicht, hörten sie plötzlich Hufschlag hinter sich. Sie konnten gerade noch zur Seite springen, als der Reiter ohne Kopf an ihnen vorbeibrauste. Plötzlich riss dieser das Pferd an den Zügeln, sodass es stehenblieb. Er drehte sich um, hob die Faust und drohte den beiden Burschen. Dann war er wie vom Erdboden verschluckt. Jetzt schlotterten ihnen richtig die Knie. Sie rannten förmlich nach Dingelstädt und fanden erst vor den ersten Häusern die Sprache wieder. Von Schlaf konnte bei beiden in dieser Nacht keine Rede sein. Die nächsten Tage wurden auch nicht besser. Ganz „angeschlagen" gingen sie durchs Städtchen.

Erst zwei Wochen später, als die Kirmes in Dingelstädt gefeiert wurde, hatten sie sich erholt. Sie konnten nicht genug damit prahlen, dem kopflosen Reiter begegnet zu sein. Die Burschen rühmten sich ihrer Tapferkeit und schmückten die Begegnung ordentlich aus, einer der beiden verstieg sich sogar, zu behaupten, der Reiter hätte eine brennende Pfeife im Mund gehabt, die dicke Qualmwolken verbreitet hätte. Wie ein kopfloser Reiter einen Mund haben kann, hat er jedoch nicht erklärt …

Die schwarze Hose

Etwa einhundert Schritte von der Lengefelder Warte in Richtung Dingelstädt lag einst der Siechenhof, ein Gehöft, das als Gasthaus genutzt wurde. Zahlreich sollen die Fuhrleute hier durchgekommen sein und hätten das Gasthaus als Ausspann genutzt. Sie waren gewohnt, früh am Morgen mit ihren Gespannen aufzubrechen. Damit die Pferde aber genug Ruhe bekamen, machten sie schon am Nachmittag mit dem Tagewerk Schluss und versorgten die Tiere im Ausspann. So hatten die Fuhrleute eine Menge freie Zeit, die sie gern mit Kartenspielen verbrachten. Vor allem Schafkopf war üblich. Wenn aber beim Schafkopf der vierte Mann fehlte, so hängte der Wirt vor dem Gasthaus an einer Stange eine schwarze Hose aus. Dann kamen Kartenspieler vom Feld oder den nahen Dörfern herbei, um auszuhelfen und selbst dem Spiel zu frönen, was nicht selten bis Mitternacht ging. Es wird erzählt, dass der Wirt die Hose auch aufhängte, wenn er ein frisches Fass Bier angestochen hatte, was gleichfalls die dem Trunk zugeneigten Nachbarn herbeirief. So bekam das Gasthaus im Volksmund den Namen „Schwarze Hose". Heute noch sind der Name und die Stelle bekannt,, denn die tiefe Senke auf der Bundesstraße, die man durchfahren muss, heißt im Eichsfeld ebenfalls „Schwarze Hose".

Wie in Helmsdorf eine Kirchengröße bestimmt wurde

Helmsdorf am Rande des Eichsfeldes hatte in seiner Geschichte schwer zu leiden. Die Schweden zerstörten es im Dreißigjährigen Krieg vollständig, wobei auch die Pfarrkirche in Flammen stand und nur die nackten Mauern übrigblieben. Die Helmsdorfer bauten ihr Dorf wieder auf und richteten auch die Kirche notdürftig her. Aber schon um 1700 war sie so baufällig, dass ein Neubau unausweichlich war. Nur konnten sich die Bewohner nicht einigen, wie groß sie werden sollte. Der Sage nach verfielen sie auf eine Idee: Der Kirchenraum sollte so groß werden, wie der Platz, der von allen erwachsenen Einwohnern des Dorfes umspannt wird, wenn sie sich gegenseitig an den Händen fassen und einen Kreis bilden. Genau so soll es geschehen sein.

Ein Spinnstubenabend in Bickenriede

Man schrieb den 13. Februar. Kalt war es. Wer nicht musste, ging auch nicht hinaus, nur eine Gruppe Knaben hatte sich vor dem westlichen Dorfrand von Bickenriede auf der Rodelbahn versammelt, um den Abhang des Heisenberges hinunterzusausen. Eine Schar Raben saß in den kahlen Pappeln. Einer der schwarzen Vögel krächzte laut. Die Jungen sahen in seine Richtung, dann stoben sie auseinander, um sich hinter Hauseingängen oder einer Hecke zu verstecken. Verstohlen sahen sie vorsichtig nach der Gestalt mit einer Hucke Holz auf dem Rücken, die des Weges kam. Die Kinder fürchteten die Frau. Spindeldürr war sie, unter dem schwarzen Tuch sah rotes, struppiges Haar hervor, die Augen lagen in tiefen Höhlen. Ihr Gang war schleppend, denn sie hatte einen verkrüppelten linken Fuß. Bei den Erwachsenen war die Frau unter dem Namen Sybille bekannt. Bei den Kindern hieß sie nur: „Die Hexe".

Die alte Sybille schleppte ihre schwere Last in ihr kleines Häuschen an der Luhne, etwas abseits von den anderen. Für Sybille reichte es. Nur ihr Bruder, Kammbartel genannt, kam zu Besuch. Er verdiente sich im Winter mit Wollekämmen sein Brot, woher auch sein Spitzname rührte. Im Sommer dagegen zog er als Kesselflicker über das Land. Von solch einer Reise hatte er ein altes Buch in einem schweinsledernen Einband mitgebracht. Das verbarg er sorgfältig sogar vor den Blicken Sybilles. Stunden, manchmal tagelang saß er vor dem Buch. Sein so schon nicht sonniges Wesen wurde immer düsterer.

Es geschah, dass der reiche Angerschulze nach der Schafschur seinen Sohn zu Bartel schickte, um mit über das Wollekämmen zu reden. Als der Bursche die Leiter in Sybilles Haus zu Bartels Winterquartier erklomm, klopfte er an die Tür. Eine dort angenagelte Eule rollte mit den Augen. Als der neugierige Schulzensohn durch eine Ritze an der Tür spähte, wäre er fast in Ohnmacht gefallen. Kammbartel saß vor dem Buch, im Raum aber sah der Junge die sonderlichsten Gestalten. Plötzlich stand die Kammer in Flammen. Der Bursche rannte zu seinem Vater und erzählte ihm davon. Der ließ sofort die Dorfspritze vor die kleine Kate fahren. Aber von Feuer war nichts zu sehen. Kammbartel schlief ruhig in seinem Bett. Jetzt wurde das Haus noch mehr gemieden.

Außer an diesem 13. Februar. Abendlich trafen sich die Dorfschönheiten mit ihren Spinnrädern bei einer von ihnen, immer im Wechsel. Gegen neun oder zehn Uhr statteten die jungen Burschen diesen „Tropps" einen Besuch ab. Dann schwiegen die Spinnräder schnell, stattdessen gab es Musik und Tanz. Der Tropp „Goldene Fünf" hatte mit den Burschen gewettet, dass sie am nächsten Abend, den 13. Februar, nicht das Haus finden können, in dem sie sich zum Spinnstubenabend treffen. Als der Tropp beratschlagte, machte eines der Mädchen den Vorschlag, das Haus der Hexe zu nehmen. Sybille wurde verständigt.

Am nächsten Abend schlichen die Mädchen stark vermummt einzeln und auf Umwegen zu dem Häuschen. Die Fenster verhängten sie mit ihren Schürzen, damit niemand hineinsehen konnte. Um neun Uhr schoben sie die Spinnräder an die Seite, holten ihre Körbe mit Wurst, Brot und Kuchen heraus und baten Sybille, an ihrem Mahl teilzunehmen. Bald begannen die Mädchen, sich gegenseitig Spukgeschichten zu erzählen. Da klopfte es ans Fenster. „Bartel", sagte Sybille nur, die das Klopfzeichen erkannte. Doch als sie die Tür öffnete, stand nicht der Kammbartel draußen, sondern der Trupp jugendlicher Verehrer der Mädchen. Sie hatten in ganz Bickenriede gesucht, dann kam es ihnen seltsam vor, dass zu so später Stunde aus Sybilles Küche noch dicke Rauchwolken kamen.

Jetzt wurde es trotz der verlorenen Wette lustig. Die Burschen waren wie toll, aber am tollsten benahm sich der Schulzenkaspar. Als die Geisterstunde anbrach, erinnerte er sich daran, was er neulich durch die Tür der Kammer beobachtet hatte, und ihm kam ein verwegener Gedanke. Kurz entschlossen kletterte er die Leiter hoch zu der Kammer. Die Tür war nur angelehnt. Rasch trat er ein, obwohl ihm das Herz bis zum Hals klopfte. Er sah sich um. Da sah er es: Das Buch lag auf einem Brett in der Ecke. Hastig griff er nach dem Folianten und sprang über die Leiter zurück in die Stube. Da ging gerade der Plumpsack um. Jetzt mussten alle die Plätze wechseln. Bei dem Durcheinanderrennen stieß eins der Mädchen gegen Kaspar, sodass das Buch zu Boden fiel. Das Titelblatt wurde sichtbar, das den Teufel mit Hörnern, Pferdefuß, einem Geldbeutel in der linken Hand und einen Besen in der anderen zeigte. Die Mädchen schrien auf. Als sich Kaspar bückte, das Buch aufhob und sich anschickte, darin zu lesen, erhoben die Mädchen Einspruch. Die Burschen aber lachten und bestärkten den Freund noch.

Nur einige Zeilen konnte er lesen, da ertönte ein furchtbarer Donner, ein Sturm packte die Kate und die vor ihr stehende Pappel, sodass sie abgeknickt zu Boden stürzte. Ein Ast traf das Fenster und die Glasscheiben gingen zu Bruch. Die Öllampe erlosch, tiefe Dunkelheit machte sich breit. Draußen erhoben sich krächzend hunderte Raben. Der größte, ein Kolkrabe, flog durch das zerbrochene Fenster und setzte sich auf das „Christoffelsbuch“. Der „Tropp“ hatte sich schon beim Donnerschlag aus dem Staub gemacht. Auch Sybille war aus der Stube entwichen. Nur der Schulzenkaspar stand mit schlotternden Knien vor dem Buch und konnte sich nicht rühren. Der Rabe aber wuchs und wuchs. Er wurde immer grauenhafter, die Augen glühten wie Kohlen, sodass etwas Licht in die Stube kam. „Was willst du von mir? Du hast mich gerufen“, begann der unheimliche Vogel zu sprechen. Kasper vermochte vor Angst nicht ein Wort hervorzubringen. Der Rabe sperrte in dem Schweigen den Schnabel weit auf und wollte mit der rechten Kralle nach Kaspar greifen. Ein Käuzchen schrie draußen: „Komm mit!“ In dem Moment trat der Kammbartel ein, dem sofort klar war, was passiert war. Blitzschnell, bevor der Rabe zupacken konnte, las er rückwärts in dem noch aufgeschlagenen Buch. Der Rabe schrumpfte, ließ Flügel und Krallen sinken und verschwand durch das Fenster.

Kaspar war gerettet und brauchte eine Weile, um sich zu erholen. Dann hielt ihm der Kammbartel eine gepfefferte Strafpredigt und schickte ihn nach Hause. Da klang ein Wimmern an Bartels Ohr. Sybille hatte bei ihrer Flucht einen Fehltritt getan und war die Stubentreppe hinuntergestürzt. Kammbartel hob sie auf und trug sie in die Stube. Ein eiligst herbeigerufener Arzt stellte fest, dass die Kniescheibe gebrochen war und Sybille das Bett hüten musste. Bartel ließ sich die Wolle zum Kämmen ins Haus bringen. Aber nach vierzehn Tagen gab es keine Besserung. Sybille bekam wegen des Schreckens in der verhängnisvollen Nacht ein Nervenfieber. Bald darauf erlöste sie der Tod. Zwei Tage später fand man auch den Kammbartel tot in seinem Bett. Er hatte vergessen, den Topf mit glühenden Kohlen, den er beim „Kammen“ benutzte, aus der Stube zu tragen und war im Schlaf erstickt. Die Leute aber sahen das als Strafe für sein Spiel mit dem „Christoffelsbuch“ an. „Satan hat ihm das Genick gebrochen“, hieß es im Dorf.

Niemand wollte in das Haus einziehen, obwohl es zum Verkauf stand. Erst nach zwei Jahren wollte sich ein Fremder in Bickenriede niederlassen und erwarb es für lachhaft wenig Geld. Aber er hatte nichts zu lachen. Kammbartels Geist rumorte allnächtlich in der Dachkammer. Ein Pater vom Kloster Anrode wurde gerufen, der den Geist unter die Stubentreppe bannte. Das Rumoren hörte auf.

Als das Haus aber in andere Hände ging, war es den neuen Besitzern zu klein. Es wurde abgerissen, ein neues gebaut. Doch dabei kam der Geist unter der Stubentreppe wieder frei. Es ging von vorn los, dieses Mal auf dem neuen Dachboden. Wieder musste Bruder Johannes von Anrode kommen. Jetzt aber gab er dem Geist einen Eimer ohne Boden und befahl ihm, damit Wasser aus dem Kellerbrunnen zu holen. Kaum war der Geist mit dem Eimer im Brunnen, wälzte der Pater einen großen Stein über die Öffnung. Seitdem ist Ruhe. In Bickenriede aber heißt es, wenn jemals der Stein vom Brunnen gewälzt wird, dann wird eine Flut aus dem Keller hervorbrechen, die das Dorf von Grund auf zerstört.

Wie der Fröhlingsweg
bei Bickenriede zu seinem Namen kam

In der Flur nördlich von Bickenriede im Appentaler Feld haben vor fünfhundert Jahren die Menschen einem Weg den Namen Fröhlingsweg gegeben. Das kam so: Als auch im Eichsfeld die lutherische Lehre immer mehr Eingang bei den Menschen fand, hielt der damalige katholische Pfarrer von Helmsdorf mit Namen Fröhling immer im Wechsel mit dem lutherischen Prädikanten in Dörna Gottesdienst in Bickenriede. Das konnte nicht so weitergehen. Also verabredeten sie, dass derjenige, der am folgenden Sonntag zuerst in der Bickenrieder Kirche am Altar stehe, dort Pfarrer sein solle. Fröhling aber benutzte eine Abkürzung und kam zuerst an. Somit blieb Bickenriede katholisch. Den Weg, den der Pfarrer benutzte, nannten die Leute Fröhlingsweg.

Die Grundlöcher
beim Kloster Anrode

In der zweiten Hälfte des sechzehnten Jahrhunderts war Anna von Hanstein die Äbtissin des Zisterzienserinnenklosters Anrode zwischen Büttstedt und Bickenriede. Aber sie neigte bald der neuen lutherischen Lehre zu. Sie ging sogar so weit, sich einen neugläubigen Prädikanten als Kaplan zu nehmen und wollte aus dem Kloster ein weltliches Damenstift machen. Da machten aber die anderen Nonnen nicht mit. Sie blieben sämtlich beim alten katholischen Glauben und erhoben an höherer Stelle Beschwerden über ihre Äbtissin, die schließlich ihres Amtes enthoben wurde. Aber Anna von Hanstein wäre keine echte Hanstein gewesen, wenn sie es nicht geschafft hätte, ihre Stellung bis zu ihrem Tode zu behalten, heißt es in der Überlieferung.

Doch sie erhielt ihre Strafe. Nach ihrem Tod fand sie im Grab keine Ruhe, sondern spukte nachts als Gespenst im Kloster, sodass die Schwestern kaum ein Auge zumachen konnten. Eines Tages holten sie zwei als Exorzisten oder „Teufelsbanner" berühmte Mönche nach Anrode. Die beiden schafften es, den Geist in die Grundlöcher zu bannen. Aber auch dort fand sie keine Ruhe, Leute haben sie zur Geisterstunde aus dem Wasser auftauchen oder am Ufer sitzen sehen, wo sie seufzend die Hände rang.

Das Saubörnchen
beim Kloster Anrode

Als in einem heißen Sommer alle Brunnen und Bäche der Umgebung bei Kloster Anrode austrockneten, herrschte eine große Wassernot. Nur noch der Köhlersborn in Bickenriede brachte ein kleines Rinnsal hervor. Von allen umliegenden Dörfern kamen die Leute her, um das notwendige Wasser für Mensch und Tier zu holen. Dann aber trocknete auch er aus. Nun mussten die Leute bis an die Werra. Die Dürre wollte nicht weichen, weshalb die Erde auf den ausgedörrten Feldern Risse bekam, selbst die Vögel sangen nicht mehr.

Der Propst vom Kloster Anrode befahl in diesen schlimmen Tagen seinem Schweinehirten, die Borstentiere in das ausgetrocknete Bett der Luhne zu treiben, damit sie dort wenigstens die Eicheln fressen können. Das machte der Hirt gern, spendeten die hohen Eichen doch Schatten in der Hitze. Auch den Tieren ging es gut. Eine alte Sau aber entfernte sich von der Herde. Egal, was der Hirt auch unternahm, immer wieder riss sie aus und rannte schließlich im wilden Galopp bis zum Rand des Gehölzes. Da durchwühlte sie grunzend den Boden. Im gleichen Augenblick, als der Hirt dazukam, der der Sau hinterhergejagt war, sprudelte aus der Erde, wo eben noch das Tier gewühlt hatte, eine klare Quelle. Das Wasser war so rein, wie es in der ganzen Gegend nicht zu finden war. Sofort lief der Hirt zum Propst, der mit allen Klosterbewohnern zur Quelle kam. Lange betrachteten sie sie, aber als sie nicht versiegte, dankten sie Gott für die wunderbare Hilfe. Sie gaben der Quelle zur Erinnerung an die „Finderin“ den Namen „Saubörnchen“.

Die Brauthecke
bei Bickenriede

Nördlich von Anrode sollen in fast vergessenen Zeiten zwei Dörfer gelegen haben: Seehausen und Bezzelrode. In jedem gab es ein Adelshaus mit dem gleichen Namen wie das jeweilige Dorf. Der Schlossherr von Seehausen war sehr reich, sein Grund und Boden machten ihn jedes Jahr noch wohlhabender. Aber der Schlossherr selbst war ein finsterer Kerl. Schon wenn er morgens das Bett verlassen musste, stieß er wüste Flüche aus. Seine Lieblingsbeschäftigung war es, den lieben langen Tag in den Wäldern zu jagen und ahnungslose Wanderer auszurauben. So wie er war bald das ganze Dorf: von Grund auf verdorben. Auch der Geistliche war machtlos, er wurde nur ausgelacht.

Wer das genaue Gegenteil des Seehauseners suchte, der war bei Wezzilo, dem jungen Besitzer von Bezzelrode, genau richtig. Er war lange nicht so reich, aber dafür freigiebig und von edlem Geist, weshalb ihn seine Untergebenen regelrecht verehrten. Aber das Unheil war nicht mehr weit. Wezzilo und Jutta von Seehausen, die junge Tochter des finsteren Schlossherrn, waren einander in tiefer Liebe zugetan. Die beiden waren glücklich. Aber nicht so der alte Seehausen, der strikt gegen eine Verbindung war. Nur heimlich konnte sich das Paar treffen, wenn Jutta einmal den Argusaugen ihres Vaters entfliehen konnte. Sobald aus dem Appental der Pfiff des Pirols ertönte, hatte sie etwas im Wald zu erledigen. Mal waren es die Pferde, nach denen sie auf der Weide sehen wollte, oder es ging um frische Beeren für die Tafel. Es war Wezzilo, der sie so rief. Der Winter aber war trostlos.

Es kam die Zeit der Wintersonnenwende, als Wezzilo vom Grafen von Gleichen die Botschaft erreichte, dass er mit in einen Krieg ziehen müsse. Um es der Geliebten mitzuteilen, schlich er unter ihr Fenster und ließ als Zeichen das Rufen eines Käuzchens hören. Jutta verstand und stand auf. Aber ihr Vater, misstrauisch geworden, schlich ihr nach und sah die beiden traulich beieinanderstehen. In blinder Wut warf der alte Seehausen das Messer nach dem jungen Mann, seine Tochter warf er kurzerhand hinaus. Sie suchte bei einem Onkel in Bickenriede Obdach. Wezzilo begleitete sie dorthin trotz seiner Verwundung.

Genau als sie an die Stelle kam, wo der Landgraben scharf nach Osten abknickt, überkam den Verletzten eine Schwäche und ein stechender Schmerz in der Herzgegend. Als er dorthin griff, war seine Hand voller Blut. Immer schwächer wurde er und wusste, dass es mit ihm zu Ende ging. „Sag dem Vater, dass ich ihm verzeihe", brachte er mit letzter Kraft hervor, dann brach er tot zusammen. In maßloser Trauer und weinend barg Jutta die Leiche ihres Geliebten unter einer Hecke, um sie vor dem Schneetreiben zu schützen. Dann kniete sie weinend zur Totenwache nieder. Sie fühlte nicht mehr, wie ihre Glieder vor Kälte immer mehr erstarrten. Und dann war es plötzlich totenstill. Am anderen Morgen wurden zwei Leichen gefunden. Die Hecke, unter der sie lagen, wurde Brauthecke genannt.

Die Strafe Gottes ließ nicht lange auf sich warten. Im darauffolgenden Sommer standen auf einmal geheimnisvolle Zeichen am Himmel und Seehausen erwachte mit Entsetzen. Ein furchtbares Donnergrollen ertönte, wie feurige Schlangen stießen Blitze zur Erde. Wie ein Wolkenbruch goss der Regen einen Tag und eine ganze Nacht lang, bis das Schloss wankte, während wie von unsichtbarer Hand geläutet unheimlich die Kirchenglocken klangen. Die Seehäuser rannten zum Gotteshaus, aber es war zu spät. Immer schlimmer und schlimmer wurde es. Als am nächsten Morgen die Sonne emporstieg, war Seehausen vom Erdboden verschwunden.

Es heißt, wenn sich Sonntagskinder zur Erntezeit genau an dieser Stelle zur Mittagszeit für einen kurzen Schlummer niederlegen, dann hören sie das Läuten der Glocke. Auch die Kirche wird kurz sichtbar und in ihr die Seehäuser, denen der Priester vergebens die Strafe Gottes prophezeit.

DIE HÜNENLÖCHER
BEI BÜTTSTEDT

Lange vor der Christianisierung des Eichsfeldes lebten in der Gegend Hünen, heißt es. Das waren baumlange Kerle, die lange Haare und Bärte trugen. Sie besaßen unglaubliche Kräfte und schleppten Steinkeulen und Steinschilde mit sich herum. Mit zwei oder drei Schritten legten sie Entfernungen zurück, für die ein Mensch zu Fuß zwei bis drei Stunden brauchen würde. Wenn sie einen Wanderstock benötigten, knickten sie sich die nächstbeste Eiche ab. Wenn sie Lust auf Ballspielen hatten, nahmen sie kurzerhand riesige Felsbrocken. Wenn sie den Sand aus ihren Stiefeln kippten, entstanden Hügel und es flogen große Steine durch die Gegend. Übermut war ihre herausstechende Eigenschaft. Meist waren sie gutmütig, aber wenn sie zornig wurden, dann ging es selbst ihren Göttern an den Kragen. Sie waren Einzelgänger, trafen sich aber dann und wann zum gemeinsamen Spiel.

Auch bei Büttstedt lebten Hünen. Eine Grube in der Feldflur soll die Behausung eines jener fantastischen Geschöpfe gewesen sein. Mehrfach im Jahr wurde hier an gewissen Tagen gekegelt. Die Kegel, so erzählt man, wurden dort aufgestellt, wo heute Bickenriede liegt. In Sekunden durchsausten die Steinkugeln die eigentlich halbstündige Entfernung. Wenn der Schiedsrichter „Alle Neune" verkündete, zitterte der Wald von dem Jubelgeschrei. Und wenn die Kugeln geschoben waren, drehten sich die Hünen auf ihren Stiefelabsätzen um. Dadurch entstanden Löcher, von denen zwei noch geblieben sind – die Hünenlöcher.

DER SCHAMPANJESMANN

Auf der Westseite des Ochsenberges in der Büttstedter Flur stand vor langer Zeit ein Schloss. Der Besitzer wurde immer reicher und reicher, aber er war auch ein habsüchtiger Kerl, der gegen Arme hart und grausam war. Auf halbem Weg zwischen dem „Reichslehen Strouth" und Bickenriede lag der Friedhof Zoighe.

Es war vor vielen, vielen Jahren in einem Oktober, als in der Gegend tiefe Trauer herrschte: Berchta, die einzige Tochter des Herrn von Zoighe, hatte auf der Wolfskutte beim Kloster Anninrod (Anrode) eine schlimme Begegnung mit einem Wolf. Der Förster konnte gerade noch das Tier mit einem Speer erlegen, um das Schlimmste zu verhindern. Trotzdem hatte Berchta furchtbare Bisswunden davongetragen und litt unter einem starken Fieber.

„Hedde", rief der Vater seinen einzigen Sohn, der gerade einmal siebzehn Jahre zählte. „Reite schnell zu meinem Bruder Axel in der Stadt zum Stein unter der Burg Stein und überbring ihm die schlimme Nachricht. Vielleicht vergisst er den alten Hass zwischen uns und kommt, um Berchta zu helfen." Sofort machte sich Hedde auf seinem feurigen Rappen auf den Weg. Als er am Tor des Onkels klopfte, war dieser hocherfreut, seinen Neffen zu sehen. Der berichtete sofort von dem Unglück, wollte noch nicht einmal etwas essen, wozu er aber genötigt wurde, bevor er wieder heim ritt. Axel, der in der Gegend der Kräutermann genannt wurde, kannte alle wunderbaren Kräuter und Pflanzen und immer ein unfehlbares Mittel gegen alle Krankheiten, sogar gegen Gift und Zauberei. „Lass uns den alten Erbstreit vergessen", meinte er zu seiner Frau. „Hol die Arzneien, ich geh, dem armen Kind zu helfen." „So ist es recht", sagte seine Frau, die schon lange auf den Tag der Versöhnung gewartet hatte.

Axel nahm fünf Kuckucksknöchelchen, warf sie in die Luft und fing sie mit dem rechten Handrücken wieder auf. Er betrachtete das Ergebnis und wiederholte das Ganze. Dann rief er seiner Frau entgegen: „Mistel und Krötenherz!". Die Mistel war da, aber nicht das Herz der Feuerunke. Die gab es nur am Stuffenberg, dem späteren Hülfensberg. Eiligst machte sich Axel auf den Weg. Aber am Stuffenberg fand er keine Kröte. Erst oben auf der Kuppe gelang es ihm, eines der Tiere zu fangen. Geschickt zerlegte er die Unke, wobei er ein Sprüchlein aufsagte: „Mistel grün und Kröte rot – bewahrt das Mägdlein vor dem Tod." Schnell eilte Axel wieder nach Hause. Es wurde schon fast dunkel, als er seine Wohnung erreichte, doch noch hatte er zwei Stunden Tageslicht. In dieser Zeit hatte er schon mehrfach die Strecke geschafft, also machte er sich sofort auf den Weg zu Berchta.

Mit seinem langen Knotenstock schwang sich der Kräutermann über die Frieda und wandte sich hinauf zum Hochwald. Bis zum Uhlenstein bei Großbartloff war ihm jeder Schritt und Tritt vertraut. Aber an diesem Abend wurde es ihm in der Gegend unheimlich zumute. Je höher er kam, umso mehr geriet er in einen grauen Nebel, der auf der Eichsfelder Höhe keine Seltenheit ist. Nur langsam kam Axel voran, der Nebel schien bei jedem Schritt dichter zu werden. Schon zwei Stunden war er im Wald, da wurde ihm klar, dass er sich verlaufen hatte. Weit und breit sah er weder Baum noch Strauch, so schwarz war inzwischen die Dunkelheit.

Da schimmerte aus dem Dunst in der Ferne ein schwaches Licht. „Kuwitt, kuwitt", sauste es an ihm vorbei. Ein Grauen erfasste Axel. „O Gott, der Leichenvogel…", flüsterte er. Fast rannte er dem Lichtschein entgegen. Plötzlich stand er vor dem hell erleuchteten Schloss am Ochsenberg. Der Schlossherr hatte seine Kumpane vom Bischofstein und Gleichenstein zu Gast, um ein heftiges Gelage zu veranstalten. Axel klopfte und klopfte, niemand schien ihn zu hören. Dann öffnete ein Diener, den er um einen Bissen Brot und einen Schluck Wasser bat. Aber der Schlossherr tauchte auf und ließ den Kräutermann mit Peitschenhieben aus dem Haus jagen. Er hetzte sogar noch den scharfen Hund hinterher, der ihn auf das Übelste zurichtete. Noch bis zur Grenze nach Struth konnte sich der Ärmste schleppen, dann fiel er tot nieder.

Diesem Frevel aber folgte Gottes Strafe auf dem Fuß. Im gleichen Augenblick brach ein furchtbares Unwetter vom Himmel, der Donner rollte, der Regen peitschte, flammende Blitze zuckten über dem Schlossturm. Dann raste ein entsetzlicher Sturm heran, im Ochsenberg begann es zu brausen und zu gurgeln. Am nächsten Morgen war das Schloss vom Erdboden verschwunden, ein großer See bedeckte die Fläche, wo es stand und Axel mit der Peitsche misshandelt wurde. Die Leute waren sicher, dass hier der Himmel Gericht gehalten hatte und nannten den See den „Spaniersee", was nichts anderes als „Gerichtssee" bedeutet. Den Namen trägt er heute noch.

Seit dieser Zeit aber spukt es in der Gegend. Allnächtlich, so heißt es, fährt der grausame Schlossherr mit einer von vier schwarzen Pferden gezogenen und von einem Hund begleiteten Kutsche um den See. Die grauenvolle Fahrt endet punkt ein Uhr, indem die Kutsche im See verschwindet. Aber auch der Ermordete findet keine Ruhe. Mehrfach ist er bei Nacht, aber auch am Tag gesehen worden, wie er von Lengenfeld/ Stein kommt und an der Schampanjesbuche den Wald verlässt. Von dort geht er in Richtung des Spaniersees. An dessen Ufer ruht er aus und verschwindet schließlich an der Struther Grenze. Er ist bekannt als der Schampanjesmann. Beschrieben wurde er als „baumlanger Kerl mit schmalem, hageren Gesicht und Knebelbart. Auf dem Kopf trägt er einen dreieckigen Hut, seine Kleidung besteht aus ledernen Kniehosen, schwarzen Strümpfen und einem blauen Wams. Darüber trägt er einen Rock mit breiten Klappen, er hat große Schnallenschuhe an und trägt in der Hand einen langen Knotenstock." Ob Berchta auch ohne die Hilfe des Schampanjesmannes wieder gesund wurde, das ist nicht überliefert.

Der Ochsenkopf
bei Küllstedt

Die Sage behauptet, dass der Ochsenkopf bei Küllstedt mit Wasser gefüllt sei und der in der Nähe liegende Spaniersee, der heute direkt an der Landstraße von Küllstedt in Richtung Struth am Windpark liegt, mit dem kleinen See am Fuße des Berges in Verbindung steht. Leute wollen ab und an sogar das Rauschen des Wassers unter ihren Füßen vernehmen. Der Ochsenkopf, so ist bis heute überliefert, soll in vorchristlicher Zeit zu den heiligen Bergen gehört haben.

Die Wölfe
von Wachstedt

Es ist um die zweihundertfünfzig Jahre her, dass eines Winters ein fremder Reiter mit Mantel und großen Kanonenstiefeln zur Abendstunde nach Wachstedt kam. Er fragte im Dorf nach dem Weg nach Flinsberg. So weit ist es nicht über das gerade Plateau zwischen den Dörfern, aber die Wachstädter rieten ihm trotzdem davon ab. Zu gefährlich seien die Wölfe im nahen Pfanneberge auf halben Weg nach Flinsberg, die nachts durch die Gegend streiften. Der Reiter lachte und ließ sich nicht aufhalten, er gab dem Pferd die Sporen und ritt zum Dorf hinaus in die Dunkelheit. Am anderen Tag aber fanden die Wachstedter draußen in der Flur nur noch Knochenüberreste von Reiter und Pferd – und die Beine, die noch in den Kanonenstiefeln steckten.

DAS GRAFENKIND
VON WACHSTEDT

Zweihundertfünfzig Jahre und mehr ist es her, dass am Rand von Wachstedt ein fahrendes Volk lagerte. Es bezog eine Scheune und zündete darin ein Feuerchen an, um sich zu wärmen und das Essen zu kochen. Der Besitzer, er soll Aschenbach geheißen haben, kam entsetzt angestürmt und flehte die Gesellschaft an, doch das Feuer zu löschen. „Ach Väterchen, Väterchen, schadet nichts", sagte der Anführer der Schar. Vor den Augen des Bauern nahm er ein Bündel Stroh und zündete das Seil darum an. Das brannte zwar ringsherum, das Stroh selbst aber bekam keinen Funken ab. „Siehst Du, Feuer schadet nicht…"

Am anderen Morgen waren die Gäste verschwunden, der Bauer ging in die Scheune, um aufzuräumen. Da kam aus einer Ecke ein leises Weinen. Er ging dem Geräusch nach und fand ein kleines Mädchen, kaum dem Säuglingsalter entwachsen, das offenbar zurückgelassen wurde. Was sollte er denn jetzt bloß tun? Er nahm es mit ins Haus und gab es seiner Frau. „Da bringst du mir ja eine schöne Bescherung", schlug sie erst die Hände über dem Kopf zusammen und dann vor den Mund. „Ach, wir können doch das Würmchen nicht verhungern lassen", meinte der Bauer, der genau wie seine Frau trotz aller Raubeinigkeit ein gutes Herz hatte. „Wir sind zwar nur arme Weber und haben selbst sieben Kinder, aber da wird das achte auch noch satt." Und er ging zum Pfarrer, um das Mädchen anzumelden. Da man nicht wusste, wie es hieß und ob es gar schon getauft sei, holte man das sofort nach und taufte die Kleine auf den Namen Rosa. Der Pfarrer schrieb einen Brief an den Bischof, um den Vorfall zu melden.

Sieben oder acht Jahre verstrichen. Das Mädchen wuchs prächtig heran, sprang übermütig mit den anderen Kindern im Leinenrock durch das Dorf und aß oft genug Wickenbrot. Da kam eines schönen Tages eine prachtvolle Kutsche ins Dorf, der ein äußerst vornehm aussehender Herr entstieg. Schnurstracks eilte er in das Pfarrhaus, um sich dort zu erkundigen, ob einst im Dorf ein kleines Kind von einem fahrenden Volk zurückgelassen wurde. Der Pfarrer ließ sofort Rosa rufen. Der Fremde erkannte das Mädchen an einem Muttermal als sein Töchterchen. Jetzt wurde Vater Aschenbach gerufen, der gar nicht wusste, wie ihm geschah, als sich herausstellte, dass der Fremde ein ungarischer Graf und Rosa dessen Tochter war. Der bot Aschenbach an, mit seiner Familie zu ihm nach Ungarn zu ziehen, dort wolle er ihm als Dank ein prachtvolles Gut schenken. Aber um keinen Preis wollten die Aschenbachs aus ihrer geliebten Eichsfelder Heimat weg. So schenkte ihnen der Graf ein ordentliches Sümmchen, damit die Familie Land kaufen und ihr Haus umbauen konnte. Auch Rosa wollte nicht mit nach Ungarn und weinte heiße Tränen. Erst durch viel gutes Zureden war sie zu bewegen, in die Kutsche zu steigen. Aus dem Mädchen, so erzählt die Sage, sei später eine bedeutende Frau geworden, die ihre im Eichsfeld verlebten Kinderjahre nie vergessen habe.

Westerwald, Hülfensberg und der Süden

DAS „FRÄUWECHEN VON ENGELAND“

Einst kam ein hochgestellter Engländer, manche sagen, es sei der König selbst gewesen, ins Eichsfeld, begleitet von nur einem Diener. Eines späten Abends kam er in Flinsberg an. Da es dort kein Wirtshaus gab, kehrte der Engländer beim Küster ein, der gerade die Taufe seines Kindes feierte und noch mit einigen Gästen zusammensaß. Der Küster war sehr einladend und bat den Gast zu Tisch. Unter den Anwesenden aber befand sich der Vogt vom Bischofsstein, ein bösartiger und geldgieriger Mann. Der hatte schnell bemerkt, dass der Fremde viel Geld und Edelsteine bei sich trug. Er horchte ihn geschickt aus, wann er am nächsten Tage aufzubrechen und welchen Weg er zu nehmen gedenke. Am anderen Morgen lauerte der Vogt dem Engländer mit einigen Kumpanen beim Gut Ascherode zwischen Flinsberg und Martinfeld auf und tötete ihn. Nur der Diener konnte fliehen und seinen Verfolgern entkommen. Der Vogt und sein Gesindel raubten die Leiche aus, nahmen alles an sich und warfen den Toten in einen Brunnen, ehe sie jubelnd zum Bischofstein zogen.

Als die Frau des Engländers endlich erfuhr, dass ihr Mann ermordet wurde, weinte sie zunächst sehr. Dann schwor sie Rache. Sie sammelte ihre Getreuen, fuhr über den Kanal und gelangte unter Führung des Dieners ins Eichsfeld. Dieser wusste nur in etwa, wo sich der grausige Mord ereignete, konnte sich aber auf keinen Ortsnamen mehr besinnen. Er wusste nur noch, dass er auf „rode“ endete. Daraufhin zerstörte das „Fräuwechen von Engeland“, wie es genannt wurde, alle Dörfer auf ihrem Weg, die diese Endung im Namen hatte. Das sind bis heute nicht wenige in der Region. Endlich aber erfuhr sie, wer der Mörder war. So rückte sie vor die Feste Bischofsstein. Der Vogt aber lachte nur über die Anstrengungen der Frau, war aber doch verwundert über deren Kühnheit. Man sagte ihm, der silberne Schuppenpanzer der Engländerin sei gefeit. So nahm der Bösewicht eine ebenso gefeite Silberkugel, nicht größer als eine Erbse, lud sie in sein Geschoss und zielte so gut, dass er das Herz des Fräuleins durchbohrte und sie lautlos tot zu Boden stürzte.

Das aber brachte ihr Gefolge nicht nur zum Weinen und Klagen, sondern auch in kochende Wut. Zu gern hatten sie ihre Herrin. Sie bestatteten den Leichnam in allen Ehren und setzten einen Gedenkstein auf die Gruft, Frauenruh genannt. Dann aber sammelten sie sich und stürmten in wilder Wut zur Burg hinauf, eroberten sie und schlugen alles nieder, was sich ihnen widersetzte. Dann rissen sie sämtliche Mauern ein. Das war das Ende der Burg Stein.

DAS ALTVATERSLOCH

Einst war das Kloster Zella nahe Lengenfeld unterm Stein ein Benediktinerinnenkloster. Der Sage nach soll das Kloster von einem Herrn Tastan aus der Region gestiftet worden sein. Er gehörte einem alteingesessen Raubrittergeschlecht an und machte diesem Namen alle Ehre. Gefürchtet weit und breit, zog er plündernd, raubend und brandschatzend durch die Dörfer. Nichts war ihm heilig, selbst vor Kirchen machte er nicht Halt. Erst im Alter ergriff ihn bittere Reue. Trotz der vielen Schätze war er nicht glücklich, sondern zitterte vor dem Zorn Gottes. Darum beschloss er, alles, was er so schändlich an sich gebracht hatte, zu frommen Zwecken zu verwenden. So baute er das Kloster Zella, hinterließ ihm reiche Schätze und holte Nonnen des Benediktinerordens. Er selbst soll alle restlichen irdischen Güter aufgegeben und sich in der Felsenhöhle über dem Kloster eingerichtet haben, um seine letzten Tage in Armut und strenger Buße zuzubringen. Seitdem heißt die Höhle Altvatersloch.

DIE KLOSTERSCHRANNE
BEI LENGENFELD UNTERM STEIN

Es heißt, es soll sich während der Reformation zugetragen haben, dass das Kloster Zella eine noch jugendliche Äbtissin hatte, die aus adliger Familie und von wunderbarer Schönheit war. Ein nicht minder stattlicher Junker aus einer benachbarten Adelsfamilie war zum neuen Glauben konvertiert und hatte ein Auge auf die zauberhafte Frau geworfen. Eines Tages stand er im Kloster und hielt um ihre Hand an. Die Äbtissin aber wies ihn empört zurück. „Meine Gelübde sind mir heilig, ich werde ihnen nie untreu“, rief sie entrüstet aus. Der Junker zog ab, aber er schmiedete einen Plan.

Es dauerte nicht lange, da kam er wieder ins Kloster, aber dieses Mal in Begleitung seines Reitknechtes. Der Junker betrat das Kloster, der Knecht hielt zwei feurige Pferde am Zügel. Noch einmal versuchte der Junker, die Äbtissin umzustimmen, allerdings mit dem gleichen Misserfolg wie zuvor. Es ging so weit, dass die Äbtissin ihm untersagte, je wieder einen Fuß ins Kloster zu setzen. Da packte der Ritter die Nonne, trug sie in den Hof und setzte sie auf das Pferd, das schon einen Damensattel trug. Die Nonne aber, die in ihrer Jugend das Reiten gelernt hatte, fasste geistesgegenwärtig die Zügel, entriss dem Knecht die Reitpeitsche und jagte im vollen Galopp zum Kloster hinaus Richtung Wald. Der überrumpelte Ritter schwang sich auf sein Pferd und raste hinter der Fliehenden her. Wie eine wilde Jagd ging es durch das Gelände, schon hörte die Äbtissin das Schnauben des Pferdes vom Junker hinter sich. Vor ihr tat sich ein tiefer Abgrund auf und sie erschrak fürchterlich. Doch lieber wollte sie in den Tod gehen, als in die Hände des Ritters fallen. Sie schickte ein Stoßgebet um die Gnade Gottes zum Himmel und gab ihrem Pferd einen heftigen Peitschenschlag. Das raste noch schneller geradeaus und hob zu einem gewaltigen Sprung ab. Das Pferd sank tief in die sumpfige

Wiese ein, auf der es gelandet war, die Nonne und ihr Pferd blieben unverletzt.

Der Junker aber hatte nicht so viel Glück. Sein Pferd bäumte sich am Abgrund auf, er gab ihm die Sporen, aber es überschlug sich und rutschte mit dem Reiter unter sich hinunter und Felsbrocken polterten hinterher. Ritter und Pferd lagen zerschmettert in der Tiefe. Im Gestein aber hatte sich durch den Rutsch eine Furche gebildet – die Klosterschranne.

DIE LINDE
IM KLOSTER ZELLA

Im Hof des Klosters Zella bei Lengenfeld unterm Stein stand vor vielen Jahrhunderten eine alte Linde, unter deren schattigem Blätterdach die Nonnen ausruhten. In Struth lebte damals ein Bauernehepaar, das sich recht und schlecht durchschlug. Sieben Söhne gab es, gar zu gern aber hätte die Frau noch ein Töchterchen gehabt. Sonntags ging sie am Nachmittag oft zum nahen Annaberg und betete am Gnadenbild der Wallfahrtskirche. Ihr Wunsch sollte bald in Erfüllung gehen.

Einige Tage nach Johanni stehen im Eichsfeld gern Gewitter am Himmel. So auch jetzt. Schwül war die Luft, im Westen zog eine schwarze Wolkenwand auf, Donner grollte, Blitz folgte auf Blitz, dann kam der Regen. Ein Blitz fuhr in die Linde auf dem Klosterhof, richtete aber kaum Schaden an. Währenddessen gebar die Bauersfrau in Struth ihr ersehntes Töchterchen, ein liebes Ding, das sofort von allen, vor allem den sieben Brüdern, geliebt wurde. Aber in die Freude der Mutter mischte sich Wehmut. Sie wusste, dass derjenige, der während eines Gewitters zur Welt kommt, auch durch ein Gewitter sterben wird.

Die Jahre vergingen, das Mädchen wuchs heran und legte echte Frömmigkeit an den Tag. In der Schule war es klüger als die anderen Kinder, aber es war so freundlich, dass es ihm niemand übelnahm. Im ganzen Dorf wurde das Mädchen nur „das Engelchen“ genannt. So verwunderte es niemanden, dass sich die Jungfrau entschied, den Schleier zu nehmen und im Kloster Zella als Nonne einzutreten, welches sie oft bei ihren Besorgungen besucht hatte. Bei der Einkleidung war die Klosterkirche voll mit Struther Bürgern. Das Mädchen nahm den Namen Schwester Angela an. Wieder vergingen Jahre, da verstarb die alte Äbtissin, die segensreich gewirkt und dem Kloster zu neuer Blüte verholfen hatte. Es wunderte niemanden, dass die Nonnen aus ihrer Mitte Schwester Angela zur neuen Äbtissin wählten. Sie waltete voller Milde und Freundlichkeit, war unerschöpflich in ihrer Hilfe für die Armen. Bald wurde sie in allen umliegenden Dörfern nur noch „der Klosterengel“ genannt. Sie sei zu gut für diese Welt, sagten die Leute.

Wieder einmal war es Ende Juli und es lag eine beängstigende Schwüle über dem Süden des Eichsfeldes. Plötzlich zogen mehrere Gewitter auf, sogar eines vom Heiligen Grab in Diedorf her! Diese waren in der Gegend besonders gefürchtet. Sie blieben über dem Kloster Zella stehen und bewegten sich nicht mehr fort. Zwei Tage und zwei

Nächte hatte das furchtbare Schauspiel aus Blitz, Donner, Sturzfluten und Hagelschlag schon gedauert. Äbtissin Angela kannte den alten Volksglauben. Und da das Unwetter nicht weichen wollte, bereitete sie sich auf ihren Tod vor. Sie empfing das Abendmahl und begab sich dann unter die alte Linde im Klosterhof. Zwei Nonnen wollten nicht von ihrer Seite weichen und beteten mit ihr den Rosenkranz. Plötzlich zuckte ein Blitz grell auf, es gab einen furchtbaren Krach, dass das Kloster in seinen Fundamenten zitterte. Die Linde lag gespalten am Boden, die Äbtissin war tot. Den beiden Nonnen aber rechts und links von ihr wurde nicht das geringste Härchen gekrümmt. Im gleichen Augenblick war das Unwetter verschwunden und die Sonne stand hell am blauen Himmel. Man sagte, der Herr habe Schwester Angela davor bewahren wollen, mit anzusehen, welches Schicksal Kloster Zella noch ereilt. Die Linde aber wurde entfernt und an ihrer Stelle ein steinernes Kreuz errichtet.

KEUDELSTEIN

Auf der Keudelkuppe, die einen großartigen Ausblick ins Werraland bietet, soll einst eine Burg gestanden haben, was spätere Ausgrabungen auch untermauerten. Als die Keudels ihren Sitz verließen, siedelten sie ins Schloss oder Gut Keudelstein über, das aber nach der Bodenreform im 20. Jahrhundert gesprengt wurde. 1792 bereits starb die direkte Keudelsche Linie aus, der Besitz fiel an Kurmainz, obwohl ein Verwandter aus Schwebda Ansprüche geltend machte, jedoch zu spät kam.

Ein Herr von Keudelstein aber soll ein sehr lasterhaftes Leben geführt haben, er quälte seine Untergebenen nicht nur, sondern enthielt ihnen auch ihren Lohn vor. Eines Tages bat einer der Hörigen, der eine Familie zu ernähren hatte und dessen Kinder schon vor Hunger weinten, um die Auszahlung des Lohnes. Der Herr schrie ihn nieder und verabreichte ihm sogar noch einige Peitschenhiebe. Da verfluchte der arme misshandelte Mann den Herrn, er solle nach seinem Tode im Grabe keine Ruhe finden. Das sollte auch schnell in Erfüllung gehen. Der Ritter starb kurz darauf eines jähen Todes und ging nach der Beerdigung jede Nacht auf dem Gut Keudelstein um. Es ging so weit, dass die Leute sich fürchteten und niemand auf dem Gut bleiben wollte. Man rief in der Not einen Pater vom nahen Franziskanerkloster auf dem Hülfensberg herbei. Er schaffte es tatsächlich, den Geist zu bannen. Seitdem hat nie wieder jemand etwas von dem nächtlichen Störenfried gehört oder gesehen.

DER WIETSTEIN

In Lengenfeld unterm Stein war der Dreißigjährige Krieg eine furchtbare Zeit. Nicht nur die Kriegswirren setzten dem Dorf zu, sondern auch die umgehende Pest. Die Menschen wurden regelrecht hinweggerafft. Das große Sterben ging von Haus zu Haus. Der schwarze Tod war bis an die Schafhofgasse, die heute nur noch Schafhof heißt, dorfaufwärts vorgedrungen. Plötzlich hörten die Menschen Stimmen in der Luft. „Kocht Pimpernell, dann sterbt ihr nicht so schnell“, klang es in der Höhe. Die Menschen hatten nichts mehr zu verlieren und probierten den Rat aus. Die Heilkraft der Pimpernell bewährte sich, die Pest drang nicht weiter voran. So errichteten die Einwohner aus Dank vor dem zuerst verschont gebliebenen Haus einen Gedenkstein, den man bald „Wietstein“ nannte, weil die Pest „so wiet“ gekommen war. Egal, wer später in dem Hause wohnte oder die Bewohner hießen, sie wurden immer „die Wietsteins“ genannt. So wusste jeder, wer gemeint war.

Das Heilige Grab von Diedorf

Als zur Zeit der Glaubenskämpfe eine Kriegsschar nach Katharinenberg kam, zerstörte sie der Sage nach nicht nur das Klostergut, sondern auch die Pfarrkirche. Als die Horde abzog, suchten die Bewohner das Heilige Grab, fanden es aber nicht. Ein Bauer hatte es, so erfuhren sie später, zur Sicherheit in das nahegelegene Buchholz gefahren und dort an einer sumpfigen Stelle vergraben. Doch der Bauer konnte die Stelle nicht mehr zeigen. Die Kriegshorde hatte davon Wind bekommen, den Bauern vorgeführt und verhört. Als der sich weigerte, den Ort zu nennen, wurde er kurzerhand getötet. Jahre vergingen, das Heilige Grab schien verloren. Da war ein Mann aus Diedorf, nur eine halbe Stunde zu Fuß von Katharinenberg entfernt, im Buchholz auf der Jagd. Seine Hunde hatten sich von der Leine gerissen und durchstreiften den Wald. Plötzlich hörte der Diedorfer aufgeregtes Gebell und ging ihm nach. Er sah, dass die Hunde ein Wildschwein gestellt hatten, das er sofort erlegte. Aber er staunte, als er bemerkte, dass die Wildsau vorher in der Erde gewühlt hatte und aus dem Boden ein mit Erde bedeckter menschlicher Kopf hervorschaute. Der Mann eilte ins nahe Dorf und berichtete von dem Fund. Mit Spaten und Schaufeln kamen die Dorfbewohner und begannen zu graben. Plötzlich rief ein alter Mann ganz aufgeregt: „Das ist das Heilige Grab!“ Einige ältere Frauen, die die Neugier hergetrieben hatte, bestätigten das. Mit Eifer, aber auch neuer Vorsicht, grub man weiter und legte nach und nach die Statuen frei. Alle waren unversehrt, nur der Sarg war in der Mitte durchgebrochen. Man beschloss, das Grab nach Katharinenberg zu bringen und holte ein paar kräftige Ochsen und einen Wagen. Aber die Männer mussten mit in die Speichen greifen, um den Wagen zu bewegen. An der Weggabelung, an der ein Weg nach Diedorf abzweigt, waren die Tiere nur mit größter Mühe dazu zu bewegen, den Weg nach Katharinenberg einzuschlagen. Dann aber blieben sie stehen und waren nicht mehr von der Stelle zu bekommen. Man entschloss sich, die Ochsen auszuspannen und es am nächsten Tag noch einmal zu versuchen.

Aber am nächsten Morgen staunten die Leute nicht schlecht, als sie das Gefährt sahen. Es hatte sich von selbst gedreht und zeigte in Richtung Diedorf. Das sahen die Menschen als Zeichen des Himmels. Die Ochsen brachten die wertvolle und sorgfältig verpackte Fracht ohne den geringsten Widerstand nach Diedorf, wo es seine Aufstellung fand. Bald wurde das Heilige Grab Ziel unzähliger Wallfahrer. Als Wallfahrtstag wurde Christi Himmelfahrt bestimmt, da der Sage nach das Grab einen Tag vor diesem Festtag in Diedorf ankam.

Wie aus Friedental Faulungen wurde

Ursprünglich, so heißt es in der Sage, soll das Dorf Faulungen im Südeichsfeld einst den schönen Namen Friedental getragen haben, weil es in einem friedlichen und fast weltabgeschiedenen Tal liegt. Aber eines Tages holten die Knechte des Vogtes vom Bischofstein den Zehnt ab. Hoch war der Leiterwagen beladen. Die Pferde sanken auf dem recht sumpfigen Weg tief ein. Die Knechte schufteten im Schweiße ihres Angesichtes, um die Pferde und den Leiterwagen samt Ladung wieder aus dem morastigen Boden zu bekommen. Mehrfach wiederholte sich das. Als die Knechte am Abend tief erschöpft auf dem Bischofstein ankamen und noch das Donnerwetter des Vogtes über sich ergehen lassen mussten, erzählten sie von den Missgeschicken des Tages. Der Vogt ärgerte sich und sprach: „Nein, das Dorf soll nicht Friedental, sondern Faulungen heißen, weil dort alles so sumpfig und pfuhlig ist.“ Und da der Wille des Vogtes Gesetz war, verlor das Dorf seinen Namen und heißt bis heute Faulungen.

Der Bonifatiusbrunnen in Wendehausen

Der Bonifatiusbrunnen in Wendehausen soll schon existiert haben, als das Dorf nur aus ein paar Blockhütten bestand. Die recht starke Quelle soll sommers wie winters immer die gleiche Temperatur von neun Grad Celsius haben. Wenn früher rundum die Quellen bei Dürre versiegten, sei der Bonifatiusbrunnen immer munter weitergesprudelt, heißt es. Die Menschen kamen aus Diedorf, Katharinenberg und Schierschwende, um sich hier mit Wasser zu versorgen.

Als der heilige Bonifatius an die Werra kam, führte ihn sein Weg auch an die Stelle des heutigen Wendehausen. Nur ein paar Hütten standen in dem Waldtal. Aber Bonifatius fand den Ort so schön, dass er nahe einem Felsen eine Hütte und eine kleine Kapelle baute. Hier sollte der Mittelpunkt seiner Missionstätigkeit in der Gegend sein. Er begann, vom Reich Gottes zu predigen. Aus allen Ecken kamen die Leute, um ihn zu sehen, aber weniger wegen des Glaubens, sondern weil sie den Mann sehen wollten, von dem sie schon viele Wunderdinge gehört hatten. Zum Christentum trat niemand über. Da schüttelte Bonifatius sprichwörtlich den Staub von den Füßen und zog weiter nach Norden.

Wendehausen aber vergaß er nicht, zu schön war es gelegen. Als er wieder einmal an der Werra war, machte er einen Abstecher hinauf. Zu seinem Erstaunen fand er seine Kapelle unangetastet vor. Niemand hatte sich an ihr vergriffen. Das sah der heilige Mann als Zeichen und begann wieder zu predigen. Dieses Mal mit Erfolg.

Zu dieser Zeit herrschte eine große Dürre. Seit Monaten war kein Regen gefallen, die Felder lagen verdorrt in der gleißenden Hitze, keine Quelle führte mehr Wasser. Nur noch die Werra floss als schmales Rinnsal. Bonifatius sprach vom Vertrauen in Gott und erzählte die biblische Geschichte von den Israeliten in der Wüste, deren Anführer im Vertrauen auf Gott Wasser aus einem Felsen schlug. Da trat ein Mann aus der Menge, stellte seine Lanze vor sich und umfasste sie mit beiden Händen. „Höre, Mann!", sagte er. „Groß ist die Not der Dürre. Allvater zürnt uns. Wir haben zu Wotan gebetet. Es scheint, als seien unsere Götter machtlos. Mache es wie der Führer der Israeliten. Hier ist meine Lanze. Bringst du Wasser aus dem Felsen neben dir, so wollen wir dir und an deinen Gott glauben." Bonifatius nahm die Lanze ohne Zögern. Er sah auf zum Herrn und betete einige Sekunden in aller Stille. Dann warf er die Lanze unter Anrufung der heiligen Dreifaltigkeit gegen den Felsen. Sofort ertönte ein Rauschen im Inneren, dann brach eine starke Quelle aus ihm hervor. Bonifatius taufte die Menschen mit dem Wasser dieser Quelle, die fortan Bonifatiusbrunnen genannt wurde.

BONIFATIUSWEG UND FRAUENSTEG

Bonifatius hatte in Schwebda angekündigt, dass er in den nächsten Tagen die Donareiche auf dem Stuffenberg, wie der Hülfensberg in heidnischer Zeit hieß, fällen wollte. Diese Ankündigung war den germanischen Bewohnern der Gegend dann doch zu viel! Sie verabredeten, den Prediger mit Gewalt daran zu hindern. Die Männer versammelten sich vor der Burg zu Frieda und beratschlagten, was zu tun sei. Schließlich kamen sie überein, Bonifatius den Durchgang durch Frieda zu verwehren, sodass er erst gar nicht auf den Berg komme.

Ein Großteil der Friedaer Frauen dagegen sah die Sache ganz anders. Die Predigten von der Liebe Gottes waren ihnen ins Herz gegangen, sie jubelten, als Bonifatius verkündete, den Frauen sei im Reich Gottes ein besseres Los beschieden als bei den heidnischen Göttern. So benachrichtigten sie heimlich Bonifatius und eröffneten ihm das Vorhaben ihrer Männer. Sie rieten ihm, nicht über Frieda zu gehen, sondern von Schwebda aus über den Dasberg.

Bonifatius merkte, dass die Frauen es ehrlich mit ihm meinten, und folgte dem Rat. Mit seinen Gefährten verließ er noch vor Tagesanbruch Schwebda, schlug den Weg zum Dasberg ein und folgte einem ortskundigen vertrauenswürdigen Führer, den die Frauen mitgeschickt hatten.

Es war ein zeitiger und milder Frühling nach einem harten Winter. Der Schnee war größtenteils schon geschmolzen, nur wo die Sonne nicht hinkam, glitzerte er weiß durch die Schatten. Nach einer halben Stunde war die Schar auf der Höhe des Dasberges, nur der Abstieg auf der anderen Seite ging schwerer. Mal waren es restliche Schneemassen, die den Weg versperrten, dann wieder ein Bach von der einsetzenden Schneeschmelze. Plötzlich hörten die Gefährten, wie aus dem Tal das Krachen von fallenden Bäumen heraufklang. Sie befürchteten schon, die Männer kämen, um sie zu stellen. Der Führer leitete sie über einen versteckten Pfad weiter. Wie erstaunt waren sie, als die lächelnden Frauen ihnen entgegenkamen. Gemeinsam zogen sie zur Frieda, deren friedliche Gewässer sich bei der Schneeschmelze in einen reißenden Fluss verwandelt hatten. Das zuvor gehörte Krachen rührte daher, dass die Frauen eine provisorische Brücke aus drei gefällten Bäumen errichtet hatten. Über diesen Steg kamen alle glücklich auf die andere Seite.

Inzwischen war bekannt geworden, was sich zugetragen hatte, viele den Missionaren wohlgesinnte Einwohner kamen herbei und schlossen sich ihnen auf dem Gang den Stuffenberg hinauf an, sie wählten den Totenweg entlang zur Bebendorfer Flur und stiegen den südöstlichen Berghang empor. Seit dieser Zeit heißen der Weg Bonifatiusweg und der Steg über die Frieda Frauensteg.

Die Ziegenböcke des Donar oder
Wie Bonifatius die Donareiche fällte

In aller Herrgottsfrühe herrschte an diesem besonderen Tag auf dem Hülfensberg Gewimmel. Es war der Tag, an dem Bonifatius die Donareiche auf dem Berg fällen wollte. Teils trugen die Bewohner der Gegend Äxte mit sich und blickten mit rollenden Augen umher, andere waren voller Freude und beteten – je nachdem, zu welchem Lager sie gehörten. Ein Mann trieb zwei mit Kränzen geschmückte Ziegenböcke vor sich her, die Donar geopfert werden sollten, sobald Bonifatius vom Donnergott erschlagen sei. Doch die Ziegenböcke wollten nicht so recht, störrisch und widerspenstig gebärdeten sie sich, weshalb der Mann alle Mühe hatte, die Tiere überhaupt auf den Berg zu bekommen. Als er endlich ankam, war so viel Volk versammelt, dass er nicht mehr zum Opferaltar durchkam. Er musste sich an der Seite halten. „Er kommt!", raunte es plötzlich durch die Menge. Alles drängte sich und schaute zur Ostseite, wo drei Männer im Benediktinergewand heraufkamen. Es war Bonifatius mit seinen Gehilfen. Festen Schrittes gingen sie direkt zur Donareiche. Bonifatius predigte mit feurigen Worten über die Schändlichkeit des Götzendienstes, der Ohnmacht der Götzen und der Allmacht des einen Gottes. Er ergriff eine Axt und führte drei mächtige Schläge aus. Plötzlich ging ein Zittern durch den riesigen Stamm. Mit mächtigem Getöse zerbrach sie in vier Teile.

Im gleichen Moment rissen sich die Ziegenböcke los und rasten in wilder Flucht den Berg hinunter. An der Schänkstelle hielten die Tiere kurz an, blickten sich um, um dann in wilder Jagd und mit gewaltigen Sprüngen über die Frieda zu setzen und Richtung Großbartloff weiter zu hetzen. Sie verschwanden zwischen den Felsen des Ulensteins.

Allnächtlich aber erkletterten sie in der Zeit danach zur Geisterstunde die höchste Kuppe des Ulensteines und schauten ängstlich nach dem Hülfensberg, wo eine Kapelle stand, die Bonifatius aus dem Holz der Donareiche inzwischen gebaut hatte. Lange Jahre stand sie, bis sie baufällig geworden durch eine neue Kirche ersetzt werden sollte. Soeben aber war die Kapelle niedergerissen, kamen die Ziegenböcke aus ihrem Versteck, setzten in der Geisterstunde über den Steg, wo die Lutter in die Frieda fließt und rannten den Hülfensberg hinauf. Oben auf der Kuppe angekommen eilten sie angstvoll zurück in ihr Versteck, sobald sie das Kreuz auf der neuen Kirche sahen. Manchmal trugen sie sogar Reiter, den heidnischen Opferpriester und dessen Opfermann. Wer allerdings die Böcke sah, konnte sicher sein, dass ihm bald ein Unheil widerfuhr.

Eines Tages während der Kirmes hatten zwei freche Burschen von Geismar abgemacht, sich den Spuk aus der Nähe anzusehen und legten sich auf dem Friedasteg auf die Lauer. Soeben war um Mitternacht der letzte Glockenschlag verklungen, da rasten die Ziegenböcke mit ihren Reitern heran. Kaum waren sie da, riefen die dreisten Kerle: „Ziegenbock vom Ulenstein, trag uns übers Wässerlein!“ – „Sogleich!“, kam die schauerliche Antwort vom Ufer. Die Reiter stiegen ab, die Ziegenböcke jagten über den Steg zurück und ließen die beiden Burschen aufsteigen. Kaum aber waren sie auf der Mitte der schmalen Brücke, so geriet sie ins Wanken, dass die Kerle laut schrien. Die Böcke warfen sie ins Wasser, aus dem sie sich nur mit viel Anstrengung retten konnten. Als sie zähneklappernd am Ufer standen, rauschte es noch einmal über ihren Köpfen. Erst als der Steg durch eine neue feste Brücke ersetzt wurde, hörte der Spuk auf.

Wie die Kirche auf dem Hülfensberg erbaut wurde

Außer einigen Bäumen gab es nichts auf dem Hülfensberg. Alles musste mühsam heraufgeschleppt werden. Nachdem Bonifatius die Donareiche auf dem Berg gefällt hatte, wies er an, aus dem Holz der Eiche eine Kirche zu bauen. Das übrige Baumaterial musste von den Arbeitsleuten ganz beschwerlich auf den Berg gebracht werden. Während des Baus kam täglich ein vornehmer Mann auf den Berg und sah zu. Er fragte eines Tages einen Arbeiter, was denn für ein Haus hier gebaut werde. Der pfiffige Arbeiter aber hatte schon längst den Pferdefuß des Mannes entdeckt. „Nun, was sonst als ein Wirtshaus“, sagte das aufgeweckte Kerlchen. Diese Antwort behagte dem fremden Mann sichtlich, denn er begann zu helfen, schleppte Tag für Tag Steine auf den

Berg, bis das Haus fertig war. Als jedoch der Altar und das Kreuz errichtet wurden, sah der Gottseibeiuns, dass man ihn verschaukelt hatte. Brüllend und heulend fuhr er aus dem Giebel der neuen Kirche, wobei er noch ein gutes Stück Wand herausriss. Jetzt war guter Rat teuer, denn so oft die Arbeiter das Loch auch verschlossen, am nächsten Tag war es wieder da. Erst nach langen Versuchen und dem Einsatz von Weihwasser schien es gelungen zu sein, das Loch endlich zu schließen. Einige andere Bewohner rund um den Hülfensberg erzählten zudem, der Teufel sei in den Berg hineingefahren, um die Kirche von unten zum Einsturz zu bringen. Das gelang ihm zwar nicht, aber aus der Felsspalte soll lange Zeit Rauch und schwarzer Nebel aufgestiegen sein.

KARL DER GROSSE
AUF DEM HÜLFENSBERG

Der Hülfensberg ist, wie jeder Eichsfelder weiß, der heilige Berg des Eichsfeldes. Mittelpunkt des Wallfahrtsortes ist das Kreuz des „Gehülfen" in der Erlöserkirche auf dem Berg. Wie es auf den Berg kam, das ist im Nebel der Zeit vergessen und nur noch Legendenstoff. Es wird aber erzählt, dass der Berg schon um das neunte Jahrhundert, zur Zeit Karl des Großen, eine Pilgerstätte war und das Kruzifix verehrt wurde.

Anno 774 soll es gewesen sein, als Karl der Große die Sachsen bei Treffurt besiegte. Die Sage erzählt, dass er danach mit seinen engsten Rittern und Hauptleuten auf den Hülfensberg stieg, um hier Gott für den Sieg zu danken. Einige Jahrhunderte zuvor hat der Legende nach der heilige Bonifatius den Gott „Stuffo" auf dem Berg verflucht und an der Stelle von dessen Verehrung eine Kapelle erbaut. Karl der Große jedenfalls soll auf dem Berg gerufen haben: „Hier hat uns Gott und sonst niemand geholfen." Das große Kreuz, das er mit sich führte, soll Karl auf dem Berg gelassen und dessen Verehrung angewiesen haben. Die Sage erzählt weiter, dass der große Kaiser und Feldherr auch befohlen habe, die Kapelle des Bonifatius zu vergrößern, um dem Kreuz einen würdigen Ort zu geben. Seit dieser Zeit heißt der Berg nicht mehr „Stuffenberg", sondern „Berg Sankt Gehilfen", oder kurz bis heute: „Hülfensberg".

Sogar den Ritter, der das Kreuz hinauftrug, nennt die Legende beim Namen: Heiso. Er bekam darauf den Namen „Christus lignum gerens". Im Niederdeutschen machte man aus Christus „Kerst" und aus Heiso „Kerstling". Sein Heimatort soll nach ihm Kerstlingerode benannt worden sein. Es liegt nahe des Eichsfeldes in der Gemeinde Gleichen.

DIE GLOCKE VOM HÜLFENSBERG

Zu alter Zeit lag neben dem Ort Geismar das wüst gefallene Dorf Bolkendorf, das einst in einer schlimmen Fehde zerstört wurde. Nur der Kirchturm war stehengeblieben. Aber auch er fiel nach einiger Zeit zusammen und verschwand spurlos im Erdboden. Viele Jahre später konnte sich niemand mehr an das Dorf erinnern. Wo es einst stand, wehten nun Halme auf dem Acker.

Eines Nachmittags hütete ein Schweinehirt aus Geismar sein Borstenvieh an diesem Ort. Da bemerkte er, dass sich eine Sau von der Herde entfernt hatte und an einer Stelle stehenblieb. Er wollte sie durch seinen Hund heranholen lassen, aber sie rührte sich nicht weg. Das wunderte ihn, also stand er auf und ging selbst. Bei der Sau angekommen, sah er aus dem von dem Tier aufgewühlten Boden ein Stück Metall herausschauen. Der Hirt wähnte sich schon im Besitz sagenhafter Reichtümer, also begann er zu kratzen, zu schaben und zu graben. Als er die Erde entfernt hatte, erblickte er zu seinem Erstaunen den oberen Teil einer Glocke.

Inzwischen war es Abend, der Hirte konnte an diesem Tag nichts mehr ausrichten, also trieb er seine Herde nach Geismar und erzählte von seinem Fund. Die Leute hielten ihn zuerst für einen Angeber, aber als er hartnäckig bei seiner Geschichte blieb, eilten sie selbst zur Stelle und fanden die Erzählung des Hirten bestätigt. Noch am gleichen Abend tagte in der Schenke der Gemeinderat. Man beschloss, am nächsten Morgen mit Hebebäumen, Ketten und Seilen sowie einem Pferdegespann die Glocke zu bergen. Schon mit der Morgendämmerung war alles auf den Beinen. Ein langes Seil wurde an der Glocke befestigt, die Männer begannen zu ziehen. Die Glocke bewegte sich keinen Millimeter. Jetzt holte man die Pferde – ohne Erfolg. Nun wurde ein halbes Dutzend starke Pferde aus dem Dorf geholt und vorgespannt. Aber auch sie konnten nichts ausrichten.

Unter den Zuschauern, die inzwischen auch aus den Nachbardörfern gekommen waren, befand sich ein schönes Mädchen. Es trat zum Schulzen von Geismar und bot an, die Glocke ganz allein aus der Erde ziehen zu lassen. Das gab ein Gelächter bei den Gaffern. Der Schulze aber sah das Mädchen freundlich an und sagte: „Versuch deine Kunst!“ Das Mädchen löste ein rotes Band aus dem Haar, band es um die Glockenaufhängung und zog mit wenig Mühe die Glocke aus der Erde. Erstaunt waren alle, als sie sahen, dass ihr gelang, was alle Pferde nicht vermochten und dass sich die Glocke unten nicht erweiterte, sondern verengte. Einige alte Weiber kreischten, das Mädchen sei eine Hexe. Aber einige junge Burschen stellten sich ihnen entgegen und meinten, die Hexen seien ganz woanders zu suchen. Da gaben die alten Weiber Ruhe. „Ladet die Glocken auf einen Karren und spannt einen blinden Gaul davor. Er wird die Glocke zu dem Ort bringen, der ihr bestimmt ist“, sagte das Mädchen, trat in die Menge zurück und war spurlos verschwunden.

Der Schulze folgte dem Rat. Zum Erstaunen aller setzte sich der blinde Gaul Richtung Hülfensberg in Bewegung und kam oben ohne Schwierigkeiten an. Schnell wurde ein Glockenstuhl errichtet. Und als die Glocke das erste Mal angeschlagen wurde, waren alle bezaubert von ihrem vollen und wunderbar klaren Ton. Als man genau hinhörte, vermeinte man die Worte zu hören: „Sau fand, Mädchen band, blinder Gaul zog mich her auf den Hülfensberg." Bis 1890 hing die Glocke, dann wurden aus ihr zwei kleine gegossen. Seitdem hört man den vollen Klang nicht mehr – und auch nicht den Spruch von den Lippen der Kinder.

DER HÜLFENSBORN

In alten Zeiten hütete eines Tages im Juli der Sohn eines Schäfers eine kleine Herde am Abhang des Hülfensberges. Heiß war es und wochenlang war kein Regen gefallen. Weil es im Tal längst kein Futter mehr gab, hatte der Junge seine Schafe zum Hülfensberg gebracht. Am Nachmittag verspürte er einen brennenden Durst, aber es gab weit und breit keinen Tropfen Wasser. Er wäre gern hinunter ins Dorf zum Brunnen gelaufen, aber sein Vater hatte ihm immer wieder eingeschärft, die Herde dürfte keinen Moment allein gelassen werden. Die Zunge klebte dem Jungen am Gaumen, aber er hielt sich eisern an die Anweisung des Vaters.

Die ganze Familie war sehr fromm. Der Junge selbst verspürte eine besondere Verehrung für das Jesuskind, fast fühlte er selbst sich wie einer der Hirtenknaben, die zu Weihnachten oben auf dem Berg in der Kirchenkrippe standen. In seiner Not faltete er die Hände zum Gebet und wandte sich an das göttliche Kind um Hilfe. Kaum hatte der Junge seine Bitte vorgetragen, da rieselte vor ihm aus dem steinigen Boden klares Wasser hervor. Jetzt konnte der kleine Schäfer trinken, auch seine Tiere holte er herbei. Aus lauter Dankbarkeit nannte er die Quelle Jesusbrünnlein.

Die Quelle versiegte nicht mehr. Aus der ganzen Gegend kamen die Menschen bei der furchtbaren Trockenheit mit ihrem Vieh herbei, sie gab stetig ihr Wasser. Die Menschen meinten, eine heilsame Wirkung zu spüren. Darum, und weil sie fast schon an der Bergkuppe des Hülfensberges entsprang, nannte man sie schließlich Hülfensborn.

Wie Döringsdorf und Bebendorf entstanden

Vor vielen Jahrhunderten tobte im Harz ein schrecklicher Kampf. Ein reicher Fürst sammelte seine Leute und zog seine Untertanen zum Kriegsdienst. Doch einige von ihnen hatten keine Lust, wollten lieber beim Würfelspiel sitzen, als mit Lanze und Dreschflegel in der Hand das Leben zu wagen. Sie versagten dem Fürsten kurzerhand den Gehorsam. Sonst ein recht friedlicher Mensch, packte den Fürsten daraufhin die Wut wegen dieses Treuebruchs, zumal die Treulosen auch noch damit anfingen, sich gegenseitig die Köpfe einzuschlagen. Der Fürst schickte nach seiner gewaltigsten Waffe, einem Riesen. Dieser kam mit einem großen Sack, fasste die Aufrührer und steckte die Zappelnden allesamt hinein. Sie gaben aber keine Ruhe, sondern gingen noch im Sack aufeinander los.

Als der Riese endlich alle eingesammelt hatte, die weiterhin Zeter und Mordio schrien, machte er sich auf den Weg nach Süden, um seine Last zur Werra zu tragen, wo er sie laut Befehl des Fürsten ersäufen sollte. Er warf sich den Sack auf den Rücken, um ihn leichter tragen zu können. Trotzdem musste er alle Kräfte aufbieten, denn im Sack ging es wirklich heiß her. War ein Teil der Meute erschöpft, fing der andere mit der nächsten Prügelei an. Die Werra hatte der Riese schon in Sicht, er stand auf dem Hülfensberg, da merkte er, dass durch das Getrampel und Geprügel der Sack zu reißen drohte, zumal das hitzköpfige Volk zu allem Überfluss aus dem dunklen Gefängnis herauswollte. Nur noch wenige Schritte hatte der Riese bis zur Werra – da geschah es: Der Sack riss vorn und hinten. Das vordere Häuflein fiel den Abhang südlich hinab, das hintere landete im Kirmsengraben. Die so glücklich Entronnenen rappelten sich auf und zerstoben in alle Winde. Nicht einen konnte der Riese wieder einfangen. Ihm blieb nichts übrig, als unverrichteter Dinge und noch dazu mit einem kaputten Sack von dannen zu ziehen. Wo aber jedes Häuflein hingefallen war, errichtete es jeweils zunächst einen Gedenkstein und begann dann, Häuser zu bauen. So entstanden Bebendorf im Süden und Döringsdorf östlich am Hülfensberg.

Eine andere Sage erzählt auch von einem Riesen, aber sie behauptet, dass die beiden Dörfer einst komplett samt Häusern und Stallungen hinter dem Harz im Braunschweigischen lagen. Sie waren besagtem Riesen tributpflichtig, der am Nordrand des Harzes in einer Burg hauste. Lange ertrugen die Bewohner der beiden Dörfer die Repressalien, aber eines Tages reichte es ihnen und sie probten den Aufstand. Der Riese packte beide Dörfer und steckte sie in seinen Wergsack, und machte sich auf den Weg, um sie in die Fluten der Werra zu werfen. Aber in der Nähe des Hülfensberges platzte plötzlich der Sack auf und Döringsdorf purzelte hinaus, ohne dass der Riese es merkte. Nur wenige Riesenschritte weiter verlor er auch Bebendorf. Als er an der Werra ankam, war der Sack leer. Der gewaltige Kerl musste unverrichteter Dinge wieder umkehren. Die beiden Dörfer aber führen unter anderem wegen diesem Vorfall den Spitznamen „Wergsäcke".

DIE GIFTPILZE

Geht man von Geismar westlich nahe des kleinen Ibergs entlang, so erhebt sich in der Feldflur ein kleiner flacher Hügel.

Vor vielen Jahrzehnten zog die Dorfjugend oft hier herauf, um zu tanzen. Nicht selten ging das Vergnügen bis spät in die Nacht. Die Eltern aber sahen es nicht gern, wenn ihre Kinder abends dort hinaufzogen, denn auf dem Platz sollte es nicht mit rechten Dingen zugehen, das wussten vor allem die Alten. Sie verboten den jungen Leuten sogar den Platz, aber die ließen sich nun erst recht nicht davon abhalten.

Es kam wieder einmal der Vorabend des ersten Mais. Ein herrlicher Frühlingstag neigte sich dem Ende zu, dieses Mal schien es auf dem Platz sogar die ganze Nacht durchgehen zu wollen. Inzwischen schien der helle Mond auf die tanzenden Paare, die sich unermüdlich drehten. Das mag auch an dem Musikanten gelegen haben. Es war ein Fremder. Seine Geige schien ein Eigenleben zu führen, so virtuos konnte er mit dem Bogen umgehen. Die Töne klangen so wunderbar rein, dass es kein Paar an der Seite hielt. Der Musikant trug einen langen schwarzen Mantel, dessen rotes Seidenfutter ab und an aufflammte, wenn er im Abendwind wehte, eine Hahnenfeder zierte das Barett auf dem Kopf. Er hatte einen schwarzen Bart, seine Augen glühten wie Feuer.

Immer wieder traten, je später es wurde, die Eltern in Geismar auf die Straße und riefen nach ihren Kindern. Noch wilder ging es beim Tanzen zu. Niemand bemerkte, dass sich im Westen auf einmal eine schwere Gewitterfront zusammenzog. Plötzlich strich in schweren Böen der Westwind über den Hügel und das Tal, schon fielen die ersten dicken Tropfen. Der Spielmann war ins Schwitzen geraten. Um sich die Stirn zu wischen, schob er das Barett etwas nach hinten und gab zwei Hörner frei. Einer der Burschen aber hatte es gesehen. „Der Teufel!", schrie er. Entsetzt blieben alle still stehen. Da schlug die Turmuhr Mitternacht. Ein starker langer Blitz zerriss die Wolken, es donnerte furchtbar. Und da stand der Teufel im Licht der Blitze wie in Höllenfeuer getaucht, Geige und Bogen erhoben. In den Lüften erhob sich ein Geschrei, Fauchen und Johlen – es war Walpurgisnacht, das Heer der Hölle und der Hexen war auf dem Weg zum Brocken. Mit einem Male schwang sich der Teufel empor, um sich in den Zug einzureihen, mit dröhnendem Gelächter verschwand er in den dunklen Wolken.

Im Dorf unten bangten die Eltern weiter. Noch immer waren die Kinder nicht zuhause. Die Nacht neigte sich dem Ende, die erste Morgendämmerung schob sich empor. Da machten sich die Eltern auf, ihre Kinder zu suchen. Aber von ihnen gab es auf dem Hügel keine Spur. Auf dem Tanzplatz stand in einem weiten Rund ein Kreis von lauter Giftpilzen in allen Farben von scharlachrot über schwefelgelb und schneeweiß bis blaugrün. Als man sie zählte, waren es gerade so viel, wie junge Leute vermisst wurden. Jetzt wusste man, was passiert war: Das Werk des Teufels. Hätten die Kinder auf ihre Eltern gehört, hätte der Teufel keine Macht über sie gewinnen können. Den Platz suchte kaum jemand mehr auf. Er bekam den Namen „die Pilze".

DAS BEINHAUS VOM HÜLFENSBERG

Vor mehr als hundert Jahren stand an der Südseite der Kirche auf dem Hülfensberg noch ein Beinhaus. Darin wurden nicht nur die Gerätschaften für Beerdigungen aufbewahrt, sondern auch in würdiger Form die Totengebeine, die beim Ausschachten von Gräbern gefunden wurden. Das waren nicht gerade wenige, denn viele Verstorbene hatten beim Ordnen ihres letzten Willens den Wunsch geäußert, auf dem Hülfensberg zur letzten Ruhe gebettet zu werden.

Vor etwa zweihundert Jahren trug sich ein schauerliches Ereignis zu. Am Abend des Kirmesdienstags waren die Burschen von Geismar schwer in der Gemeindeschänke mit dem Trinken beschäftigt. Die Gläser kreisten, dass es nur so eine Art hatte. Vor allem mit dem Mundwerk waren sie gut dabei, einer wollte den anderen übertreffen. Da rief einer der Burschen: „Ich fürchte mich selbst vor dem Teufel nicht und gehe des Nachts überall hin – und wenn es ins Beinhaus auf dem Hülfensberg wäre!"

Die anderen Burschen nahmen den Prahlhans unter großem Hallo gleich beim Wort. Wenn er einen Totenschädel aus dem Beinhaus mitbrächte, solle er ein Fass Bier bekommen. Der Bursche machte sich sogleich auf den Weg. Trotz der dunklen Nacht hatte er das Beinhaus bald erreicht, dessen Tür nur angelehnt war. Er griff den ersten Totenschädel, der ihm unterkam und eilte den Berg wieder hinab zur Schenke. Stolz legte er den Schädel auf einen Kneipentisch und ließ sich von seinen Trinkkumpanen ausgiebig bewundern. Sie gingen gleich daran, unter wüsten Spottreden das Fass Freibier zu leeren. Plötzlich erschien am Fenster eine Knochenhand, die fest gegen die Scheibe klopfte. Das Fenster öffnete sich von selbst. Kreidebleich und stumm blickte die ganze Gesellschaft auf die grauenhafte Szene, denn vor der Mauer hockte auch noch eine weiße Gestalt. Die begann mit Grabesstimme zu sprechen: „Bring sofort meinen Schädel ins Beinhaus zurück, sonst...". Dabei hob sie drohend die Knochenhand. Jetzt packte den frechen Dieb das Grauen. Er bettelte und flehte, seine Kameraden möchten ihn doch auf den Berg zurückbegleiten. Die aber, selbst die Hosen voll, meinten, er müsse es schon selbst zu Ende bringen. „Du hast den Schädel geholt, du bringst ihn zurück!" Erneut ließ sich die Grabesstimme vernehmen und wiederholte die Drohung.

Der Bursche griff zitternd den Schädel und begab sich schlotternd vor Angst erneut auf den Gang den Berg hinauf. Überreizt sah er um sich herum überall gespenstische Erscheinungen wie Geister ohne Köpfe, die die Arme nach ihm ausstreckten. Endlich kam er in den Wald oben auf dem Hang, bei jedem Schritt auf dem raschelnden Laub zuckte er zusammen. Selbst der Schrei einer Eule ging ihm durch Mark und Bein. Endlich war er oben, schnell warf er den Schädel ins Beinhaus, genau da schlug die Turmuhr eins. „Schlüge es jetzt nicht eins, zerbräche ich dir Hals und Bein", rief die Grabesstimme hinter ihm. Der Bursche raste den Berg hinunter, stürzte, rappelte sich auf, rannte weiter und stürzte wieder, dieses Mal einen steilen Abhang hinunter. Unten blieb er bewusstlos liegen.

Als der Kumpan nicht wiederkehrte, verließen die Zechbrüder einer nach dem anderen still das Wirtshaus und gingen nach Hause. Am nächsten Morgen, als es hell war, machten sich einige von ihnen auf, ihren Freund zu suchen. Sie fanden ihn immer noch bewusstlos in einer Dornenhecke, arg zerschunden und voller Blut. Lange schwebte er zwischen Leben und Tod. Zwar erholte er sich nach und nach, aber der Übermut war verschwunden. Zeitlebens blieb er ein gebrochener Mann.

Mauerpfeffer an Johanni

Herodes, der Fürst von Galiläa, ein Sohn des Herodes, der dem Jesuskind ans Leben wollte, hatte sich in die Frau seines Halbbruders Philippus verliebt, der jedoch dummerweise noch am Leben war. Ihr Name war Herodias. Johannes der Täufer wies Herodes auf das Gesetz Gottes hin, nachdem untersagt war, das Weib des Bruders zu ehelichen. Herodias, die ehrgeizig und leidenschaftlich war, war gar nicht abgeneigt, Herodes anzugehören. Johannes zog sich ihren bitteren Zorn zu, Herodes hingegen hatte Achtung vor dem heiligen Mann. Sie befürchtete, er könne sich beeinflussen lassen, ihre heimliche Affäre zu beenden, und beschloss, sich des Johannes zu entledigen. Dafür heuerte sie durch Bestechung zwei üble Kerle an, um Johannes aus dem Weg zu räumen. Sie sollten ihn des Nachts überfallen und töten. Johannes bekam davon Wind und wechselte oft seine Unterkunft. Noch zwei Spione wurden angeworben, die auskundschaften sollten, wo sich der Täufer aufhielt. Das gelang auch. Damit die Mörder nun das Haus nicht verfehlen, hängten sie unter das Fenster einen Kranz mit Mauerpfefferblüten. Wie erstaunt aber waren die Meuchelmörder, als sie in die genannte Straße kamen, dass unter den Fenstern jedes Hauses solche Kränze hingen. Wie Herodias dann doch noch zum Ziel kam, das steht in der Bibel.

Nach dem Tod des heiligen Johannes hängten seine Anhänger jedes Jahr am Tag seiner Geburt zum Andenken an diese wundersame Episode an ihren Häusern Kränze aus Mauerpfeffer auf. Durch fromme Pilger soll dieser Brauch auch ins Eichsfeld getragen worden sein.

Der Greifenstein

Nahe des Hülfensberges, zwischen Großtöpfer und Kella, lag auf einem Hügel einst die stolze Burg Greifenstein.

Die Ritter von Greifenstein waren zu ihrer Zeit weithin gefürchtet. Mordend, raubend und brandschatzend fielen sie über die Gegend her, waren eine wahre Landplage. Eines Tages reichte es dem Kurfürsten von Mainz. Er beschloss, die Burg Greifenstein zu erobern. Es tobte ein harter und langer Kampf, bis es den Mainzern endlich gelang, in die Burg einzudringen und sie zu zerstören. Aber von den Raubrittern fehlte plötzlich jede Spur. Wie ausgestorben lag die Burg da. Die Mainzer suchten alles ab, bis sie am Ende in einem Versteck einige Knechte fanden, die zurückgelassen wurden. Um ihr Leben zu retten, gestanden sie, dass die Ritter durch einen unterirdischen Gang, der nach Eschwege führt, entkommen seien. Sofort machten sich einige Mainzer Ritter an die Verfolgung durch diesen Gang. Doch nach kurzer Zeit wurden sie von einem Felsspalt aufgehalten, der quer durch den Gang verlief. Schnell wurde er überbrückt, weiter ging die wilde Jagd bis zu einem nächsten Hindernis. Aus dem Felsen brach ein Wasserstrahl hervor, der mit Gewalt und dennoch geräuschlos alles mitriss und auf der anderen Seite wieder verschwand. Ein Mainzer versuchte, ihn zu überspringen, doch es reichte nicht. Er musste von seinen Kameraden herausgezogen werden. Auch die anderen versuchten den Sprung erfolglos.

Plötzlich erschien am Rand des Wassers eine geheimnisvolle Gestalt. Sie hob die rechte Hand und rief ihnen zu: „Lasst ab von der Verfolgung eurer Feinde. Gott hat die Mörder schon gerichtet. Auch ich gehörte einst zu den zahllosen Unschuldigen, die ihnen in die Hände fielen und elend zu Tode gemartert wurden. Auf meine Fürbitte hin sind euch diese Hindernisse in den Weg gelegt worden, sonst wärt ihr wie die Mörder rettungslos verloren. Schaut hin!" Die Gestalt wandte sich um und wies in die Richtung, in die die Greifensteiner geflohen waren. „Dort seht ihr das Strafgericht!" Die Mainzer sahen ein loderndes Feuer, mit Donner und Getöse stürzte die Felsdecke ein und begrub die Mörder mitsamt ihren geraubten Schätzen, die sie selbst auf der Flucht nicht zurücklassen mochten, unter sich. Die Gestalt verschwand. Die Mainzer aber kehrten so schnell sie konnten zu ihren Gefährten zurück.

Wie das Dorf Grossbartloff zu seinem Namen kam

Als das Dorf Großbartloff gebaut wurde, konnten sich die Leute nicht einigen, welchen Namen es bekommen sollte. Während des Baus wurde wegen der größeren Sicherheit im Süden ein steinernes Tor errichtet. Die Aufsicht führte hier ein Mann namens Großbart. Eines Tages, als die Maurer hoch oben auf dem Gerüst am Tor bauten, fiel einem der Handwerker plötzlich ein großer Stein aus der Hand. Unten stand Großbart. Voller Panik rief der Maurer dem Aufseher zu: „Großbart, lof!" (Großbart, lauf!). Der konnte gerade noch geistesgegenwärtig zur Seite springen, sodass der Stein ihn knapp verfehlte. Diese Geschichte verbreitete sich wie ein Lauffeuer und ein Bewohner schlug vor, diesen Warnruf als Dorfnamen zu verwenden. Das stieß auf breite Zustimmung. Und so bekam das junge Dorf den Namen Großbartlof, später kam noch das zweite f hinzu. Bis heute trägt es den Namen.

Eine andere Erzählung indes behauptet, der Name käme von einem gewissen Bartel – die Abkürzung für Bartholomäus – der zwei Höfe besaß, einen großen hier und einen kleinen nahe des Klosters Reifenstein. Darum heißen die beiden Dörfer Großbartloff und Kleinbartloff.

Die Sage von Hechts Aden

Vor vielen Jahrhunderten hauste auf der Eichsfelder Höhe ein schrecklicher Räuber mit Namen Hecht. Zuhause war er eigentlich in Effelder, aber ständig wurde er an anderen Stellen gesehen. Obwohl ein hohes Kopfgeld auf ihn ausgesetzt war, wagte niemand aus Effelder und der Gegend, ihn zu jagen oder ihn zu verraten. Einerseits war die Angst vor ihm zu groß, andererseits umspann den Unhold die Legende, hieb-, stich- und kugelfest zu sein. Endlich fasste sich der Dorfschmied ein Herz, weil das Preisgeld noch einmal erhöht war. Aber direkt an Hecht wagte er sich auch nicht, sondern griff zu einer List. Er scharte Männer des Dorfes um sich, die ihm helfen sollten. Der Schmied gab dem Räuber zu verstehen, dass Leute im Dorf wären, die ihn fangen wollen. Der sprang sofort auf, griff zu seinen Waffen und eilte aus der Wohnung. Doch er sah niemanden. Er hörte nur von weitem dumpfes Geschrei und Gerassel. Hecht schlich sich auf den Kirchhof, wo er mit seinem Blasrohr Aufstellung nahm, von den Freunden des Schmiedes überwältigt wurde und trotz seiner heftigen Gegenwehr sein Ende fand.

Eine andere Fassung der Sage spricht gleich von zwei baumlangen Kerlen, die als halbe Riesen galten, und rund um Effelder Angst und Schrecken verbreiteten. Den einen nannten die Leute Hechts Aden, abgeleitet von Hechts Adam, der in Effelder unterhalb des Gotteshauses lebte. Der andere sollte gebürtig aus Büttstedt stammen und wurde Brattsch Nickel genannt. Die beiden zogen für ihre räuberischen Missetaten oft gemeinsam los. Beide besaßen ein hinterhältiges Blasrohr, mit denen sie ihre Opfer geräuschlos töten konnten. Endlich unternahm die Obrigkeit Schritte, der beiden habhaft zu werden. Der kurmainzische Vogt auf Burg Gleichenstein schickte einen Schreiber nach Effelder, der den Leuten verkündete, innerhalb welcher Frist beide Räuber auszuliefern seien, tot oder lebendig, ansonsten würde das Dorf an allen vier Enden angezündet und niedergebrannt.

Jetzt war guter Rat teuer. Die Dorfältesten griffen schließlich zu einer List. Der Wächter blies auf Absprache Alarm und verkündete, dass Räuber das Dorf überfallen wollen. Innerhalb kürzester Zeit versammelten sich die wehrfähigen Männer an der Kirchhofsmauer, auch Hechts Aden eilte mit seinem Blasrohr herbei. Der Dorfschmied schlug von der Mauer herab seinen großen Hammer auf Hechts Kopf, der wie tot zu Boden sank. Noch einmal schlug er die Augen auf und schwor dem Schmied Rache. Der hob erneut den Hammer und bereitete dem Räuber sein wohlverdientes Ende. Er wurde in ungeweihter Erde verscharrt. Die ganze Gegend atmete auf. Brattsch Nickel indes hatte nach dem Besuch des Schreibers die Flucht ergriffen und ward nie mehr gesehen. Erst nach Jahren hörte man die Kunde, er sei irgendwo im mainzischen Gebiet gefasst und hingerichtet worden.

Räuberhauptmann Hiesel

Weit und breit bekannt, vor allem aber gefürchtet war der Räuberhauptmann Hiesel. Er hauste in einer Höhle nahe Effelder. Er machte vor niemandem halt, egal, ob es ein reicher Handelsmann oder ein armer Wanderer war. Immer fand er nach einem Raub ein sicheres Versteck. Die Furcht und das Grausen vor ihm wurden so groß, dass es bald niemand mehr wagte, die einsamen und verschlungenen Waldwege zu benutzen. Nicht nur die Effelderschen, sondern auch die Bewohner von Küllstedt, Wachstedt und Struth wussten, was ihnen blühte, sollten sie ihm begegnen.

Der Zorn aber überwog bald. Die erbitterten Leute wollten sich die Plündereien und Raubzüge nicht mehr gefallen lassen. Sie stellten ein ganz ordentliches Aufgebot zusammen und schafften es tatsächlich, den Räuber zu fangen. Sie schleppten ihn an Händen und Füßen gefesselt hinauf zum Amt Bischofsstein, wo Hiesel sofort in Haft genommen wurde.

Die Freude über den geglückten Fang sollte aber nicht lange dauern. Hiesel war nicht allein in seiner Höhle. Um ihn herum hatte sich eine ganze Anzahl ähnlichen Gelichters geschart, die Spießgesellen waren ihm sogar treu ergeben. Auch sie rotteten sich zusammen, als sie hörten, dass ihr Hauptmann gefangen war, und zogen bis an die Zähne bewaffnet zum Bischofsstein. Vor dem Gefängnis fingen sie an zu singen: „Sie bauten zwar Galgen und Rad, aber für dich ward's nicht gebaut!" Danach veranstalteten sie einen ohrenbetäubenden Lärm und drangen ein, wobei sie die Wächter niederstachen und letztendlich ihren Hauptmann herausholten.

Unter den Räubern war auch der Schmied von Effelder. Er war einer der engsten Vertrauten und Berater des Anführers. Die Effelderschen kannten die geheimen Fäden und Verbindungen des Schmiedes zu Hiesel. Jetzt machten sie sich über ihn her und verhörten ihn so lange, bis er schließlich einverstanden war, die Dörfer ein für alle Mal von dem Ungemach zu befreien.

Es kam eine stockfinstere Nacht heran und ein Sturm tobte über dem Dorf, sodass es wirklich unheimlich wurde. Der Schmied lockte Hiesel ins Dorf, führte ihn durch eine Scheune in den Hohlweg der damaligen Kirche und schlug ihm mit dem Hufhammer den Schädel ein. Noch war er nicht tot, sondern nur betäubt, aber die herbeieilenden Effelderschen prügelten so lange auf ihn ein, dass er sein Leben aushauchte. Der Schmied machte seine Untaten so wieder gut, aber den Räuber in geweihter Erde zu bestatten, das brachten die Effelderschen nicht fertig. Sie schleppten die Leiche zum Waldrand und verscharrten sie unter der Schampanjesbuche. Noch heute meiden die Leute diesen Platz, denn dort sei es nicht geheuer.

Die Wichtelmänner von Wilbich

Am Mühlgraben von Wilbich hausen Wichtelmänner, die zur Geisterstunde ihr Unwesen treiben sollen. Oft riecht es dort nach heißem Öl oder Fett, als ob jemand etwas gebraten hätte. Das, so sagen die Wilbicher, kommt von den Koch- und Bratkünsten der Wichtelmänner. „Die Wichtelmänner backen Kräppel oder Pfannkuchen“, schmunzeln dann die Dorfbewohner. Sie wissen noch mehr: Wenn es den kleinen Wichtelmännern langweilig wird, gehen sie ins Dorf, um dort etwas Schabernack zu treiben. Dann gehen sie in die Ställe und flechten den Pferden Zöpfe in die Mähnen und Schwänze, was nicht allen Bauern gefällt. Aber Vorsicht: Laut der Sage erkranken die Tiere, wenn man die Zöpfe wieder aufflechtet und glättet.

Der Grenzsteinversetzer von Wilbich

Als die Preußen zu Beginn des neunzehnten Jahrhunderts das Eichsfeld übernahmen, begannen sie damit, das Land katastermäßig zu vermessen. Die dadurch festgelegten Grundstücksgrenzen aber passten nicht jedem. Der eine oder andere mochte sich damit nicht abfinden und wurde nachts tätig – mit bösen Folgen. Bei Wilbich, auf der Ackerfläche „Im Dulken“ wandelte vorrangig in der Geisterstunde sehr oft ein Mann umher. Sein blauer Kittel und die Eichsfelder Tracht ließen die Beobachter darauf schließen, dass es ein Bauer war. Unter dem Arm aber trug er einen schweren Grenzstein, den er wohl gestohlen hatte. Klagend und suchend lief er von Acker zu Acker, schaute in jede Furche. Einmal, so erzählt die Sage, wurde er von einem Bauern sogar am helllichten Tag gesehen. Der Bauer war nicht so leicht ins Bockshorn zu jagen. Als die Erscheinung im blauen Kittel ihm mehrmals traurig zurief: „Wo soll ich nur den Mahlstein hinsetzen?“ antwortete der Bauer aus Fleisch und Blut: „Bring den Grenzstein dorthin zurück, wo du ihn gefunden hast!“. Im gleichen Augenblick war die Erscheinung verschwunden und wurde nie wieder gesehen.

Wie Ershausen zu seinem Namen kam

Ershausen, das schmucke Dorf an der Rosoppe, führte einst nur den Namen Hausen, heißt es in der Legende. Als der Schwarze Tod, wie die Pest genannt wurde, das Eichsfeld überrollte, wurde auch das Dorf nicht verschont. In größter Not und Gottvertrauen gelobten die Einwohner, dass sie eine Wallfahrt zum Hülfensberg stiften wollten, bei der eine schwarze Fahne vorweggetragen wird. Die Seuche verschwand alsbald. Als die Bittwoche heran war und die umliegenden Dörfer ihre Wallfahrten zum heiligen Berg des Eichsfeldes antraten, erfüllte auch Hausen sein Gelübde. Weil die Bewohner aber die ersten waren, die auf der Kuppe des Berges mit der schwarzen Fahne ankamen, so erhielt es den Namen Ersthausen. Erst später kam das „T" abhanden. Seitdem heißt es Ershausen.

Die Muttergotteskapelle von Ershausen

Vor langer Zeit hatten sich an einem Winterabend in der Esmühle mehrere junge Mädchen zum Spinnen zusammengefunden. Die Tochter des Hauses hatte auch eine Freundin aus Wilbich eingeladen. Nicht nur die Spinnräder surrten, auch die Münder waren fleißig beim Geschichtenerzählen. Später wollte die Müllerstochter für ihre Freundinnen die im Eichsfeld so beliebten Eisenkuchen, also Waffeln, backen. Doch als sie das Kucheneisen auf den Herd stellen wollte, rutschte es ihr aus den Händen und sprang am Boden entzwei. Als sie zu ihren Freundinnen zurückkehrte und von dem Unfall berichtete, meinte ihre Freundin aus Wilbich, sie solle sich keine Sorgen machen, ihre Familie habe gerade ein neues Kucheneisen angeschafft, in dem die Eisenkuchen vorzüglich gelingen. Sie wolle es schnell holen. Die anderen Mädchen wollten es ihr ausreden, doch das Mädchen sagte, sie hätte die kurze Strecke ins Nachbardorf schon oft des Nachts zurückgelegt und fürchte sich nicht. Sprachs, nahm ihren Mantel und huschte zur Tür hinaus.

Sie war noch nicht lange weg, als einige Burschen aus Ershausen die Spinnstube betraten, um mit den Mädchen zu schäkern. Sie erfuhren von dem Missgeschick mit dem Kucheneisen. Einer der Burschen, der sich in das Wilbicher Mädchen verguckt hatte, sagte, er wolle sich verkleiden und ihr nachgehen. Wieder versuchten alle, ihm den Unsinn auszureden, aber vergeblich, in seinem Übermut wollte der Bursche nicht hören. Der Esmüller hatte wenige Wochen zuvor eine Kuh geschlachtet und deren Haut aufgehoben. Sie ließ sich der Bursche geben, hängte sie um die Schultern, dass die Hörner vom Kopf abstanden, und ging in die Dunkelheit hinaus. Er nahm den Weg Richtung Wilbich und versteckte sich bald hinter einer starken Linde. Dann hörte er Schritte, denn das Mädchen nahte in der sternenklaren Nacht.

Genau als sie an der Linde war, sprang er hervor, rief mit verstellter Stimme „Jetzt bist du mein“ und wollte sie packen. Das Mädchen aber sah nur die hohe Gestalt mit den Hörnern und dachte, es wäre der Teufel. Mit einem Entsetzensschrei hob sie in Todesangst das schwere Kucheneisen und ließ es auf den Kopf des vermeintlichen Teufels niedersausen. Der Bursche brach lautlos zusammen. Das Mädchen rannte wie ein gehetztes Reh in die Esmühle und konnte kaum verständlich erzählen, was ihr widerfahren war. Als sie aber hörte, wen sie niedergeschlagen hatte, verlor sie das Bewusstsein und konnte nur mit Mühe wieder zu sich gebracht werden. Dann machten sich alle auf den Weg zur Linde. Dort lag der Bursche in seinem Blut. Nur einmal schlug er noch die Augen auf und murmelte: „Verzeihung!“ Dann brachen seine Augen, er hatte seinen Übermut mit dem Leben bezahlt. Das Mädchen wurde krank und lag lange auf den Tod. Dann ließ sie an der Stelle, wo das furchtbare Unglück passierte, eine Kapelle zu Ehren der Muttergottes errichten. Täglich ging sie dorthin zum Beten. Egal wie viele Heiratsanträge dem schönen Mädchen auch gemacht wurden, es schlug alle aus.

DER GUTE BORN
BEI ERSHAUSEN

In Ershausen lebte vor Zeiten ein sehr alter und sehr frommer Schäfer. Er hätte längst aufgehört, hätte er nicht einen vorzüglichen Schäferhund gehabt, der die Arbeit allein erledigte. Es war zur Zeit der Hundstage, als sein Hund plötzlich todkrank wurde. Selbst der Schäfer, der in der ganzen Umgebung um Rat gefragt wurde, wenn eine Krankheit das Vieh heimsuchte, war ratlos. Sein Wissen war groß, aber bei dieser bösartigen Krankheit bangte er um seinen Hund, wusste nicht ein noch aus. Er schickte ein Gebet zu den Vierzehn Nothelfern und badete seinen Hund in der Quelle neben der Kapelle. Am nächsten Tag sprang der Hund gesund und munter umher, als sei nie etwas gewesen. Seitdem wird das Wasser an den Hundstagen milchig trübe. Aber die Quelle wird seitdem der „Gute Born“ genannt.

DAS GNADENBILD
IM KLÜSCHEN HAGIS

Ein Schäfer zog einst an einem schönen Frühsommertag mit seiner Herde das Tal unter der Burg Gleichenstein hinauf. Am Ende der Wiesen, wo der steile Aufstieg auf die Eichsfelder Höhe Richtung Wachstedt beginnt und der Wald heranrückt, ließ er die Tiere laufen. Weit konnten sie nicht, auch der treue Hund passte auf. Der Schäfer setzte sich auf seinen Lieblingsplatz auf dem kleinen Plateau, auf dem mehrere Steinquader lagen. Er setzte sich und ließ seinen Gedanken freien Lauf.

Er wusste, dass einst genau an der Stelle, an der er jetzt saß, ein Dörfchen stand. Neuenhagen, so erzählten die Alten, sei sein Name gewesen. Die Bewohner hätten im Dienst der Burg Gleichenstein gestanden, aber als die ihre Bedeutung als Feste verlor, suchten sich die Neuenhagener andere Arbeit und zogen in die umliegenden Dörfer. Neuenhagen fiel wüst. Genau dort, wo der Schäfer saß, hatte einst die kleine Kirche gestanden, die Steinquader galten als Überreste der Bauten.

Es war ein prächtiger Tag, der Himmel spannte sich azurblau über die Landschaft, die Sonne schickte glitzernde Strahlen zwischen das Laub. Da stutzte der Schäfer plötzlich, er hatte etwas im Gras aufblitzen sehen. Neugierig erhob er sich, um nachzusehen. Tief erstaunt hob er ein geschnitztes Bild empor, wie es auf Altären steht. Rot und Blau und Gold – die Farben leuchteten richtig. Er stellte es auf einen Stein vor sich und betrachtete den Fund. Es war ein Bildnis von Maria, der Gottesmutter, mit ihrem toten Sohn auf dem Schoß. Leicht war der Kopf Mariens vorgeneigt, ihre linke Hand umschloss eine Hand ihres Sohnes. Auf den goldenen Strahlenkranz auf ihrem Haupt war der Sonnenstrahl gefallen. Der Schäfer kannte das Bild nicht, es gehörte in keine der umliegenden Kirchen. Am Nachmittag, als er die Herde nach Wachstedt heimtrieb, nahm er das Bild mit zum Pfarrer. Der stellte es erst einmal in der Kirche auf den Altar, wo sich die Leute schon neugierig sammelten. Am nächsten Morgen herrschte Aufregung: Das Bild war verschwunden! Der Schäfer musste aber seine Herde wieder ins Tal treiben. Und dann traute er seinen Augen nicht. An der gleichen Stelle wie am Tag zuvor lag das Bildnis! Er nahm es abends mit heim und brachte es wieder dem Pfarrer. Der war sehr erstaunt und erzählte dem Schäfer, dass in Mühlhausen aus der Kirche am Obermarkt ein Bild Mariens gestohlen wurde und es der Beschreibung nach das gefundene sein könnte. Wieder stellte der Pfarrer das Bildnis in die Kirche, um es dann nach Mühlhausen zurückzugeben.

Am nächsten Morgen aber war es wieder verschwunden, und wieder fand es der Schäfer an der gleichen Stelle im Tal. Jetzt sah man die wundersamen Vorkommnisse als göttliches Zeichen. Das Bildnis wollte bleiben. So schnell wie es ging, errichteten die Wachstedter auf dem Platz der alten Neuenhagener Kirche eine Kapelle und stellten das Bild auf. An der Stelle aber, an der das Bild dreimal gefunden wurde, brach eine Quelle hervor, der Klüschenborn. Noch bis heute gilt sein Wasser als Heilquelle. Und aus der Kapelle wurde im Laufe der Jahre die Wallfahrtskirche Klüschen Hagis.

Zwischen Werra, Burg Hanstein und Rusteberg

Die Wüstung Hemmenrode

Vor vielen Jahrhunderten gab es zwischen Rüstungen und Wiesenfeld noch ein Dorf: Hemmenrode. Dessen Bewohner aber kümmerten sich nicht um Gott und seine Gebote. Das Laster ging ein und aus in dem Dorf, in dem sogar der mahnende Geistliche nur Hohn und Spott erntete.

Eines Tages kam eine Prozession durch das Dorf, dessen Ziel der Hülfensberg war. Oh, was war das für ein Spaß für die Hemmenröder! Sie platzierten sich am Wegesrand, verspotteten die Wallfahrer und äfften deren Gebete und Lieder nach. Am Ende warfen sie noch einen Stein hinterher. Der aber traf ein junges Mädchen tödlich. Die Mutter, die ihr totes Kind in den Armen hielt, verfluchte die gottlosen Hemmenröder. Und der Fluch erfüllte sich schnell. Keine drei Nächte dauerte es, bis sich über Hemmenrode ein gewaltiges Unwetter schob. Man konnte nicht die Hand vor Augen sehen. Als der nächste Morgen anbrach, war das Dorf wie vom Erdboden verschwunden.

Seitdem, so erzählt man sich, zieht über die Wüstung während der Geisterstunde eine geheimnisvolle Prozession, bei der Lichter mitgeführt und fromme Lieder gesungen werden. Der eine oder andere Wanderer will das Schauspiel mit eigenen Augen gesehen haben.

Das Wunder von Schwobfeld

Einst wallfahrten die Kirchgänder zum Hülfensberg. Der Prozession voran trugen sie eine große Kerze. Unter den Pilgern war ein Mann, der seinen Sohn bei sich hatte. Der Junge war von Geburt an blind. Der Vater wollte nun auf dem Hülfensberg Gnade für seinen Buben erbitten. Als die Prozession aus dem Tal von Mackenrode heraufkam und die Pilger den ersten erfreuten Blick auf den noch drei Stunden entfernten Berg warfen, fragte plötzlich der Junge: „Vater, ist der Berg da vorn der Hülfensberg?“ und zeigte auf den Horizont. Voller Erstaunen stellten die Wallfahrer fest, dass der Bube sehen konnte. Sie priesen den Herrn und gelobten, jedes Mal, wenn sie bei ihrer Pilgerreise an dieser Stelle ankommen, hier ein besonderes Dankgebet zu sprechen. Viele Jahrhunderte war es üblich, dass die Kirchgänder bei ihrer Rückreise an dem hier aufgestellte Bildstock niederknieten und ein Gebet sprachen.

DER KATERBORN
BEI DIETERODE

Eines Frühjahrs setzten so früh Tauwetter und warme Temperaturen ein, dass es Ende April schon so warm war, wie sonst im Hochsommer. Schließlich nahte der 1. Mai. In der Walpurgisnacht hatten die Hexen auf dem Brocken wieder einmal ausgiebig getanzt. Zu finden waren dort auch die Hexen des Hohen Meißners. Sie kehrten in der Frühe nach Hause zurück, um nicht im anbrechenden Tageslicht von den Leuten gesehen zu werden. Der Hauptschwarm war schon durch, aber eine junge Hexe, die sich in der Zeit vertan hatte, sauste auf ihrem Besen noch immer über das südliche Eichsfeld, den Hohen Meißner schon vor Augen. Sie hatte sich bereits Schelte eingefangen, weil sie ihren schwarzen Kater zum Tanz auf den Brocken mitgenommen hatte, obwohl das strengstens untersagt war. Und genau dieser Kater machte ihr nun noch obendrein zu schaffen.

Er hatte bislang brav auf der Schulter der jungen Hexe gesessen und sich den Flugwind um die Schnurrhaare wehen lassen. Aber jetzt begann er zu miauen. Er wurde von Sekunde zu Sekunde böser. Plötzlich sprang das Tier hinter Dieterode von der Schulter hinab in die Tiefe. Die Hexe folgte ihm sofort, denn ohne ihn hätte sie sich daheim nicht mehr sehen lassen dürfen. Dem Kater war natürlich nichts passiert, er landete nach Katzenmanier auf seinen vier Pfoten. Die Hexe, richtig wütend, sprang von dem Besen, nahm ihn und wollte dem Kater eine Tracht Prügel überziehen. Da sah sie aber, warum der Kater den Sprung gewagt hatte. Er war bei der Hitze durstig geworden und hatte aus der Luft das Wasserloch erspäht, aus dem er jetzt trank.

Inzwischen war es hell geworden. Die Hexe hörte auf einmal fröhliche Stimmen. Eine Schar junger Leute war zum Maisprung aufgebrochen. Jetzt war die Not groß, denn die Hexe durfte auf keinen Fall gesehen werden. Schnell flüsterte sie einen Zauberspruch. Der Kater wuchs und wuchs immer weiter, bald war er größer als ein Mensch und begann schon fast über die Bäume hinwegzuwachsen. Das zog natürlich die Blicke der jungen Leute auf sich. Schon duckte sich der Kater mit zurückgelegten Ohren zum Sprung, da packte die Hexe mit einer Hand sein Fell und schwang sich mit ihm wieder in die Lüfte. Erst standen die jungen Menschen sprachlos da, dann rief einer: „Was für ein Kater an unserem Born!“ Seitdem heißt die Quelle Katerborn.

DER SCHLITTSTEIN

Vor Jahrhunderten soll ein Riese in der Gegend sein Unwesen getrieben haben. Er war so unleidlich und grausam, dass die Leute ihm schleunigst aus dem Weg gingen. Als er eines Tages über den Hohen Meißner und die Gobert stieg, so heißt es, sei er hingefallen und in eine Schlucht gestürzt. Zwar kam er unbeschadet davon, aber ein Kalksteinchen hatte sich in seinen Stiefel verirrt. Zunächst schenkte der Unhold dem keine Beachtung, doch irgendwann litt er böse Schmerzen. Er zog den Stiefel aus, schüttete das Steinchen heraus, und vor lauter Wut warf er den Störenfried in weitem Bogen von sich. Über das kilometerbreite Tal flog der Stein hinweg und krachte schlitternd auf den Südrand des nächsten Berges. Die Leute, die den tonnenschweren Felsen fliegen sahen, bewunderten das Vorkommnis und nannten den gewaltigen Block den „Schlittstein".

Unweit vom Schlittstein soll eine gar unheimliche Person ihren Wohnsitz haben. An der Westseite des Felsens gibt es einen Spalt. Wenn sich der Wind in ihm fängt, dann gibt er gar eigentümliche Töne von sich. Der Volksmund behauptet, tief unter dem Felsen und dem Spalt wohne des Teufels Großmutter in einem Gemach. Und die eigentümlichen Töne sollen das Surren ihres Spinnrades sein.

DAS HERRENBÖRNCHEN

Es war an einem heißen Tag, als der Pfarrer, im Eichsfeld auch ab und an „Herr" genannt, aus seinem Pfarrhaus in Wüstheuterode trat und den Wiesenpfad am Uhlengrund wählte. Das Kinderbörnchen, aus dem die Hebamme die Kinder holt, ließ er links liegen. Der Pfarrer richtete seine Schritte nun die Schlucht am gegenüberliegenden Berghang hinauf, bis er vor einer Buche stehenblieb. Dort sprudelte ein klares Wässerchen hervor, das durch eine künstlich angelegte Rinne direkt in die Schlucht hinabspringt. Der Pfarrer griff in die Höhlung und holte einen kleinen Becher heraus, um zu trinken. Gegenüber der Quelle war eine künstliche Bank im Erdreich geschaffen. Auf die setzte er sich, um sein Brevier zu beten. Jeden Tag, auch an den heißen, kam der Pfarrer hierher – bis zu seinem Tode. Und weil er jeden Tag zur Quelle wanderte, nannten die Wüstheuteröder sie das „Herrenbörnchen".

DER KARFREITAGSFREVEL IN WÜSTHEUTERODE ODER DER SCHATZ IM STATIONSBERG

Es ist viele hundert Jahre her, da stand am Fuß des Stationsberges bei Wüstheuterode ein stattlicher Bauernhof. Der Bauer war der reichste Mann weit und breit. Aber genauso groß wie sein Reichtum waren sein Geiz und seine Bösartigkeit. Niemanden wunderte es, dass der Herr auch auf Gott nichts hielt, genauso wenig wie sein Gesinde. Wieder einmal war die Karwoche herangekommen. Alle Dorfbewohner gingen am Karfreitag in die Kirche, um des Leidens und Todes Christi zu gedenken. Jeder Lärm war verstummt, keine Glocke klang. Ja, es schien, als ob auch die Natur trauere. Nur der Bauer und sein Gesinde achteten den heiligen Tag nicht. Wie zum Hohn für die Leute veranstalteten sie ein lärmendes Fest mit lautem Singen und wildem Tanz. Es herrschte die reinste Völlerei, man zog sogar grölend über das Anwesen.

Gegen Abend aber verdüsterte sich der Himmel. Dunkle Wolken zogen auf. Dann zuckte der erste Blitz eines furchtbaren Gewitters nieder. Gewaltige Donnerschläge und dröhnende Blitze rasten über den Himmel. Die Schleusen des Himmels öffneten sich und Regenfluten stürzten hinab, wie sie nie jemand zuvor erlebt hatte. Keiner in Dorf wagte sich hinaus, vielmehr saßen die Menschen bei einer Kerze und beteten. Am nächsten Morgen war das Unwetter vorbei. Langsam trauten sich die Menschen aus den Häusern, um zu sehen, welche Schäden es gegeben hat. Stumm blickten sie in Richtung des Bauernhofes. Ein Teil des Berges war herabgestürzt und hatte ihn mit allen angehäuften Reichtümern, mit Mann und Maus unter sich begraben. Noch immer sollen große Schätze im Stationsberg liegen. Es heißt, dass sie nur jemand heben kann, der den Mut hat, in der Geisterstunde des Karfreitages ganz allein und ohne zu sprechen nach ihnen zu graben. Man erzählt sich aber auch, dass nur alle hundert Jahre diese Möglichkeit besteht.

DIE RIESENSTEINE
IM UHLENGRUND

Als noch Zwerge und Riesen auf der Erde wohnten, kam ein Riese ins Eichsfeld. Er war so groß, dass die höchsten Bäume ihm gerade bis zur Hüfte reichten. Er hatte Siebenmeilenstiefel an, bis heute erzählen die Leute, dass sie aus Elefantenhaut gefertigt waren. Als Wanderstock benutzte er einen mächtigen ausgerissenen Baum. Mit weiten Schritten kam der Riese über den Dörnberg, den Glasebach und den Hüttenberg herübergestiegen. Dann sprang er mit einem weiten Satz auf den Breiten Weg südwestlich von Wüstheuterode. Aber dabei merkte er, dass ihm etwas im Stiefel drückte. Der Riese setzte sich nieder, zog seinen rechten Stiefel vom Fuß und schüttete ihn aus. Da fiel ein Sandstein heraus, so groß wie ein Haus. Der polterte vom Breitenberg bis in den Grund hinunter. Dann schüttete der Riese auch den linken Stiefel aus und mehrere weitere Sandsteine kullerten heraus, aber nicht ganz so groß wie der erste. Er hob sie auf und warf sie dem großen in den Uhlengrund hinterher. Da machte der Bach vor Schreck einen Sprung zur Seite, floss aber bald wieder in seinem alten Bett. Die Steine blieben so liegen, wie der Riese sie hingeworfen hat.

IN DER MERGELKUHLE

Am südlichen Hang des Erpelsberg, nordwestlich von Wüstheuterode auf halber Strecke Luftlinie nach Röhrig, soll es noch zu Beginn des Dreißigjährigen Krieges ein Dorf gegeben haben mit einer Kirche in der Mitte. Sie war von hohen Pappeln umgeben. Die Leute waren recht zufrieden mit dem, was sie hatten. Das Dorf lag abseits und war darum vom Krieg bislang verschont geblieben, aber die Abgaben stiegen ständig. Eines Tages suchte eine Schar Reiter das Dörfchen heim. Es wurde geplündert und gebrandschatzt, selbst die Kirche blieb nicht verschont. Innerhalb kurzer Zeit war aus dem friedlichen Dörfchen ein Trümmerfeld geworden, aus dem noch Rauch aufstieg. Einzig die hohen Pappeln blieben, bis unter der sengenden Hitze die Erde riss und nur noch Stümpfe in dem Loch übrigblieben, die über Jahrhunderte zu sehen waren.

Eine weitere Wüstung liegt in dem Bereich nur wenige hundert Meter östlich. Reckerode hieß das Dörfchen. Ein Schäfer weidete an einem brütend heißen Hochsommertag seine Herde dort. Es wurde so heiß, dass der Schäfer im Schatten im Gras liegend seinen Gedanken nachhing, und auch sein treuer Hund hatte es sich irgendwann mit hechelnder Zunge bequem gemacht. Plötzlich zerriss ein gewaltiger Donner die schwüle und drückende Hitze. Es ging so urplötzlich ein Regen nieder, dass es zu spät war, die Herde in Sicherheit zu bringen. Aus dem Regen wurde eine wahre Sturzflut, die unter unablässigem Blitzen alles mitriss. Auch der Schäfer wurde samt Hund und Herde weggespült. Das Wasser riss tiefe Gräben in die Feldflur. Nie wieder wurden Mensch und Tiere gesehen, aber der größte Graben blieb – die Mergelkuhle.

Die Unke
am Goldbörnchen

Einst half ein kleiner Junge nahe des Börnchens bei Röhrig seinem Großvater bei der Feldarbeit. Er wurde durstig und sagte: „Großvater, ich will zum Goldbörnchen gehen und etwas trinken." Doch der Großvater bat ihn, das nicht zu tun. „Die Unke könnte dir etwas antun, sie hat schon einmal ein Mädchen umgebracht." Und er setzte sich zu seinem Enkel, um ihm die Geschichte zu erzählen:

Vor Jahren kam eine Unke regelmäßig an den Quell, um daraus zu trinken. Auf dem Kopf trug sie eine kleine goldene Krone. Die nahm sie jedes Mal ab, damit sie nicht ins Wasser fiel, und legte sie ins Gras, um dann noch ein paar Schritte zum Börnchen zurückzulegen. Ein Mädchen beobachtete eines Tages die Unke beim Trinken und sah auch die kleine Krone im Gras. Die wollte sie unbedingt haben. Immer wieder beobachtete das Mädchen die Unke und plante dann, die Krone einfach an sich zu nehmen, wenn sie im Gras lag und die Unke trank. Es wartete hinter einem Busch auf eine günstige Gelegenheit. Und wieder kam das Tierchen, legte die Krone ab, um zu trinken. Blitzschnell sprang das Mädchen hervor, griff die Krone und wollte davonlaufen. Doch da wurde die Unke riesengroß, so groß, wie es vielleicht ein Tier vor der Steinzeit gewesen wäre. Was passierte, ist nicht bekannt. Das Mädchen wurde nie wieder gesehen. Die Unke dagegen schon, aber wieder so klein wie eh und je. Darum ist heute noch Vorsicht am Goldbörnchen geboten, das seinen Namen vermutlich von der goldenen Krone hat.

Die Kronenmühle
bei Mackenrode

Einst war der Müller auf einem seiner Felder ganz in der Nähe beim Ackern, als er plötzlich auf einen harten Gegenstand in der Erde stieß. Als er ihn näher betrachtete, stellte er fest, dass es sich um eine kostbare Krone handelte. In diesem Moment kam aus der Erde eine dicke, fürchterliche und furchtbar hässliche Schlange hervor. Schnell wurde dem Müller klar, dass er einen sogenannten Schlangenkönig vor sich hatte. Er wusste aber auch, dass man sagte, dass der Besitz solch einer Krone großes Glück bringe. Blitzschnell griff der Müller nach dem Geschmeide, schwang sich auf sein Pferd und ritt zu seiner Mühle. Die Schlange aber verfolgte ihn, schließlich wollte sie ihre Krone zurück. Am Hoftor sprang der Müller vom Pferd, die Schlange ganz nah hinter sich. Er schlüpfte durch das Hoftor und warf es mit aller Kraft zu, wobei er dem Schlangenkönig den Kopf zerschmetterte. Die Krone war nun sein. Der Müller trug sie in seine Wohnung und hielt sie Zeit seines Lebens in Ehren. Seitdem heißt die bis dahin namenlose Mühle an der Verbindungsstraße von Mackenrode zum Walsetal Kronenmühle.

Es heißt, die Krone habe ihm und auch den nachfolgenden Generationen tatsächlich Glück gebracht. Sie hatten allesamt handwerkliches Geschick und waren niemals geizig. Im Gegenteil. Sie waren großzügig, spendeten freigiebig den Menschen und der Kirche.

Die Raubritter
vom Altenstein

Um das vierzehnte Jahrhundert gingen von der Burg Altenstein auf dem Kahlenberg bei Asbach-Sickenberg, oberhalb des Ufers des Alten Hainsbaches, arge Raubzüge in die Umgebung aus. Die Herren, so erzählt die Sage, waren damals die Brüder Bruno und Hertwig von Weberstätt. Als Hertwig einmal zu einer längeren Reise abwesend war, trieb es Bruno besonders wild. Er entwickelte sich zu einer rechten Landplage, ihm waren das schändliche Treiben und die Überfälle auf schwerbeladene Wagen einfach nicht abzugewöhnen. Ja, Kaufleute wurden auch als Geiseln genommen und hohe Summen von den Angehörigen abgepresst. Gab es kein Lösegeld, verschmachteten die Gefangenen elendig in den tiefen und dunklen Burgverliesen.

Eines Tages nahm Bruno die Tochter eines Göttinger Kaufmanns gefangen. Sie war so schön, dass er sie nicht ins Verlies steckte, sondern sie sich frei innerhalb der Burgmauern bewegen durfte. Nicht einmal das höchste Lösegeld hätte gereicht, um sie wieder freizukaufen. Bruno hatte sich verliebt.

Das Mädchen aber erwiderte die zarten Gefühle nicht, sondern sann Tag und Nacht nach Möglichkeiten zur Flucht. Sie hatte bereits den ganzen Winter hier zugebracht, nun kam der Mai des Jahres 1346, wie die Legende berichtet. Bruno kam von einem Raubzug früher als erwartet wieder, denn er war bei einem Scharmützel mit Bewaffneten schwer verletzt worden. Die Wunden heilten aber nicht, sondern wurden immer schlimmer.

Im Kopf der Jungfrau reifte ein Plan. Sie bot ihre Hilfe an, dafür müsste sie aber in den Wald, um gewisse Kräuter zu sammeln. In seiner Not gestattete der Raubritter es. Um ihn in Sicherheit zu wiegen, kehrte sie auch bald zurück und legte die Kräuter auf. Nach einiger Zeit wollte sie neue im Wald holen. Natürlich ließ Bruno sie gehen, sein Misstrauen war geschwunden. Als das Mädchen aber außer Sichtweite war, lief es erst nach Vatterode, dann nach Wüstheuterode, wo ein Fuhrwerk es bis ins Leinetal mitnahm. Bald war es auf dem Rusteberg, wo es dem Amtmann sein Schicksal schilderte. Das Mädchen konnte die Befestigungsanlagen und die Schwachstellen genau beschreiben, über die Stärke der Wachtmannschaft und auch über Brunos Verwundung berichten. Die Gelegenheit, den Altensteinern endlich das Handwerk zu legen, war gekommen. Unbemerkt drangen die Rusteberger in das Gemäuer ein und überwältigten die Burgbesatzung. Die geraubten Schätze nahm man mit. Die Altensteiner kamen nur mit dem Leben davon, weil sie ihrem schändlichen Treiben ein für alle Mal abschworen. Das Mädchen kehrte wohlbehalten zu seiner Familie zurück.

Zwei Sagen von der Teufelskanzel

Wieder einmal hatten vor Menschengedenken die Hexen in der Walpurgisnacht auf dem Brocken im Harz ihre alljährliche Zusammenkunft. Wie immer war auch der Teufel dabei. Die Stimmung wurde immer ausgelassener. Einige Hexen fragten den Teufel, ob er imstande sei, den gewaltigen Felsen, auf dem er eben noch stand, auf den Hohen Meißner zu tragen, ohne Rast und ohne ihn einmal abzusetzen. Höhnisch lachend bejahte der Gottseibeiuns diese Frage. Sofort wurden Wetten abgeschlossen, nicht nur unter den Hexen, sondern auch unter einigen jungen Männern, die in deren Begleitung waren.

Der Teufel fuhr nach dem Tanz wie ein Sturmwind mit dem Felsbrocken Richtung Südwest zum Hohen Meißner los. Der wilde Ritt ging auch eine ganze Weile lang gut. Doch irgendwann merkte der Satan, dass er den Mund wohl doch etwas zu voll genommen hatte. Den Meißner schon verschwommen am Horizont in Sicht, wurde ihm die Last doch immer schwerer. „Was soll's, die Weiber sehen mich ja nicht“, dachte er sich. Auf dem Höheberg im Eichsfeld fuhr er mit dem Brocken nieder und beschloss, ein Stündchen zu ruhen und die Kräfte wieder zu sammeln. Doch er hatte nicht mit den Hexen gerechnet. Einige waren ihm gefolgt, um zu sehen, ob er seine Prahlerei halten könne. Zwischen den dunklen Bäumen war zwar der Teufel nicht zu sehen, wohl aber der markante Felsen. „Der Teufel kann nicht weit sein“, dachten sich die Hexen und schlichen sich näher. Bald hatten sie ihn im tiefen Schlaf liegend erspäht. „Was machst du da?“, riefen sie laut und lachten ihn furchtbar aus.

Der Teufel fuhr aus dem Schlaf senkrecht in die Höhe. Beschämt und wütend, dass die Hexen ihn ertappt hatten, riss er sie in der Luft entzwei und floh ohne den Felsen, den er schon bis dorthin geschleppt hatte. Noch einmal stampfte er voller Wut mit dem Pferdefuß im Tal auf und machte sich aus dem Staub. Die Werra aber, die weder mit dem Satan noch mit irgendeinem Teufelswerk etwas zu tun haben wollte, schlängelte sich in weitem Bogen um den Hufabdruck herum und besitzt heute noch unter der Teufelskanzel die Form eines perfekten Hufeisens. Nach Ludwig Bechstein soll der Teufel aber noch in Witzenhausen mehrere Fässer Wein geholt und damit auf dem Blocksberg die verlorene Wette bezahlt haben.

Eine andere Sage erzählt, dass der Felsen nicht vom Brocken stammt, sondern seit Urzeiten oben auf den Klippen des Höhebergs liegt und vom Teufel als Kanzel für seine Predigten benutzt wurde. Ein kecker Eichsfelder Bauer, der unter dem Felsen saß und gerade in sein Vesperbrot beißen wollte, rief dem Teufel, der in dem Moment mit einer seiner wüsten Predigten beginnen wollte, zu: „Ihr habt etwas vergessen. Jede richtige Predigt beginnt mit den Worten ‚Im Namen des Vaters, des Sohnes und des Heiligen Geistes'!" Sobald die heiligen Namen fielen, wurde der Teufel von solchem Entsetzen gepackt, dass er mit einem gewaltigen Sprung ins Tal und in die Fluten der Werra sauste. Auch hier soll der Fluss vor dem Hufabdruck zurückgewichen sein und sich seitdem weit drumherum schlängeln. Eine Predigt hat der Teufel oben auf dem Felsen nie wieder gehalten.

DER SCHATZ
IM HANSTEIN

Die Hansteiner Ritter waren in alten Zeiten in der ganzen Gegend gefürchtet. Raubend und plündernd sollen sie durch das Eichsfeld gezogen sein, Schätze über Schätze anhäufend. Damit die nicht gefunden werden, sollen sie sie tief in den Burgverliesen versteckt haben.

Einst, es mag um die einhundertfünfzig Jahre her sein, lebte in Rimbach zu Füßen der Burg eine arme Witwe mit ihrem Söhnchen. Gerade einmal zwölf Jahre alt war der Bursche. Doch er war fleißig und verdiente etwas zum Lebensunterhalt dazu, indem er die Schafe eines Bauern im Dorf hütete.

Es war an einem schönen Sommernachmittag, als der Junge die Schafe an den Hang der Burg trieb. Da sie nicht weit fortlaufen konnten, legte er sich ins Gras, schaute auf die Ruinen und malte sich aus, wie wohl das Leben der Ritter gewesen sein mochte. Und beim Betrachten der Überreste wuchs die Neugier immer mehr in ihm. Er überließ das Schafehüten seinem Hund, auf den er sich verlassen konnte, und begann, die alten Gemäuer zu durchstreifen. Irgendwann betrat er einen langen Gang, in den nur noch etwas Tageslicht fiel. Immer dunkler wurde es, er tastete und fühlte sich vorwärts, bis er auf eine Tür traf. Doch die war verschlossen. Enttäuscht wandte er sich zum Gehen, um zu seinen Schafen zurückzukehren. Aber der Gang wollte einfach nicht enden. Inzwischen war es völlig dunkel. Trotz aller Mühe konnte der Junge den Ausgang nicht mehr finden. Müde sank er in einen tiefen Schlaf. Als er wieder wach wurde, hörte er die Turmuhr zu Bornhagen schlagen. Beim Mitzählen kam er auf zwölf Schläge: Geisterstunde.

Als der letzte Schlag verklungen war, brach ein lautes Poltern und Getöse los, im Gang wurde es schlagartig taghell. Ein Ritter in voller Rüstung stand vor dem entsetzten Jungen und befahl in barschem Ton: „Folge mir!" Er aber dachte an die Warnung seiner Mutter, die ihm eingeschärft hatte, mit niemandem mitzugehen, es sei denn, er bestätige, es geschehe in Gottes Namen. „Geschieht es in Gottes Namen?", fragte deshalb der Junge den dunklen Ritter tapfer. Dieser bejahte das. Also folgte ihm der Junge in den Gang, der sich auf einmal abwärts neigte. Über Treppen ging es immer weiter hinab, bis sich ein großer Saal öffnete. Überall an den Wänden standen Kisten und Truhen voller Gold, Silber und Edelsteinen. Der Ritter forderte den Hütejungen auf, sich davon so viel zu nehmen, wie er möchte oder tragen könne. Als er aber zögerte, fuhr ihn der Ritter an: „Nimm doch, in Gottes Namen!"

Da griff der Junge zu, was nur in seine Taschen ging. Der Ritter führte ihn erneut über Wendeltreppen und Gänge, bis sie wieder in dem langen Gang angekommen waren. In dem Moment schlug die Turmuhr von Bornhagen eins. Der Ritter verschwand genauso plötzlich, wie er erschienen war. Wieder versuchte der Junge, den Ausgang zu finden, aber vergeblich. Müde schlief er ein. Als er erwachte, drang Tageslicht zu ihm hinein. Er fand eine Treppe, stieg sie in einen langen Gang hinab und ging noch eine Treppe hinunter, die ihn in einen Keller führte. Erstaunt erkannte der Junge, dass er sich im Keller des Bauern befand, dessen Schafe er hütete.

Eilig rannte der Junge nach Hause zu seiner Mutter, die schon außer sich vor Sorge war. Er breitete die Schätze aus seinen Taschen vor ihr aus, und ab da hatte die Not ein Ende. Mit seinem Einverständnis verwendete die Mutter einen Teil für die Armen des Dorfes, mit dem anderen kauften sie einen Bauernhof, der im Dorf gerade zu haben war und sicherte damit die Zukunft ihres tapferen und gottesfürchtigen Jungen. Den Gang aber hat seitdem niemand mehr gefunden, auch der Ritter wurde nie wieder gesehen.

Der Neidkopf vom Hanstein

Die Hansteiner waren im Eichsfeld ein starkes Rittergeschlecht, die niemanden neben sich duldeten. Auch mit Herren über sich hatten sie ihre Probleme. Leuten, deren Nase ihnen nicht passte, egal von welchem Stand sie waren, verweigerten sie jeglichen Respekt. Hochmut und Arroganz – das waren die Hansteiner.

Steigt man hinauf zur Burg, so ist neben einem Tor vor der Kernburg hoch oben der „Neidkopf" in Stein gemeißelt. Ein Gesicht zur Fratze verzogen, die Zunge herausgestreckt, schaut hinüber ins Werrabergland zur Burg Ludwigstein. Unten am Fuß des Hansteins im Tal begann der Besitz des Landgrafen von Hessen. Auch den konnten die Hansteiner nicht leiden, versagten ihm jede Achtung. Kein Wunder, dass die Hansteiner ihre Raubzüge oft in diese Richtung unternahmen. Landgraf Ludwig hatte 1415 die Nase voll von den frechen Rittern und war der Meinung, deren Hochmut könnte ruhig einen kleinen Dämpfer vertragen. Darum ließ er in Sichtweite des Hanstein jenseits der Werra die Burg Ludwigstein erbauen, die nach ihm benannt ist. Die Hansteiner aber lachten über die Burg, die ihnen regelrecht vor die Nase gesetzt wurde. Um zu zeigen, was sie davon hielten, ließen sie, so wird erzählt, den Neidkopf in die Mauer des Burgtores einsetzen, der bis heute dem Ludwigstein die Zunge herausstreckt. Die Ludwigsteiner aber reagierten und meißelten in ihre Burgmauer ebenso einen Kopf mit einer Fratze, die in Richtung Hanstein zeigt.

DER ERBE VON RUMERODE

Einst lebte in Rumerode, in Sichtweite der stolzen Burg Hanstein, einer der Herren dieses Adelsgeschlechtes. Er war edel von Gemüt. Ihm gehörte das Gut, das er gewissenhaft verwaltete. Er hatte aber nicht nur das Gut und stolze Einkünfte, sondern eine ganze Menge Erben, die nicht nur auf den Tod des alten Herrn warteten, sondern sich noch zu dessen Lebzeiten wie die Kesselflicker um genau dieses Erbe stritten. Untereinander waren sie wie Hund und Katz, aber jeder schmeichelte dem alten Hansteiner und strich um ihn herum. Der alte Herr wusste nicht so recht, welcher der würdigste Erbe sei. Doch eines Tages hatte er die Lösung.

So waren alle auf dem Gut überrascht, als sich von allen Seiten schmucke Reiter dem Hof näherten. Sie trugen aber keine Spieße mit sich, sondern jeder ein kleines Beil, eine Barte. Sie waren auf Befehl des Herrn von Rumerode gekommen. Aber niemand wusste, warum eigentlich. Allein schon pure Neugier, was der Erbonkel wolle, hatte alle Hansteiner pünktlich herbeigebracht.

Es war eine Stunde vor Mittag, als der Gutsherr mit seinem lang wallenden weißen Bart aufrecht aus dem Haus trat und jedem einzelnen Reiter zur Begrüßung die Hand reichte. „Folgt mir“, befahl er dann knapp und wandte sich um. Er schlug den Weg durch das Feld zu einem nahen Wäldchen ein, ein wunderschöner Buchenhain. Der war nahezu viereckig. An jeder Ecke stand eine besonders dicke Buche. „Hochedle Söhne derer von Hanstein“, begann er. „Ihr wisst, dass ihr mir alle gleich lieb und teuer seid. Darum weiß ich nicht, wem ich mein Gut Rumerode als Erbe hinterlassen soll. Es gibt nur einen Ausweg, herauszufinden, wer der Würdigste ist.“ Gespannt und teils voller Bange lauschten die Hansteiner der Ansprache. „Ich habe beschlossen“, fuhr der ehrwürdige Greis fort, „dass derjenige mein Erbe sein soll, der der beste Reiter ist. Stellt euch in einer Reihe auf. Ich zähle bis drei. Dann jagt ihr so schnell es geht, einmal um diesen Buchenwald. Dabei müsst ihr aber mit dem Beil aus jeder der vier Buchen an den Ecken einen Span herausschlagen und sie mir bringen. Wer der Erste ist, wird mein Erbe.“

Dagegen konnte niemand etwas sagen. Alle waren einverstanden. Als das Zeichen kam, der alte Herr die Nummer Drei ausgesprochen hatte, ging der wilde Ritt los. Es dauerte nur wenige Minuten, da kam Harald von Hanstein auf einem bebenden und schaumbedeckten Rappen zurück und überreichte dem Gutsherrn mit einer Verneigung die vier Späne. So wurde Harald von Hanstein Herr auf Rumerode.

DIE GOLDENE RUTE

Es geht die Sage, dass eines Tages genau in der Mitte zwischen den sogenannten „Ganderdörfern" Niedergandern, Hohengandern und Kirchgandern, die der Lage nach ein Dreieck bilden, eine verheerende und blutige Schlacht stattfinden wird. Dabei, so heißt es weiter, werde so viel Blut fließen, dass eine im Boden vergrabene goldene Rute hochgespült werde. Wer diese Rute dann findet, könne damit alle Schätze aus der Erde zaubern, die jemals vergraben wurden. Nicht nur der Finder werde unermesslich reich, sondern alle Armut auf Erden habe dann ein für alle Mal ein Ende.

DER HAHN
AUF DEM KIRCHTURM

Eines Frühsommers zu der Zeit, als der heilige Bonifatius durchs Land zog, herrschte eine solche Dürre, wie sie niemand zuvor erlebt hatte. Kein Tropfen fiel, keine Wolke zog am stahlblauen Himmel auf. Als das Fest der Sommersonnenwende kam, hatte es noch immer nicht geregnet. Selbst Donar, der Donnergott, half nicht, so sehr der Opferpriester ihn auch beschwor.

Nun konnte nur noch das letzte Mittel helfen: eine Hexe. Hexen können das Wetter beeinflussen, aber nur Unwetter, Gewitter, Hagelschlag und Sturm beschwören, allesamt Ereignisse, die den Menschen schaden. Aber das sei immer noch besser als gar kein Regen, hieß es in der Versammlung. Eine solche Hexe wohnte an dem Ort, an dem die Leine sich nach Norden wendet, wo heute die Dörfer Arenshausen, Hohengandern und Kirchgandern liegen. Der Opferpriester machte sich selbst auf den Weg zu ihr, um die unheimliche Alte zur Opferstätte auf dem Brink zu holen. Dort angekommen schichtete sie Holz auf und ließ einen großen Kessel auf einem Dreifuß mit Wasser füllen, das mühsam von der Leine heraufgeschleppt werden musste. Auch die Vertiefung des Opfersteines musste bis zum Rand mit Wasser gefüllt werden. Dann wurde das Feuer unter dem Kessel entfacht. Inzwischen hatten sich so viele Menschen wie bei der Sonnenwendfeier eingefunden, um zu sehen, wie die Hexe Wetter machte und Regen herbeirief.

Jetzt trat die Alte mit einem hölzernen Löffel an den Kessel. Ein Helfer musste geheimnisvolle Kräuter ins Wasser streuen, während sie Zauberformeln murmelnd das Wasser umrührte. Sie sprang zum Opferstein, holte Ruten und peitschte mit ihnen das Wasser in der Vertiefung, bis es hoch aufspritzte. Sie schlug immer heftiger, bis nichts mehr da war. Dann stand sie still. Die Menschen warteten auf die ersten Tropfen, aber es passierte nichts. Langsam graute der Morgen, während alles wartete. „Gebt mir einen roten Hahn!“, kreischte die Alte. Den Opferpriester durchzuckte ein Schreck. Die roten Hähne waren Donar geweiht! Aber was sollte er tun? Man brachte einen Hahn, der geschlachtet wurde. Einige junge Männer mussten ihn im Wipfel des höchsten Baumes befestigen. Doch der Regen blieb aus. Die Leute wandten sich nach und nach ab, gingen nach Hause. Nur noch der Priester und die Hexe blieben am Platz.

Die Missionare am Fuß des Berges, die geblieben waren, als Bonifatius weiterzog, hatten von dieser Zusammenkunft gehört. Jetzt kamen sie hinauf und sahen den Hahn im Baum.

Als die von Bonifatius frisch Getauften zum nächsten Gottesdienst kamen, sahen sie auf dem Dach des kleinen Kirchleins einen künstlichen Hahn, den die Missionare angefertigt hatten. Sie waren höchst erstaunt. Damit hatten die Missionare gerechnet. Einer von ihnen trat vor. „Lange ist es her, seit Regen vom Himmel fiel“, wandte er sich an die Versammlung. Er erinnerte an die Hexe und deren Misserfolg. „Ihr hättet wissen sollen, dass sich kein Regen herbeizwingen lässt. Nicht von einer alten Frau und nicht von einem toten Hahn in einem Baum. Ihr hättet wissen müssen, dass eure Götter machtlos sind und es nur der eine Gott in der Hand hat, lebensnotwendigen Regen zu bringen. Und wenn morgens die Hähne krähen, meint ihr, sie vertreiben die bösen Geister.“ Es herrschte Stille. „Auch wir haben einen Hahn auf das kleine Haus des großen Gottes gesetzt“, fuhr der Missionar fort. „Er soll euch nicht fehlen. Wenn morgens die Hähne krähen, so ist es ein Zeichen, an das Tagewerk zu gehen und vorher nicht das Gebet zu Gott zu vergessen. Und sie rufen zur Wachsamkeit vor allen Sünden. Darum soll der Hahn jetzt auf unserem Gotteshaus und allen, die wir noch bauen werden, seinen Platz bekommen.“ Und dann fielen die ersten Tropfen Regen.

DIE GESCHICHTE VON WOLF, DEM UNHOLD

Einst verwaltete der Vizdom, der Statthalter von Mainz, das Eichsfeld vom Rusteberg aus. Die Burg stand noch, von deren Turm stolz die Fahne mit dem Mainzer Rad im Wind wehte. In Marth, zu Füßen des Rusteberges, lebte ein Ehepaar, das sich mehr schlecht als recht durchs Leben schlug. Er gehörte einst zu den Reisigen der Burg, sie diente als Magd. Doch der Mann wurde im Dienst des Burggrafen schwer verwundet und erhielt ein Gnadenbrot, das recht dürftig war. Aber er wusste um die Kräfte der Natur, während seine Frau in stillen Vollmondnächten frisch vom Tau geküsste Kräuter sammelte, aus denen er wiederum Heiltränke und Pulver zubereitete. Das hatte schon dem einen oder anderen Bewohner das Leben gerettet. Dankbar griffen sie den beiden unter die Arme, damit die größte Not immer gelindert war. Eigentlich hätten sie ihren Lebensabend ruhig und friedlich verbringen können, wäre da nicht ihr Sohn gewesen.

Wolf, so sein Name, war schon als Kind wild und ungebärdig, sodass die Eltern kaum mit ihm fertig werden konnten. Sobald er auf seinen kleinen Beinen laufen konnte, richtete er Unheil an, wo es nur ging. Und je älter er wurde, umso böser wurde er. Nichts war vor ihm sicher. Bald wollten auch die anderen Kinder im Ort mit ihm nichts mehr zu tun haben. Im Dorf hieß er nur „Wolf, der Unhold". Bloß einen einzigen Menschen gab es, der positiv auf ihn Einfluss nehmen konnte. Das war die Tochter des Köhlers, der am Waldrand wohnte. Er war wie ausgewechselt, wenn sie ihn mit ihren großen, schönen, blauen Augen ansah. Aber er blieb der Schrecken des Dorfes. Die Eltern hatten keine andere Wahl, als ihn wegzuschicken. Mit dem Burgherrn kamen sie überein, Wolf nach Mainz zu schicken. Dort sollte er Dienst als Stallbursche des Erzbischofs leisten. Sobald er weg war, atmete das ganze Dorf wie von einem Alptraum befreit auf. Nur zwei Menschen weinten: Die Mutter und die Tochter des Köhlers.

Die Jahre vergingen ohne eine Nachricht. Niemand wusste, ob er noch am Leben war. Wolf galt als verschollen. Doch eines Tages gelangte die Nachricht auf den Rusteberg, dass der Landesherr, der Erzbischof von Mainz, auf dem Weg ins Eichsfeld sei und einige Wochen auf dem Rusteberg Wohnung zu nehmen gedächte. Sofort gingen die Vorbereitungen für den Besuch des Kurfürsten los. Die Dorfbewohner schmückten die Straßen wie zur Kirmes.

Es kam der Tag vor dem Pfingstfest. Das ganze Dorf war auf den Beinen und stellte sich entlang der Straße zum Rusteberg auf. Die Glocken begannen zu läuten, der Zug nahte. Eine ganze Zahl von Rittern und Reisigen hatte den Kurfürsten in seinem violetten Gewand in die Mitte genommen, er hatte die Hand zum Segen erhoben. Ganz am Schluss aber war ein Mann im Zug, der sofort auffiel. Rabenschwarz waren Haar und Bart, die Augen blickten stechend und unheimlich, starr und unerbittlich geradeaus. Das sorgte für Geflüster unter der Menge am Straßenrand. Auch die beiden Alten und die Tochter des Köhlers standen an der Straße. „Wolf", rief die alte Frau. Ja, es war ihr Sohn. Sie hob die Hände, als wolle sie ihn aufhalten. Er wehrte jedoch ab. Noch einmal rief die Mutter seinen Namen. Er drehte sich um und sah das Mädchen, das zu voller Schönheit erblüht war. „Ich komme heute Abend", rief er nur.

Und dann saß er in der elterlichen Hütte. Stattlich sah er aus in seinem schmucken Waffenrock. Doch Freude wollte nicht so recht aufkommen. Der stechende Blick und die Prahlereien von seinen Großtaten und Streichen schreckten ab. Große Schätze wollte er erworben haben. Er warf herablassend eine Handvoll Silber- und Goldmünzen auf den Tisch. Die Köhlerstochter erkannte, dass sich Wolf nicht geändert hatte. Sie sagte nicht viel und kehrte still und bedrückt zu ihrem Vater zurück.

Wolf kam jeden Abend zum Elternhaus, um dort das Mädchen zu treffen, das wieder nach und nach guten Einfluss auf ihn ausübte. Als er am Tag vor der Abreise nach Mainz Abschied nahm, versprach er dem geliebten Mädchen, übers Jahr zurückzukehren und sie vor den Traualtar zu führen.

Ein Jahr später stieg aus dem Leinetal ein junger Mann in der Tracht eines Knappen nach Marth hinauf. Es war Wolf, den die Sehnsucht getrieben hatte. Aber je näher er dem Dorf kam, umso unruhiger wurde er. Etwas stimmte nicht. Das Dorf war wie ausgestorben, kein Mensch war zu sehen, weder dort noch auf den Feldern. Das Haus seiner Eltern war verschlossen. Er begann, nach jemandem zu suchen, der ihm Auskunft geben konnte. Am Waldrand blieb er stehen, als ein Geräusch ihn aufhorchen ließ. Eine alte Frau trat unter den Bäumen hervor, ein Bündel trockenes Holz auf dem Buckel. „Der schwarze Tod ist durch das Eichsfeld gewandert und hat reiche Ernte gehalten", sagte sie. Besonders um den Rusteberg herum habe die Pest gewütet. Nicht nur seine Eltern, sondern auch die Tochter des Köhlers habe sie hinweggerafft. Wolf stand wie versteinert. Er ließ sich die letzte Ruhestätte der geliebten Toten zeigen, warf sich voller Schmerz auf die Gräber und wurde bewusstlos.

Als er wieder zu sich kam, gewann die Wut in ihm Oberhand. Er ging zum Elternhaus, raffte Reisig zusammen, zündete es an und warf es auf das Strohdach. Sofort griffen die Flammen um sich, vernichteten nicht nur die Hütte, sondern hüpften noch von Haus zu Haus. So sehr die herbeigelaufenen Burgknechte auch löschten – das halbe Dorf wurde ein Raub des Feuers, bevor man der Flammen Herr wurde. Der Brandstifter aber stand hohnlachend daneben. Dann verschwand er in der Nacht.

Es vergingen wieder Jahre. Marth war wie ein Phönix aus der Asche auferstanden, die Bewohner gingen wie eh und je der Arbeit nach. Auf dem Rusteberg war unter den Reisigen ein roher Mann aufgetaucht. Schwarze, stechende Augen hatte er, dazu eine grässliche, rote Narbe über das ganze Gesicht. Niemand sah ihn je eine Kirche betreten. Man munkelte, er sei mit dem Teufel im Bunde. Niemand mochte ihn leiden. Es wurde sogar erzählt, dass man ihn zur Geisterstunde an einer unheimlichen Wegkreuzung gesehen habe. Die Kirmes kam heran. Alle waren heiter und fröhlich, die alten Frauen saßen auf niedrigen Mauern und sahen den Jungen beim Tanzen auf dem Anger zu. Plötzlich tauchte der unheimliche Kerl auf. Das Tanzen stockte, die Musik brach ab. Er warf den Musikanten ein Goldstück hin und forderte herrisch ein neues Lied. Die Musik ertönte wieder, doch keiner der Burschen regte sich. Murren wurde laut. Da ging der Unheimliche auf die Schönste der Mädchenschar zu und forderte sie auf. Aber sie weigerte sich. Er wollte sie mit Gewalt auf die Tanzfläche zerren. Darauf hatten die Burschen nur gewartet. Ein wildes Handgemenge brach los. Schon hatte der Schwarze, wie er genannt wurde, einige Burschen zu Boden geschickt, als der hünenhafte Verehrer der Schönen wutentbrannt auf ihn losging. Bevor er gegenhalten konnte, hatte der Hüne ihn niedergeschleudert. Beim Fall schlug sein Kopf auf die scharfe Kante des Angersteins, er stieß einen furchtbaren Schrei aus und das Blut floss ihm aus Mund und Nase. Noch einmal öffnete er die Augen und rief voller Hass: „Fluch über Marth und seine Bewohner! Alle sollen es wissen: Ich bin ein Verdammter, für mich gibt es keine Ruhe im Grab – ruhelos muss ich wandern bis in alle Ewigkeit!" Dann brachen die Augen und der Unheimliche war tot. Still war es auf dem Anger, bis ein alter Mann rief: „Ich habe ihn an seinem stechenden Blick erkannt. Es ist Wolf, der Unhold. Gott sei seiner armen Seele gnädig." Drei Tage später, gegen Abend, wurde der Leichnam an einer abgelegenen Stelle hinter der Burg von den Knechten verscharrt, ohne Glocke, ohne Gebet.

Die Nacht war sternenklar, als der Turmwächter der Burg Mitternacht verkündete. In dem Moment verdunkelte sich der Himmel, ein Donnern, Tosen und Brausen ging durch die Luft. Das Poltern und Krachen wurde von Minute zu Minute lauter. Einige Mutige rannten auf die Dorfstraße, um nachzusehen, was los war. Da sahen sie auf dem Bergfried der Burg oben eine riesige Gestalt, die drohend die Fäuste Richtung Marth schüttelte. „Wolf, der Unhold geht um“, raunte es durch das Dorf. Alle flüchteten sich in die Häuser, zündeten Kerzen an und sprachen Gebete. Doch der Spuk hielt an, immer wieder tönte dumpfes Hohngelächter über die Häuser hinweg. Als es eins schlug, legte sich der Sturm, die Sterne glitzerten wieder am Himmel wie zuvor. Niemand aber fand in dieser Nacht Schlaf.

Am Morgen veranlasste der Vizdom eine Prozession zum Rusteberg hinauf. An der Stelle, wo Wolf seine letzte ehrlose Ruhestätte gefunden hatte, betete der Priester für dessen Seelenheil und besprengte das Grab mit Weihwasser. Doch es half nichts. In der Nacht tobten wieder Sturm und Hohngelächter über Marth, stand die riesige Gestalt drohend auf den Zinnen. Nacht für Nacht ging es so. Man wusste sich nicht zu helfen und schickte einen Eilboten nach Mainz. Dort lebte am erzbischöflichen Hof ein Mönch, der das Leben eines Heiligen führte. Er wurde vom Kurfürsten zum Rusteberg geschickt. Der Mönch ordnete an, ein steinernes Gewölbe zu mauern, in das die sterblichen Überreste Wolfs umgebettet wurden. Das Gewölbe wurde dann mit einer Eisentür verschlossen, vor die der Mönch eine Truhe aus Metall stellen ließ. In ihr befand sich eine von ihm auf Pergament geschriebene Bannformel. Danach wurde alles meterhoch mit Erde zugeschüttet. Seit dieser Stunde war Ruhe auf dem Rusteberg. Wolf, der Unhold wurde nie wieder gesehen.

AUREUS UND JUSTINUS
AM RUSTEBERG

Aureus und Justinus waren zur Zeit Attilas in Mainz eingekerkert. Ihnen war jedoch mit Hilfe eines ihnen wohlgesonnener Wächter die Flucht gelungen. Aber ein Präfekt Attilas verfolgte die beiden mit einer ganzen Anzahl Reiter und Krieger, um ihrer wieder habhaft zu werden. Dicht auf den Fersen war er ihnen. Nach fünf Tagen etwa kam er zu einem vornehmen Herrn auf dem Rusteberg. Dort erfuhr er, dass sich die beiden Flüchtlinge im nahegelegenen Dorf Rustenfelde aufhielten. Sofort eilte er dorthin, nahm die beiden wieder gefangen und ließ vom Schmied des Dorfes zwei Paar eiserne Schuhe anfertigen, die innen mit Stacheln versehen waren. Die ließ er Aureus und Justinus anziehen. Doch zu seinem großen Ärger trugen die beiden Männer keinerlei Verletzungen durch die messerscharfen Stacheln davon. Der Präfekt geriet in Wut und ließ zwei Metallhelme zum Glühen bringen und den beiden auf den Kopf setzen. Aber zum Schrecken aller fielen die Helme sofort kalt zu Boden. Noch immer war der Präfekt der Meinung, die beiden Heiligen von ihrem festen Glauben abbringen zu können und ließ sie deshalb in den Wald führen, in dem wilde Tiere und Bestien hausten, und dort an Bäume schmieden. Einige seiner Gefolgsleute aber hieß er, auf die umliegenden Bäume zu steigen und achtzugeben. Falls die zwei angesichts der Tiere schwören, von ihrem Glauben abzulassen, dann sollten sie augenblicklich befreit werden. Würden sie es nicht tun, so werde man sie ihrem Schicksal überlassen.

Die Wächter auf den Bäumen aber sahen voller Verwunderung, dass die wilden Tiere zwar kamen, den beiden Wehrlosen aber kein Haar krümmten. Vor Aureus und Justinus leuchteten auf einmal zwei hell brennende Kerzen auf, Engel kamen vom Himmel und beteten gemeinsam mit den beiden. Als der Präfekt am nächsten Morgen davon erfuhr, ließ er rasend vor Wut die beiden enthaupten. Mit ihren letzten Worten baten diese Gott, ihren Verfolgern zu verzeihen. Die Wächter, die alles im Wald mit angesehen hatten, waren tief bewegt und entschlossen sich, Christen zu werden. Auf dem Rückweg nach Mainz fanden sie einen alten Priester, der heimlich die Taufe vollzog. Aber als ihre Bekehrung bekannt wurde, ließ der Präfekt auch sie hinrichten.

DER BONIFATIUSSTEIN AUF DEM BRINK

BEI BURGWALDE

Nicht weit vom Rusteberg entfernt liegt das Dörfchen Burgwalde. Ein Kreuzweg führt heute noch auf den Brink, eine niedrige Anhöhe, auf der eine kleine Kapelle steht, die dem heiligen Bonifatius geweiht ist. Hinter der Kapelle wiederum steht der Bonifatiusstein. Dabei handelt es sich um einen Felsbrocken mit einer Vertiefung, in der zu jeder Jahreszeit immer Wasser stehen soll. Er wird auch der „Taufstein des heiligen Bonifatius" genannt. Möglich ist, dass sich in grauer Vorzeit hier eine heidnische Opferstätte befand und der Sandsteinfelsen als Opferstein benutzt wurde.

Als Bonifatius durch Germanien zog, um die Menschen zum christlichen Glauben zu bekehren, kam er der Sage nach auch ins Eichsfeld und in das obere Leinetal. Nahe des Dörfchens Schönau hatte er für sich und seine Gefährten eine kleine, einfache Unterkunft gebaut. Jeden Abend stieg Bonifatius hinauf zum Brink, um dort das Wort Gottes zu verkünden. Aber er sprach harte Worte, weshalb die Schar der Zuhörer von Abend zu Abend kleiner wurde. Und so kam es, dass er eines Abends den Platz menschenleer vorfand. Auf dem Platz war jedoch ein großer Holzstapel aufgeschichtet. Bonifatius überlegte, bis ihm einfiel, dass am nächsten Tag das Fest der Sommersonnenwende gefeiert werden sollte. Bonifatius kannte die heidnischen Bräuche und wusste, dass man dem Gott Wotan ein Pferd, weiß wie Schnee, opfern würde. Danach würde es ein großes Gelage geben.

Traurig machte sich Bonifatius auf den Rückweg ins Tal, wo er mit seinen Begleitern die Nacht im Gebet verbrachte. Er flehte Gott an, die Meinung der Menschen zu ändern. Die Mitternachtsstunde war gerade erst vorüber, als die ersten Trupps Germanen mit Frauen und Kindern heranzogen, um beim Fest dabei zu sein, das genau dann begann, wenn die ersten Strahlen der aufgehenden Sonne den Himmel rot färbten. Als das geschah, teilte sich die Menge auf dem Brink und ein weißes Pferd wurde herangeführt. Ein alter Priester, einen Kranz aus Eichenlaub um die Stirn, hielt schon das Opfermesser bereit, den Blick fest nach Osten gerichtet, wo bald die Sonne über den Baumwipfeln strahlen würde. Als es so weit war, jubelte die Menge und rief: „Heil Wotan!" Danach wurde es wieder still. Als schließlich die ganze Sonnenscheibe zu sehen war, stieß der Priester dem Pferd das Opfermesser ins Herz. Doch das Tier sprang nach dem Stich zur Seite und fiel neben dem Opferstein zu Boden, sodass sich sein Blut nicht in die Vertiefung ergoss, sondern im Erdreich versickerte. Es herrschte große Bestürzung und Stille auf dem Brink. Der Priester stieß eine grässliche Verwünschung aus, fuhr aber in seinen Handlungen fort. Bald brodelte das Fleisch des Pferdes mit Lauch und Mistel in den Kesseln und der Holzstoß wurde angezündet.

Bonifatius feierte währenddessen eine kleine Messe unten im Tal. Danach nahm er das Kruzifix und stieg zum Berg hinauf, wo er feindselig und mit lautem Murren von den Menschen empfangen wurde. Er hob die Hand als Zeichen, dass er sprechen wollte. Aber die Männer schlugen drohend auf ihre Schilde. Da trat ein alter Germane auf Bonifatius zu, richtete sich zu ganzer Größe auf und sprach: „Tag für Tag hast du die Macht deines Gottes gerühmt, wir haben dir zugehört. Wotan ist darüber erzürnt und hat uns schon zwei Monate lang keinen Regen geschickt. Wenn dein Gott wirklich so eine große Macht hat, wie du sagst, dann soll er jetzt das Becken im Opferstein mit Wasser füllen. Wenn er es kann, dann wollen wir an ihn glauben. Kann er es nicht, so bist du ein Lügner und wirst deine Strafe empfangen." Die Umstehenden nickten und blickten auf den Missionar. Bonifatius hob seine Arme, breitete sie aus und betete noch einmal zum Herrn, ehe er mit dem Kruzifix das Zeichen des Kreuzes über dem Stein machte. Plötzlich war ein leises Rieseln zu hören. Als die Menschen hinschauten, sahen sie, wie sich das Becken mit klarem Wasser füllte. Es herrschte bestürzte Stille. Bonifatius aber sprach: „Geht nach Hause. Noch bevor es Mittag ist, wird reichlicher Regen euch und eure Felder erquicken." Dann verließ er langsam die Opferstätte, während vom Westen her schon dunkle Regenwolken aufzogen, die bald ihr kostbares Nass zur Erde sandten.

Tag für Tag kam Bonifatius auf den Brink, predigte den Menschen und taufte sie mit dem Wasser aus dem steinernen Becken. So wurde aus dem Opferstein ein Taufstein und der Brink wird auch gern in den umliegenden Dörfern „Bonifatiusberg" genannt.

DER KLEINE BONIFATIUSSTEIN

Bis gegen Ende des neunzehnten Jahrhunderts, so wird erzählt, soll ein etwa einen halben Meter großer Stein, der unterhalb des Brinks nahe Schönau steht, eine Bischofsmütze, eine Mitra, auf der Spitze getragen haben. Eines Tages lag sie neben dem Stein. Vermutlich hat ein vorbeifahrender Wagen den Abstand nicht eingehalten und die Mitra abgeschlagen. Eine Zeit lang lag sie da, dann war sie auf einmal verschwunden. Auf dem Stein ist nur noch wie eine Art Kapitell zu sehen, auf dem einst die Mitra ruhte. Der Sage nach soll Bonifatius täglich mit seinen Gefährten an diesem Stein gebetet haben, bevor er über den „Schleifweg" zum Brink emporstieg, um dort zu predigen. Auch diesen Weg gibt es so nicht mehr, aber in Burgwalde wissen heute noch viele Menschen, wo er einst verlief. Seitdem heißt der Stein, der auch heute noch an der Straße, die nach Burgwalde hinaufführt, steht, der „kleine Bonifatiusstein".

DER LAHME FROSCH

In den Leineauen wogten einst Wiesen und weite Grasebenen. Wenn es an der Zeit war, Heu zu machen, kamen die Männer aus Uder mit ihren Sicheln und Sensen, um mit kräftigen Armen die Wiesen zu mähen. Doch harte Arbeit macht hungrig und durstig. Aus diesem Grund hatten die Männer eine kleine Hütte gebaut, um vor Wind und Wetter geschützt zu sein, wenn sie ihr Brot aßen. Diese Hütte stand hinter Uder, kurz vor dem Dörfchen Schönau. Eines Tages aber spürte einer der Männer, dass seine Sense in etwas Weiches gefahren war, als auch schon ein lautes Quaken zu vernehmen war. Der Mann hielt inne, als ein Frosch zur Seite sprang. Aber so richtig springen konnte er nicht mehr, denn ein Bein hing schlaff herunter. Die anderen Männer kamen herbei, um den armen kleinen Kerl zu betrachten. Doch die Arbeit musste weitergehen. Der Frosch wurde ins Gras gesetzt. Als es Zeit für das Frühstück war, wollte einer der Arbeiter das Tierchen mit zur Hütte nehmen. Aber es war nicht mehr am Leben. Was solle man denn jetzt mit einem toten Frosch anfangen, fragten sich die Männer. Einer sagte: „Nagelt ihn über die Tür. Dann haben wir endlich einen Namen für unsere Bude hier: Zum lahmen Frosch!"

Lange hing der Frosch über dem Eingang. Später kam ein geschäftstüchtiger Herr, riss die Bretterbude ab und erbaute ein Gasthaus. Über die Tür ließ er einen Frosch malen, der ein Bein weit wegstreckt und nannte das Haus ebenfalls „Zum lahmen Frosch". Es trug diesen Namen, solange es stand. Vor einigen Jahrzehnten entstand eine neue kleine Gaststätte in unmittelbarer Nähe zur alten. Und auch sie trägt diesen weithin berühmten Namen.

DIE HEXENKÜCHE BEI THALWENDEN

Ritter Heidenreich von Hanstein war der Sage nach auf dem Rückweg von einem der Kreuzzüge ins Heilige Land. Er wollte aber nicht zum Stammsitz, zur Burg Hanstein, sondern zur Burg Rusteberg. Dort hatte er das Amt des Vizedoms inne, des wichtigsten Amtes, das jemand im Eichsfeld haben konnte. Seine Gemahlin hatte er auf dem Rusteberg zurückgelassen. Viele Monate waren verstrichen, sie hatte kein Lebenszeichen von ihrem Mann erhalten und hielt ihn inzwischen für tot. So gab sie dem Drängen eines anderen Ritters nach und stimmte schweren Herzens einer Heirat zu.

Als der Hansteiner, den Rusteberg schon fast vor sich, zur Hexenküche kam, blieb er stehen, denn ein wunderbarer Duft strömte ihm entgegen. Die Hexenküche ist eines der gewaltigen Felsgebilde des Wiesentals am Dörfchen Thalwenden. Die Hexen bereiteten dort gerade ihr Mahl vor. Der Hansteiner fragte höflich, ob sie denn seinen großen Hunger stillen könnten. Die Hexen staunten, ihn zu sehen. Aber für das Essen sei keine Zeit, sagten sie. Vielmehr mahnten sie ihn zur Eile, denn schon am nächsten Tag sollte die Hochzeit seiner Gemahlin sein und am heutigen Abend schon der Polterabend stattfinden. Schleunigst schwang sich der Ritter auf sein Pferd und raste Richtung Rusteberg. Gerade noch rechtzeitig kam er an, als seine Frau ihn mit Umarmungen und Küssen empfing. Polterabend und Hochzeit fielen natürlich aus. Vielmehr wurde das vorbereitete Hochzeitsmahl für ein großes Fest zur Heimkehr des Ritters verwendet. So sorgten die Hexen dafür, dass die Hansteinerin davor bewahrt blieb, gleich zwei Ehemänner zu haben.

DIE UDERSCHEN OSSENRITTER

Im Jahr 1153 ritt der berühmte Staufer, Kaiser Friedrich Barbarossa, in Heiligenstadt ein. Tausende Schaulustige strömten in die Stadt, um den Kaiser zu sehen. Unter ihnen war auch der Schulze von Uder. Hansfranz Hase hieß er. Aber nicht nur der Kaiser, sondern ebenfalls die stolzen Ritter im Gefolge auf den prachtvollen Pferden erregten seine Bewunderung, denn er wollte auch so gern ein Ritter sein. Noch am gleichen Tag bekam er die Gelegenheit, dem Kaiser persönlich seinen Wunsch vorzutragen. Als nämlich Barbarossa in seinem Quartier die örtlichen Würdenträger empfing, stellte sich Hase einfach mit in die Reihe. Wer wollte es ihm als Bürgermeister von Uder auch verwehren? Barbarossa war nicht wenig überrascht. Aber er war gut gelaunt und sagte, er könne sehr gern Ritter werden, aber er müsse sein eigenes Pferd mitbringen.

Oh, jetzt ließ Hase aber den Kopf hängen. An Ossen, also Ochsen, herrschte in Uder kein Mangel, aber ein Pferd? Kaum jemand hatte eins, auch der Schulze nicht. Da tat er dem Kaiser so leid, dass er ihm lachend erlaubte, statt eines Pferdes einen Ochsen als Reittier zu benutzen. Aber ein Ritter muss auch einen vernünftigen Namen haben, also verlieh der Kaiser unserem Dorfschulzen den Namen Ritter Hans von der Eulenburg. Auch den Ritterschlag gab es sogleich, nämlich in Form einer gewaltigen Maulschelle. Das machte unserem Hans aber nichts aus. Stolz und voller neuer Würde machte er sich auf den Heimweg. Nach der Messe am Sonntag darauf verkündete er seinen Uderschen die Erhebung in den Ritterstand. Sie ließen ihn hochleben und beschlossen, ihrem Bürgermeister zu Ehren ein Turnier auszurichten. Das wurde am folgenden Sonntag auf dem Bachrasen eröffnet.

Oh, es war prachtvoll. Der Ritter und seine Ehefrau bekamen eine Ehrentribüne, aus allen umliegenden Orten kam das Volk, um zuzusehen oder gar mitzumischen. Statt auf Pferden wurde auf Ochsen geritten, statt Schwertern und Lanzen kamen Knüttel, Dreschflegel und Peitschen zum Einsatz. Die Sieger erhielten als Ehrenpreise aus der Hand der holden Rittersgattin eine dicke Wurst. Da störte nicht, dass auch mal Blut floss. Der Mond stand schon am Himmel, als der Spaß zu Ende ging. Als Abschluss gab es noch eine vom Schulzen angeführte Reiterattacke, bei der er den Gemeindeochsen ritt. Noch lange erzählte man sich in der Umgebung, wie schön das gewesen sei. Die Uderschen aber hatten ein für alle Mal den Spitznamen „Ossenritter“ weg.

Der Heiligenborn in Uder

Als die ersten Missionare unterwegs waren, lebte im Frankenland ein Einsiedler. Tief fromm war er, voller Glaubenseifer, aber er besaß auch Herzensgüte. Von weit her kamen die Menschen, um ihm zuzuhören, ihm aber auch ihre Sorgen und Nöte anzuvertrauen. So manche schuldbeladene Seele fand bei ihm sogar Zuflucht und konnte wieder ihren Frieden mit Gott machen.

Eines Tages fand sich auch ein Räuber bei ihm ein, sein Haar schon grau. Was er dem Einsiedler beichtete, war so grauenvoll und entsetzlich, dass dieser voller Abscheu ausrief: „Weiche von mir, du Verruchter! Zu viel, zu schwer hast du gesündigt, als dass dir Gott verzeihen könnte.“ Der Räuber senkte das Haupt, wandte sich voller Verzweiflung ab und ging seiner Wege. Aber kaum war er fort, so packte den Einsiedler eine große Unruhe. Wie ein Mühlstein lastete etwas auf seinem Herzen. Als er zum Gebet niederkniete, fehlten ihm auf einmal die Worte. Beim Psalmengesang kam kein Ton aus seiner Kehle. Auch als er in den Wald ging, fand er keinen Trost. „Ihr Blümlein im Walde, ihr Vögel in den Lüften! Bitte sagt mir, womit ich meinen Herrgott beleidigt habe!“ Doch er erhielt keine Antwort. In der Nacht fand er keinen Schlaf. Drei Tage lang quälte er sich, bis er plötzlich eine Antwort auf sein Flehen zu Gott hörte. „Ich bin Jesus, dein Heiland und Erlöser“, hörte er eine Stimme. „Ich habe am Kreuz für meine Feinde gebetet. Auch den Räuber und Mörder habe ich begnadigt, bin für alle gestorben. Du aber hast einen armen Sünder verdammt und zur Verzweiflung getrieben.“ Der Einsiedler flehte Gott an, ihm zu sagen, was er tun solle. „Nimm deinen Stab und wandere durch die Lande. Verkünde überall meine unendliche Güte und Barmherzigkeit. Verweile aber nirgends länger als einen Tag. Wenn einst dein Pilgerstab Knospen und Blätter treibt, dann ist deine Sünde gebüßt und du bist erlöst."

Sofort schnürte der Einsiedler sein Bündel, nahm den Stab und zog aus. Er wanderte von Ort zu Ort, sprach zu den Menschen und blieb nie länger als einen Tag, so sehr die Menschen ihn auch baten, zu bleiben. Wenn er sich abends unter Gottes freiem Himmel zur Ruhe legte, stieß er seinen Stab in den Boden. Doch der Stab blieb trocken und dürr.

So vergingen viele Jahre. Der Rücken des Einsiedlers war inzwischen gebeugt, das Haar weiß. Vom vielen Weinen waren seine Augen fast blind. Die müden Füße konnten den gebrechlichen Körper kaum noch tragen. Da kam er eines Tages an den Fluss der Leine. Dort, wo der Aßbach in die Leine mündete, nahe der Siedlung Udra, war im Wald eine Lichtung, wo eine klare Quelle sprudelte. Der Ort erschien dem Einsiedler so lieblich, dass ihm war, als würde er hier seine Ruhe finden. Er stieß den Stab in den Boden und legte sich zum Schlaf nieder. Ihm träumte, der Heiland führe den armen Sünder, den er so schroff verjagt hatte, an der Hand. „Siehe, dieser ist es, der durch sein langes Büßerleben dir die Gnade der Bekehrung erfleht hat", sprach Jesus zu dem Räuber, der niederfiel und die Füße des alten Mannes küsste. Als der Einsiedler erwachte, fiel sein erster Blick auf seinen Stab. Der hatte Wurzeln geschlagen und war über und über mit Knospen und Blättern bedeckt. Der Einsiedler fiel auf die Knie. Sein Pilgerleben war zu Ende. Er erbaute an der Quelle eine Hütte.

Die Kunde von der Ankunft des treuen Klausners hatte sich schnell herumgesprochen. Bald strömten die Menschen aus der Umgebung zu ihm, hörten seine Worte. Niemand ging, der nicht besser und frommer geworden wäre. Er schaffte es, auch die härtesten Herzen zu erweichen, und die Sünder und Kranken kamen zu ihm. Er betete für sie und gab ihnen Wasser aus der Quelle zu trinken, das er vorher gesegnet hat. Die Kranken wurden wieder gesund, der Einsiedler zum Wohltäter der ganzen Umgebung.

Eines Tages kamen am frühen Morgen Leute aus Udra, das heute Uder heißt. Sie sahen ihn auf den Knien, das Kreuz umarmt. Die Menschen dachten, der heilige Mann bete und warteten vor der Behausung. Als er sich nach einer ganzen Weile immer noch nicht regte, traten sie näher. Da merkten sie, dass der Herr ihn zu sich gerufen hatte. Auf seinem Antlitz lag ein Ausdruck tiefen Friedens. Große Trauer herrschte bei den Menschen. Sie bereiteten ihm ein Grab unter der Eiche, die aus seinem Wanderstab erwachsen war. Auch wenn seitdem Jahrhunderte vergangen sind, heißt der Ort im Gedächtnis immer noch „Heiligenborn", obwohl es die Quelle nicht mehr gibt, und die nahe Gasse „Heiligengasse".

DIE HÖLLE
BEI LUTTER

Ein wichtiger Fuhrweg führte einst durch den Waldwinkel von Lutter hinauf nach Fürstenhagen. Bis heute nennen die Lutterschen den ganzen Waldwinkel „Stoffelsloch".

Wo heute der Hänerborn bei Lutter entspringt, soll es einst zwei heiße Quellen gegeben haben, heißt es. Sie vereinigten ihre Abflüsse, die wiederum in besagtes Teufelsloch stürzten, denn Stoffel ist im Eichsfeld eine Bezeichnung für den Teufel, oft auch Steppchen genannt. Manchmal hört man heute noch tief in der Erde wie ein Gemurmel. Es wird zwei alten Frauenzimmern zugeschrieben, die zu ihren Lebzeiten nicht eine gute Tat vollbracht hatten und hier in ihrer Hölle sitzen.

Einst lebte in Lutter ein herzensgutes junges Mädchen, das Theresen hieß. Im Dorf wurde sie wegen ihres edlen Gemütes „Liebresen" genannt. Sie besuchte eines trüben Novembertages ihre kranke Tante in Dieterode, aber auf dem Heimweg zog dichter Nebel auf. Liebresen stürzte in das Teufelsloch. Ihr Schutzengel, der einen Moment nicht aufgepasst hatte, meldete das sofort beim Herrgott, der wiederum durch den heiligen Josef schnell eine lange Leiter anfertigen ließ, über die das Mädchen in den Himmel steigen sollte.

Liebresen wiederum beobachtete im Teufelsloch die beiden alten Weiber, die greinten und schrien und inbrünstig um Vergebung für ihre Sünden beteten. Sogar der Teufel schaute vorbei und keckerte: „Ihr seid auf ewig mein!" Da floss Liebresens Herz vor Mitleid über. Als die Himmelsleiter für sie bereitstand, winkte das Mädchen den beiden Frauen und ließ sie vor sich die Leiter emporsteigen. Oben traf Petrus fast der Schlag. Gott aber lächelte voller Güte und ließ alle drei in den Himmel ein.

Der Teufel jedoch tobte unten im Loch in wilder Wut, dass ihm die beiden schwarzen Seelen genommen wurden. Er sorgte für ein heftiges Unwetter über dem Waldwinkel. Es goss so fürchterlich, dass der Lengenberg abrutschte und die beiden heißen Quellen zuschüttete – und auch das Teufelsloch. Seither fließt nur noch ein kühles Bächlein gen Lutter. Es trägt den Namen Resen in Erinnerung an Liebresen. Mit dem letzten Blitz und Donner fuhr der Teufel auf dem Lengenberg selbst in die Erde und in die Hölle hinab. Als die Menschen am nächsten Morgen erwachten, sahen sie einen hohen weißen Felsen am Lengenberg, genau dort, wo der Teufel verschwand. Darum heißt dieser Felsen „Hölle".

DIE LUTTERQUELLE

Wo heute die Lutterquelle bei Lutter entspringt, stand im elften Jahrhundert, so ist es überliefert, ein Försterhaus. Still ging der Förster seinem Handwerk nach, während seine Frau Haus und Hof versorgte. Eines Nachts aber wurden sie von einem unnatürlichen Rauschen und Brausen aus dem Schlaf gerissen. Um zu sehen, was es damit auf sich hatte, eilte der Förster zum Fenster. Voller Schreck rief er: „Lutter Wasser!" (Lauter Wasser). Das Schlimmste war, dass sich die Quelle just den Keller des Försterhauses ausgesucht hat, um als Springborn hervorzuquellen. Das Wasser strömt bis heute an dieser Stelle aus der Erde mit einer durchschnittlichen Schüttung von sechzehn Litern pro Sekunde, es kommt also immer noch „lutter Wasser". Daher soll die Quelle und somit das gleichnamige Flüsschen ihren Namen haben.

Mit der Lutter und ihren Zuflüssen hat es aber noch eine weitere besondere Bewandtnis. Sie sollen auch bei Kinderwunsch helfen, erzählt der Volksmund. Und es herrsche sogar echte Klarheit bei der Frage nach dem Geschlecht des Nachwuchses. Früher hieß es, man solle einen Zuckerwürfel in den Mittlau-Born werfen, wenn man sich ein Mädchen wünscht. Westlich von Lutter liegt in der Flur Kohlstätter Weg der Rappelborn, der so laut sei, dass man schon auf zwanzig Meter Entfernung das „Rappeln" hören könne. Er sei der richtige Ort, um hier per Zuckerwürfel einen Jungen zu bestellen, heißt es.

DIE WILDE JAGD UND DER SCHÄFER
AUS LUTTER

Einst hörte und sah ein Schäfer aus Lutter die Wilde Jagd über sich hinwegbrausen. Ohne nachzudenken, äffte der freche Bursche das Kläffen der Höllenhunde nach. Im gleichen Augenblick stand der Teufel persönlich vor ihm. „Du Wahnsinniger!", schrie er den Schäfer an. „Hast du mit mir gejagt, so musst du mit mir essen!" Und er warf dem Schäfer ein stinkendes Stück Fleisch vor die Füße. Dem Schäfer war klar, sobald er nur einen Bissen davon nähme, sei er verloren. Ganz gelassen auf seinen Hirtenstock gestützt, antwortete er: „Gern speise ich mit dir, nur musst du mir auch Salz dazu geben." Das hatte der Teufel nicht. Blitzartig waren er und die Wilde Jagd verschwunden.

Heiligenstadt und seine Umgebung

Die Heilung König Dagoberts oder Wie Heiligenstadt entstanden ist

Früher war Heiligenstadt die Hauptstadt des Fürstentums Eichsfeld, heute ist sie die Kreisstadt des Landkreises Eichsfeld und gilt gemeinhin weiter als die Hauptstadt des Eichsfeldes. Die Stadtrechte gab es 1227.

Vor mehr als eineinhalb Jahrtausenden überzog der Hunnenkönig Attila Europa mit Krieg, Schrecken und Verwüstung. Als er am Rhein wütete, war Aureus der Bischof von Mainz. Auch die Stadt eroberte Attila und warf Aureus samt seinem Diakon Justinus in den Kerker. Aber einige Diener Attilas, die sich heimlich dem Christentum zugewandt hatten, verhalfen den beiden ebenso heimlich zur Flucht. Aureus und Justinus wandten sich nach Nordosten. Nach vielen Tagesmärschen legten sie bei einem Dorf in einer ihnen unbekannten Gegend eine längere Rast ein, um sich für die Weiterreise etwas zu erholen. Attila hatte schnell herausgefunden, dass die beiden entflohen waren und ihnen eine Reiterschar hinterhergehetzt. Kaum hatten Aureus und Justinus die Rast beendet, als die Reiter über sie herfielen. Sie wollten sie zwingen, ihrem Glauben abzuschwören. Doch die beiden Männer weigerten sich standhaft. Daraufhin ließ ihnen der Anführer der Hunnen auf Geheiß Attilas die Köpfe abschlagen, die sie als Beweis mitnahmen, die Leiber aber ließen sie einfach liegen. Ein Begleiter der beiden Märtyrer und ein Leibeigener aus dem Dorf erbarmten sich jedoch und begruben sie an Ort und Stelle. Dann dachte niemand mehr an die beiden.

Zwei Jahrhunderte später saß König Dagobert auf dem Thron des Frankenreiches. Nach vielen Jahren wurde er vom Aussatz befallen, gegen den kein Mittel zu helfen schien. Er setzte seinen Sohn auf den Thron und brach mit seiner Gattin und einem Hofstaat auf, um irgendwo im Land Hilfe zu bekommen. Schließlich kam er in den Landstrich, der seit 897 als Eichsfeld erwähnt ist. Hier kam er zu einer Stelle, die ihm ausnehmend gut gefiel und von den Menschen der umliegenden Siedlungen „Alte Burg" genannt wurde. Er beschloss, eine Weile zu bleiben oder sich gar ganz hier niederzulassen und von den Menschen abzuwenden. Er ließ sich von seinen Bediensteten ein kleines Haus und eine Kapelle bauen, die er der Muttergottes und dem heiligen Petrus weihte. Oft ging Dagobert zur Jagd in den wildreichen Wäldern, wo er aber wegen seiner Krankheit sich fast ebenso oft für ein Schläfchen ins Gras legte.

Das tat er auch eines schönen Tages wieder, etwas östlich von der Alten Burg. Als er erwachte, wunderte er sich, dass das Gras um ihn herum von Tau benetzt war. Und noch mehr staunte er, dass an den Körperstellen, die der Tau bei ihm bedeckt hatte, der Aussatz völlig verschwunden war. Seine Freunde drängten ihn, sich noch einmal ins Gras zu legen, was er auch tat. Als er wieder aufstand, war der Aussatz völlig weg. „Entweder ruhen hier Heilige oder der ganze Ort ist heilig", rief Dagobert aus. „Ich befehle, dass dieser Ort in Zukunft Heilige Statt heißt."

Dagobert kehrte zu seinem Sohn zurück, aber noch immer tief bewegt von seiner Heilung ließ es ihm keine Ruhe, er wollte den Grund wissen. Er ließ an der Stelle suchen und graben. Bald stieß man auf die Leiber von Aureus und Justinus, die auch nach zweihundert Jahren der Legende nach noch vollständig erhalten gewesen sein sollen. Dagobert ließ die beiden heiligsprechen. Auf seinen Befehl hin wurde an der Stelle eine Kirche gebaut. Dagobert setzte einen Propst und zwölf Chorherren ein und stattete sie mit vielen Ländereien und Gütern aus, damit weitere Gebäude errichtet werden konnten. Bald zog die Kirche Menschen an, die nach und nach um sie herum eine Stadt aufbauten. Der Stift und die Kirche wurden dem Heiligen Martin von Tours geweiht. Die Martinskirche gilt als die Mutterkirche des Eichsfeldes, Sankt Martin ist der Schutzpatron des Eichsfeldes.

DIE ALTE BURG UND DIE NEUGIERIGE MAGD

In alter Zeit hat es, so erzählt die Sage, auch Zwerge hierzulande gegeben.

Einmal gab es einen König, der sich etwas unterhalb der Elisabethhöhe, nahe der Straße von Heiligenstadt nach Uder, niederlassen wollte. Dazu brauchte er eine Wohnstätte. Natürlich hätte er sich am liebsten eine Burg bauen lassen. Steine und Sand gab es genug, aber keine Leute, die sie hätten bauen können. Und sein Hofstaat verstand sowieso nichts von schwerer Arbeit, auch das Hofgesinde nicht.

Guter Rat war teuer. Der König verfiel in Traurigkeit, dass er diesen Ort, den er in sein Herz geschlossen hatte, wieder verlassen sollte. Um Abschied zu nehmen, unternahm er noch einen Rundgang. Plötzlich hielt ihn etwas an seinem Überrock fest. Der König dachte, er sei an einem Dorn hängengeblieben und griff ohne zu schauen hinter sich, um das Kleid zu befreien. Ganz erstaunt war er, als er etwas Weiches und Warmes in seiner Hand fühlte. Verwundert schaute er hinter sich nach unten und sah den Zwergenkönig vor sich. Kein Wort brachte er zunächst heraus. Der Zwergenkönig aber sprach ihn sanft an und sagte, er wisse von dem Wunsch und könne helfen. Wenn der König ihm nicht glaube, so wolle er gern eine Probe liefern. Am nächsten Morgen solle er mit seinem ganzen Gefolge zur schönsten Stelle des Plateaus kommen. Kurz raschelte es im Gebüsch, der Zwergenkönig war verschwunden.

Jetzt war der König ganz gespannt! Als er, wie ihm geheißen, am nächsten Morgen samt Hofstaat zur gewünschten Stelle kam, stand dort zum großen Erstaunen aller eine Kapelle. Alles war, wie es sein musste, wie der Hofprediger bestätigte.

Der König bestimmte, dass genau an dieser Stelle eine Burg gebaut werde. „Zauberei", brummte das Gesinde. Aber da dort ja eine Kapelle stand, müsse es ein guter Zauber sein. Der König unternahm den ganzen Tag immer wieder kleine Wanderungen in der Hoffnung, erneut auf den Zwergenkönig zu treffen. Doch der tauchte erst am Abend auf. Der König fragte ihn, warum er denn eine Kapelle gebaut habe. Es sei doch bei den Franken üblich, als erstes Gebäude einer neuen Pfalz eine Kirche zu errichten, antwortete der Zwergenkönig mit einem verschmitzten Lächeln. Er machte es aber zur Bedingung, dass eine Woche lang niemandem, auch nicht dem König, erlaubt sei, sich bei der Kapelle blicken zu lassen. So ganz wohl war dem nicht dabei, noch immer war der Gedanke an Teufelsspuk nicht aus seinem Kopf. Darum fragte er den Zwerg, was denn dessen Lohn sein soll. Es gebe nur eine Bedingung, antwortete der. Seinen Zwergen solle es erlaubt sein, sich nachts in Küche und Keller der neuen Burg nützlich machen zu dürfen, denn sein Volk begehre auf dieser Welt nichts anderes als genügend Arbeit für die vielen fleißigen kleinen Hände. Aber niemand dürfe ihnen dabei zusehen. Das musste der König beteuern. Würde das Versprechen gebrochen, dann müssten die Zwerge davonziehen und alles, was sie schufen, würde in kurzer Zeit vergehen und verschwinden.

Der König versprach freudig, dass alles so sein solle. Nach der angegebenen Zeit machte sich der König samt Gefolge wieder auf den Weg zur Kapelle. An ihrer Stelle stand eine Burg. Nicht riesengroß, aber mit allem versehen, was eine Burg damals brauchte. Und wie sie es sagten, wirbelten die kleinen Zwerge des Nachts in Küche und Keller. Keinerlei Vorräte gingen aus, es fehlte nicht an Gewürzen. Die Holzvorräte für die Kamine waren immer aufgefüllt. Alle waren zufrieden.

Jahre waren inzwischen vergangen, als eines Tages eine Dienstmagd eingestellt wurde, die furchtbar neugierig war. Sie konnte sich das alles nicht erklären und erkundigte sich bei den anderen Mägden, aber keine traute sich, ihr zu sagen, woran es lag, aus Angst, die Zwerge für immer zu vertreiben. Lange wurde die Magd nicht schlau, warum alles so vorzüglich funktionierte. Es kam der Tag, an dem sie ein wichtiges Verbot übertrat. Es war dem Gesinde nicht erlaubt, sich von der Burg weit zu entfernen, da der König Angst hatte, die übermütigen Knechte und Mägde könnten die Zwergenhöhle entdecken. Doch die Magd sah den Felsspalt und ging hinein. Es wurde immer enger, sodass sie nicht weiterkam. Die Neugier aber wurde umso größer. Sie verwickelte eine Kameradin in ein gleichgültiges Gespräch und erwähnte, sie habe da einen Felsspalt gefunden. „Die Zwergenhöhle!", rief die andere Magd unbedacht und erschrocken aus.

Jetzt wähnte sich das neugierige Mädchen schon dem Ziel nahe, da es sich langsam einen Reim auf die ganze Sache machen konnte. Die Magd überlegte hin und her, wie sie es anstellen könnte, den kleinen Helfern einmal zuzuschauen. Sie erinnerte sich plötzlich daran, dass ihre Großmutter einmal erzählt habe, Zwerge dürften keinen Schnaps trinken, dann könnten sie nicht mehr laufen, sondern nur noch getragen werden. Abends, als die ganze Burg in festem Schlaf lag, stellte die Frau in der Küche überall kleine Schalen mit Schnaps auf. Und es dauerte nicht lang, bis das kleine Völkchen erschien. Die Zwerge steckten verwundert ihre Fingerchen in die Schalen und leckten an der Flüssigkeit. Doch kaum hatte der Alkohol ihre Zungen berührt, torkelten und taumelten sie, fielen um und blieben unbeweglich liegen. Einige schafften es fortzulaufen. Die ganze Küche hallte vom Piepsen der zarten Stimmchen wieder. Das Mädchen aber wollte laut loslachen, als sie plötzlich ein Geräusch von der Treppe hörte. Schnell versteckte es sich hinter einer Tür. Doch es kam niemand. Voller Enttäuschung trat die Magd wieder in die Küche – aber die war leer. Kein Zwerg war mehr zu sehen.

Natürlich wagte die Magd es nicht, irgendjemandem von ihrem Streich zu erzählen. Aber es musste etwas passiert sein, das wurde allen Burgbewohnern schnell klar. Die Zwerge kamen nicht mehr. Alle Arbeit blieb liegen. Man wollte dem König zunächst verheimlichen, dass die treuen Helfer fort seien, aber das ging nicht gut, denn es war deutlich zu spüren, dass das Holz nicht mehr erneuert wurde, das Essen fade schmeckte und die Vorräte rapide abnahmen.

Dem König wurde klar, dass auch die Burg bald zerfallen würde. Schweren Herzens nahm er Abschied von diesem wunderbaren Ort und zog mitsamt seinem Gesinde in eine andere Burg und quartierte sich bei seinem Sohn ein, der inzwischen regierte. Die Burg zerfiel in kürzester Zeit. So kommt es, dass von ihr kein Stäubchen mehr zu sehen ist. Nur der Name „Alte Burg“ ist über die Jahrhunderte lebendig geblieben.

DER JUNGE IN DER ZWERGENHÖHLE

Früher haben die Heiligenstädter behauptet, der Eingang zur Zwergenhöhle bei der Alten Burg zwischen der Stadt und Uder sei überhaupt kein Eingang, sondern vielmehr ein Ausgang. Ein unterirdischer Gang soll vom Rathauskeller bis dorthin geführt haben, um die Flucht aus der befestigten Stadt zu ermöglichen.

Wie dem auch sei, eines Tages wurde ein Junge aus Uder von seinen Eltern in die Stadt zum Einkaufen geschickt. In der Stadt gab es so viel zu sehen, dass der Junge Mund und Nase aufsperrte und die Zeit etwas vertrödelte. Als er sich wieder auf den Heimweg machte, begann schon die Abenddämmerung. Das recht furchtlose Kerlchen aber machte sich wohlgemut auf den Weg. Aber als der Knabe an der Alten Burg vorbeikam, und die Blätter des Waldes in der inzwischen hereingebrochenen Nacht rauschten, bekam er es doch etwas mit der Angst zu tun. Er schlich immer am gegenüberliegenden Wegesrand dahin und schaute sich ab und zu doch mal um. Plötzlich durchfuhr ihn ein eisiger Schrecken, denn von der Höhe her fiel ein breiter Lichtstreifen durch die Bäume. Schon dachte der Junge, das Wilde Heer würde an ihm vorüber brausen, doch auf einmal erklang liebliche Musik vom Berg her. Da wurde er hellwach. Wo so wunderbare Musik erklingt, könne doch nichts Schlechtes sein, dachte er. Voller

Neugier schlich er den Berg hinauf. Bald erkannte der Junge, dass das Licht aus der Tür der Kapelle auf dem Berg fiel. In dem Augenblick, in dem er ankam, sprang die Tür ganz auf. Ein Hochzeitszug kam heraus. Schnell versteckte er sich und staunte nicht schlecht. Der ganze Zug bestand aus lauter Zwergen. Die Tochter des Zwergenkönigs hatte sich just in dieser Nacht vermählt.

Vorne liefen die Zwergenkinder, die mit ihren kleinen Händchen Blumen streuten, andere trugen Lichter. Dahinter kam die Musikkapelle, die so wunderbar spielte, wie es der Junge noch nie in seinem Leben gehört hatte. Das Brautpaar war in Samt und Seide gekleidet, goldene Kronen saßen auf den Köpfen. Der Hochzeitsgäste waren es so viele, dass der Junge sie gar nicht zu zählen vermochte. Auf dem Platz vor der Kapelle bildete das Zwergenvölkchen einen Kreis. König und Königin gesellten sich zum Brautpaar, alle sangen gemeinsam feierliche Lieder. Dann setzte sich der Zug bergab in Bewegung, um mit Musikbegleitung zur Zwergenhöhle zu ziehen, die auf halbem Weg am Berghang lag. Der Junge folgte dem Zug, denn jetzt wollte er noch mehr sehen - koste es, was es wolle!

Als alle Zwerge in der Höhle waren, schlich auch er hinterher und drückte sich in die Schatten, um nicht entdeckt zu werden. Immer tiefer ging es in den Berg, bis sich der enge Gang plötzlich zu einem großen, mit Girlanden, Kränzen und Fahnen geschmückten Saal weitete. Lange Tafeln standen da, an denen sich die Gäste zum Hochzeitsschmaus niederließen. Zwerge mit weißen Schürzen liefen umher und tafelten die feinsten Speisen und Getränke auf, während das Brautpaar auf den Ehrenplätzen saß. Ein ehrwürdiger Zwerg mit weißem Bart stand auf und hielt eine Rede, woraufhin die Zwerge klatschten und den immer feiner werdenden Gerichten gut zusprachen. Dem Jungen, der seit Mittag nichts gegessen hatte, lief das Wasser im Munde zusammen. Ach, wie gern hätte er probiert. Doch dann bekam er einen Hustenreiz, den er nicht mehr unterdrücken konnte. Laut hustete er in seinem Versteck. Was gab das für eine Verwirrung! Die Zwerge zogen ihn in die Halle, wo sich der Zwergenkönig vor ihm aufbaute, ein böses Gesicht machte und fragte, wer er sei und was er wolle. Ganz ehrlich erzählte der Junge seine Geschichte und wie er in die Zwergenhöhle gelangt ist. Der König wurde ganz freundlich und bat ihn mit zu Tisch. Das ließ sich das Kerlchen nicht zweimal sagen und langte ordentlich zu, während die Zwerge sich gewaltig über dessen Appetit wunderten. Immer wieder füllten sie seinen Teller, bis auch er nicht mehr konnte. Dann baten ihn die Zwerge, ihnen etwas zu erzählen. In Uderscher Mundart erzählte er vom Kühehüten, seinem Hund, der so lustig umhersprang, und was es in Uder so an Dorfklatsch gab. Die Zwerge hatten sehr viel Spaß und baten ihn, noch ein bisschen bei ihnen zu bleiben. Das tat er gern.

Schließich aber wollte der Knabe doch den Heimweg antreten. Der Zwergenkönig bedankte sich bei ihm für die Kurzweil und wünschte ihm Gottes Segen. Er zog einen goldenen Ring von seinem Finger und schenkte ihn dem Jungen. Ein Zwerg fasste seine Hand und brachte das Kind ins Freie.

Im dunklen Wald kam es dem Knaben vor, als habe er alles nur geträumt. Der Junge lief schnell Richtung Uder, damit sich die Eltern nicht noch mehr Sorgen machten. Aber irgendetwas schien im Dorf nicht zu stimmen. Trotz des hellen Mondlichtes konnte er sein Elternhaus nicht finden. Sein Vaterhaus war einstöckig, jetzt stand dort ein Haus mit zwei Stockwerken. Alles sah so anders, so fremd aus. Als die Leute frühmorgens aus ihren Toren kamen, erkannte er niemanden. Als der Junge schüchtern jemanden fragte, wo er Vater und Mutter fände, kannte niemand deren Namen. Schließlich brachte man ihn zum Pfarrer, dem er die Geschichte erzählte. Er sei doch erst gestern Morgen nach Heiligenstadt gelaufen. Plötzlich fiel dem Pfarrer ein, dass er vor einiger Zeit im Kirchbuch gelesen hatte, dass vor hundert Jahren ein Junge aus dem Dorf in die Stadt geschickt wurde und spurlos verschwunden war. Er schlug die Geschichte nach – ja, es stimmte. Obwohl der Geistliche versuchte, noch irgendeinen Verwandten ausfindig zu machen, war es vergebens. So gab er ihm bei sich Obdach.

Es wird erzählt, dass aus dem Jungen später ein tüchtiger Bauer geworden sei. Den Ring des Zwergenkönigs behielt er Zeit seines Lebens. Obwohl er noch mehrfach in seinem Leben zu der Zwergenhöhle ging – von dem kleinen Völkchen hat er nie wieder etwas gehört oder gesehen.

Die Heiligenstädter Möhrenkönige

Zank und Streit hat es schon immer gegeben. Eines Tages hatten sich die Heiligenstädter den Zorn der eichsfeldischen Ritterschaft zugezogen. Worum es ging, ist in den Nebeln der Geschichte verschwunden, aber über die Drohungen der Ritter lachten die Heiligenstädter, sie verließen sich auf die dicken Stadtmauern und ihre eigene bewährte Kampfeskunst. Die Ritter hatten bald genug von den Heiligenstädtern, rüsteten zum Kampf und stellten ein ganz anständiges Heer samt Fußvolk auf die Beine. Auf Schleichwegen zog die Armee dann am ausgemachten Tag Richtung Heiligenstadt, genau zur Mittagsstunde, als alle zu Tisch saßen. Doch der Wächter oben in der Türmerwohnung der Altstädter Kirche war wachsam. Er bemerkte den Feind. Flugs gab er mit dem Horn das Alarmsignal. Die Torwächter sprangen auf und verschlossen die Stadttore mit ihren großen starken Riegeln.

Aber wie es so kommt: Man weiß nicht mehr, an welchem Tor es sich zugetragen hat, aber einer der Wächter konnte den schweren Riegel nicht finden. Fieberhaft suchte er nach dem Eichenriegel oder einem passenden Ersatz. Seine Frau hatte am Tag zuvor Möhren geerntet. Die dickste aber, groß, schwer und lang, hatte sie im Torhaus bei ihrem Mann liegengelassen, um damit in der Nachbarschaft zu prahlen. Der Wächter schnappte die Möhre und schob sie statt des Riegels in die Schließvorrichtung. Kaum war sie drin, rannte der Feind gegen das Tor. Die Möhre blieb standhaft. Die Bürger konnten den Feind abwehren, der sich zunächst zurückzog. Tagelang lag er vor der Stadt und dachte darüber nach abzuziehen.

Die Möhre indes steckte weiter in dem Stadttor, der Wächter suchte auch nicht weiter nach dem Riegel. Er hatte allerdings eine stattliche Ziege. Sie war inzwischen so hungrig geworden, dass sie an ihrem Strick zog, bis er riss. Kaum erblickte sie die Möhre, machte sie sich über das Gemüse her, bis nichts mehr davon übrig blieb. Gerade hatte sie ihren Festschmaus beendet, da unternahm der Feind einen letzten Versuch und rannte im Sturm gegen das Tor, das natürlich sofort aufsprang. So sehr die Heiligenstädter sich auch wehrten, dieser Übermacht konnten sie nicht standhalten. So fiel Heiligenstadt in die Hand der Ritter.

Als sich die Geschichte in der Gegend herumsprach, sparten die Nachbarn nicht mit Schadenfreude, Hohn und Spott. Ab sofort trugen die Heiligenstädter den Spitznamen „Möhrenkönige."

DER ÜBERFALL DER HUCHELHEIMER ODER DER URSPRUNG DER HEIMENSTEINER KIRMES

Nordöstlich von Heiligenstadt, etwa eine halbe Stunde zu Fuß entfernt, gab es einst ein Dorf mit Namen Huchelheim, manchmal auch Hüchelheim genannt. Es fiel vor vielen Jahrhunderten wüst, soll aber sogar ein Rittersitz gewesen sein.

Einmal, so erzählt die Sage, hat der Ritter von Huchelheim einen Überall auf Heiligenstadt gewagt. Er war sich mit dem Vogt vom Heimenstein wegen eines Flurstückes in die Haare geraten. Der Streit artete zu einer erbitterten Feindschaft aus. Der Ritter von Huchelheim wiederum war eng befreundet mit dem Ritter von der Egelsburg auf der anderen Seite der Stadt. Beide heckten gemeinsam einen Plan aus, wie man den Vogt vom Heimenstein überfallen könnte, und machten Nägel mit Köpfen. Die Ritter nutzten aus, dass der feierliche Gottesdienst in der kleinen Klauskirche, den die Heimensteiner nach dem alten Gelöbnis am zweiten Pfingsttag halten, im besagten Jahr abends von sechs bis sieben Uhr stattfand. Sie folgten Schleichwegen, um in die Stadt zu kommen und bewegten sich recht unauffällig Richtung Klausberg. Ein Heimensteiner jedoch hatte sich verspätet und erspähte den bewaffneten Trupp. Er rannte zur Kirche, ergriff den Glockenstrick, der an der Mauer herabhing, und läutete die große Glocke Sturm, dass es nur so eine Art hatte.

Die Heimensteiner dachten, es sei eine Feuersbrunst ausgebrochen und stürzten aus der Kirche. Schnell wurden sie von dem aufmerksamen Mann ins Bild gesetzt, sodass sie in die Häuser eilten und sich bewaffneten. Auch der Vogt setzte in Windeseile seine Leute unter Waffen. Alle sammelten sich auf dem Platz vor der Kirche auf dem Klausberg und warteten auf den Feind. Der ahnte nichts, sondern hatte bereits den Wächter am Huchelheimer Tor überwältigt, gefesselt und geknebelt und war auf dem Weg zum nahen Klausberg. Blutig war der Kampf, aber die Heimensteiner blieben Sieger. Sie machten sogar einige Angreifer nieder, die sich in die Klauskirche geflüchtet hatten und sich in Sicherheit wähnten.

Aber die Heimensteiner zahlten einen Preis. Durch das gnadenlose Gemetzel wurde die Kirche entweiht. Sie konnte ein ganzes Jahr lang nicht genutzt werden. Die Wiedereinweihung wurde auf den zweiten Pfingsttag des kommenden Jahres gesetzt, also auf den ersten Jahrestag des Überfalls. Es war die Geburtsstunde der legendären Heimensteiner Kirmes zu Pfingsten.

Das Salatglöckchen

Jedes Jahr von Ostern bis Sankt Michaelis erklingt allabendlich eine kleine Glocke in Heiligenstadt. Es ist das Salatglöckchen, wie der Heiligenstädter Volksmund es nennt, das seinen zarten, hellen Ton über die Altstadt schickt. Der Vogt vom Heimenstein hatte damals nach dem Überfall der Huchelheimer bestimmt, dass jeden Abend genau zur Stunde dieses Überfalls die Glocke der Klauskirche geläutet wird. Es sollte ein Zeichen der Dankbarkeit gegenüber den tapferen Heimensteinern sein, die sich so wacker geschlagen und gewonnen haben.

Salatglöckchen ist ein etwas eigenartiger Name. Vermutlich war es einst das „Salutglöckchen“, denn wenn es erklang, wurde in den Familien ein „Salutatio angelica“ gebetet, der „Engel des Herrn.“ In früheren Zeiten gab es noch keine Wasserleitungen in die Häuser, sondern zahlreiche öffentliche Brunnen. Auch am Heimenstein beim Klausberg befand sich so ein Brunnen. Schon damals hielten die Frauen gern ein kleines Schwätzchen und fanden sich gegen Abend dort ein, wenn das Glöckchen läutete. Sie nutzten gleich die Gelegenheit, um Gemüse und Salat für das Abendessen zu waschen. Es kam den Leuten vor, als riefe die kleine Glocke „Salat – Salat – Salat“. Hausfrauen, die sich verspätet hatten, wurden damit gleichzeitig gemahnt, das Mahl vorzubereiten. So wurde aus dem Salutglöckchen das Salatglöckchen

Die Rache der Handwerker oder Humor im Mittelalter

Als die Heiligenstädter Marienkirche erbaut wurde, gerieten sich die Steinmetze aus einem nicht überlieferten Grund mit dem damaligen Pfarrer in die Haare. Keine der beiden Parteien sah es ein, auch nur ein Quentchen nachzugeben. Am Ende aber mussten sich doch die Steinmetze geschlagen geben. Um dem Pfarrer nun eins auszuwischen, bauten sie einen Stein ein, dessen Längsseite sie so behauen hatten, dass sie der Spitze einer Zunge ähnelt. Dann fügten sie den Stein über dem Nordportal so ins Mauerwerk ein, dass er ein Stück herausragt. So strecken die Steinmetze des Mittelalters für alle Zeiten, oder zumindest solange die Kirche steht, dem damaligen Pfarrer und allen Geistlichen nach ihm die Zunge heraus.

Maria im Elende

Die Sage verbindet die prächtige Marienstatue der Heiligenstädter Marienkirche und das dazugehörige Mirakelbuch, in dem wundersame Gebetserhörungen verzeichnet sind, mit der Rosenkirche in Elende, einem Dorf im Landkreis Nordhausen, nicht weit vom Eichsfeld entfernt. Das Wort „Elend" bedeutete früher nicht wie heute Armut oder Unglück. „Ellende" hieß so viel wie „fremd", „verbannt" oder „fremdes Land". Dort, im heutigen Dorf Elende wurde an der wichtigen Handelsstraße eine der sogenannten Elendsstationen aufgebaut, nichts anderes als ein heutiges Rasthaus.

Ein Knabe aus Wollersleben war von seinem Vater nach Niedergebra geschickt worden, um die Verwandten zur Kirmes einzuladen. Auf dem Heimweg wurde er müde, legte sich auf eine Wiese und schlief ein. Im Traum erschien ihm die Jungfrau Maria mit dem Jesuskind auf dem Arm. Zuhause erzählte er seinen Traum. Jahre später erschien ihm noch einmal das gleiche Bild, dieses Mal aber von Musik begleitet. Als er erwachte und darüber nachdachte, wurde ihm klar, dass die Gottesmutter einen besonderen Dienst von ihm verlangte. Jetzt ging der junge Mann nach Ellrich auf den Frauenberg und betete dort. Auf einmal schien er zu wissen, was er tun sollte. Auf der Wiese, auf der ihm Maria zum ersten Mal erschien, sollte er einen Bildstock errichten. Das tat er. Bald wurden hier zahlreiche Gebetserhörungen verzeichnet, von allen Seiten strömten die Gläubigen zu der Stelle. Daraufhin wurde dort eine Kapelle gebaut und ein lebensgroßes Marienbild aufgestellt. Bald sollte sich an diesem Ort etwas Besonderes ereignen.

Ein Fuhrmann war in einer bitterkalten und stürmischen Winternacht auf der Handelsstraße unterwegs, der Wagen war schwer mit Fässern voller Wein beladen. Plötzlich geriet der Wagen auf dem vereisten Boden ins Rutschen. Unaufhaltsam schlitterte er auf ein Loch zu. Dort saß das Gefährt fest. So sehr der Fuhrmann die Pferde auch antrieb, sie bekamen den Wagen nicht aus dem Loch. Der Mann rief um Hilfe, aber niemand konnte ihn bei dem Sturm hören. Da begann er zu beten. Auf einmal umgab ihn ein strahlendes Licht und das Schneegestöber hörte auf. Vor sich sah der Mann eine unsagbar schöne Frau. Sie nickte ihm zu, ergriff das Handpferd beim Zügel und zog das Gespann mühelos aus dem Loch. Der staunende Fuhrmann wollte sich bedanken, doch trotz hastiger Suche fand er nichts in seinen Taschen. Da überlegte er, der Frau etwas Wein anzubieten, doch er hatte kein Glas und war ratlos. Da lächelte die Frau und berührte einen kahlen Heckenrosenstrauch neben ihr. Sofort begann er zu grünen und hing bald voller duftender Rosen in strahlender Schönheit. Sie brach eine ab, formte aus der Blüte einen Kelch und reichte dem Fuhrmann diesen. Er füllte ihn mit Wein und wollte ihn der Frauengestalt reichen. Sie aber war verschwunden. Der Fuhrmann nahm enttäuscht die Zügel und setzte nun seinen Weg zur Herberge fort. An der Kapelle blieben die Pferde stehen. Der Mann brachte die Tiere in den Stall und legte sich ebenfalls schlafen. Am nächsten Morgen ging er in die Kapelle, um mit einem Gebet für die Hilfe in der Nacht zu danken. Wie staunte er aber, als er im Bild der

Gottesmutter die Frau aus der Nacht erkannte. Der Fuhrmann übergab dem Priester das Rosengefäß, das er immer noch bei sich trug, und erzählte ihm die Geschichte. Der Geistliche stellte den Rosenkelch neben das Gnadenbild. Bald kamen von allen Seiten die Leute, um ihn zu sehen. Da der Fuhrmann überall sein Erlebnis erzählte, wurde die Gnadenstätte „Maria im Elende" bald weit bekannt.

DIE ROSENKIRCHE
UND WIE DAS GNADENBILD NACH HEILIGENSTADT KAM

Als in Elende die Zahl der Gläubigen immer größer wurde, beschloss man, statt der Kapelle eine größere Wallfahrtskirche zu bauen. In Anlehnung an das Rosenwunder, das der Fuhrmann erlebte, bekam die Kirche ein Fries mit einhundertvierundsiebzig in Stein gehauenen Rosen. Seitdem wird sie auch Rosenkirche genannt. Bis zum Jahr 1517, als Luther seine Thesen an die Tür der Wittenberger Schlosskirche schlug, wurde auch das Mirakelbuch geführt.

Als die Reformation um sich griff und auch die Rosenkirche in Elende erreichte, wurde das Gnadenbild aus der Kirche weggenommen und in die Sakristei verbannt. Jahrzehntelang harrte es dort aus. Doch eines Tages war es verschwunden. Maria habe es nicht mehr ausgehalten und sei eines schönen taufrischen Sommermorgens zu Fuß nach Heiligenstadt aufgebrochen, flüsterten die Leute. Man fand sie eines Morgens in der Kapelle der Stiftskirche zu Heiligenstadt. Der Saum ihres Gewandes sei von der Wanderung noch nass vom Tau gewesen, heißt es. Das blieb auch eine lange Zeit so. Als dann im Jahr 1802 das Martinsstift zu Heiligenstadt aufgehoben und die Kirche der evangelischen Gemeinde zur Verfügung gestellt wurde, brachte man das Gnadenbild in die Altstädter Kirche, wo es bis heute zu sehen ist.

DIE MARIAHILF-KAPELLE
BEI SANKT AEGIDIEN

Dreizehn Tage hintereinander tobten Sturzregen und Hagelschlag. In Heiligenstadt meinten die Leute, die biblische Sintflut würde sich wiederholen. An mehreren Stellen in der Stadt schlugen Blitze ein, sodass immer wieder Feuer aufloderten. Der Hagel zerschlug die Ernte, von den Feldfrüchten blieb nicht viel übrig. In ihrer Not versammelten sich am dreizehnten Tag die Bürger an der Kapelle, beteten zu Maria und flehten sie an, Fürbitte bei Gott einzulegen. Die Bürger legten das Gelübde ab, sollte Maria sie aus ihrer Not retten, sie jährlich den Armen der Stadt eine Spende zukommen zu lassen. Hagelspende wurde sie genannt und bestand darin, dass jedes Haus mit einer Braugerechtigkeit einen Laib

Brot und zwei Käse, jedes andere Haus die Hälfte davon gab. Immer am Dienstag nach Dreifaltigkeit wurden die Spenden eingesammelt und am nächsten Tag unter den Bedürftigen verteilt. Die wiederum sollten zum Dank an diesen Tagen bei der Mariahilf-Kapelle beten.

Es klappte tatsächlich. Regen und Sturm ließen nach, und der blaue Himmel und die Sonne kamen wieder zum Vorschein. Heiligenstadt war gerettet. Noch einmal aber wurde die Hilfe Mariens gebraucht. Das war, so steht es in den Chroniken, im Jahr 1720, als wieder langanhaltende Regenschauer und furchtbare Gewitter tagelang über der Stadt tobten. Auch dieses Mal soll Maria ihre schützende Hand über Heiligenstadt gehalten haben, sodass die Ernte gerettet war, zumal es im Jahr zuvor bereits eine Missernte gegeben haben soll.

DAS ENDE DER PAPIERMÜHLE IN HEILIGENSTADT

In der Zeit des Dreißigjährigen Krieges ließ sich eine zunehmende Verrohung der Bevölkerung beobachten. Es passierten Dinge, die zuvor unaussprechlich waren. Ein Leben war nicht mehr viel wert. Ein Heiligenstädter, seinen Namen gibt die Überlieferung mit Michael Kremster an, beging im Jahr 1632 einen Mord und floh nach Mühlhausen. Das gehörte weder zum Eichsfeld noch zu Kurmainz, sondern hielt vielmehr zu den Schweden und beteiligte sich sogar an mehreren Raubzügen ins Eichsfeld.

Im Juli 1632 zogen die Mühlhäuser wieder einmal gemeinsam mit den Schweden gegen Heiligenstadt. Auch unser frecher Mörder war mit dabei. Der tat sein Bestes, um seine Heimatstadt zu verraten, kannte die Umgebung und die Schwachstellen. Kurz, er richtete sehr viel Schaden an. Kremster steckte das Hospital, die Ziegelhütte und zu guter Letzt auch noch die Papiermühle an, die bald lichterloh brannte. Das war sehr schmerzlich für die Heiligenstädter, denn es war die einzige Papiermühle weit und breit. 1621 erbaut, wäre sie heute, würde sie noch stehen, die älteste in Mitteldeutschland.

Doch Kremster trieb es zu weit. Als wäre es Gottes Zorn, versagte sein Gewehr, als er an der Landwehr auf kaiserliche Reiter schoss. Er wurde gefangengenommen und nach Duderstadt gebracht. Dort wurde ihm nicht nur der Prozess gemacht, sondern Kremster fand dort sein unrühmliches Ende mit seiner Hinrichtung. Für ihn wählte man die furchtbare Todesart des „auf's Rad legen". Bei der Vernehmung beging er den nächsten Verrat. Er gab an, der Mühlhäuser Bürgermeister habe ihm den Auftrag gegeben, die Papiermühle in Heiligenstadt niederzubrennen. Diese Denunziation stimmte die Richter erst recht nicht milder, sondern bestärkte sie in ihrem Urteil. So starb Michael Kremster eines jämmerlichen Todes.

DER ROTE ZWEHL

Es war im Jahr 1632, als wieder einmal schwedische Truppen Heiligenstadt besetzt hatten. Nach den bereits langen Kriegsjahren ließ sich aus der Stadt nicht mehr so viel Geld herauspressen, wie es die Truppen gerne gehabt hätten. Darum wollten sie den Stadtschultheißen und Landschreiber als Geisel mitnehmen, um die Bürger zu erpressen. Der Rote Zwehl aber, wie Johann von Zwehl wegen seines roten Bartes in Heiligenstadt genannt wurde, versteckte sich in der Turmhaube der Sankt-Annen-Kapelle bei der Marienkirche. Überall suchten die Schweden nach ihm, auch in der Kapelle. Da betete der Rote Zwehl zu den vierzehn Nothelfern. Er flehte sie an, ihn vor den Soldaten zu schützen. Aus Dankbarkeit wolle er den Nothelfern einen Altar stiften, gelobte er. Und tatsächlich fanden die Schweden ihn nicht in der Kapelle. Johann von Zwehl hielt sein Versprechen und stiftete den Altar, der heute noch in Sankt Aegidien zu sehen ist. Er ließ ihn nach dem Dreißigjährigen Krieg in Nürnberg schnitzen. Auf zwölf Ochsenwagen soll er nach Heiligenstadt transportiert worden sein.

CHRISTOPH VON GRIESHEIM UND DIE SCHWEDEN

Während des Dreißigjährigen Krieges, der das Eichsfeld schwer heimsuchte, waren mehr denn je tapfere und unerschrockene Männer nötig, um das schlimmste Übel von den Einwohnern abzuhalten. Einer dieser Männer war Heinrich Christoph von Griesheim, der im Mai 1635 zum Oberamtmann des Eichsfeldes ernannt wurde. Ihm wird nachgesagt, dass er unglaublichen Mut und Entschlossenheit besaß. Den ersten wichtigen Dienst erwies er dem Eichsfeld, als er sich mit den Nachbarstädten Allendorf, Eschwege und Witzenhausen einig wurde, sich so lange ruhig zu verhalten, wie die Österreicher keine Feindseligkeiten zeigten. Danach zeigte er sich in Verhandlungen mit den Österreichern so geschickt, dass sie von jedem Zwist absahen.

Es kam der Januar 1637. Ein schwedischer Oberst, Hans Wachtmeister soll er geheißen haben, quartierte viertausend Pferde in Heiligenstadt ein. Ein weiteres Regiment befand sich zum Teil in der Stadt, teils auch außerhalb, um den Winter hier zu verbringen. Christoph von Griesheim seinerseits bezog die verhältnismäßig sichere Burg Gleichenstein, um von hier aus über das Eichsfeld zu wachen. Immer wieder streiften die Schweden durch die Dörfer und piesackten die Einwohner, die reichlich Klage beim Oberamtmann einreichten. Griesheim forderte die Schweden auf, die Plagerei zu unterlassen, wofür er nur Gelächter und Hohn erntete. Das ließ Griesheim nicht auf sich sitzen. Er überfiel gemeinsam mit der Gleichensteiner Besatzung eine Horde Schweden, nahm ihnen alles Beutegut ab und jagte sie davon. Das wiederum erboste die Schweden, die sich in ihrem „Recht" beeinträchtigt sahen. Sie riefen die

Landstände zusammen und drohten mit Gefangenschaft und Brandschatzung, sollten die Soldaten ihr Beutegut nicht wiederbekommen. So trugen die verunsicherten und ängstlichen Vertreter der Landstände Griesheim diese Forderung der Schweden vor.

Griesheim wiederum ließ den Schweden in Heiligenstadt ausrichten, er wolle mit ihnen ebenso wie mit der überfallenen Horde verfahren, wenn sie nicht endlich abzögen. Die Schweden lachten zwar, trafen aber Vorkehrungen, denn bei Griesheim wussten sie nicht, woran sie waren. Die Schweden bekamen den Befehl, sofort ihre Quartierwirte umzubringen und die Stadt anzuzünden, sollte sich der Feind nähern.

Tatsächlich: Einige Tage später, am hellen Tag, nachmittags um drei, überfiel Griesheim Heiligenstadt und nahm die sich sicher fühlenden Schweden gefangen. Sie hatten noch nicht einmal Zeit zur Gegenwehr. Der schwedische Kommandant aber wollte sich rächen. Er verbreitete das Gerücht, man beuge sich Griesheim und zöge ab, aber in Wirklichkeit wollten die Schweden noch in der gleichen Nacht wieder nach Heiligenstadt eindringen und Griesheim gefangen nehmen. Doch es setzte so eine bittere Kälte ein, dass die Soldaten steif und starr waren und der Überfall nicht stattfinden konnte. Acht Schweden erfroren, achtundzwanzig von ihnen verloren durch die Kälte Hände und Füße. Niemand war imstande, eine Waffe zu halten. Dieser Kälteeinbruch habe Griesheim und die Stadt gerettet, heißt es in der Sage.

DER SCHWEDENFRIEDHOF

Südlich von Heiligenstadt war während des Dreißigjährigen Krieges eines Tages eine schwedische Kompanie auf der alten Chaussee unterwegs, um auf das Plateau des Ibergs zu gelangen. Womöglich war sie auf einem Beutezug unterwegs ins südliche Eichsfeld. Oben auf der Höhe des Ibergs angekommen, ließ der Anführer eine Pause einlegen, damit die Pferde verschnaufen konnten. Denn sie waren nicht in der besten Verfassung. Zu viele Einquartierungen hatte Heiligenstadt zu tragen. Plünderungen und Truppendurchzüge hatte die Stadt zu verkraften.

Die Soldaten waren sorglos, denn kaiserliche Truppen waren von den Spähern nicht gemeldet worden. Es wurden auch lange keine gesichtet. Die Kerle unterhielten sich über einen ihrer Meinung nach großen Spaß, den es vor Wochen gegeben hatte. Graf Löwenstein, der schwedische Befehlshaber, hatte fünfundzwanzig Persönlichkeiten des Eichsfeldes zusammentreiben lassen. Unter ihnen waren der Abt des Klosters Reifenstein, der Propst von Anrode, der Bürgermeister und der Doktor von Heiligenstadt, der Mühlvogt und gar noch sechzehn Jesuiten. Sie alle hatte der Graf in Haft nehmen und in einem Dungwagen nach Erfurt transportieren lassen. Unterwegs wurden die Gefangenen arg misshandelt und in Erfurt gesteinigt. Das war den Kaiserlichen zu Ohren gekommen. Daraufhin wurden die Pappenheimer Reiter, ein kaiserliches Kürassierregiment, Richtung Eichsfeld geschickt.

Die Pappenheimer, besser eine Vorhut, näherten sich genau zu der Zeit Heiligenstadt, als die schwedische Kompanie auf dem Iberg rastete. Die Kundschafter der Pappenheimer hatten die Schweden entdeckt und wollten sie in einen Hinterhalt locken. Als die Pappenheimer sahen, dass sie rasteten, fielen sie direkt über sie her und machten sie bis auf den letzten Mann nieder. Damit diese Tat aber erst einmal unentdeckt blieb und ihre Annährung nicht bemerkt werden sollte, vergruben sie die Leichen seitwärts der Straße im Wald. Seitdem heißt diese Gegend bei den Heiligenstädtern „Der Schwedenfriedhof". Ängstliche Gemüter sollten nachts diesen Ort meiden, vor allem zur Geisterstunde. Denn es heißt, dass die Schweden dann umherspuken, um nach Pappenheimern zu suchen und an ihnen Rache zu nehmen.

Die Kaltenebersche Klus

Es war gegen Ende des siebzehnten Jahrhunderts. Da lebte in einem Dorf in der Goldenen Mark im Untereichsfeld ein reicher Bauer, der fleißig seiner Arbeit nachging. Seine Frau war sehr fromm, herzensgut und wertschätzte Wallfahrten. Auch zeigte sie sich immer freigiebig und mildtätig gegenüber Armen, was ihrem Mann aber sehr missfiel. Doch er sagte nichts, weil sie genauso fleißig wie er arbeitete und vom ersten Hahnenschrei bis tief in die Nacht auf den Beinen war. Nur in einem Punkt war er unnachgiebig: Zwar ging er sonntags zur Kirche, aber eine Wallfahrt zum Hülfensberg, die seine Frau sich so sehr wünschte, kam nicht in Frage.

An einem heißen Sommertag kam der Bauer stark erhitzt und durstig vom Feld, auf das den ganzen Tag die Sonne unbarmherzig gebrannt hatte. Er ging in den Keller zum Wasserfass, um sich mit dem kühlen Nass zu erfrischen. Einige Tage später aber fühlte er Schmerzen in den Augen. Egal, welches Mittel er benutzte, es wurde immer schlimmer, bis er auf beiden Augen blind war. Vor allem seine Frau litt unter dem Schicksalsschlag, weil ihr Mann mit Gott und der Vorsehung haderte. Aber noch immer wollte er nicht zum Hülfensberg. So vergingen einige Jahre.

Es kam wieder einmal die Zeit, als sich die Dorfbewohner für die Wallfahrt zum Hülfensberg rüsteten. Erneut bat die Frau ihren Mann inständig, sich der Pilgerschar anzuschließen. „Bisher hast du deine Hoffnung vergeblich auf Heilmittel gesetzt", sagte sie. „Richte dein Vertrauen auf Gott. Er kann dir dein Augenlicht zurückgeben." Das könne Gott doch auch an Ort und Stelle, entgegnete der Bauer. Warum soll er denn erst zum Hülfensberg gehen? „Bei dem Blindgeborenen hat der Heiland auch eine Bedingung gestellt", antwortete sie. „Der Blinde musste zum Teich Siloe gehen und sich dort waschen." Sie erinnerte ihn auch daran, dass Gott manche Orte bevorzuge, so auch den Hülfensberg, an dem schon viel Wunderbares geschehen sei. „Bitte komm, ich werde dich auch an der Hand führen."

Das rührte das Herz des Bauers und er gab nach. Am Samstag vor Dreifaltigkeit begannen die Pilger nach dem Segen ihre Wallfahrt. Am Ende des Zuges liefen der Bauer, seine Frau und ihr erwachsener Sohn, der eine drei Pfund schwere Kerze trug. In Heiligenstadt besuchten die Pilger zunächst die Liebfrauenkirche, wo das Paar lange vor dem Gnadenbild der Muttergottes kniete. Die Frau erzählte ihrem Mann, dass auf der Anhöhe bei Kalteneber ein großes Kreuz stehe und man von dort aus das erste Mal den Hülfensberg sehen könne. Da wurde ihr Mann ganz aufgeregt.

Als die Wallfahrer am Kalteneberschen Kreuz angekommen waren, beteten sie. Dann ließ sich der blinde Bauer von seiner Frau unter das Kreuz führen. Er sank auf die Knie, hob die Arme und rief dreimal: „Jesus, mein Herr und Heiland, erbarme dich meiner, um deines heiligen Kreuzestodes willen!" Da fiel es ihm wie Schuppen von den Augen. „Ich kann sehen!", rief er. Alle Pilger sprangen von ihrer Rast hoch. „Ein Wunder!", riefen sie, knieten mit dem Bauern nieder und dankten Gott von Herzen. Der ließ sich nun von seiner Frau den Hülfensberg in der Ferne zeigen. Voller Sehnsucht ruhte sein Blick auf ihm, ehe es noch bis Geismar weiterging, wo die Pilger am Abend ankamen. Am nächsten Morgen stiegen sie auf den Gipfel des heiligen Berges und suchten sofort das Gnadenbild des Gehülfen auf. Nach einer gemeinsamen Andacht zerstreuten sich die Wallfahrer auf dem Berg, aber das Ehepaar kehrte mehrmals zum Gnadenbild zurück und konnte sich kaum trennen.

Am nächsten Tag traten die Pilger den Rückweg in ihr Heimatdorf an. Auf der Kalteneberschen Höhe trat der Bauer einen Schritt vor und gelobte, an der Stelle, an der er sein Augenlicht wiederbekam, eine Kapelle zu bauen. Noch im gleichen Jahr hielt er sein Versprechen und stiftete eine große Summe für die Pfarrkirche in Kalteneber mit der Auflage, jährlich am Fest Kreuzauffindung oder am Sonntag danach eine Prozession zur Kapelle mit Hochamt abzuhalten. Bis heute findet immer am ersten Sonntag im Mai dort der Gottesdienst statt.

Im Siebenjährigen Krieg zerfiel die ursprüngliche Kapelle, die aber sofort nach Kriegsende wieder aufgebaut wurde. Darauf verweist die Jahreszahl 1768 über dem Portal.

DER RIESE VOM DÜN

Vor vielen Jahren lag mitten im Feld nordwestlich von Heiligenstadt, das sich bis ins unweit gelegene Rengelrode zieht, ein großer Felsbrocken, der nur „der Hünenstein" genannt wurde.

Der Stein, so weiß man in Heiligenstadt, stand einst oben auf der Höhe des Düns. In uralten Chroniken wird sogar behauptet, der Name Dün leite sich von der römischen Göttin Diana her, die einst auf dem Berg verehrt wurde. Der Felsbrocken soll sogar ihr Opferaltar gewesen sein. So ließen sich die eigentümlichen Sitze am Rand des riesigen Steins erklären. Aber noch ist kein Beweis erbracht, dass die Römer einst im Eichsfeld waren.

Außer dem Felsen soll es auf dem Dün aber noch etwas ganz anderes gegeben haben: Riesen. Und einer von ihnen soll den Brocken dahin befördert haben, wo er Jahrhunderte lag. Es soll im Frühling gewesen sein. Genau wie die Hexen, Teufel und anderes Gelichter warteten auch die Riesen auf die Walpurgisnacht. Mit den

Hexen hatten sie zwar nicht viel im Sinn, aber die Riesen feierten in jener Nacht immer ihr Frühlingsfest. Und das taten sie ausgiebig. Am nächsten Morgen lagen alle mit „dickem Kopf“ in tiefem Schlaf. Alle bis auf einen. Denn einem der halbwüchsigen Riesen war langweilig. Er besaß eine unbändige Kraft und wollte unbedingt etwas anstellen. So setzte er sich erst einmal auf den Rand des Düns und kühlte seine Füße in der Leine, die damals ein breiter Fluss gewesen sein soll. Der Riese blickte dabei bis zum Harz und zum Brocken. Da kam ihm eine Idee. Sicherlich lagen auch die Hexen auf dem Blocksberg noch im Schlaf. Welchen Streich könnte er ihnen wohl spielen? Er sah sich um und erblickte den Opferstein, den mächtigen Felsbrocken. Er stand auf und ging hinüber. So leicht, wie er dachte, war der Brocken jedoch nicht, aber es gelang ihm mit einiger Anstrengung, ihn aufzuheben. Um dem Stein den richtigen Schwung mitzugeben, nahm er den Felsen in die linke Hand und holte weit aus, um ihn auf den Brocken zu werfen - mitten unter die Hexen. Doch der halbwüchsige Riese hatte vergessen, die feuchte Erde, die am Stein klebte, abzuwaschen. In dem Moment, als er ihn losschleudern wollte, rutschte er ihm aus der Hand und blieb in der Feldflur liegen. Nach diesem Misserfolg hatte der Riesenjüngling keine Lust mehr und ließ den Stein einfach dort liegen, wo er war.

Bis Anfang des neunzehnten Jahrhunderts soll der Brocken da gelegen haben. Dann ließ der Landwirt den Stein abbrechen, um die Fläche als Acker zu nutzen. Zwanzig Fuder Steine sollen es gewesen sein, die wiederum zu Bauzwecken verwendet wurden.

DIE EGELSBURG
IM PFERDEBACHTAL

Im Pferdebachtal, dass sich von Heiligenstadt hinauf auf die Kalteneberssche Höhe zieht, soll in grauer Vorzeit die Egelsburg gestanden haben. Früher hat es in der Stadt wohl kaum einen Jungen gegeben, der nicht nach ihr gesucht hat, denn es rankt sich eine alte Sage um diese Burg. Außer einer Erdspalte hat bisher niemand etwas gefunden, obwohl vor etwa zweihundertfünfzig Jahren noch Mauerreste zu sehen gewesen sein sollen.

Alle sieben Jahre, so erzählt die Legende, soll die Egelsburg sich zeigen, aber nur Leuten, die brav sind und es verdienen, ein prächtiges Schloss zu sehen. Auch soll es dort ein Mädchen geben, das schöner ist als alle in der Burg versteckten Schätze zusammen. Sie soll Ausschau halten nach einem unerschrockenen, jungen Mann, der sie von einem alten Fluch erlöst. Und jedes Mal, wenn die Egelsburg samt Mädchen erscheint, soll auf dem Mittelberg eine seltsame, wunderbare Blume wachsen. Nur wer sie findet und pflückt, hat die Chance, das Mädchen, die Burg und alle Schätze darin für sich zu gewinnen.

Vor einigen Jahrhunderten weidete ein junger Schäfer seine Herde im Pferdebachtal und sammelte nebenbei Kräuter. Dabei hatte er unwissend auch die Wunderblume gepflückt. Er traute seinen Augen nicht, als vor ihm plötzlich ein prächtiges Schloss erschien. Auf dem Balkon stand das Mädchen in langem, weißem Gewand. Da fiel ihm die Sage ein und mutig ging er zum Schloss. Überall im Inneren standen Kostbarkeiten über Kostbarkeiten. Er öffnete eine weitere Tür und kam in einen wunderbaren Saal voller weiterer Schätze. Der Schäfer wusste gar nicht, wo er anfangen sollte. Doch er begann, sich die Taschen zu füllen, dann seinen Verpflegungssack und schließlich noch seinen Hut. Er konnte alles kaum schleppen und trat den Rückweg an. Da hörte der junge Mann die Stimme des Mädchens, das rief: „Vergiss das Beste nicht!“ Doch der Schäfer hatte nur Augen für die Schätze und musterte erneut die Kostbarkeiten, ob er noch etwas Wertvolleres fände, als was er schon trug. Er steckte schnell noch ein paar Ringe an und wandte sich wieder zum Ausgang. Erneut ertönte die bittende Stimme: „Vergiss das Beste nicht!“ Doch ihn störte das nicht, der Schäfer überlegte vielmehr, wie viele Säcke er holen müsste, um auch den Rest wegzutragen. In dem Augenblick hoben ein Getöse, ein Donnern und Tosen an, und die Tür schlug mit einem mächtigen Krach hinter ihm zu. Der Schäfer konnte seinen Fuß nicht schnell genug wegziehen, sodass es ihm die Ferse zerschmetterte und er auf den steinigen Boden stürzte. Als der Bursche aus seiner Ohnmacht erwachte, war von der Burg nichts mehr zu sehen. Aber auch in seinen Taschen und Beuteln fanden sich keine Schätze mehr, stattdessen waren sie voller Kieselsteine.

Hätte er auf die Warnung der Jungfrau gehört und sie mitgenommen, hätte er die Tür verschlossen und den Schlüssel zu sich gesteckt, dann wäre der Fluch gebrochen und der Schäfer in den Besitz unermesslicher Reichtümer und eines schönen Mädchens gekommen. Dieses wartet immer noch auf den Glücklichen, der es einmal erlösen wird.

DIE HOLDE JUNGFER EGELA
AM GOLDENEN SPINNRAD BEI DER EGELSBURG

Die Egelsburg ging längst zur Ruh
mit ihrem Märchensang,
Felsen und Bäume deckten´s zu,
hörst du den feinen Klang?

In Mondnächten, wenn nichts sich regt
auf sagenreichem Pfad,
leise der Wind die Töne schlägt
vom goldenen Spinnrad.
Ein Mägdlein, frisch wie Morgentau,
steigt aus der Tiefe sacht,
mit blonden Zöpfen, Augen blau,
grüßt es die klare Nacht.

In Mondnächten tritt es hervor,
das goldene Wunderrad,
burgartig wird das alte Tor,
das sich geöffnet hat.

Setzt sich ans goldne Spinnrad leis
im hellen Mondesglanz,
das Mädchen surrt die traute Weis,
Sternlein im Haar als Kranz.

Es spinnt und spinnt duftzart und fein
ein Prachtgewand, so holde,
auf dem goldnen Spinnrädlein
von lichterblankem Golde.

Und gehst du in der Nacht vorbei,
musst leis und still du gehen,
beim Silberloch am Waldesrain
wirst du das Mägdlein sehen.

In seinem wonn´gen Zauberbild,
den Blick viel zu schad,
von Mondglanz umsponnen
mild am goldenen Spinnrad.

EINE BEGEGNUNG
AN DER EGELSBURG

Eine alte Frau aus Geisleden, die ein Sonntagskind war, ist vor Zeiten einmal beim Holzsammeln der Jungfrau von der Egelsburg begegnet. Die kam mit goldenen Eimern von ihrem Schloss herabgestiegen, um selbst Wasser am Pferdebachbrunnen zu holen. Doch statt rund um Johanni fand diese Begegnung an einem stürmischen Herbsttag statt, sodass auch die Wunderblume nicht blühte und der Eintritt ins Schloss unmöglich war.

WIE DAS MAHDEHOLZ
ZU SEINEM NAMEN KAM

Zwischen Heiligenstadt und Geisleden liegt das Mahdeholz. Die Herrin der Egelsburg gebot über den Mittelberg und verlangte von den Bewohnern Geisledens, dass sie ihr den Weg durch deren Felder zur Kirche gestatten sollten. Dafür würden sie besagtes Waldstück bekommen. Die Geisleder aber waren damals reich und furchtbar stolz, gebärdeten sich, als lebten sie in einer kleinen Hansestadt. Sie schlugen der Herrin der Egelsburg die Bitte rundweg ab, selbst das Waldstück wollten sie nicht. Auf der Egelsburg aber diente eine Magd aus Geisleden. Diese diente der Herrin treu und ergeben, sodass diese ihr auf ihrem Sterbebett einen Teil ihrer Wälder schenkte. Die Magd, gut, wie sie war, schenkte ihn wiederum ihrem Dorf. Weil Magd in der Mundart Mahd genannt wurde, bekam das Waldstück so den Namen Mahdeholz.

DER HARTHERZIGE VATER

Es lebte einmal in einem Dorf im Untereichsfeld ein Bauer, dessen einziges Sinnen und Trachten es war, soviel Besitz wie nur möglich zusammenzuraffen. Als eines Tages sein sieben Jahre alter Sohn von einem Fieber befallen wurde, holte der Vater vor lauter Geiz keinen Arzt, sondern sagte nur: „Das kostet nur Geld und hilft doch nichts." Der Junge wartete lange auf den Tod. Als er sich dann doch langsam besser fühlte, stellte sich heraus, dass er kaum noch etwas sehen konnte und nach einiger Zeit völlig erblindete. Die Mutter, die nie bei bester Gesundheit war, starb vor Kummer. Das Herz des Vaters aber wurde noch härter.

Der Junge hörte viel vom Hülfensberg und auch, dass dort schon viele Menschen die Hilfe Gottes erfahren hatten. Es entstand in ihm eine große Sehnsucht und der Herzenswunsch, den heiligen Berg einmal besuchen zu können. Aber der Vater lehnte barsch ab, auch das koste Geld und bringe nichts. Als der Bub aber zwölf Jahre war und immer wieder bat, gab der Bauer endlich nach, meckerte aber, es sei herausgeworfenes Geld.

Dann kam der Tag des Aufbruches. Widerwillig schloss sich der Bauer den Pilgern an. Selbst von einer Opferkerze hatte er vor lauter Geiz nichts wissen wollen. Der Weg führte die Pilgerschar über Steinbach, Bodenrode und Geisleden nach Flinsberg. Oberhalb des Dorfes auf dem Warteberg gab es, so erzählt die Sage, eine kleine Klus zu Ehren der Dreifaltigkeit. Der Bildstock heute stammt aus dem Jahr 1867. Der Junge war von dieser kleinen Klus nicht wegzubringen, von der man den ersten Blick auf den Hülfensberg hatte. Das Kind betete voller Inbrunst. Auf einmal rief es: „Ich kann sehen!“ Es gab helle Aufregung unter den Wallfahrern. Als der Trupp wieder aufbrechen wollte, sagte der böse Vater barsch: „Wir kehren um, wir haben unseren Zweck erfüllt!“ Alles Weinen half nichts. Der Junge warf sich dem Vater zu Füßen und flehte, mit zum Hülfensberg zu dürfen. Auch die anderen Pilger beschworen den Bauern. Aber nein, dieser zeigte kein Erbarmen. Noch einmal warf der Junge einen sehnsuchtsvollen Blick auf den Heiligen Berg, ehe er tieftraurig seinem herzlosen Vater Richtung Untereichsfeld hinterhertrottete.

Am Abend erhob sich ein furchtbares Unwetter. Auch hier wollte der Vater vor Geiz keinerlei Unterkunft suchen, ließ sich eher bis auf die Knochen vom Regen durchnässen. Der Junge war so erschöpft, dass er nicht mehr weiterkonnte und der Vater ihn auf dem Rücken tragen musste. Um Mitternacht waren sie zu Hause. Jedoch musste am Morgen der Geizhals feststellen, dass der Junge erneut sein Augenlicht verloren hatte und so für die Hartherzigkeit des Vaters büßen musste.

DER TOTE MANN UND DIE SPUKGEISTER
IM HARDTGRUND

Es war im Jahre 1613, als bei Geisleden ein schauriger Mord geschah. Georg Hey, so heißt es in der Überlieferung, der Sohn vom Jocksmüller Adam Hey, wollte eines Nachts nach Ebra, das heutige Kreuzebra, reiten. Doch er kam nie dort an. Was genau geschah, weiß niemand. Seine Leiche wurde an der Hardt beim Strahlendorfsfleck gefunden. Der Täter war schnell gefasst. Am Abend des 1. Mai wurde ein reisender Handelsmann aus Friedland in Silberhausen verhaftet. Dort kehrte er regelmäßig ein. Man brachte den Gefangenen in den Kerker der Burg Gleichenstein. Das Gericht Gleichenstein fackelte nicht lange und verurteilte ihn zum Tode auf dem Rad. Von oben nieder sollte er geradebrecht werden, heißt es in der Überlieferung. Der Henker lud den Meuchelmörder auf seinen Karren und brachte ihn an die Stelle zurück, an der die grausige Tat geschah. Dort sühnte er den Mord und wurde an Ort und Stelle verscharrt. Auf dem Grabe wurde ein Stein errichtet, den ein Kreuz und das Mühlhäuser Wappen zierten. Noch in den 1930er Jahren stand er dort rechts von der Provinzialchaussee. Bei den Geisledern heißt noch bis heute der Teil der Flur im Hardtgrund „Toter Mann".

Unweit der Stelle stand einst ein Wanderbirnbaum, wo seltsame und wunderliche Dinge passierten. Bei Nacht und Nebel sahen Reisende, wie eine düstere Gestalt die Straße überschritt, vor der die Pferde scheuten, die Nüstern blähten und die Mähnen sich sträubten. Die Fuhrmänner sprachen dann bangen Herzens ein Stoßgebet und beeilten sich, diese unheimliche Stelle so schnell wie möglich hinter sich zu lassen. Noch gruseliger aber wurde es zur Geisterstunde. Der Wanderer, der allein zwischen Mitternacht und ein Uhr von Kreuzebra kommend durch den Hardtgrund schritt, begegnete dem toten Mann. Ohne Kopf schritt er umher und streckte dem Wanderer die glühende Zunge aus dem Hals entgegen wie ein Höllenhund. Irrlichter huschten derweil auf der Wiese hin und her, unheimliche Schemen gaukelten durch die Dunkelheit, ja sogar klagende Stimmen wurden gehört.

Am schlimmsten aber war es am Kreuzweg von Steinhagen nach Heuthen. Trat jemandem dort das Gespenst entgegen, so war derjenige verloren. Hilferufe und Entsetzensschreie verhallten ungehört ohne jede Hoffnung auf Rettung. Nicht wenige fielen vor Angst tot um oder tauchten in den Wahnsinn ab. Selbst wenn man es auf die Höhe der Hardt schaffte, verließ die Angst die Wanderer nicht mehr, denn sie mussten noch am Mordstein und dem Wanderbirnbaum vorüber. Erst, wenn man um die „Schmandecke" bog und die Lichter von Geisleden sah oder Hunde bellen hörte, dann ließen die Spukgeister von dem Gebeutelten ab und die Seele wurde freier.

Allerdings hatten diese Erlebnisse, so sagt die Sage, nur furchtsame Gemüter und ängstliche, schwache Frauen. Wer ein frisch-fröhlicher Wanderbursche war oder ein starkes tapferes Mädchen – ihnen begegnete nichts.

Noch in den dreißiger Jahren des zwanzigsten Jahrhunderts kursierte ein schauriges Gedicht in Geisleden:

SPUKGEISTER. DER TOTE MANN!

In geheimnisvoller Stunde, so um Mitternacht,
tritt beim Wanderbirnbaum, leise und sacht
eine gruselige Gestalt in weißem Gewande
an der Hardtecke heran bis zum Straßenrande.

Ein Mann ohne Kopf, ganz unruhevoll,
streckt er die Zunge aus dem Halse wie toll,
sie glühet wohl, wie beim Höllenhund.
Schon manchem Wanderer tat er sich kund.
Das schaurige Gespenst gebärdet sich ganz wild,
fürwahr ein schreckliches Teufelsbild.

Irrlichter huschen im Wiesengrund,
unheimlich Schemen gaukeln bunt.
Der schwebende Gang mit Seufzer verbunden,
im Hardtgrund – ist der Spukgeist verschwunden.

Woher das Braunsloch und der Braunskopf ihre Namen haben

Ein schauriger Mord erschütterte im Jahr 1799 das Mahdefeld, auch Mahdeholz genannt, bei Geisleden. Briefträger Braun und seine Frau waren auf einem Dienstgang nach Flinsberg. Ein Studiosus aus Heuthen, der in Heiligenstadt zur Schule ging und bei den Brauns wohnte, begleitete die beiden. Doch mit der Frau verband den Studiosus eine unerlaubte Affäre. Um den Mann loszuwerden, erschoss der Kerl den Briefträger im Mahdefeld unter dem Schillgengerieths-Über hinterrücks und zerrte den blutüberströmten Leichnam durch das hohe Kornfeld in die Dörnzen zum Stadtwalde hinein bis an die Felskante, um ihn dann in die tiefe Erdspalte zu werfen. Doch die Tat wurde bald ruchbar. Der Mörder wurde auf Verdacht zunächst gefangengenommen, konnte aber aus dem Zuchthaus entfliehen und wurde nie wieder in der Gegend gesehen. Die Tat blieb ungesühnt. Ein Gerücht ging um, dass er in die westfälische Armee eingetreten sei und den Russlandfeldzug mitgemacht habe. Das Schicksal habe ihn doch noch einmal hergeführt, sodass er von der Höhe hinter dem Hardtgrunde unerkannt noch einmal von weitem sein Heimatdorf Heuthen habe sehen können. Und es wird erzählt, dass er als Junge oft ohne Mütze von der Schule nach Hause kam und die Mutter einmal sagte: „Nächstens kommst du mal ohne Kopf heim!“ So wäre es beinahe auch gekommen.

Aber die Felsspalte und der Felsvorsprung, wo sich der Übeltäter des Briefträgers Leichnams entledigte, heißen bis heute nach dem Opfer Braunsloch und Braunskopf.

Heuthen und der Ossberg

Es heißt, dass die Heuthener im Eichsfeld während der Christianisierung am längsten Heiden geblieben sind und sich dem neuen Glauben äußerst widerspenstig widersetzt haben. Danach aber wurden sie umso bessere Christen und hielten am katholischen Glauben noch unbeirrter fest als an ihrer alten Religion.

Das bekam auch Heinrich Pfeiffer zu spüren, der Kamerad von Thomas Müntzer. Pfeiffer war ein aus dem Kloster Reifenstein entsprungener Mönch, der im Eichsfeld die Reformation durchsetzen wollte. Heuthen zählt zu den drei Dörfern im Eichsfeld, die nicht die Lehre Luthers annahmen, sondern lückenlos katholisch blieben. Die Frauen des Dorfes jagten Pfeiffer sogar von der Heuthener Kanzel und aus dem Dorf hinaus. In Heuthen heißt „Nein!" bis heute „Nein!", da hilft auch kein noch so geschicktes Zureden. Pfeiffer ließ das Dorf in äußerst schlechter Laune hinter sich. Als er aber auf einen nahen Berg stieg, drehte er sich um, schüttelte die Fäuste in der Luft und schrie: „Ihr seid und bleibt eben Ochsen!", in Mundart: „De sit und bliebet Ossen!" Seit diesem denkwürdigen Wutausbruch heißt der Berg Ossberg.

Das Gasthaus
in Bodenrode

Die Eichsfelder mussten Zeit ihres Lebens in die Welt hinausziehen, um ihr Brot woanders zu verdienen. So zog einst ein junger Mann aus Bodenrode auch in die Fremde, um sein Glück zu versuchen. Ausgestattet mit dem typischen Eichsfelder Unternehmergeist führte ihn sein Weg nach Wien, wo er auch noch das berühmte Quentchen Glück hatte. Er brachte es durch Fleiß, Klugheit und ein wenig Bauernschläue zu hohem Ansehen und auch einem nicht zu verachtenden Vermögen. Schließlich wurde er wegen einiger Verdienste vom Kaiser in den Adelsstand befördert und führte eine Grafentochter zum Traualtar.

Aber eines blieb tief in seinem Herzen: Die Sehnsucht nach seinem Eichsfeld und seinem Heimatdorf. So beschloss er, sich in Bodenrode ein Haus bauen zu lassen, in dem er immer wieder einmal Tage verbringen könne, wenn das Heimweh zu groß wird. Er setzte sich mit einem Baumeister in Verbindung, der ein Haus errichtete, so stattlich und schön, wie es noch niemand in Bodenrode und Umgebung gesehen hatte. Als es fertig war, kam eines Tages eine prächtige Kutsche ins Dorf. Aus ihr stieg der Bodenröder mit seiner gräflichen Gemahlin. Das ganze Dorf war zusammengelaufen und staunte über das vornehme Paar. Doch das Haus, so groß und schön es war, gefiel der eitlen Dame nicht. „So groß wie meines Vaters Taubenschlag! In so einem primitiven Haus kann ich nicht wohnen", rief sie empört. Wie in jeder guten Ehe hatte auch sie die Hosen an. Also musste die Kutsche umdrehen. Der Landsmann aber warf einen traurigen und sehnsüchtigen Blick nach dem Haus, wie die Leute bemerkten. Einige Zeit später bekam der Schulze von Bodenrode aus Wien eine größere Summe Geld für die Bedürftigen und eine Schenkungsurkunde für das Haus, das ab sofort der Gemeinde gehören sollte. Die Bodenröder überlegten, was sie damit anfangen könnten und was das Beste wäre. Schnell kamen sie überein, da die Eichsfelder praktisch veranlagt sind und weil Bodenrode kein Gasthaus hatte, dass es zur Gemeindeschänke werden sollte. So kam Bodenrode zu seiner ersten Kneipe.

DER STRUTMICHEL

Zwischen Bodenrode und Wingerode gibt es im Leinetal im flachen Gelände einen Gehölzstreifen, der die „Strut" genannt wird. Zur Geisterstunde soll es hier bis heute nicht mit rechten Dingen zugehen, denn dann erscheint der Strutmichel und erschreckt furchtbar die Leute, die zu dieser späten Stunde dort unterwegs sind. Der größere Teil der Waldung gehörte früher zu Wingerode. Aber die Wingeröder und die Bodenröder zankten sich um die genauen Eigentumsverhältnisse. Es kam sogar zu einem Prozess. Der damalige Schulze von Wingerode war ein gieriger Mensch. Er ließ sich tatsächlich von einem Bauern aus Bodenrode bestechen und leistete vor dem Gericht einen Meineid. Auf seine Aussage hin wurde zugunsten von Bodenrode entschieden. Von dem Bestechungsgeld leistete sich der Bürgermeister, der den Vornamen Michael führte, ein neues Pferd. Das war ein prächtiger Schimmel, und der Schulze war furchtbar stolz auf ihn.

Es verging ein Jahr. Und genau auf den Jahrestag des Meineides stürzte der Schulze bei einem nächtlichen Ritt vom Pferd und war auf der Stelle mausetot. Ruhe fand er in seinem Grab jedoch nicht. Zu sehr lastete der Meineid auf dem Gewissen. Wenn die Nächte richtig unheimlich sind, dann erscheint um Mitternacht der Strutmichel auf seinem Schimmel, den Kopf hat er dabei unter den linken Arm geklemmt, eine glühende Zunge heraushängend. Mit der rechten Hand führt er die Zügel. Von der Strut aus reitet er zunächst Richtung Wingerode und hält an der Leine an. Dort lässt er das Tier trinken. Wenn dessen Durst gestillt ist, schlägt er die Richtung hinauf zur Burg Scharfenstein ein und verschwindet im Dunkel.

Wie Bodenrode zu seiner Kirchenglocke kam

Als im Dreißigjährigen Krieg die Schweden über das Eichsfeld herfielen, es verwüsteten, plünderten und brandschatzten, kamen sie eines Tages wieder einmal nach Bodenrode. Schon oft hatte das Dorf unter den ungebetenen Gästen zu leiden gehabt. Sie drangsalierten die Leute, dass es kaum noch zu ertragen war. Auch jetzt versteckten sie schnell alles, was sie noch besaßen. Dieses Mal aber zogen die Schweden zügig wieder ab. Aber wie verwundert waren die Bodenröder, als auf dem Lagerplatz der Schweden eine Hinterlassenschaft stand. Sie traten näher und sahen, dass es eine große Glocke war. In schöner, großer und gotischer Schrift trug sie die Jahreszahl 1508. Sofort war den Bodenrödern klar, dass die Glocke zur Kriegsbeute der Schweden gehören musste, aber ihr Transport mehr als schwierig war. Wahrscheinlich hatten die Räuber die Nase voll davon, sich mit der schweren Last abzuschleppen und ließen sie einfach zurück. Die Einwohner überlegten nicht lange. Sie hatten in ihrem Turm nur eine kleine Glocke. Sie tauschten sie fix gegen die große mit ihrem vollen, melodischen Klang aus. Bis heute ruft sie die Gläubigen zum Gottesdienst.

Die Riesentrappe

Zu Urzeiten bevölkerten Riesen das Eichsfeld, sie zogen auf ihren Wanderungen auch gern hindurch. Einer dieser Unholde kam von Osten her. Von den Bleicheröder Bergen bis Bodenrode hatte er nur einen Schritt gemacht, heißt es. Durch die Wucht des Auftretens in dem Felsen hinterließ er eine tiefe Fußspur. Die kleineren daneben sollen von seinem Hund stammen. Genau an dieser Stelle aber schüttete der Riese seinen Stiefel aus, weil ihn etwas unter dem Fuß drückte. Zahlreiche Steine fielen aus dem gigantischen Schuhwerk, die heute noch im Dachstal liegen. Der größte Felsbrocken aber wird seitdem „Riesentrappe“ genannt.

Die Zwerge
von Bodenrode

Einst soll es im Dachstal in der Nähe von Bodenrode Zwerge gegeben haben. Bis zu Beginn des zwanzigsten Jahrhunderts war sogar noch das Zwergenloch zu sehen. Der Felsspalt war vermutlich der Eingang zum Reich des kleinen Volkes. Das wäre eine Vermutung geblieben, hätte eine Bodenröderin nicht ein besonderes Erlebnis gehabt.

Die Frau war eines schönen Tages beim Kornschneiden nahe des Zwergenlochs. Sie hatte ein kleines Kind, das noch gestillt werden musste. Sie nahm es in einem Korb gebettet mit aufs Feld. Damit es vor der sengenden Sonne geschützt blieb, stellte die

Mutter den Korb in den Schatten eines großen Kornhaufens. Lange regte sich in dem Korb nichts, die Frau dachte, dass das Kleine friedlich schlief und widmete sich fleißig ihrer Arbeit. Doch irgendwann wurde sie unruhig, weil der kleine Schreihals sich so gar nicht bemerkbar machen wollte. Sie sah nach und erschrak furchtbar, als sie in den Korb schaute und er leer war. Voller Angst und Panik suchte die Mutter nach ihrem Kind, aber fand es nicht. Bestürzt lief sie ins Dorf und rief, ihr Kind sei gestohlen worden. Alle Dorfbewohner waren auf den Beinen und suchten fleißig mit, aber das Kind blieb verschwunden.

Am nächsten Tag ging die Frau wieder aufs Feld, denn die Arbeit duldete keinen Aufschub. Den Korb stellte sie wieder an die gleiche Stelle wie am Tag zuvor. Unter Tränen arbeitete sie einige Stunden, als sie plötzlich das leise Weinen eines Kindes hörte. Eine Mutter kennt die Stimme ihres Kindes und so stürzte sie zum Korb, worin ihr kleiner Liebling lag. Erleichtert drückte sie ihn an sich. Da hörte sie eine Stimme neben sich. Als sie sich umdrehte, sah sie ein kleines, graues Männlein vor sich stehen. „Wir wollten dein Söhnchen in unserem Zwergenreich reich und glücklich machen", sprach es zu ihr. „Es schrie aber pausenlos und war nicht zu beruhigen. Kindergeschrei können unsere Ohren nicht vertragen." Deshalb habe er das Kind wieder zurückgebracht. Die Frau sah den Zwerg immer noch staunend an und war sprachlos. Da ließ er eine Menge kleiner Steinchen aus seiner Hand in den Korb fallen und verschwand so plötzlich, wie er erschienen war. Als die Mutter nach den Steinen griff, um sie genauer zu betrachten, sah sie, dass es lauter Goldkörner waren. Voller Freude eilte sie heim, und bald wusste das ganze Dorf von ihrem Glück, das man ihr von Herzen gönnte.

DIE WIDERSPENSTIGE EICHENTRUHE

Wieder einmal waren die Schweden wie eine Plage über Bodenrode hergefallen. Die jüngeren Bewohner flüchteten sich in die umliegenden Wälder, zurückgeblieben waren nur noch die Alten, die nicht mehr laufen konnten. Bodenrode war bereits so ausgepresst und ausgeplündert, dass die Schweden dieses Mal kaum noch etwas fanden. Sie wandten sich zur Kirche, aber darin war noch weniger als in der ärmsten Bauernkate. Die wertvollsten und heiligsten Gegenstände hatten die Bodenröder längst in Sicherheit gebracht. Nur im Kirchturm stand eine alte Eichentruhe, die mit Eisen beschlagen war. Obendrein war sie mit einem starken Schloss versiegelt. Die Soldaten versuchten, die Truhe zu öffnen, aber die war selbst mit Gewalt nicht aufzubrechen. Voller Wut schlug ein Soldat mit seinem Säbel auf die Truhe ein. Das einzige Ergebnis war, dass die Klinge in tausend Stücke zersprang. Noch lange mühten sich die Soldaten, doch sie mussten unverrichteter Dinge abziehen. Das Einzige, was von diesem Tag und der Widerspenstigkeit der Truhe zeugte, war eine lange Kerbe im Eichenholz des Deckels.

DIE TEMPELBRÜCKE

Einst sollen sich der Sage nach die Tempelritter an einer Brücke zwischen dem Kloster Beuren und Wingerode niedergelassen haben. So kam die Tempelbrücke zu ihrem Namen. Rund um die Brücke sollen sich unheimliche Dinge zugetragen haben.

Als das Kloster Beuren noch als solches bestand, war ein Arbeiter aus Wingerode in der Nacht dorthin unterwegs, weil er Raps schneiden sollte. Schon beim ersten Frühlicht sollte die Arbeit beginnen. Als er in der Nähe der Tempelbrücke angekommen war, schlug die Turmuhr von Wingerode gerade einmal Mitternacht. Der Arbeiter war zu früh aufgestanden. Er setzte sich auf die Brücke und lehnte sich mit dem Rücken an das Geländer. Er hatte vor, noch ein Nickerchen zu machen. Plötzlich aber sah der Mann vor sich auf dem Feld eine prachtvolle und hell erleuchtete Kirche. Ihre Türen standen offen, sodass er hineinblicken konnte. Im Inneren setzte sich in dem Augenblick eine Prozession in Bewegung. Vier Männer gingen voraus, alle in lange, weiße Mäntel mit roten Kreuzen gehüllt. Auf ihren Schultern trugen sie einen offenen Sarg mit einem Toten. Eine ganze Anzahl bewaffneter Ordensritter folgten dem Sarg. Als die Männer den Sarg im Chorraum der Kirche niedergesetzt hatten, trat ein Priester hinzu und las die heilige Messe. Danach hoben die vier Ritter den Sarg wieder auf ihre Schultern und verließen mit ihm die Kirche durch ein Seitenportal. Der Mann auf der Brücke schaute weiter auf die Kirche, aber es war nichts mehr von den Rittern zu sehen. Er stand auf und wollte die Kirche näher betrachten. Doch kaum hatte er die erste Treppenstufe betreten, schlug es eins und die Kirche verschwand.

Noch einige weitere Leute wollen das Schauspiel gesehen haben. Natürlich gibt es immer Zweifler, die nicht an unheimliche Erscheinungen, Gespenster oder Spuk glauben. Einer von ihnen wurde eines Besseren belehrt. Wieder war es die Geisterstunde, als ein junger Mann auf der Brücke stehenblieb, um zu sehen, ob etwas geschehen würde. Eine Zeit lang wartete er vergebens. Dann rief er keck in die Nacht: „Ihr Tempelherren, kommt heraus, wenn ihr da seid! Lasst euch sehen!“ Kaum aber hatte er das gerufen, sprang ihm etwas in den Rücken und verpasste ihm eine Ohrfeige nach der anderen. Links, rechts, links, rechts! Der Bursche wollte weglaufen, aber das Geschöpf auf seinem Rücken ließ nicht locker. Es setzte weiter Backpfeifen, so lange, bis die Turmuhr eins schlug. Nie wieder hat der Bursche an den Tempelherren gezweifelt.

Die Wüstung Volsbach

Einst hütete in der Nähe des Zehnsberges, wo einst das Dorf Volsbach stand, ein Mädchen aus Wingerode eine Schweineherde. Ein altes Tier hatte sich vom Rest der Herde entfernt und wühlte in der Erde. Plötzlich blinkte es im Boden. Das Mädchen trat näher, um zu sehen, was dort war. Da erkannte es zu seinem Erstaunen den oberen Teil einer Glocke, auf den ein Sonnenstrahl gefallen war. Das Mädchen löste ein Haarband, schlang es an der Glocke fest und zog. Da es noch sehr jung war, gelang es ihr, ohne große Anstrengung die Glocke am Band aus der Erde zu ziehen. Es ließ die Glocke stehen, sammelte die Schweineherde ein und machte sich auf den Weg zurück ins Dorf. Dort erzählte es in ruhigen Worten von dem Fund.

Sofort eilten die Einwohner in heller Aufregung hinauf zum Volsbacher Kirchhof. Wie staunten sie, als sie die Glocke dort stehen sahen. Ein Ackerwagen wurde geholt und die Glocke aufgeladen. Dann spannten sich zahlreiche Männer vor den Wagen, aber der ließ sich nicht von der Stelle bewegen. Ein alter Futterknecht aus dem Kloster Beuren hatte es sich derweil bequem gemacht und dem Treiben der Leute ruhig zugesehen. Jetzt stand er auf und sprach: „Ihr kennt doch alle den alten, blinden Esel im Kloster Beuren, der dort sein Gnadenbrot frisst. Von ihm werden sonderbare Dinge erzählt. Holt ihn und spannt ihn vor den Wagen. Er wird die Glocke an ihren richtigen Platz bringen."

Was hatten die Leute zu verlieren? Der Esel wurde geholt und eingespannt. Geschmeidig setzte sich der Wagen mit seiner Last in Bewegung. Wie staunten sie aber, als der Esel keines der umliegenden Dörfer als Ziel wählte, sondern den Weg Richtung Süden einschlug. Der Esel zog den Wagen zum Hülfensberg, in deren Kirchturm die Glocke aufgehängt wurde. Seitdem sind bei den Wallfahrten immer fromme Beter aus Wingerode dabei.

Die Linse
von Volsbach

Als das „Fräuwechen von Engeland" auf dem Rachefeldzug durch das Eichsfeld war, kam es bei der Suche nach dem Todesort des Gemahls auch durch die Wüstung Volsbach und am Bachlauf Richtung Hüttengrund vorbei. Plötzlich spürte sie Schmerzen unter dem Fuß, woraufhin sie rastete und den Schuh auszog. Beim Nachsehen, was der Grund für die Schmerzen sein könnte, fand das Fräuwechen als Ursache eine kleine Linse. Sie warf diese achtlos auf den Weg und zog weiter. Die Linse aber verwandelte sich sofort in ein kleines Steinchen und begann zu wachsen. Immer mehr nahm sie an Umfang zu und wurde zu einem großen Stein, der aber weiterhin die Form einer Linse behielt. So gab das Volk dem Stein den Namen „Linse bei Volsbach".

Die „Linse", die heute am Wegesrand in der Gemarkung Wingerode steht, ist aber nicht mehr die originale. Mehrfach bekam sie im Laufe der Jahrhunderte Beine, wie Ortschronisten von Wingerode wissen. Gedankenlose oder unbedachte Menschen entwickelten wohl ob der Tatsache, dass die Linse transportabel war, immer wieder Begehrlichkeiten. Sie landete mal in Wingerode als Beschwerung auf dem Deckel einer Jauchegrube, mal wurde sie in das Fundament eines Hauses eingearbeitet. Immer wieder hatten aufmerksame Mitmenschen dafür gesorgt, dass die Linse wieder an ihren angestammten Platz zurückgebracht wurde. Irgendwann aber war der Stein endgültig spurlos verschwunden, man vermutet, er sei in einem größeren Schlagloch gelandet. Gemeindearbeiter Ferdinand Klofik, der 1972 starb, hatte daraufhin einen ähnlichen Stein in einer Feldflur gesichert und an den Linsen-Platz bringen lassen. Zu Beginn der 2010er Jahre fehlte die „Linse“ plötzlich wieder und war nicht mehr auffindbar. Daraufhin sorgten der Bürgermeister und ein Unternehmer, der einen passenden Findling hatte, für eine neue Linse. Die „aktuelle“ Linse hat seit dem 2. April 2014 hier ihren Platz. Möge sie als mobiles Bodendenkmal akzeptiert und unberührt bleiben, so der Wunsch.

Die Räuberhöhle
bei der Kalten Linde

Auf einer Höhe nicht weit von der „Kalten Linde“, die etwa eineinhalb Kilometer von der Wallfahrtskapelle Etzelsbach steht und ihren Namen dem andauernden kalten Wind an dieser Stelle zu verdanken hat, hauste vor etwa zweihundert Jahren eine Räuberbande. In der ganzen Gegend und darüber hinaus war sie gefürchtet, denn jeder, der von der Räuberbande überfallen und ausgeraubt wurde, war des Todes. Die Räuber hatten in ihrer Höhle sogar ein kleines Glöckchen angebracht, das über dünne Seile mit der Außenwelt verbunden war. Ging ein argloser Wanderer vorüber und streifte einen dünnen Draht, schlug das Glöckchen in der Höhle Alarm, sodass die Räuber schnell Ausschau halten konnten. Sobald sie sahen, dass jemand etwas Wertvolles bei sich trug, kamen sie hervor, überfielen das Opfer, schleppten es in ihre Höhle und ermordeten es. Schlimme Dinge passierten, so mancher Mensch verschwand spurlos, aber Genaueres wusste niemand.

Eine Wingeröder Bauersfrau hatte sich einst tief in der Nacht auf den Weg zum frühmorgendlichen Wochenmarkt in Duderstadt gemacht. Butter wollte sie dort verkaufen, trug aber auch ein Sümmchen Geld bei sich. Als sie im Dunkeln auf der Anhöhe plötzlich in der Erde ein Glöckchen klingeln hörte, stutzte sie. Doch schon stand ein Räuber vor ihr, packte sie und zerrte sie in die Höhle. Dort sah die Frau in der Ecke ein sonderbares Gestell mit Riemen, an einem Ende zwei senkrecht stehende Balken mit einem Fallbeil dazwischen. Die Frau wusste, was ihr bevorstand, während der Räuber ihr schon alles abnahm, was sie bei sich trug. „Jetzt kennst du unser Geheimnis“, sagte er. „Damit du uns nicht verraten kannst, musst du sterben.“ Er befahl ihr, sich auf das Gestell zu legen. Da bat die Frau: „Um Eurer Mutter willen, die euch geliebt hat, lasst mir so viel Zeit, dass ich noch drei Vaterunser beten kann. Dann geschehe, was will." Sie kniete nieder, hob ihre Arme und begann zitternd zu beten. Das schien doch das steinerne Herz des Räubers gerührt haben. Er trat nach dem ersten Vaterunser einen Schritt zur Seite auf das Mordwerkzeug zu. Als die Frau das sah, sprang sie auf und gab dem Räuber einen Stoß, sodass er auf das Gestell fiel. Blitzschnell band sie die Riemen fest, einer hatte sich bereits um den Hals des Räubers gezogen. „Ich habe Euch Euren Wunsch erfüllt, so erfüllt nun meinen und reicht mir die Pfeife, die dort am Nagel hängt", sagte der Spitzbube lauernd, der durch einen Pfiff seine Spießgesellen herbeirufen wollte. Nichtsahnend tastete die Bauersfrau nach der Pfeife, berührte dabei aber einen Strick an der Wand. Schon sauste das Fallbeil herunter und trennte dem Räuber den Kopf ab. Die Frau schrie entsetzt, raffte ihre Siebensachen und rannte aus der Höhle. Kaum war sie am Waldrand, so hörte sie Stimmen und versteckte sich geistesgegenwärtig hinter einem Baum. Sie sah mehrere dunkle Gestalten, die große Lasten in die Höhle trugen.

Als die Luft rein war, rannte die Frau in Richtung Wingerode, das sie in der Morgendämmerung erreichte. Wie ein Lauffeuer ging die Geschichte ihres Abenteuers durch das Dorf. Die Männer bewaffneten sich mit allem, was sie finden konnten, zogen zur Höhle, die ihnen die Frau nun zeigen konnte, und hoben das ganze Räubernest mit Mann und Maus aus. Den Mordbuben wurde unverzüglich der Prozess gemacht, alle endeten am Galgen. Und damit hörten auch die Überfälle auf der Höhe endlich auf.

ETZELSBACH

Östlich von Steinbach, etwa fünfzehn bis zwanzig Minuten zu Fuß entfernt, liegt in einer Senke die von Bäumen überschattete Wallfahrtskapelle Etzelsbach, wo es einmal ein Dorf gleichen Namens gegeben haben soll, das in einer Ritterfehde restlos zerstört wurde. Hier wuchs buchstäblich Gras über die Sache.

Jahrhunderte später sollte das Land nutzbar werden, darum machte sich ein Bauer aus Steinbach daran, die Erde zu pflügen, um Felder anzulegen. Aber genau an dem Platz, an dem die Wallfahrtskapelle steht, blieben die Pferde stehen und wollten weder vor noch zurück. Sie fielen stattdessen auf die Knie. Nur mit großer Mühe brachte der Bauer die Pferde wieder dazu, wenigstens aufzustehen, aber als er sie wieder antrieb, machten sie einen weiten Bogen um die Stelle.

Abermals zog der Bauer die Furche und kam zur besagten Stelle. Und erneut fielen die Pferde auf die Knie. Auch beim dritten Mal geschah es so. Das gab dem Bauern nun richtig zu denken. Er holte in Steinbach Hacke, Schaufel und Spaten und grub an der Stelle den Boden auf. Bald traf er auf ein geschnitztes Bildwerk in der Erde. Er holte es heraus und säuberte es. Zu seinem Erstaunen war es ein Bildnis der Schmerzensmutter. Jetzt wurde er ganz vorsichtig und trug es nach Hause, immer auf der Hut, dass nichts damit passierte. Kurz darauf ließ der Bauer an der Fundstelle eine Kapelle errichten und stellte das Bildnis darin auf.

Das Vorkommnis hatte sich schnell herumgesprochen. Schnell kamen die Leute aus der Umgebung zu einer Wallfahrt nach Etzelsbach. Und die Sache mit den Pferden, die einen Kniefall an der Stelle gemacht hatten, bewog die Leute dazu, ihre eigenen, festlich geschmückten Pferde mitzubringen und diese nach dem Wallfahrtsamt einmal um die Kirche zu führen.

Bis heute hat sich dieser Brauch der Pferdewallfahrt erhalten. Nach der DDR-Zeit, in der solche Glaubenszeugnisse nicht gern gesehen wurden, erhielt sie nach und nach ihre alte Größe zurück. Bis zu dreihundert Pferde und mehr wurden zur Wallfahrt schon gezählt. Etzelsbach wurde international bekannt, als Papst Benedikt XVI. hier mit rund neunzigtausend Gläubigen am 23. September 2011 eine Marienvesper feierte.

Die Siemeröder Bären

Eines Tages erblickten spielende Kinder im Wald nahe Siemerode ein großes, braunes, zotteliges Ungetüm. Sie hielten es für einen Bären und rannten schreiend nach Hause, wo sie den Eltern aufgeregt von ihrer Entdeckung erzählten.

Oh, das Aufsehen im Dorf war groß. Sofort rotteten sich die Bewohner zu einem kleinen Heer zusammen und zogen mit Knüppeln, Spießen und altersschwachen Schießgewehren hinaus in den Wald, um den Bären zu jagen und zu erlegen. Sie schickten ihre Mutigsten als Späher voraus, die das Ungetüm bald entdeckten. Langsam trottete es durch das dichte Gebüsch, ab und an ließ es ein tiefes Brummen hören. Jetzt begannen die Siemeröder Schützen, das Untier langsam einzukesseln, bis es durch eine gezielte Salve niedergesteckt wurde.

Der Triumph war groß. Alles eilte unter Siegesgeheul herbei, um den Bären zu besichtigen. Und da sahen sie zu ihrem Schreck, dass es sich mitnichten um einen Bären handelte. Sie waren gegen einen mächtigen Ochsen zu Felde gezogen, der sich aus der Nachbarschaft hierher verlaufen hatte. Wer den Schaden hat, braucht für den Spott nicht zu sorgen. Schnell hatte sich die Kunde von der großen Siemeröder Bärenschlacht wie ein Lauffeuer verbreitet. Seitdem tragen die Einwohner den Spitznamen „Die Siemeröder Bären“.

Der Schatz im Grasgarten
bei Neuendorf

Am Rand von Neuendorf stand in früheren Zeiten ein einzelnes Haus. Abends konnte man immer zur gleichen Stunde in einer Ecke des Grasgartens ein schwaches Licht sehen. Dieses Phänomen konnten sich die Leute nicht erklären, vielmehr beschlich sie das unheimliche Gefühl, dass es dort nicht mit rechten Dingen zuging. Sie hielten es vor Neugierde nicht aus und fragten endlich eine weise Frau um Rat. Sie erzählte, dass an der Stelle, an der das Licht brenne, ein Schatz vergraben sei. Er könne aber nur in der Mitternachtsstunde bei völligem Schweigen gehoben werden.

Zwei mutige Männer aus Neuendorf ließen sich die Sache durch den Kopf gehen und machten sich einige Nächte später mit Werkzeug beladen auf den Weg. Sie nahmen sich gegenseitig das Versprechen ab, keinen Ton von sich zu geben, was auch passieren mag. Beide waren so gut vorbereitet, dass sie sofort, als die Turmuhr Mitternacht schlug, mit der Arbeit beginnen konnten. Auf einmal aber stand neben ihnen ein Mann mit einer langen Nase und einem grauen Bart. Der fing an, den beiden schwitzenden Schatzgräber immer wieder im Weg zu stehen und auf jede Art und Weise hinderlich zu sein. Trotzdem ließen sich die beiden davon nicht stören. Bald stießen sie auf etwas Hartes, woraufhin sie die Erde mit den Händen vorsichtig zur Seite schoben und einen großen Kessel freilegten. Mit neuem Schwung arbeiteten sie weiter, um den Kessel zu heben.

Plötzlich gab es ein Geräusch, das sie aufschauen ließ. Auf der Straße, die am Haus und am Grasgarten entlangführte, fuhr ein gar absonderliches Gespann. Zwei Hähne zogen einen Heuwagen, auf dem ein Zwerg in aberwitziger Kleidung saß und fleißig die Peitsche schwang. Als er die Schatzgräber sah, lachte er laut und rief: „Hab ich euch gefunden. Der mit dem roten Kragen soll zuerst drankommen." Derjenige von den beiden, der einen roten Kragen trug, vergaß das Schweigegebot und antwortete laut: „Nein, das wird er nicht!" Kaum waren die Worte heraus, gab es ein dumpfes Poltern und der Kessel verschwand in den Tiefen der Erde. Dann hörten die beiden nur noch ein gellendes Lachen und die Turmuhr eins schlagen. Nie wieder hat seitdem jemand versucht, den Schatz zu heben. Aber seit dieser Nacht ist auch das Licht verschwunden. Das Einzige, was von der Grabung zeugte, ist eine kleine Vertiefung im Boden.

DER SCHUSTER AUS JERUSALEM IN NEUENDORF

Als Jesus in Jerusalem seinen schweren Gang nach Golgatha ging und von der Last des Kreuzes erschöpft war, wollte er vor dem Haus eines Schusters rasten. Dieser aber war erfüllt von regelrecht teuflischem Hass gegen den Sohn Gottes und verjagte ihn mit dem erhobenen Leisten und wüsten Flüchen und Beleidigungen von seiner Schwelle. Dafür traf ihn der Zorn Gottes. Seitdem muss er ruhelos durch die Welt wandern, ohne sterben zu können. Dieses Schicksal trägt er bis zur Wiederkunft des Herrn.

Bei seinen Wanderungen kam der Rastlose eines Nachts nach Neuendorf ins Eichsfeld. Ein rauer Novembersturm peitschte Schneeflocken durch das Dorf. Die meisten Bewohner schliefen schon friedlich, nur in der Dorfschenke brannte noch Licht, wo sich die letzten Gäste mit dem Kartenspiel die Zeit vertrieben. Als zur späten Stunde der Fremde mit dem starken Wanderstock in die Gaststube trat, blickten alle nach der Tür, ein seltsames Gefühl des Unbehagens erfasste sie. Der Fremde trug einen schwarzen Hut, unter dem einige graue Locken hervorsahen. Um die Schultern hatte er einen ebenso dunklen Wettermantel geworfen. Der graue Bart wallte vom Kinn bis auf die Brust herab, aus den Augen blickte er unruhig und finster. Nichtsdestotrotz entbot er den Abendgruß und setzte sich zu den Spielern. Die wagten seltsamerweise keine Widerrede, sodass der Fremde bald mitspielte.

Nach kurzer Zeit hatten die Spieler bereits ihre ganze Barschaft an den unheimlichen Fremden verloren und mussten für diesen Abend dem Wirt die Zeche schuldig bleiben. Doch großmütig bezahlte der dunkle Mann alles mit einem Goldstück. Dann verlangte er ein Zimmer, während die Neuendorfer zusahen, dass sie das Gasthaus verließen. Der Wirt brachte den Gast zu seinem Quartier und legte sich schlafen. Als man am anderen Morgen den Fremden wecken wollte, war er verschwunden, das Bett unberührt und alles war an seinem Platz. Aber dann las der Wirt, was an der Tür geschrieben stand: „Nur ich von allen kann, unglückselig, nie die Ruhe finden". Jetzt wurde klar, welch seltsame Gestalt man beherbergt hatte: Den Mann, der nicht sterben kann.

DIE SCHLANGE UND DER JÄGER

Ein Jäger aus Neuendorf durchstreifte eines schönen Tages sein Revier rund um das Dorf. Es war ein heißer Junitag. Bis zur Steinkuhle war er gelaufen, wo Eichen wohltuenden Schatten warfen. Der Jäger war ermüdet, also beschloss er, kurz zu rasten und auf dem weichen Moos ein kleines Schläfchen zu halten. Er war ein frommer Mann. Darum vergaß er nicht, wie es seine Gewohnheit war, sich seinem Schutzengel zu empfehlen. Danach schlief er ein.

Bald merkte er im Schlaf einen leichten Druck auf der Brust und wachte auf. Gerade über seinem Herzen lag ein Eichenblatt. Er schob es beiseite und drehte sich etwas, um weiterzuschlafen. Dabei schaute er zufällig nach oben und sah, dass sich eine Schlange auf dem Ast über ihm befand. Sie hatte die funkelnden Augen direkt auf den Jäger geheftet, die Zunge bewegte sich zischend hin und her. Wie der Blitz sprang der Jäger auf, griff nach seinem Gewehr und machte dem Leben des giftigen Getiers mit einem gezielten Schuss in den Kopf ein Ende. Noch immer etwas zitternd ging der Jäger nach Hause und erzählte seiner Frau, welche Gefahr ihm gedroht hatte und was ihm das Leben gerettet hat. Sie gingen sofort in die Kirche und dankten Gott und seinem Engel, denn sie waren fest überzeugt, dass ihm nicht der Zufall das ungewöhnlich schwere Eichenblatt auf die Brust gelegt hatte, sondern Gottes Hand.

Im Nonnenholze

Einmal waren zwei Männer auf dem Weg unterwegs, der hinter Immigerode von der Landstraße abzweigt und sich Richtung Nonnenholz windet. Einst war dieser bewaldete Bergrücken zwischen Neuendorf und Böseckendorf Eigentum des Zisterzienserinnenklosters Teistungenburg, daher rührt der Name. Es war ziemlich spät am Abend, die beiden hatten auf dem Duderstädter Jahrmarkt die Zeit vergessen. Als sie in die Nähe des Nonnenholzes kamen, sagte der eine: „Es ist mir wie Blei in den Knochen. Ich glaube, ich muss mich ein wenig ausruhen." Der andere aber war etwas ängstlicher angesichts der fortgeschrittenen Stunde und bat eindringlich: „Lass uns weitergehen, damit wir durch das Holz kommen, bevor der Mond untergeht." Aber als sie mitten im Nonnenholz waren, sahen sie auf einmal ein Licht durch die Bäume flimmern. Jetzt wurden sie doch neugierig. Sie gingen dem Licht entgegen und fanden sich plötzlich auf einem freien Platz, auf dem sich eine knorrige Eiche und zwei weißgekleidete Nonnen befanden. Wie Silber schimmerte das Mondlicht auf ihren Gewändern. Sie saßen unter der Eiche im Gras und trockneten Flachssamen an dem Licht.

Als die beiden Nonnen die zwei Männer sahen, winkten sie ihnen, näher zu treten. Zuerst zögerten sie, doch dann fassten sie sich ein Herz. Eine der beiden Frauen streckte ihnen einige der Flachskutten entgegen. „Davon haben wir zu Hause genug", lehnte der eine Mann ab. „Diese hier sind aber besser als die, die ihr daheim habt", sagte die zweite Nonne. Der andere Mann ließ es sich gefallen und meinte: „Dann gebt mir ein paar." Er hielt die Hand entgegen und steckte dann die Samen in die Tasche seines blauen Kittels. Der erste Mann aber brummte vor sich hin, was das denn für ein Unsinn sei und lehnte die Gabe ab. Sie wandten sich ab, um ihren Weg nach Neuendorf fortzusetzen, wo sie in später Nachtstunde glücklich eintrafen.

Der Mann aber, der die Gabe angenommen hatte, wunderte sich, warum ihm seine Kitteltasche auf einmal so viel schwerer erschien als gewöhnlich. Er sah nach und fand statt des Flachses lauter kleine Goldklümpchen. Als er seinem Freund am nächsten Tag die Sache zeigte, war dessen Ärger natürlich groß. Sie eilten zurück ins Nonnenholz und fanden auch alsbald die Stelle wieder. Aber sie entdeckten unter der Eiche nicht eine Flachskutte. In der Nacht versuchten sie es noch einmal. Aber vergebens. Die beiden Nonnen wurden nie wieder gesehen.

Duderstadt, Teistungen und das Hahletal

Wie die Burg Westernhagen bei Berlingerode zerstört wurde

Im vom Eichbach durchflossenen Rangetal südöstlich von Berlingerode gibt es einen Hügel, auf dem einst die Burg derer von Westernhagen stand. Der Hügel ist zwar nur wenige Meter hoch, dafür hat er zweihundert Meter im Umfang und ist mit Gras bewachsen. Möglichweise war das Schloss sogar eine Wasserburg, denn die Wiese, die sich herumzieht, erweckt den Eindruck alter Wallanlagen oder eines Burggrabens. Anfang des zwanzigsten Jahrhunderts fand man beim Nachgraben einige Mauerreste. Nicht weit von dieser Stelle gibt es noch einen Platz, der der „Kirchhof" genannt wird. Der Volksmund erzählt, dass noch viele Schätze in der alten Burgstätte vergraben sein sollen.

Als damals, vor fünf Jahrhunderten, die Bauern beschlossen, das Schloss zu zerstören, verfielen sie auf eine List. Sie schickten, so die Legende, einen Boten zu den Westernhagens, der ihnen einen Gruß von der Burg Hanstein überbringen sollte und sie gleichzeitig aufforderte, zum Hanstein zu kommen, um die stolze Burg über der Werra gegen ein Bauernheer verteidigen zu helfen. Die Hansteiner, so der Bote weiter, würden dann im Gegenzug auch denen von Westernhagen beistehen, sollten sie von einem Bauernhaufen gefährdet sein.

Die Westernhagens nahmen die Botschaft für bare Münze, rüsteten sich sofort und zogen gen Westen, ihre eigene Burg nur mit einer geringen Besatzung zurücklassend. Kaum aber waren sie fort, fielen die Bauern über die Westernhagensche Burg her, eroberten und zerstörten sie. Retten konnte sich nur, wer flüchtete.

Eine Amme, die einen zarten Knaben aus dem Geschlecht der Westernhagens im Arm trug, konnte das Leben des Kindes nur retten, indem sie es für ihr eigenes ausgab. Sie brachte den Jungen sofort zum Kloster Teistungenburg, wo die Nonnen es liebevoll aufnahmen. Unter ihrer Pflege wuchs er fröhlich heran. Die Sage erzählt weiter, dass alle damals lebenden Mitglieder des Hauses von Westernhagen im Bauernkrieg umkamen und der gerettete Junge der letzte überlebende Spross des gesamten Stammes gewesen sei. Hätte die beherzte Amme ihn nicht gerettet, wäre das Grafengeschlecht schon damals erloschen. Und alte Einwohner von Berlingerode versicherten immer wieder, dass dann und wann zur Mittagsstunde eine weiße Jungfrau mit einem großen Schlüsselbund auf der „Alten Burg", wie der Hügel bis heute heißt, gesehen wurde.

DER RITTERSUMPF
BEI BERLINGERODE

Während des Dreißigjährigen Krieges durchzogen die Schweden plündernd und brandschatzend das Eichsfeld. Eine Abteilung kam auch nach Berlingerode. Die Einwohner konnten sich noch gerade rechtzeitig in die umliegenden Wälder flüchten. Die Schweden brachen mit Gewalt in die Häuser, Höfe und Scheunen ein, raubten alles, was nicht niet- und nagelfest war, den Rest steckten sie in Brand. Danach verließen sie das Dorf und lagerten in der Nähe, um die Beute aufzuteilen. Da näherten sich ihnen einige ihrer eigenen Ritter, die sich zuvor auf dem Rotenberg verirrt hatten und zum Raubzug zu spät kamen. Aber der Raub war schon unter dem Rest der Horde aufgeteilt.

Darüber gerieten die Nachzügler in Wut, auch war ihnen schon schlecht vor Hunger. Sie schwangen sich auf die Pferde, ritten selbst noch einmal ins Dorf, um nachzusehen, ob noch irgendetwas übriggeblieben war. Doch das Dorf war wie ausgestorben. Im Unterdorf trafen sie endlich in einem Haus auf eine Frau, die ein Kind auf dem Arm trug. „Weib, schaff uns etwas zu essen herbei, oder du bist des Todes", schrie der Wildeste der Horde. Doch sie antwortete unter Tränen, dass nicht ein Happen mehr da sei, die Soldaten alles bis auf den letzten Krümel geraubt hätten.

Außer sich vor Wut riss der Schwede der Frau das Kind aus den Armen, warf es zu Boden und schleuderte die Mutter in eine Ecke. Dann hob er die Lanze und durchbohrte das unschuldige Kind und verließ das Haus, das Kind am Spieß vor sich tragend. Gerade als er auf sein Pferd steigen wollte, stürzte die Mutter aus dem Haus und verfluchte den Mörder. Sie griff dem Pferd in die Zügel, doch mit einem weiteren Fußtritt entledigte sich der Schwede der Frau und ritt hohnlachend davon, das Kind weiter auf der Lanze wie eine Standarte vor sich hertragend.

Als er in die Nähe des Schwedenlagers kam, öffnete sich plötzlich der Boden unter seinen Füßen. Samt Kind und Pferd verschwand er vor den Augen seiner Kameraden in der Erde. Der Boden schloss sich wieder, und an genau dieser Stelle entstand ein trüber Sumpf, dem die Leute bald in Gedenken an den bösen Tag und die Grausamkeit des Schweden den Namen Rittersumpf gaben.

DAS GEHEIMNISVOLLE BUCH

Als das Kloster Teistungenburg noch ein Zisterzienserinnenkloster war, lebte dort einmal ein Kaplan. Er sollte dem alten Klosterpropst zur Hand gehen. Dieser wusste die Hilfe sehr zu schätzen und schenkte ihm zum Weihnachtsfest ein altes Buch. Das war sehr alt, aber es schien, als sei nicht viel darin gelesen worden. Selbst der silberne Verschluss war nur mit großer Anstrengung zu öffnen.

Der Kaplan war eines Sonntags so in den fesselnden und spannenden Inhalt versunken, dass er über die Lektüre völlig den Beginn des Nachmittagsgottesdienst verpasste. Seine Haushälterin wunderte sich sehr darüber, war der junge Geistliche doch dafür bekannt, dass er außerordentlich pünktlich war. Sie trat ein, um ihn zu erinnern. Schnell stellte er das Buch ins Regal und sagte warnend zu der Frau: „Ihr seid klug und könnt auch lesen. Aber niemals, ich sage niemals, dürft Ihr dieses Buch in die Hand nehmen. Es ist sehr gefährlich und könnte Euch großen Schaden bringen."

Das war ein Fehler, denn die sprichwörtliche weibliche Neugier sorgte genau für das Gegenteil. Kaum war der Kaplan zur Tür hinaus, nahm sie das Buch, schlug es auf und vertiefte sich in den Inhalt. Dabei merkte sie nicht, dass sich die Tür öffnete, ein großer Hase eintrat und mit großen Augen Leserin und Buch beobachtete. Als die Frau merkte, dass ihr jemand über die Schulter sah, blickte sie auf, sah den Hasen und schrie vor Schreck. Der Hase verschwand im gleichen Moment. Am ganzen Leibe zitternd stellte sie das Buch zurück. Die Lust aufs Lesen war ihr erst einmal vergangen.

Einige Tage später, als der Kaplan beim Propst saß, plagte die Haushälterin jedoch wieder die Neugier. Sie huschte in die Stube des Kaplans und begann erneut zu lesen. Dieses Mal war es ein riesiger Fuchs, der hereinkam. Die Frau stürzte zum Fenster und schrie laut um Hilfe, worauf die Klosterknechte herbeiliefen. Sie sahen den Fuchs und stürzten in die Stube, um ihn zu fangen. Dieser aber löste sich in Nichts auf. Die Knechte waren starr vor Staunen. Als der Kaplan zurückkam und von dem Vorfall hörte, wurde er sehr böse. Er hielt der Frau eine fürchterliche Strafpredigt. „Der Fuchs war vielleicht der Teufel, der Euch in seine Gewalt bringen wollte. Wenn Ihr Eure Neugier nicht zügelt, wird es ein schlimmes Ende mit Euch nehmen." Das Buch verschloss er jetzt im Wandschrank, wo er es sicher wähnte.

Einige Wochen später wurde der Kaplan zu einem schwerkranken Patienten in einem der Klosterdörfer gerufen. In der Eile ließ er den Schlüssel zum Schrank stecken. Als das die Haushälterin bemerkte, kam es über sie. Sie holte eiligst das Buch hervor und malte sich aus, wie es wäre, darin ein Rezept zu finden, wie man Gold herstellt. Sie war ganz vertieft, als mit lautem Gepolter die Tür aufflog und ein gewaltiger Wolf hereinkam, der die Zähne fletschte. Die Frau sprang auf und schrie. Aber das Untier packte die Frau und zerriss sie. In dem Moment kam der Kaplan zurück, der in die glühenden Augen des Wolfes starrte. Dieser verschwand jedoch, sobald die Knechte hereinkamen, mitsamt der Haushälterin.

Lange sah der Geistliche schweigend vor sich hin. Dann erzählte er den Knechten, was passiert war. Er ließ im Klosterhof ein großes Feuer entzünden und warf das Buch in die Flammen, damit es niemals wieder Schaden anrichten und Menschenleben vernichten konnte.

Der Leichenzug
von Teistungenburg

Nur höchst selten ist es jemandem vergönnt, den Leichenzug von Teistungenburg mit eigenen Augen zu sehen. Jedes Jahr am Karfreitag, so besagt es der Volksglauben, verlassen Punkt zwölf Uhr mittags sechs Nonnen das ehemalige Zisterzienserinnenkloster und durchschreiten weiß verschleiert eine Pforte in der Klostermauer. Mit sich tragen sie in einem weißen Leichentuch einen Toten, zwei gehen vorn, zwei in der Mitte, zwei hinten. Langsam und feierlich gehen sie dann in Richtung Lindenberg – aber auf Wegen, die noch nie der Fuß eines Menschen berührt hat. Auch sie hinterlassen keine Spuren. Vollkommen geräuschlos bewegen sich die sechs Nonnen durch den Wald zu einer Kapelle. Deren Tür öffnet und schließt sich nach dem Eintritt der Nonnen von selbst. Sie bleiben verschwunden, bis sich das ganze am Karfreitag des Folgejahres erneut abspielt.

Der Schatz
auf dem Lindenberg

Es wird erzählt, dass auf dem freien Platz vor dem Lindenberg bei Teistungen eine Stelle sein soll, auf der die Sonne einen Kreis bildet. Kaum jemand hat dieses Phänomen je beobachtet. In diesem Kreis soll das Gras zudem grüner sein. Es soll ein Schatz an dieser Stelle vergraben sein, heißt es – wenn ihn nicht schon jemand heimlich gehoben hat.

Der Schalksberg
bei Ferna

In alter Zeit soll sich auf dem Schalksberg zwischen den Dörfern Ferna und Wintzingerode eine Richtstätte befunden haben. Es heißt, der Letzte, der dort hingerichtet wurde, sei ein arger Räuber gewesen. Er stammte aus einem zum Gericht Bodenstein gehörenden Dorf und soll seine Räubereien so arg getrieben haben, dass sogar ein Kopfgeld auf ihn ausgesetzt war. Aber es wollte nicht gelingen, sein Versteck zu finden und ihn auszuheben. Schließlich kam der Tag, an dem der Räuber bei einer seiner Freveltaten gefasst und überwältigt werden konnte. Nicht lange darauf hing er auf dem Schalksberg am Galgen. Schlussendlich wurde auch sein Schlupfwinkel im Ohmgebirge gefunden, in dem viele der geraubten Kostbarkeiten versteckt waren. Aber zur Buße für seine Greueltaten muss der Räuber immer in der Geisterstunde um den Schalksberg herumgehen – mit dem Kopf unter dem Arm.

Der Dreiackersberg
bei Wintzingerode

In alter Zeit machte ein Übeltäter rund um Wintzingerode die Gegend unsicher. Mehrere Morde hatte er bereits auf dem Gewissen. Schließlich wurde er gefasst und vom Bodensteinschen Gericht zum Tode verurteilt. Die Richtstätte befand sich nicht auf Bodenstein, sondern in der Gemarkung Wintzingerode, also wurde nach dem dortigen Pastor geschickt, um dem Verurteilten in dessen letzter Stunde beizustehen und ihn zum Galgen zu begleiten. Der Geistliche weigerte sich. Er war ein noch junger Priester, der erst kurze Zeit seines Amtes waltete. Als der alte und ehrwürdige Pastor von Tastungen hörte, wie unchristlich sich sein Amtsbruder benahm, bot er an, den Dienst an dem Mörder zu übernehmen. Er ging zum Gefängnis, bewegte den Verurteilten, unter Tränen der Reue seine Sünden zu bekennen und begleitete ihn auf seinem letzten Weg zur Richtstatt auf dem Schalksberg.

Der Bodensteiner Gerichtsherr war empört über das Verhalten des jungen Pastors und verfügte, dass drei am Schalksberg gelegene Acker, die eigentlich zum Wintzingeröder Pfarrland gehörten, dem Tastunger Pfarrland übertragen werden. Auch als die Wintzingeröder hörten, was passiert war, waren sie wütend auf den jungen Pastor und blieben seinen Gottesdiensten fern. Er musste sich nach einer neuen Stelle umsehen – aber auf diesem Wege, so erzählt man, sei das Land in Tastunger Besitz und somit der Dreiackersberg zu seinem Namen gekommen.

Der Glockenteich
bei Wehnde

Einst soll in der Nähe von Wehnde eine wunderschöne Kirche gestanden haben, in der sonntags und an hohen Feiertagen die Bewohner von Wehnde und Tastungen zusammenkamen, um die heilige Messe zu feiern. Aber irgendwann blieben die Gläubigen aus, niemand betrat die Kirche mehr. Der alte Priester der Kirche machte sich auf und ging in die Häuser der Leute, um sie mit mahnenden Worten an ihre Christenpflicht zu erinnern, doch es war vergeblich. Voller Gram rief der Geistliche schließlich: „Ihr seid es nicht wert, so eine schöne Kirche zu besitzen!“ Da verhöhnten und verspotteten ihn die Leute, vertrieben ihn sogar aus seinem Pfarrhaus und jagten ihn aus den Dörfern, wo er so lange segensreich gewirkt hatte. In der Nacht zum nächstfolgenden Sonntag tat sich die Erde auf und das Gotteshaus versank in der Tiefe. An dieser Stelle bildete sich ein Teich. Ab und an soll man die Kirche auf dem Grund des Gewässers noch sehen können, und so mancher Wanderer will die Glocken gehört haben, wenn er das Ohr dicht zur Wasseroberfläche neigte. So kam das kleine Gewässer zu seinem Namen „Glockenteich“.

Der Leichenzug
bei Wehnde

Ein Bauer aus Wehnde hatte einen Vormittag in Duderstadt mit Einkaufen verbracht. Auf dem Rückweg kam er um die Mittagszeit herum in die Nähe des Wulfertals. Er blieb kurz stehen, um sich den Schweiß von der Stirn zu wischen. Nicht weit entfernt besaß er einen Acker, auf dem er im Frühjahr Gerste gesät hatte. „Ich will doch mal sehen, ob sie schon reif ist", murmelte er vor sich hin. Kurz überlegte er, dann schlug er den Weg durch das Wulfertal ein.

Als er unter den Bäumen dahinschritt, erblickte er plötzlich etwas, was ihm den Atem verschlug. Kaum hundert Schritt vor ihm bewegte sich ein Leichenzug. Vier in lange, dunkle Mäntel gehüllte Männer trugen einen schwarzen Sarg auf einer Bahre zwischen sich. Sieben genauso gekleidete Männer gingen hinterher. Voran aber schritt ein Knabe, der ein großes Totenkreuz trug, gefolgt von einem Geistlichen in Chorhemd und Taler, neben sich einen Messdiener mit Weihrauchfass und Weihwasserkessel. Es war kein Laut zu vernehmen, ja, es schien sogar, als berührten die Füße gar nicht den Boden. Dem Bauern wurde es unheimlich. Eigentlich wollte er umkehren, aber die Neugier siegte. So folgte er dem Zug, der bald in einen Seitenweg abbog und auf einem von Föhren umstandenen Platz anhielt. Der Bauer versteckte sich flugs hinter einer dicken Eiche. Der Sarg wurde von der Bahre gehoben, die vier Träger senkten ihn in ein Grab. Daraufhin warfen der Geistliche und die anderen Männer jeweils drei Hände Erde hinein. Dann tauchte der Priester den Wedel in das Weihwasser, besprengte das Grab und die Trauergesellschaft. Dabei traf den Bauern auch ein Tropfen im vorwitzigen Gesicht. Schnell zog er den Kopf hinter die Eiche zurück. Als er wieder auf den Platz sah, war er jedoch leer.

Jetzt packte den Bauern das blanke Grauen, er ließ Gerste Gerste sein und rannte, so schnell er konnte, nach Wehnde, wo er außer Atem sofort sein Abenteuer erzählte. Einige beherzte Männer gingen mit ihm ins Wulfertal und suchten mit dem Bauern den Platz ab, wo die lautlose Beerdigung stattgefunden hatte. Es war jedoch nichts zu sehen, nicht einmal ein Grashalm war geknickt. Der Bauer wurde ausgelacht und gefragt, ob er im Wirtshaus war und dort zu tief ins Glas geguckt hätte. Dagegen verwahrte er sich empört. Auf einmal bemerkte einer der Wehnder auf der rechten Schläfe des Bauern einen Blutfleck. Der Bauer erzählte, dass ihn dort ein Tropfen Weihwasser getroffen habe. Er wollte den Fleck wegwischen, aber die Mühe war vergebens. Zeit seines Lebens behielt er den Fleck auf der Schläfe. Seitdem wollen mehrfach Leute um die Mittagsstunde den Leichenzug gesehen haben. Aber den Mut ihm zu folgen, hatte niemand mehr.

DIE WEISSE FRAU
VON DER ROTEN WARTE

In Duderstadt lebte ein Ehepaar, das eine reiche Kinderschar besaß, sonst aber bitterarm war. So manchen Tag wussten sie nicht, wie sie die vielen hungrigen Mäuler stopfen sollten. An einem kalten Wintertag gingen die beiden Eheleute hinauf zur Roten Warte in den Wald, um Holz zu sammeln. In diesem Wald, so wurde sich erzählt, würde eine weiße Frau umgehen. Auf dem Weg hinauf jammerten beide über ihr Schicksal. Dann rief die Frau klagend: „Ach, wollte uns doch die weiße Frau erscheinen, sie hat schon so vielen Menschen geholfen!" Ihr Mann aber meinte, an so etwas würde er nicht glauben.

Als beide nun eine ordentliche Fuhre Holz gesammelt hatten, luden sie sich diese auf den Rücken und wandten ihre Schritte wieder gen Duderstadt. Sie waren noch nicht weit gekommen, als sie unter einer Eiche ein rotes Tuch entdeckten. Die Frau setzte ihre Last vom Rücken ab, um es aufzuheben. Da sah sie unter dem Tuch einen roten Beutel, der mit lauter Goldstücken gefüllt war. Der Mann war vollkommen aus dem Häuschen. „Jetzt hat unsere Not ein Ende", rief er freudig. Als er sich beruhigt hatte, sprach seine Frau leise: „Ich habe mich auch erst gefreut. Aber das Geld gehört uns nicht." Gefundenes dürfe man nicht behalten. „Wenn wir nach Hause kommen, bringe ich das Geld ins Rathaus", sagte sie. Jetzt machte ihr Mann ein langes Gesicht und versuchte, seine Frau umzustimmen. Sie aber blieb fest und sagte in ihrer bestimmten Art: „Wenn wir auch arm sind und nichts haben, aber unseren ehrlichen Namen wollen wir doch den Kindern vererben." Daraufhin schwieg ihr Mann betreten.

Als die beiden an den Waldrand kamen, stand vor ihnen die weiße Frau. Das Ehepaar blieb erschrocken stehen. „Fürchtet euch nicht", sagte die Gestalt sanft und winkte ihnen freundlich zu. „Du bist ein braves Weib. Das Geld habe ich an den Platz gelegt. Ich kenne deine Not, wollte dich aber erst prüfen", sprach die weiße Frau. „Zur Belohnung für deine Ehrlichkeit soll der Schatz dein sein." Die Erscheinung verschwand. Noch eine Weile blieb das Paar stumm an seinem Platz stehen. Dann sahen sich die beiden an, und der Mann sagte: „Weib, du hast doch recht. Ehrlich währt am längsten!"

DER SCHATZ
IM LEREN

Eine gute Viertelstunde zu Fuß nordöstlich von Duderstadt befand sich vor Urzeiten ein Dorf, das im Dreißigjährigen Krieg vollständig zerstört worden sein soll. Der Legende nach sollen Wallensteins Soldaten dort einen großen Schatz vergraben haben.

Drei Männer aus Duderstadt hörten davon und beschlossen, nach dem Schatz zu suchen und ihn zu heben. Zuvor aber holten sie sich Rat bei einer alten Frau, die im Ohmgebirge Kräuter sammelte. Von ihr wurde auch gemunkelt, sie reite in der Walpurgisnacht auf einer Ofengabel auf den Brocken. „Der Schatz liegt im ‚Leren' in der Nähe des Brunnens unter einem schief gewachsenen Baum", wusste sie zu berichten, und auch, dass er in der Geisterstunde gehoben werden könne, dabei aber kein Wort gesprochen werden dürfe.

Zunächst machten sich die drei Männer am Tage ein Bild von dem Ort. Eines Abends gingen sie mit Schaufeln und Hacken bewaffnet endlich ans Werk. Als es Mitternacht schlug, begannen sie zu graben. Doch kaum waren sie an der Arbeit, kam ein Mann auf einem Ziegenbock daher. Er hielt an und wünschte einen guten Abend. Die Männer antworteten nicht und gruben wacker weiter. „Ihr habt wohl keinen Mund? Denkt ihr wirklich, dort Geld zu finden?", fragte er. Noch immer fiel keine Antwort. Der Reiter auf dem Ziegenbock machte sich von dannen. Kurz danach kam ein mit Heu beladener Wagen angerumpelt, vor den gleich zwölf Ziegenböcke gespannt waren. Auf dem Wagen saßen drei Männer, die die Grabenden fragten, ob sie denn nicht einen Mann auf einem Ziegenbock gesehen hätten. Sie bekamen keine Antwort. Die Duderstädter gruben stumm und verbissen weiter und stießen schließlich auf einen Deckel, der auf einem eisernen Topf saß.

Nicht lange darauf kam ein Wagen mit Stroh daher, gezogen von sieben weißen Mäusen und gelenkt von einem Zwerg. Der Wagen schlingerte und schwankte so sehr, dass der Zwerg jeden Augenblick herabzustürzen drohte. „Ist hier ein Heuwagen mit Ziegenböcken vorbeigefahren?", schrie der Zwerg. Noch immer gab es keine Antwort, die Duderstädter schwiegen eisern. Jetzt hatten sie den Topf schon freigelegt. Noch ein bisschen Anstrengung – und er war heraus! Wie aus dem Nichts stand auf einmal ein großgewachsener Mann mit einer langen Nase neben ihnen. Er belästigte die Männer mit Fragen über Fragen. Noch immer keine Antwort. „Die Anreischken haben wohl lange kein Geld gesehen!", rief der Kerl verächtlich. Da geriet der jüngste Duderstädter in Wut. Schon lange hatte es während dieser Geisterstunde in ihm gekocht. Er warf mit der Hacke nach dem Kerl mit der langen Nase und rief „Du Talleike!" Das war ein in Duderstadt gebräuchliches Schimpfwort für einen Schwätzer.

In den Moment gab es einen lauten Krach und der Schatz fuhr wieder tief in die Erde. Die Männer standen da wie vom Donner gerührt. „Du bist der Talleike", schrien die beiden älteren den jüngsten an, fast hätte es eine Keilerei gegeben. Sie unternahmen noch einige Versuche, den Topf wieder auszugraben, aber vergebens. Den Schatz hat bis heute niemand gefunden.

DIE VIER KREUZE
BEI DUDERSTADT

Im Dreißigjährigen Krieg lagerten einst genau an der Anhöhe, die sich zwischen Sickental und Tettelwarte erstreckt, einige Schweden. Rund einhundertfünfzig Schritte oberhalb des Sickentales, so berichtet die Sage, saßen vier schwedische Offiziere beim Kartenspiel. Da zog auf einmal vom Westen her ein Gewitter auf. Es fing furchtbar an zu donnern und zu blitzen. Als das Unwetter immer schlimmer wurde, begannen die Offiziere zu spotten. „Wenn doch der Alte da oben mit seinen Kegeln etwas manierlicher wäre und nicht so ein fürchterliches Spektakel machte…" Daraufhin gab es einen furchtbaren Schlag, die Spötter lagen tot am Boden. Sie wurden exakt an der Stelle, an der sie den Tod fanden, beerdigt. Vier Steine wurden auf dem gemeinsamen Grab aufgestellt. Auf jedem wurde ein schlichtes Kreuz eingeritzt. Anfang der achtziger Jahre des neunzehnten Jahrhunderts wurden sie entfernt, doch das breite Land heißt noch heute „Bei den vier Kreuzen".

Eine andere Sage berichtet, dass die vier Offiziere beim Kartenspiel von einer heranrasenden Kanonenkugel getötet wurden, die vom „Runden Ei" vor dem Obertor von Duderstadt abgefeuert wurde. Eine dritte Erzählung gar behauptet, die Offiziere seien aus Versehen von ihren eigenen Soldaten erschossen worden, weil diese sie im dichten Nebel für Feinde hielten.

WIE DUDERSTADT
ZU SEINEM NAMEN KAM

Duderstadt ist der Legende nach von zwei Brüdern erbaut worden. Als die Stadt fertig war, konnten sich die beiden aber nicht auf einen Namen einigen. Der jüngere sagte zum älteren: „Gib du der Stadt einen Namen." Der ältere aber sagte zum Jüngeren: „Nein, gib du der Stadt einen Namen." So stritten sie hin und her und konnten sich nicht einigen. Endlich meinte der eine: „Weißt du was, wir wollen sie Duderstadt nennen."

Es gibt aber noch andere Erklärungen, wie die Stadt zu ihrem Namen kam. Duderstadt soll, wie es in einigen Chroniken heißt, von einem Dudone aus dem Grafengeschlecht Lauterberg den Namen übernommen haben. Der soll auch in der Stadt residiert haben, als sie damals noch ein Flecken war. Erst mit Hilfe der Herzöge zu Braunschweig und Lüneburg wurde Duderstadt zur Stadt.

DIE SCHWARZEN KATZEN
IN DER BRAUSTUBE

Nahe der Duderstädter Oberkirche, heute die Basilika Sankt Cyriakus, befand sich bis zum großen Brand im Jahr 1852 rechterhand das größte der Duderstädter Brauhäuser. Drei Brauknechte waren dort beschäftigt: der alte Christian Jorrig, der alte Diegmann und der alte Blome. Eines Abends, als die Braupfanne gefüllt und das Buchenholz darunter angezündet war, stopften sie ihre Pfeifchen, setzten sie in Brand und nahmen an der eichenen Tafel auf schweren Bretterstühlen Platz. Jeder von ihnen hatte einen Krug schäumenden Bieres vor sich. Aber so recht wollte es an diesem Abend nicht munden, denn sie sprachen über ihre häuslichen Sorgen, vor allem von ihren Frauen, die ihnen das Leben sauer machten und von denen im Städtchen hinter vorgehaltener Hand gemunkelt wurde, sie stünden mit dem Bösen im Bunde.

Alle drei stierten, nachdem sie sich das Herz ausgeschüttet hatten, vor sich hin und pafften aus ihren Pfeifen große Rauchwolken. Da schlug vom Turme die zwölfte Stunde. In dem Moment knarrte die Stubentür und herein schlich eine große, langhaarige, schwarze Katze. Sie setzte sich mitten in die Stube und starrte unverwandt den alten Christian Jorrig an. Nach einigen Minuten knarrte die Tür ein zweites Mal, und eine zweite Katze schlich herein. Sie fixierte den alten Diegmann. Ein drittes Mal knarrte die Tür. Eine dritte Katze gleicher Farbe und Größe kam herein und setzte sich neben die ersten zwei. Sie starrten alle drei Brauknechte an, jede jeweils einen. Wie auf Kommando krümmten sie plötzlich zugleich die Rücken und streckten die Schwänze in die Höhe, als wollten sie zum Angriff übergehen. Blitzschnell sprang der alte Jorrig auf, griff nach einem Eimer und holte aus dem Braukessel kochendes Wasser, mit dem er die unheimlichen Tiere übergoss. Kreischend sprangen die durch das Fenster hinaus.

Am Morgen besprachen die drei das Erlebnis. „Wenn das nur richtige Katzen waren!“, brummte der alte Diegmann. „Sie hatten Augen wie Gift und Galle“, meinte der alte Jorrig. Zum Mittagessen gingen alle drei nach Hause. Als sie sich um ein Uhr wiedertrafen, sagte Jorrig: „Bei uns war Schmalhans Küchenmeister. Meine Alte hat nichts gekocht. Sie hat sich das Gesicht verbrannt und jammert.“ „Die meinige hat sich die Hände verbrüht.“ Endlich sagte auch der alte Blome: „Meine Alte liegt sogar zu Bett, sie hat sich beide Füße verbrannt und schreit immer wieder laut auf.“ Da sahen sich die drei Brauknechte lange an. Endlich meinte der alte Blome in seiner bedächtigen Art: „Ich glaube, wir wissen jetzt, wer gestern Abend bei uns in der Braustube war.“

DIE VERHÄNGNISVOLLE EINLADUNG

Einst lag in der der Duderstädter Haberstraße ein Gasthaus. Es erfreute sich eines ausgezeichneten Rufes und manch berühmter Gast bettete dort sein Haupt zur Ruhe. Die Duderstädter schätzten es, da es dort weit und breit das beste Duderstädter Bier gab, so vorzüglich gebraut, wie es sonst niemand konnte. Die Duderstädter Honoratioren hatten in dem Gasthaus sogar ein eigenes Klubzimmer.

Zu diesem Klub gehörte auch ein Rentner. Er war als Duderstädter Kaufmann weit in der Welt herumgekommen, er hatte es durch Geschick und Umsicht fertiggebracht, zu nicht unbedeutendem Wohlstand zu gelangen. Er konnte es sich sogar leisten, in seinen besten Jahren sein Geschäft aufzugeben und sich in seine Heimatstadt zurückzuziehen. Nur eines war ihm verloren gegangen: Der christliche Glaube. Zwar ein Freigeist, war er in Gesprächen aber sehr rechthaberisch und überzog gläubige Landsleute mit beißendem Hohn und Spott. Vor allem die Fortdauer der Seele war ihm ein rechtes Ärgernis.

Eines Abends um Martini herum hatte sich der Rentner wieder einmal mit seinen Klubfreunden gestritten und blieb dabei, dass mit dem Tod alles aus sei. Ja, er verstieg sich dazu, zu behaupten, selbst das letzte Geleit für einen Toten sei Unsinn, erst recht ein Grabstein. Als ihm einer seiner Freunde Widerworte gab und meinte, es seien schon Tote wieder auferstanden, antwortete er, dass er das nur glauben würde, wenn ihm einer seiner verstorbenen Freunde erscheine.

Für den nächsten Abend hatte er seinen Klub zu sich zum Gänseessen eingeladen und verabschiedete sich mit dem Hinweis auf ein Wiedersehen bei ihm daheim. Er wohnte in der Untermarktstraße, nahm in Begleitung seines Nachbars den Weg am „Halben Mond" und dem Friedhof an der Unterkirche vorbei. Die Grabsteine leuchteten im fahlen Mondlicht. Sie kamen an einem frisch ausgehobenen offenen Grab vorbei, neben dem ein Totenschädel lag. Der Rentner gab ihm mit dem rechten Fuß einen Tritt und höhnte: „Alter Junge, sehe ich dich morgen Abend beim Gänseessen? Ich hebe dir auch das beste Bruststück auf." Sein Begleiter war über dieses gottlose Verhalten tief erschüttert und warnte: „Du treibst deine Gottlosigkeit zu weit."

Am folgenden Abend stellten sich die Gäste pünktlich zum Gänseessen ein. Am Ende erhob sich der Gastgeber, um eine Rede mit Geist und Witz zu halten. Er schloss mit den Worten: „Leider ist ein Gast, den ich gestern Abend auf dem Heimweg noch eingeladen habe, nicht erschienen, obwohl ich ihm das beste Bruststück versprochen habe." Plötzlich starrte er entgeistert auf die Tür, stieß einen Schrei aus und taumelte rückwärts. Schaum stand ihm vor dem Mund! „Was ist mit dir", fragten die entsetzten Gäste. Er starrte weiter auf die Tür und lallte kaum verständlich: „Der Tote – die Tür –"

Der Rentner wurde zu Bett gebracht, die Gäste verließen das Fest, das so einen traurigen Abschluss fand. Der Nachbar fragte bedrückt: „Sollte es wirklich der Tote gewesen sein?“ und erzählte, was sich am Abend zuvor zugetragen hatte. Lange rang der Rentner mit dem Tode und erholte sich langsam, aber seine rechte Seite blieb lange Zeit gelähmt. Die Sprache wollte auch nicht wiederkommen, erst nach und nach gelang es ihm, sich einigermaßen verständlich zu machen. Bei einem Besuch fragte ihn sein Nachbar, was am besagten Abend eigentlich passiert sei. „Als ich am Ende übermütig erwähnte, dass sich der zuletzt geladene Gast nicht eingestellt hätte, öffnete sich die Tür. Dort stand ein Mann mit dem Totenschädel in der Hand und sagte: ‚Da bin ich, den Rest weißt du!‘.“ Nach und nach gesundete der Rentner, nur der rechte Fuß, mit dem er nach dem Schädel getreten hatte, blieb gelähmt. Er selbst war wie verwandelt. Und wenn man im Klubzimmer beisammensaß und auf Übernatürliches zu sprechen kam, sagte er leise und ernst: „Lass das, es gibt doch ein anderes Leben.“

WIE DER WESTERTURM IN DUDERSTADT SEINE VERDREHTE SPITZE BEKAM

Es gibt viele Erklärungsansätze, warum der Westerturm am Westertor zu Duderstadt eine eigenartig in sich verdrehte Spitze hat. Chroniken besagen, dass am 29. Juli 1874 der Blitz einschlug und dabei die Turmspitze und einen Teil der Dachkonstruktion zerstörte. Bei den Ausbesserungsarbeiten soll dann die Drehung entstanden sein. Eine andere Erklärung besagt, dass eine schwere Windfahne daran schuld sein soll. Zuvor habe der Westerturm ebenso wie die anderen Türme eine geradlinige Dachkonstruktion besessen. Die schwere und große Windfahne soll aber durch Regenwasser vollständig eingerostet gewesen sein, sodass sie sich nicht mehr bewegen konnte. Ein schwerer Sturm soll in ganz Duderstadt die Ziegel von den Dächern gerissen und sämtliche Windfahnen der Stadt heruntergeholt haben – bis auf die vom Westerturm. Anstelle der Windfahne habe sich der ganze Turm in sich verdreht. Drei Sagen gibt es, die nicht Sturm und Naturgewalt, sondern dem Teufel die Schuld geben.

Die erste Sage erzählt davon, wie der Teufel einst die Duderstädter Männer zum Trunk verführte. Jeden Abend zechten die Männer in den Wirtshäusern, bis sie nicht mehr laufen konnten. Die Frauen aber wurden immer wütender und suchten den Schuldigen. Den fanden sie eines Abends mitten im maßlosesten Gelage, das Duderstadt je gesehen hat. Sie erkannten den Übeltäter an seinem Pferdefuß. Die wütenden Frauen gingen dermaßen auf ihn los, dass ihm nur die Flucht blieb. Er schwang sich in die Luft und sprang vom Kirchturm von Sankt Servatius über die Spiegelbrücke hinweg zum Westerturm, wo er an der Spitze Schwung holen wollte. Dabei verdrehte er das gesamte Dach und ward nicht mehr gesehen.

Eine zweite Sage erzählt von einem Baumeister, der den Westerturm bauen sollte, aber mit der Ausführung in Verzug geraten war. Ihm drohte eine hohe Strafe, sollte der Turm nicht fristgerecht fertig sein. In seiner Not schloss er einen Pakt mit dem Teufel. Der forderte seine Seele und brachte innerhalb kürzester Zeit das Bauwerk zu Ende.

Als er nun die Seele haben wollte, lachte ihn der Baumeister nur aus und fragte, ob der Teufel das schriftlich habe. Der Satan hatte vergessen, den mit Blut zu unterzeichnenden Vertrag vorzulegen. In seiner Ohnmacht und Wut fuhr der Teufel in die Luft und verdrehte die schöne, gerade Spitze des Turmes.

Die dritte Sage erzählt ebenfalls vom Bau des Turmes. Dieses Mal aber spielt der Bürgermeister die Hauptrolle. Die Dachdecker hatten ihre liebe Not, den Turm einzudecken. Was sie auch versuchten, immer kam dabei eine schiefe Spitze heraus. Der Bürgermeister, der das eine ganze Weile mit angesehen hatte, kochte schließlich vor Wut. „Der Teufel soll euch holen, wenn ihr Pottklöters damit nicht zurande kommt", schrie er die Arbeiter an. Sofort aber war mit Blitz, Donner und Schwefelgestank der Teufel zugegen. Er fragte den Bürgermeister, was der Handel sei, wenn er ihm über Nacht das Dach fix und fertig eindecke. „Meine Seele und drei Dukaten, wenn du den Pfusch beseitigst", schrie der Schulze, noch immer außer sich. Am anderen Morgen besaß der Turm eine akkurat eingedeckte Spitze, während der Teufel darunter am Westertor lehnte und hämisch grinste. Er hielt dem Bürgermeister die Pfote hin und verlangte zunächst seine drei Dukaten. „Für dich war das doch ein Kinderspiel", entgegnete der Bürgermeister. „Ich zahl die drei Dukaten den Dachdeckern. Hier hast du einen – und nun zieh ab!" Der Teufel wurde so wütend wie noch nie in seinem Dasein und wollte dem Bürgermeister an die Gurgel. Der stand aber genau unter der Nische, in der der heilige Florian als Schutzpatron die Stadt vor Feuer beschirmte. Da hatte der Teufel keine Macht und musste vom Bürgermeister ablassen. In seiner Wut fuhr er auf zur Turmspitze. „Wenn die Duderstädter mein Werk für ein Kinderspiel halten, sollen sie, solange der Turm steht das Kinderspiel vor Augen haben", schrie er in der Luft, packte die Spitze mit beiden Pfoten und drehte das ganze Dach herum, wie es heute noch zu sehen ist.

Der Schatz in der Walkemühle

Nahe des Westerturmes in Duderstadt stand einst die Walkemühle. Zur Zeit des großen Krieges gehörte sie zwei unverheirateten Brüdern, beide in ihren Zwanzigern. Der ältere kümmerte sich ums Geschäft, der jüngere besorgte den Haushalt. Aber beide waren stadtbekannt wegen ihrer Hartherzigkeit.

Eines Tages bekamen sie Besuch vom Ratsdiener. Er brachte die Nachricht, dass sie zum Kriegsdienst eingezogen werden. Lange starrten beide beim Mahlgange auf das Papier. Der jüngere fragte seinen Bruder, wie es denn wäre, nehme man das ganze bare Geld und verschwände in der Nacht. Der ältere schwieg lange und antwortete dann: „Weißt du, das habe ich auch schon überlegt. Aber es ist zu gefährlich. In der Stadt und auf dem Land liegen Soldaten. Werden wir abgefasst, ist das Geld verloren." Aber was solle man nur tun, fragte der Jüngere verzweifelt. „Wir vergraben das Geld im Garten, so tief es geht", antwortete der Bruder. „Kommen wir beide zurück, teilen wir brüderlich. Sieht aber nur einer von uns lebend Duderstadt wieder, so gehört natürlich der ganze Schatz ihm." Damit das Geld auch zu Kriegszeiten sicher liege, verfiel der ältere Bruder auf die Idee, das Geld zur Geisterstunde zu vergraben und einen alten Zauberspruch zu sprechen. „Dann kann der Schatz nur gehoben werden, wenn sich da, wo er liegt, zwei schwarze Ziegenböcke derartig mit ihren Hörnern bekämpfen, bis einer von ihnen tot ist", erklärte er. Damit war der Jüngere einverstanden.

Gegen Abend bat ein Handwerksbursche, der ebenfalls Müller war, an der Mühlentür um einen Zehrpfennig. Doch die beiden wiesen ihn grob ab und schlugen ihm die Tür vor der Nase zu. Betrübt schlich der Handwerksbursche den Stieg hinunter und erfrischte sich am Stiegbrunnen mit einem kühlen Trunk. Da sah er, dass die Hintertür der Walkemühlenscheune, die in den Garten führte, nur angelehnt war. Kurz entschlossen kroch er durch die Hecke, verschwand in der Scheune und kletterte die Leiter zum Futterboden empor, wo er sich müde ein Lager zurechtmachte und darauf einschlief.

Plötzlich erwachte der Bursche, weil er von draußen Geräusche und gedämpftes Sprechen hörte. Er erhob sich leise und schlich zur Luke, wo eben der volle Mond hinter den Wolken hervorkam. Da sah er die beiden Brüder ein tiefes Loch graben. Neben ihnen stand eine Molle voller Gold- und Silbermünzen. Die Brüder senkten die Molle tief in das Loch. Der eine sprach leise, aber deutlich: „Ich grabe dich, ich senke dich, und niemand hebe dich, nur zwei schwarze Ziegenböcke lösen dich." Nachdem sie die Grube verschlossen hatten, verschwanden die beiden in der Mühle. Der arme Bursche in der Scheune konnte vor Aufregung nicht mehr schlafen. Am nächsten Morgen verschwand er aus Duderstadt.

Nach einigen Jahren der Wanderschaft wurde er schwer krank, schwebte zwischen Leben und Tod. Bei seiner Genesung war sein letztes Geld ausgegeben. Da entsann er sich an Duderstadt und das, was in jener Vollmondnacht geschehen war. Also begab er sich wieder auf die Walz und kam endlich in Duderstadt an. Der Krieg war längst vorbei. Sein erster Gang führte ihn zur Walkemühle, wo er die Tochter des Müllers traf. Er erkundigte sich bei der holden Maid von achtzehn Jahren nach den beiden Brüdern. Sie erzählte ihm, dass beide in einem Scharmützel gefallen seien. Ihr Vater, ein Verwandter, habe die Mühle geerbt. „Da habt ihr sicher auch Geld bekommen?", fragte der Bursche harmlos. „Nicht einen roten Heller", antwortete das Mädchen. „Wir können gar nicht begreifen, wo das viele Geld hingekommen ist." Der Handwerksmann fragte, ob er den Vater sprechen könne. Die Jungfrau führte ihn in die Wohnstube, wo der alte Müller die Worte seiner Tochter bestätigte. „Meister", sagte der Bursche, „das Geld ist noch da, aber die Brüder haben es verzaubert." Nur er habe den Schlüssel und vermöge, den Schatz zu heben. Er unterbreitete den Vorschlag, dass er sich um den Schatz kümmere, wenn das Geld ehrlich geteilt werde. Der Meister lächelte und fragte, ob der Bursche ihn zum Besten halten wolle, schlug aber am Ende ein.

Noch am gleichen Tag machte sich der Bursche auf die Suche nach zwei schwarzen Ziegenböcken. Er wandte die Schritte zunächst nach Heiligenstadt, wo er einen der Böcke fand. Den führte er nach Duderstadt und bat das Mädchen, sich gut um ihn zu kümmern. Am nächsten Tag machte er sich auf den Weg in den Harz. Eine Woche wanderte er, ohne dass es ihm glücken wollte, einen zweiten schwarzen Ziegenbock zu finden. Endlich sah er bei Hohegeiß ein wahres Prachtexemplar von einem Bock in einer Herde und wurde sich mit dem Besitzer einig. Zurück in Duderstadt musste er noch drei Tage bis zum nächsten Vollmond warten. Natürlich zweifelte der Müller immer noch und sprach darüber mit seiner Tochter, die ihm aber sogleich ins Wort fiel, worauf der Vater still lächelte.

Endlich kam die Vollmondnacht. Der Bursche friedete den Platz, wo das Geld lag, mit Pfählen ein. Kurz vor Mitternacht begaben sich alle drei aus dem Hause und der Bursche holte die bisher getrennt untergebrachten Ziegenböcke. Sobald die Uhr Mitternacht schlug, führte er sie im Pferch zusammen. Die Tiere sahen einander an und gingen schließlich auf Leben und Tod aufeinander los. Der Kampf hörte nicht auf, bis einer der Böcke in seinen letzten Zügen lag. Nunmehr nahm der Bursche die Hacke hoch und sprach: „Ich grabe dich, ich hebe dich, ich beschwöre dich im Namen der zwei Brüder, die dich hier gesenket haben." Er begann zu graben, aber es dauerte eine Weile, bis er an den Deckel der Molle stieß. Er stieg in die Grube und hob den Schatz mühsam heraus. Er bat die verängstigte Müllerstochter, den Deckel anzuheben. Die geöffnete Molle war bis oben gefüllt mit Gold- und Silbermünzen.

Als es an das Teilen ging, warf der Bursche einen langen Blick auf das Mädchen und sprach: „Meister, teilen tut niemand gern, darum will ich einen Vorschlag machen. Gebt mir Eure Tochter zur Frau, dann bleibt alles beieinander." Und als der Müller sah, wie sein Töchterchen errötete, sprach er zu ihr: „Wenn du willst – ich bin es zufrieden." Die beiden jungen Leute wurden ein glückliches Paar.

DAS SCHÜTTELMÄNNCHEN VON DUDERSTADT

Hinter dem Pferdeteich in Duderstadt lebte in einem kleinen Haus einmal ein armer Schuster. Er arbeitete fast Tag und Nacht mit unermüdlichem Fleiß, um seine große Kinderschar ernähren zu können. Oft saß er bis Mitternacht über seiner Arbeit, seine brave Frau blieb mit ihm wach. Immer gab es für sie etwas zu stopfen und zu flicken. Jeden Freitagabend trat ein kleiner Mann in die Stube. Er hatte einen gewaltigen Kopf, von dem lauter Locken herabflossen. Mit langsamen Schritten ging er durch die Stube und schüttelte dabei unablässig seinen Lockenkopf, sodass die Locken lustig umhersprangen. Darum wurde er „Das Schüttelmännchen" genannt. Kaum hatte es die Stube durchquert, kam es zurück und verschwand wieder wortlos durch die Tür. Das ging lange so. Die Schusterleute wussten weder, was sie davon halten sollten, noch was es bedeutete. Schließlich holten sie sich Rat bei einer weisen Frau. „Fragt das Schüttelmännchen einfach, was es will", riet sie ihnen. Als das Schüttelmännchen am folgenden Freitagabend wiederkam, ließ der Schuster seine Arbeit sinken und fragte freundlich: „Was wollt Ihr?" Da nahm das Schüttelmännchen ihn wortlos bei der Hand und führte ihn die Treppe hinauf in das Hinterhaus bis an eine dicke, gemauerte Wand. Die öffnete sich plötzlich und gab den Blick auf ein kleines Gewölbe frei, in dessen Mitte ein Kästchen stand. Das war bis oben hin mit Goldstücken gefüllt. Der Schuster musste den Schatz an sich nehmen. Seine Not hatte ein Ende, das Schüttelmännchen aber kam nie wieder.

DER FREVEL AM MUTTERGOTTESBILD

Noch vor zweihundert Jahren befand sich in Duderstadt außerhalb des äußeren Obertores eine hölzerne Statue der Muttergottes mit dem Jesuskinde. Sie stand in einem Kapellchen, das reichlich Schutz gegen Unwetter bot. Den Bewohnern rundherum war das Örtchen heilig, und es gab immer wieder Jungfrauen, denen es eine liebgewordene Pflicht war, die Gottesmutter andauernd neu zu kleiden und die Nische mit frischen Blumen zu schmücken.

Doch dann kam ein schlimmer Tag. Im Siebenjährigen Krieg hatten französische Truppen Duderstadt besetzt und ließen die Bevölkerung fürchterlich leiden. Eines Morgens zogen die Franzosen zum Obertor hinaus, da gemeldet wurde, dass feindliche Truppen vom Sonnenstein her gen Duderstadt zögen. Manche Soldaten grüßten die Gottesmutter. Doch einer, der Trompeter der Truppe, hatte anderes im Sinn. Er war voller tödlichen Hasses gegen alles Religiöse. Kaum erblickte er die Statue, verhöhnte er die Gottesmutter und gebrauchte gemeine Schimpfwörter. Dann zog er den Säbel und schlug Maria die Nase ab.

Selbst die Soldaten waren entsetzt. Einer von ihnen sprach: „Fürchtest du nicht die Strafe des Himmels?“ Der Trompeter aber lachte höhnisch und erwiderte voller Bosheit: „Wenn die da wirklich die Mutter Gottes ist, so möge der Alte da oben mich noch am heutigen Tage verrecken lassen.“

Die Soldaten zogen Richtung Ecklingerode, da erblickte der Franzosenanführer einen kleinen feindlichen Trupp. Er hieß den Trompeter das Signal zum Angriff zu blasen. Aber was geschah zu seinem Schrecken? Der Trompeter blies das Signal zum Rückzug. Der Oberst riss sein Pferd herum und schrie den Trompeter an. Der setzte ganz bestürzt erneut zum Angriffssignal an – aber heraus kam wieder das Signal zum Rückzug! Da platzte dem Oberst der Kragen. Er zog den Degen und stieß ihn dem Trompeter fluchend direkt ins Herz. Erst ein anderer Soldat, der dem Toten die Trompete aus den Händen riss, war imstande, das rechte Signal zu geben, sodass der kleine Feindestrupp schnell besiegt war.

Als die Duderstädter davon hörten, nickten sie. „Der gottlose Spötter hat die verdiente Strafe erhalten.“ Der Trompeter wurde auf dem Schindanger verscharrt. Die Duderstädter ließen die Statue wieder herstellen. Sie wurde von den Bewohnern noch mehr geliebt und von den Jungfrauen mit noch größerem Eifer geschmückt.

DAS STEINERNE HAUS
IN DUDERSTADT

Bis vor etwa zweihundert Jahren gehörte das Steinerne Haus in der Duderstädter Obermarktstraße noch dem Zisterzienserinnenkloster Teistungenburg. Im Jahr 1809 ging es in Privatbesitz über.

Zu der Zeit, als das Kloster Teistungenburg noch existierte, wohnte im obersten Stockwerk des Steinernen Hauses eine arme Näherin mit ihrer Mutter. Sie kümmerte sich um das Haus und hatte freie Logis. Die Mutter aber war ganzkörperlich gelähmt und die meiste Zeit ans Bett gefesselt. Die Tochter verband mit ihrer hilflosen Mutter eine innige Liebe. Sie nähte teils bis tief in die Nacht und pflegte ihre Mutter mit rührender Hingabe. Ihre einzige Erholung war des sonntags, wenn sie die Zeit fand, sich zur Mutter ans Bett zu setzen und mit ihr zu plaudern oder ihr etwas vorzulesen. Doch bei allem Fleiß fand die Not kein Ende.

Eines Abends, die Turmuhr hatte soeben Mitternacht geschlagen, ging leise die Stubentür auf, wo das fleißige Mädchen immer noch nähte. Eine weiß gekleidete Nonne trat ein. Das Mädchen war starr vor Schreck, doch die Nonne sagte sanft: „Fürchte dich nicht, mein Kind, ich meine es gut mit dir." Sie erzählte, dass sie einst Nonne in Teistungenburg war und während des Bauernkrieges alles Geld, was sich im Kloster befand, durch den Gang im Steinernen Haus in Sicherheit gebracht und es in einem schweren Stein versteckt hatte. Als sie ins Kloster zurückkehrte, wäre sie von dem wilden Bauernhaufen erschlagen worden. Seit dieser Zeit wisse niemand auf Erden, wo der Schatz liegt. „Da du so selbstlos und opferwillig für deine alte Mutter sorgst, sollst du den Schatz heben. Komm und folge mir." Doch das Mädchen war so erschrocken, dass es sich weigerte. Daraufhin verschwand die Nonne.

Acht Tage später, genau um dieselbe Zeit öffnete sich die Tür wieder und die Nonne forderte die Näherin auf, ihr zu folgen. Dieses Mal erhob sich das Mädchen zögernd und ging bis zur Stubentür. Dann aber drehte es sich schnell um, schlug die Tür zu und verriegelte sie. Das Mädchen stürzte voller Aufregung zum Bett der Mutter, weckte sie und erzählte ihr von der Erscheinung. Die Mutter hörte ruhig zu und sagte dann: „Du hättest ihr folgen sollen. Ich bin überzeugt, dass an der Sache etwas Wahres ist und dass die Nonne unser Bestes will."

Abermals verstrichen acht Tage, dann betrat die Nonne um Mitternacht zum dritten Mal das Zimmer. Dieses Mal nahm das Mädchen ein Licht zur Hand und folgte der weißen Gestalt zögernd. Sie stiegen die Treppe zum Dachboden hinauf und die Nonne öffnete die Tür. Durch den starken Luftzug erlosch die Kerze. Die Näherin schrie vor Schreck, eilte die Treppe hinunter zur Mutter ans Bett und fiel dort in Ohnmacht. Als sie zu sich kam, erzählte sie zitternd, sie habe eine unheimliche Gestalt bemerkt, die ihr mit dem Finger gedroht habe. Zwar erholte sich das Mädchen wieder, aber die Nonne wurde nie wieder gesehen. Nach einigen Jahren starb die Mutter und das Mädchen trat als Laienschwester in das Kloster Teistungenburg ein.

Bald darauf wurde das Kloster aufgehoben und das Steinerne Haus verkauft. Der neue Besitzer geriet in allerlei unverschuldetes Unglück. Eines Tages aber sagte er zu seiner Frau, er sei auf den Dachboden gestiegen, da stehe ein Quaderstein unnatürlich hervor. „Wir wollen ihn herausheben, er könnte herunterfallen und den Boden durchschlagen." Mit viel Mühe gelang es den beiden, den Stein zu heben. Ihr Erstaunen war groß, als sie darunter in einer Höhlung ein metallbeschlagenes Kästchen fanden – angefüllt mit je fünfhundert Gold- und Silbermünzen. Seitdem war die Sorge aus dem Steinernen Haus zu Duderstadt gewichen.

Der Schatz im Keller

Vor langer Zeit wohnte vor dem Neutor in Duderstadt eine arme Wäscherin. Eines Nachts wollte sie schon um zwei Uhr zu ihrer Arbeit aufbrechen, denn es war zu viel zu tun. Als sie aufbrach, merkte sie jedoch, dass sie sich in der Zeit geirrt hatte, denn die Turmuhr schlug erst Mitternacht. „Ach, dann legst du dich noch eine Stunde hin", dachte sie bei sich. Als sie umkehrte und an der Kellertür vorbeikam, sah sie plötzlich, dass im Keller ein kleines Feuer brannte. Oh, was war das für ein Schreck! Sie eilte in die Küche, holte einen Eimer Wasser, rannte damit die Kellertreppe hinunter und goss das Wasser über die Flamme. Doch merkwürdigerweise gab es keinen Rauch oder Qualm. Während sie sich wunderte, sprang der Wäscherin in diesem Moment etwas auf den Rücken. Voller Angst wollte sie die Treppe wieder hinauflaufen, aber die Last war so schwer, dass sie nur mit großer Mühe oben ankam. Dort fiel ihr endlich das Ding vom Rücken ab und ihr wurde leichter. Als sie sich umdrehte um nachzusehen, lag auf dem Boden ein Beutel gefüllt mit Gold. Voller Freude weckte sie ihren Mann, die Not war gelindert. Aber der Schrecken dieser Nacht sorgte dafür, dass die arme Wäscherin sieben Wochen krank zu Bett liegen musste.

Der kleine Schneider von Duderstadt

In Duderstadt lebte in alter Zeit ein Gewandschneiderlein. Es war nicht größer als viereinhalb Fuß. Das Schneiderlein hatte eine große, dicke Frau, die auch noch kurz vor der Niederkunft ihres ersten Kindes stand. Als die Hebamme kam, sprach sie leise mit der Frau, drehte sich aber immer wieder vorsichtig zu dem kleinen Mann um, den sie gar nicht kannte. Er saß da und schrieb eine Schneiderrechnung. Sie hatte genug und fand es ganz und gar unpassend, dass so ein Wicht Ohrenzeuge ihrer Verhandlung mit der Wöchnerin war. Sie dreht sich zu ihm um, stemmte die Hände in die Hüften und sagte: „Kleiner Junge, nun geh doch endlich mit dem Schreibblocke weg und spiel draußen! Ich habe mit deiner Mutter zu sprechen, und es schickt sich nicht für so lütte Krabben zu lauschen." Da wurde dem Schneiderlein heiß und kalt. Es begann regelrecht zu greinen und sagte: „Ich bin doch der Ehemann selbst!" Da erschrak die Hebamme, schämte sich und bat tausendmal um Entschuldigung.

DIE SAGE VOM GOLDMÄNNCHEN

In fernen Zeiten lebte einmal in der Duderstädter Ledergasse ein Schuster. Sein Geschäft ging schlecht, denn er konnte nur Lederpantoffeln anfertigen. Zu seinem noch größeren Unglück starb auch noch seine Frau. Als fleißige Waschfrau hatte sie den größten Teil des Unterhaltes beigetragen. Sie hinterließ ihrem Mann sieben unversorgte Kinderlein. Die Not war groß. Hin und wieder brachten mitleidige Seelen ein paar Lebensmittel vorbei. Die älteste Tochter, gerade einmal dreizehn Jahre alt, tat ihr Bestes, um die Geschwisterchen zu versorgen. Doch die Kleinen schrien und weinten oft vor Hunger.

Der einzige Besitz war eine Ziege, die reichlich Milch produzierte. Der älteste Knabe von zwölf Jahren hütete sie tagtäglich in den Gärten an der Ledergasse. Eines Nachmittages im September war er wieder mit der Ziege draußen, da bekam der Knabe Hunger und ging kurz nach Hause, als die Nachbarsfrau gerade ein Brot und einen Topf Pflaumenmus gebracht hatte. Mit seinem Musbrot in der Hand hüpfte der Junge quietschvergnügt zurück zu seiner Ziege. Plötzlich sah er, dass auf der Wiese ein kleines blaues Feuer brannte, über das die Ziege immer wieder von rechts nach links und von links nach rechts sprang. Der Knabe lief nach Hause, um seinen Vater zu holen. Als sie zurückkamen, hatte sich die Ziege neben das Feuer gelegt, inmitten der blauen Flammen aber saß ein kleines Männlein, das wie eitel Gold funkelte. Plötzlich sprang die Ziege auf und legte sich in die Mitte des Feuers, während das Männlein beiseite rückte. Blitzschnell ergriff der Schuster das Männchen und fragte, wer es sei. Es zappelte und rief: „Ich bin ein Goldmännchen. Wir wohnen am Wall ganz nah beim Sandturm und sind die Hüter der Stadt. Ich bringe dir Glück, jag mal deine Ziege auf!" Was der Schuster an ihrer Stelle fände, könne er behalten. Der Schuster ließ das Goldmännchen los und der Knabe jagte die Ziege hoch. Statt der Kohlen fanden sie lauter kleine Goldklumpen. Und das Goldmännchen hüpfte in die Hände klatschend über die Wiese und verschwand im Wall. Seitdem hatte die Not im Schusterhaus ein Ende. Es waren wieder Zufriedenheit und Gottvertrauen eingekehrt.

DER SCHATZ IN DER WAND

Bei der Unterkirche von Duderstadt wohnte in einem alten Haus ein armer Weber. Sein Fleiß war stadtbekannt, oft sah man noch weit nach Mitternacht das Licht aus seiner Webstube dringen. Aber so sehr er sich auch anstrengte, er wollte auf keinen grünen Zweig kommen. Das Unglück verfolgte ihn auf Schritt und Tritt. Aber wenn er des Nachts am Webstuhl saß, hatte er immer das Gefühl, irgendetwas wolle ihn mit Macht in Richtung Wand ziehen, schieben und drücken. Dann stand er auf und meinte: „Wenn du mich drängen willst, dann geh ich eben zu Bett“. Dann legte er sich zur Ruh. Jahrelang ging das so, bis die Wand baufällig wurde und eines Tages abgerissen werden musste. Zum Erstaunen aller fand man in ihr den roten Ärmel eines Rockes, der mit Geld gefüllt war. Das war es, was den Weber gedrängt hatte.

DER APFELDIEB
IN NÖTEN

In Duderstadt lebte einst ein Mann, von dem alle wussten, dass er in Feld, Flur und Garten gern etwas mitgehen ließ, was ihm nicht gehörte. Schon oft hatte er dafür am Pranger am Rathaus gestanden. Aber er konnte das Mausen nicht lassen. Einmal, es war Ende September, ging er spätabends noch einmal in die Obstgärten am Weinberg, um sich dort einen Sack Äpfel zu holen. Der Vollmond schien so stark, dass es taghell war. Er hatte gerade seinen Sack gefüllt, als es Mitternacht schlug, und er ließ sich vorsichtig vom Baum herunter. Er hing mit beiden Händen am untersten Ast und wollte abspringen, aber es ging nicht. Wie festgenagelt klebten seine Hände am Ast. Da wurde es im ganzen Baum auf einmal lebendig. Ein ganzer Schwung kleiner Geister hüpfte in den Zweigen hin und her, neckte ihn und schlug mit kleinen Ruten nach ihm. Der Dieb stand Todesängste aus! Erst, als es ein Uhr schlug, lachten die Geister höhnisch auf und verschwanden. Da lösten sich endlich auch seine Hände vom Ast, sodass er zu Boden purzelte. Mühsam erhob er sich, wischte sich den kalten Schweiß von der Stirn und wankte nach Hause. Seit dieser Nacht verschwand nichts mehr in seinen Taschen, was ihm nicht gehörte.

DIE LAURENTIUSPROZESSION
IN DUDERSTADT

Es ist etwa sechshundert Jahre her, da wurde Duderstadt von einem verheerenden Feuer heimgesucht. Die Flammen breiteten sich in Windeseile aus, und die Hälfe der Häuser war dem Brand bereits zum Opfer gefallen. Die Bewohner mussten bangen, dass die ganze Stadt ein Raub der Flammen wird. In ihrer Not gelobten die Duderstädter, dass sie jährlich eine Prozession zu Ehren des Stadtpatrons, des heiligen Laurentius abhalten wollen, wenn das Wüten des Feuers schnell aufhörte. Sobald der Schwur abgelegt war, legte sich das Feuer und erlosch bald vollständig. Um die fünfhundertfünfzig Jahre lang hielten die Duderstädter das Gelübde und sammelten sich am 10. August, dem Laurentiustag, zur Prozession. Bis zu Beginn der siebziger Jahre des zwanzigsten Jahrhunderts fand sie statt, dann schlief sie ein.

DER VIERTE MANN

Der alte Schneider Kienemund, der in Duderstadt vor dem Obertore lebte, spielte für sein Leben gern Karten. Wenn der Herbst kam und die Abende länger wurden, kamen jeden Sonntag und Festtag nach dem Abendessen einige Freunde zu ihm, um dem „Schafskopf" zu frönen. Ach, wie gern hätte der alte Schreiber jeden Abend gespielt, aber davon wollte seine Frau nichts hören. Sie gestattete nur die Sonn- und Festtage.

Es war ein Abend im November. Kienemund hatte schon eine halbe Stunde auf seine Spielfreunde gewartet, als Schlag sieben Uhr Nachbar Kreter und Klaus vom Pferdeteich eintraten. Sie setzten sich an den Tisch und steckten ihre Pfeifchen in Brand, sodass bald Qualmwolken durch die Stube zogen. Aber der Müller aus der Obermühle fehlte noch. Wo blieb er nur? Er war doch sonst so pünktlich. Der Schneider rückte schon unruhig auf seinem Stuhl hin und her. Dann stand er auf und trat vor die Haustür, um Ausschau zu halten. Bald hörte er kräftige Schritte, aber es war nicht der Müller, sondern ein fremder, schwarzgekleideter Herr, der vor dem Schneider stand und freundlich sagte: „Guten Abend". Ebenso freundlich grüßte Kienemund zurück. Da gab ihm der Fremde zu verstehen, er wünsche sich in der Stube etwas aufwärmen zu dürfen. Der Schneider öffnete höflich die Tür und bat den Fremden herein. Dieser sah die schon bereitgelegten Spielkarten auf dem Tisch. „Ihr wollt gewiss ein Spielchen machen", meinte er. „Ja", antwortete der Schneider. „Aber der vierte Mann fehlt noch." Der Fremde sagte, er habe schon seit Jahren keine Karten in der Hand gehabt, aber wenn man erlaube, wolle er es wieder einmal versuchen.

Die drei Duderstädter kramten ihre Groschen und Pfennige hervor, der Fremde aber legte eine Zehntalers-Rolle auf den Tisch. Das sorgte für Erstaunen, aber das Spiel begann. Der schwarzgekleidete Herr war ein rechtschaffener Stümper, der schnell seinen ersten Taler verlor. Wieder wurde neu gemischt und ausgeteilt. Da sagte der Fremde mit einem weiteren Taler in der Hand: „Meister, lasst doch von eurem berühmten Duderstädter Bier für jeden eine Kanne holen. Ich habe großen Durst, und auch ihr werdet sicher nicht abgeneigt sein.“ Kienemund ging zu seiner Frau in die Küche und trug ihr auf, vier Kannen Bier zu holen. „Was?“, keifte sie. „Ist es nicht genug, dass du dein Geld verspielst?“ Als er aber sagte, der Fremde bezahle, und ihr den Taler zeigte, lag die Sache anders. Sofort holte sie vier Kannen Bier aus der nächsten Gastwirtschaft. Es mundete den vier Spielern so trefflich, dass die Frau bald die nächste Runde holen musste. Der Fremde spielte so leichtsinnig weiter, dass von der Rolle nur noch ein Taler übrig war. Als die Schneidersfrau die dritte Runde holte, wendete sich das Blatt. Kienemund verlor ein Spiel und fluchte kräftig. Der Fremde lachte voller Schadenfreude. Dem Schneider war das Bier zu Kopf gestiegen, er machte einen Fehler nach dem anderen und fluchte nach jedem verlorenen Spiel etwas kräftiger. Aber die Augen des Fremden leuchteten bei jeder Verwünschung freudiger auf. Klaus vom Pferdeteiche ließ eine Karte unter den Tisch fallen. Er bückte sich nach ihr und sah, dass der Fremde schnell seinen Fuß zurückzog. Aber er hatte auch gesehen, dass es ein Pferdefuß war. Ein Schreck fuhr ihm in die Glieder, aber er ließ sich nichts anmerken. Mit einem Blick gab er Nachbar Kreter zu verstehen, dass sie aufhören wollen.

Auch dieses Spiel gewann der Fremde und der Schneider fluchte. Klaus und Kreter erklärten, dass sie nun aufhören wollten und ließen sich darin nicht beirren. Der Fremde erhob sich und steckte sein Geld ein. Er hatte aber immer noch sieben Taler verloren. Als er zur Tür hinaus war, erzählte Klaus, was er unter dem Tisch gesehen hatte. Kreter ging ein Licht auf, warum die Augen des Fremden bei jedem Fluch aufleuchteten. „Deine Flüche waren heute Abend besonders derb“, sagte er zum Schneider. „Sie fielen mir heute besonders auf die Seele. Neulich hat noch meine Alte zu mir gesagt, wer dreizehn Mal am Tag flucht, den holt der Teufel und dreht ihm das Genick um.“ Als die Uhr Mitternacht schlug, trennten sich die Freunde. Der Schneider legte sich ins Bett, konnte aber vor Aufregung nicht schlafen. Gegen zwei Uhr klopfte es kräftig an die Tür. „Kienemund, mach auf“, rief es. Der Schneider eilte ans Fenster und sah den Nachtwächter draußen stehen. „Ich habe Klaus hinter der Mauer gefunden“, sagte der Wächter. „Er wird wohl tot sein. Habt ihr nicht gestern Abend Karten gespielt?“ Als der Schneider die Tür öffnete und in das blutige Gesicht des Freundes sah, wollte er in Ohnmacht fallen. Seine Frau aber knuffte ihn in die Rippen und befahl: „Lauf zum Doktor. Vielleicht lebt er noch!“ Sie hatte Recht. Der Arzt eilte sofort herbei und kümmerte sich um den Verletzten, der bald die Augen aufschlug und stöhnte. „Gott sei Dank, er lebt!“, sagten alle erleichtert. Klaus verlor erneut die Besinnung und wachte am nächsten Morgen wieder auf. Er befinde sich ganz wohl, sagte er. Auch seine jammernde Frau war inzwischen da. Dann erzählte er, was sich zugetragen hatte: „Als ich um Mitternacht fortging und an die Mauer am Waisengraben kam, da stand eine schwarze Gestalt. ‚Hund, du bist schuld, dass mir der Schneider entgangen ist. Zwölfmal hatte er schon geflucht, noch einmal, so hätte er mir gehört, und ich hätte ihm auf der Stelle den Hals umgedreht.‘ Dann fasste er mich und warf mich gegen die Mauer.“

Da trat der Müller von der Obermühle ein. Als er hörte, was geschehen war, meinte er leise, dass ihm nun alles klar sei. Er erzählte, was ihm am Abend zuvor geschehen war. Er sei auf dem Weg zum Kartenspiel gewesen, als ihm an der Brehme ein schwarzer Mann den Weg vertrat, aus dessen Auge es wie Feuer leuchtete. „Ehe ich mich versah, verpasste er mir eine Ohrfeige, dass mir Hören und Sehen verging. Er schrie, ich hätte zu Hause bleiben sollen, dann verschwand er mit einem teuflischen Lachen. Ich bin zähneklappernd wieder nach Hause gegangen. Jetzt weiß ich, dass es euer vierter Mann war."

Da ergriff die Schneidersfrau das Wort und hielt ihrem Mann eine fürchterliche Gardinenpredigt. „Das Kartenspiel hat der Teufel erfunden, und wer flucht, dem kommt der Teufel ins Haus. Kommt ihr noch einmal mit den Karten, dann jage ich euch alle hinaus!" Kienemund hat niemals wieder ein Kartenspiel angerührt und nie wieder in seinem Leben geflucht.

DER SCHATZ
AUF DEM SULBERG

Einst träumte dem Schneider Kienemund, der am Obertor in Duderstadt wohnte, von einem reichen Schatz, der schon seit Jahrhunderten auf dem Sulberg gleich neben der Warte ruhte. Aber nur einmal in einem Jahrhundert war es möglich, in der Geisterstunde den Schatz zu heben. Ihm träumte auch, dass die Zeit jetzt wieder gekommen sei.

Als der Schneider erwachte, erzählte er sofort voller Euphorie seiner Frau von dem Traum. Sie aber entgegnete: „Bleib mir doch mit deiner Dummheit vom Leibe! Arbeite nur fleißig mit der Nadel, das ist der beste Schatz." Für sie war die Sache erledigt, aber nicht für den Schneider. Immer wieder dachte er den ganzen Tag an seinen Traum und entwarf Pläne, wobei ihm sein Eheweib regelmäßig einen dicken Strich durch die Rechnung machte.

In der folgenden Nacht hatte er den gleichen Traum, genau wie in der dritten. Da wurde auch seine Frau nachdenklich und meinte, an der Sache könnte etwas dran sein. Der Schneider bat sie, in der Nacht mit ihm auf den Sulberg zu gehen und nach dem Schatz zu suchen. Das wollte sie zunächst nicht. Nicht aus Angst, sondern weil sie der Rheumatismus plagte und ihr in der feuchten Nachtluft erst recht zusetzen würde. Doch als er überlegte, seinen besten Freund mitzunehmen, wies sie ihn scharf zurecht. „Das tust du nicht", wurde sie ärgerlich. „Wenn du den mitnimmst, musst du mit ihm teilen. Und ist der Traum nicht wahr, dann lachen dich alle aus." Also entschloss sich der Schneider Kienemund, allein auf den Sulberg zu steigen. Vor Aufregung ließ er den ganzen Tag immer wieder die Nadel fallen und auch der Uhrzeiger wollte sich nicht von der Stelle bewegen. „Siehst du, jetzt schon bringt Reichtum Sorgen", stichelte seine Frau, als sie das beobachtete. „Wenn uns der Traum nur kein Unheil bringt..."

Endlich war es elf Uhr in der Nacht, die Geisterstunde nicht mehr fern. Mit Spaten und Schaufel machte sich das Schneiderlein auf den Weg. Als er am Torwächter vorbeikam und der die Ausrüstung sah, schüttelte dieser nur mit dem Kopf, ließ ihn aber ohne Weiteres passieren. In der dunklen Nacht wurde dem Schneider mulmig, immer wieder war er kurz davor, umzukehren. Doch eben hatte er die halbe Anhöhe des Sulbergs bezwungen, als die Turmuhr von Duderstadt Mitternacht schlug. Das Herz wollte ihm schier herausspringen, aber er riss sich zusammen. Nur fünf Minuten später hatte er die Warte erreicht und fing auf gut Glück an zu graben. Auf einmal ertönte von der Warte ein heiseres Lachen. Als Kienemund hinaufsah, erblickte er drei Männchen, die lauter Grimassen zogen. Ihm standen buchstäblich die Haare zu Berge, aber er grub tapfer weiter. Es schlug halb eins, es schlug dreiviertel eins, doch von einem Schatz war immer noch nichts zu sehen. Endlich stieß der Spaten auf etwas Hartes. Siehe da, es war ein Deckel, der fest auf einem Kessel saß. Er ließ sich aber nicht bewegen. Auf einmal schlug es eins. Die ganze Erde, die das Schneiderlein bereits heraufgebracht hatte, fiel mit einem dumpfen Schlag zurück in das Loch. Der Boden sah aus, als sei dort nie gegraben worden. Ein hämisches Lachen erklang von den drei Männchen auf der Warte.

Nachdenklich ging Kienemund in Richtung Stadt. Da er dem Turmwächter und dessen Neugier nicht begegnen wollte, überstieg er einfach die Stadtmauer. Zu Hause erzählte er seiner Frau, was vorgefallen war. „Wärst du doch früher losgegangen und hättest schneller gegraben“, machte sie ihm Vorwürfe. „Du hast gut reden“, entgegnete er und berichtete von den Ängsten, die er ausgestanden hatte. Bis in den Morgen saßen sie beisammen und schmiedeten neue Pläne, wie sie an den Kessel kommen könnten. Am Ende einigten sie sich, doch seine besten Freunde einzuweihen. Kreter aus der Nachbarschaft und der Müller aus der Obermühle erklärten sich bereit, auf das Abenteuer mitzugehen.

Schon vor elf Uhr machten sie sich auf den Weg, aber auch sie waren erst Schlag Mitternacht auf dem Berge angekommen. Genau an der Stelle, an der Kienemund die Nacht zuvor gegraben hatte, tanzte ein kleines Feuer. Drumherum saßen sieben Zwerge. Starr vor Schreck schauten die drei Duderstädter auf die kleinen Gesellen. Der jüngste Zwerg, der vorlauteste, zeigte plötzlich auf die Ankömmlinge und rief: „Welcher soll zuerst dran?“ – „Der mit der roten Jacke“, lautete die Antwort der anderen sechs. Der mit der roten Jacke war der Schneider. Kaum hatten die drei Duderstädter das gehört, warfen sie ihre Werkzeuge mitten unter die Zwerge und rannten, ohne anzuhalten, den Berg hinunter zur Obermühle. Dort saßen sie noch lange beisammen. Als der Schneider den Vorschlag machte, es in der kommenden Nacht noch einmal zu versuchen, traf er auf taube Ohren. Der Müller schlug vor, bei Tageslicht noch einmal nach der Stelle zu sehen, damit man wenigstens das Werkzeug wieder bekäme. Das lag noch so da, wie sie es in der Nacht unter die Zwerge geworfen hatten, aber es gab keine Spur von einem Feuer oder den Spukgestalten.

Doch oh Wunder! Als sie ihre Hacken und Spaten an sich nehmen wollten, glänzten darunter Goldstücke über Goldstücke. Sie füllten sich die Taschen, machten sich frohgemut auf den Weg zurück nach Duderstadt und lebten glücklich und ein kleines bisschen reicher bis an ihr Lebensende.

DIE DANKBAREN ZWERGE

Eine Wiese zu Füßen des Pferdeberges bei Tiftlingerode war bei den Dorfknaben sehr beliebt. Eines Tages spielten wieder einige von ihnen dort „kriegen“, als ein junger Zwerg aus den Büschen trat und eine Zeitlang zusah. Dann fragte er, ob er mitspielen dürfe. Davon wollten die Bengel aber nichts wissen, nur ein armer Junge nahm sich des Zwerges an und redete auf seine Kameraden ein. Sie spielten bis zum Abend, vor allem der junge Zwerg hatte seinen Spaß. Als die Knaben endlich nach Hause wollte, winkte er den armen Jungen zu sich und bat ihn, ihm zu folgen. Mutig ging er mit. Es dauerte nicht lang, da erreichten sie einen hohlen Baum. Es war der Eingang zum Zwergenreich. Sie traten ein und der Junge glaubte zu träumen, was er hier zu sehen bekam. Da lagen Gold und Silber wie achtlos in großen Haufen. Die Zwergenmutter trat in den Raum und wandte sich freundlich an den Jungen. „Du bist ein braver Knabe, ich habe euch beim Spielen zugesehen. Nimm dir, so viel du willst.“ Aber der Junge zögerte. Da griff der junge Zwerg zu und steckte seinem Spielkameraden die Taschen voller Gold. Noch ehe der Junge sich bedanken konnte, stand er plötzlich wieder draußen unter freiem Himmel. Er dachte, er hätte geträumt. Aber als er in seine Taschen fasste, waren sie voll Gold. Er eilte nach Hause und erzählte seinen Eltern von dem Ereignis. Ab diesem Moment hatte die Not ein Ende.

DER SCHWARZE HUND
AM PFERDEBERG

Das Dorf Tiftlingerode geriet vor vielen, vielen Jahren einmal in eine große Not. Auf dem Pferdeberg gehörte die Waldung je zur Hälfte Tiftlingerode und Immingerode. Die Tiftlingeröder beschlossen, einen Teil ihrer Hälfte an das Nachbardorf Immingerode zu verpfänden. Viele Jahre dauerte es, bis sich Tiftlingerode wieder von seiner Notlage erholte. Das Dorf wollte den verpfändeten Wald wieder einlösen. Aber der Dorfschulze von Immingerode behauptete, der betreffende Teil des Pferdeberges sei schon seit Menschengedenken Eigentum seines Dorfes gewesen. Von einem Pfand wisse er nichts. Die Tiftlingeröder klagten, aber der Immingeröder Schultheiß schwor vor dem Gericht einen Meineid, wie in Tiftlingerode offen erzählt wurde. Das Gericht aber sprach tatsächlich Immingerode den Wald zu. Drei Jahre später, genau auf den Tag des falschen Schwures, starb der Schulze eines plötzlichen Todes. Zur Strafe für sein Verbrechen muss er um Mitternacht genau an der Pferdebergsecke als schwarzer Hund umgehen, und das bis ans Ende aller Zeiten. Gar vielen Menschen hat er bereits einen Heidenschrecken eingejagt. Aber er verschwindet sogleich, wenn man das Kreuzzeichen macht.

DER BILDSTOCK „AUF DEM HAFFLEGER“
BEI TIFTLINGERODE

Vor etwa zweihundertfünfzig Jahren war der Tiftlingeröder Bauer Christian Wüstefelt eines Sommertages, so erzählt es der Volksmund, mit seinem Gespann nach Duderstadt unterwegs. Es war ein schwüler Tag. Über die Hahle führte noch keine Brücke, nur eine Furt ermöglichte die Passage. Während der Bauer in Duderstadt seine Geschäfte erledigte, zog ein schweres Gewitter über dem oberen Hahletal auf und entlud sich mit solcher Macht, dass der Regen in Strömen zu Boden rauschte. Es war schon nicht mehr ganz so schlimm, als der Bauer sich auf den Heimweg machte und die Hahle erreichte. Wo man sonst die Furt zu Fuß gut durchqueren konnte, war das Wasser allerdings schon um einige Fuß angestiegen. Er hoffte jedoch, noch gut durchzukommen und trieb seine beiden Pferdchen mit Peitschenknallen ins Wasser. Doch die Pferde bäumten sich auf und verweigerten den Gehorsam. Erst, als sie einige Hiebe mit der Peitsche bekamen, sprangen sie in den Fluss. Da geschah das Unglück: Das Handpferd stürzte und ließ sich nicht wieder auf die Beine bringen. Bauer Wüstefelt sah bei seinen Mühen mit Schrecken, dass sich eine hohe Wasserwelle auf ihn zuwälzte, die das ganze Flussbett bis an die Uferkanten ausfüllte und hatte den Tod schon vor Augen. Da betete er zum Herrn und gelobte, vor Tiftlingerode einen Bildstock errichten zu lassen, wenn er mit dem Leben davonkomme. Wie von einer unsichtbaren Hand geschoben, wurden Pferde und Wagen samt Bauer ans jenseitige Ufer gedrängt. Er war gerettet, aber er hatte einen so großen Schrecken davongetragen, dass er zu fiebern begann und der schweren Krankheit schließlich erlag. Auf dem Sterbebett noch schärfte er seinen Angehörigen ein, das Gelöbnis zu erfüllen, was sie ihm versprachen. Sie hielten Wort: Die Inschrift verrät, dass der Bildstock im Jahr 1786 von Wüstefelts Erben gestiftet wurde.

DIE KLUS
VON IMMINGERODE

Der Dreißigjährige Krieg war einige Jahrzehnte vorbei, als das Eichsfeld von einer neuen Katastrophe heimgesucht wurde. Die Pest ging um. Ganz furchtbar aber soll der schwarze Tod, auch „das große Sterben“ genannt, in Immingerode gewütet haben. Es hat sogar den Pfarrer während der Messe dahingerafft. Er fiel einfach tot zu Boden. Das Vieh starb, weil die Menschen tot waren und und es nicht mehr versorgt wurde. Wer noch am Leben war, wusste weder ein noch aus.

Eine Frau im Dorf vermisste ihren Mann schon seit Tagen. Er war von der Arbeit im Feld nicht zurückgekehrt. Voller Angst und Sorge suchte sie das Feld ab, aber es war vergebens! Am nächsten Morgen begab sie sich vor das Dorf, genau dorthin, wo sich heute der Friedhof befindet und wo einst ein Bildstock stand. Sie kniete nieder, reckte ihre Arme zum Himmel und flehte zum Himmel um Erbarmen, dass Gott der Pest doch ein Ende machen möge. Auf einmal klang eine zarte und helle Stimme zu ihr herab: „Trinkt Pimpernell, so flieht die Seuche schnell!"

Die Frau erschrak und hielt inne. Noch zweimal wurde ihr der gute Rat zugerufen. Beim dritten Mal hörte sie noch eine Mahnung. Wer noch am Leben war, solle sich einer Prozession durch das Dorf anschließen, niemand solle zu Hause bleiben, dann würde der schwarze Tod verschwinden.

Sofort eilte die Frau ins Dorf zurück und erzählte nach Atem ringend von ihrem Erlebnis. Die Leute hatten nichts mehr zu verlieren, also folgten sie der himmlischen Botschaft. Sie tranken Pimpernelle, so viel sie konnten und sammelten sich dann zum Bittgang. Drei Männer schritten mit einem großen Kreuz in der Hand voran. Nicht eine Straße oder Gasse ließen sie aus und sangen dabei die Allerheiligen-Litanei. Die Mütter trugen ihre Kinder im Mantel, die Alten humpelten, auf ihre Stöcke gestützt, tapfer mit. Selbst die bereits Erkranken wurden auf Bahren mitgeführt.

Die Pest verschwand fast augenblicklich und auch die Frau sollte ihren verloren geglaubten Mann wiederbekommen. Genau in der Minute, als die Prozession zu Ende war, tauchte er am Rand des Dorfes auf. Allerdings sah er sehr elend aus, denn bei ihm war während der Feldarbeit die Pest ausgebrochen. Er erzählte, dass er sich erinnert habe, dass man sofort in Schweiß geraten müsse. Deshalb habe er die Wiese des Nachbarn aufgesucht, auf der schon das Heu gemäht war. Mit Aufbietung aller Kräfte, so die Erzählung, raffte er einen Haufen zusammen und kroch hinein. In dem Schober brach ihm schnell der Schweiß aus, dann wurde er ohnmächtig. Als er wieder zu Sinnen kam, hörte er den Gesang der Prozession. „Und nun bin ich hier", meinte er schlicht. Die Frau erzählte ihr Erlebnis, brachte ihn nach Hause und gab ihm Pimpernell. So kam auch er wieder zu Kräften. Aus Dankbarkeit erbauten die Bewohner von Immingerode die kleine Kapelle an der Stelle, an welcher der himmlische Ruf die Frau erreichte. Auch gelobten sie eine Prozession. Die Kapelle, in deren unmittelbarer Nachbarschaft heute der Friedhof liegt, trägt die Jahreszahlen 1683 und 1745. 1683 wurde sie erbaut, 1745 muss sie erneuert worden sein. Die Pest aber hat das Eichsfeld seit dem Jahr 1683 nicht mehr heimgesucht.

DAS FEUER
AUF DEM EUZENBERG

Von Nesselröden machten sich einst zwei Frauen zum Duderstädter Wochenmarkt auf, um dort Butter zu verkaufen. Sie wählten den Weg über den Euzenberg. Es war noch finster. Als sie auf dem höchsten Punkt des Berges ankamen, sahen sie plötzlich einen baumlangen, dünnen, schwarzen Mann, der mit einer langen Stange ein großes, loderndes Feuer schürte. Der furchtbare Atem drang bis zu den Frauen, wie ein wildes Tier roch er. Die rollenden Augen des Kerls glühten wie Kohlen. Die entsetzten

Frauen bogen sofort vom Weg ab und wanderten, so schnell sie mit ihrer Butterlast konnten, weiter. Dann näherten sie sich Duderstadt und hörten die Turmuhr ein Uhr schlagen. Da merkten die beiden, dass sie sich in der Zeit geirrt hatten und viel zu früh aufgestanden waren. Vor dem Westertor sanken sie erschöpft nieder und warteten ungeduldig darauf, dass der Torwächter aufschloss. Natürlich erzählten sie den anderen Frauen auf dem Wochenmarkt von ihrer unheimlichen nächtlichen Begegnung. Als sie wieder nach Hause gingen, suchten sie im Tageslicht den ganzen Berg ab, konnten aber keine Anzeichen eines Feuers oder gar Aschereste finden.

Die Ölpütte
bei Nesselröden

Einst gab es im Heidelberg ein Zwergenreich. Die kleinen Wesen waren unermüdlich und fleißig. Sie stellten kunstvolle Waffen und eine Menge Kleinodien her, von denen keines dem anderen glich. Wer von den Nesselrödern ebenso brav und fleißig war, dem war das Zwergenvölkchen wohlgesonnen und half den Armen sogar heimlich in ihrer Not, wenn die Zwerge sahen, dass sie sich anstrengten. Wer aber blasiert oder gar unehrlich war, dem spielten sie Streiche.

Der Zwergenkönig führte ein strenges Regiment, denn Unordnung gab es bei ihm nicht. Wenn aber in Nesselröden eine Hochzeit oder Taufe anstand, dann durften seine Untertanen daran teilnehmen, jedoch nur unerkannt unter ihren Tarnkappen. Eines aber verbot der König mit der Todesstrafe: Diebstahl aus den Nesselröder Häusern oder von den Festtafeln. So sprachen die Zwerge unter ihren Tarnkappen ungeladen dem Festschmaus zu und zechten, was das Zeug hielt.

Eines Tages stand wieder eine große Hochzeit im Dorf an. Wie immer waren auch die Zwerge dabei. Eine Zwergenfrau aber lag krank und lahm im Bett. Das störte ihren Mann wenig, der sich anschickte, zur Hochzeit zu gehen. „Ach, liebes Männchen, bring mir doch ein Stück von dem saftigen Braten mit“, flehte die Kranke. Bei der Hochzeit ging es hoch her. Zuerst kam eine köstliche Rindfleischsuppe, danach Rinderbraten mit Meerrettich, Hammelfleisch mit Möhren und dann Schweinefleisch mit Sauerkraut. Und als ob das noch nicht gereicht hätte, wanderten noch saftige Enten- und Gänsebraten auf die Tische.

Der Zwergenehemann, in dessen Bäuchlein kein Krümel mehr passte, entsann sich der Bitte seiner Frau. Schnell säbelte er ein Stück einer saftigen Ente herunter und wollte es in seiner Tasche verschwinden lassen. In dem Moment fegte ein heftiger Windstoß durch das nur angelehnte Fenster und wehte dem Zwerg die Tarnkappe vom Kopf. Die Hochzeitsgäste waren zuerst ganz verblüfft über den kleinen Gast, der eifrig versuchte, das Bratenstück in der Rocktasche verschwinden zu lassen. Dann aber sprangen sie von den Stühlen und riefen: „Wer ist denn das?“

Oh, jetzt kam der Zwerg in Not! Den Braten hatte er endlich in der Tasche, dann bückte er sich nach seiner Tarnkappe, aber vergebens. Die Männer brüllten: „Packt den kleinen Kerl, den ungebetenen Gast!“ Der Zwerg ließ Tarnkappe Tarnkappe sein, schwang sich durch das Fenster und hetzte querfeldein. Einige Burschen, die im nachgesetzt waren, waren ihm hart auf den Fersen. Bis zum Heidelberg ging die wilde Jagd. Schon sah der Zwerg den Busch, unter dem sich der Eingang zu seinem Reich befand. Doch als er näher kam, war der Busch verschwunden und der ganze Abhang kahl. „Jetzt haben wir ihn“, jubelten seine Verfolger. Der Zwerg tat einen gewaltigen Sprung zur Seite zum Wiesengrunde hin. Augenblicklich tat sich unter ihm die Erde auf und verschluckte ihn. Einen letzten entsetzlichen Schrei stieß der Zwerg noch aus. Sprachlos blieben seine Häscher stehen. Innerhalb von Sekunden begann an der Stelle, wo eben noch der Zwerg stand, Wasser aus der Wiese zu sprudeln, auf der Oberfläche eine ölige, fettige Schicht. „Das kommt von dem fetten Entenbraten, den der Zwerg in der Tasche hatte“, meinte einer der Burschen nach einer Weile. Seitdem heißt die Wiese Ölpütte.

Rosenthals Untergang

Nahe Duderstadt lag früher zwischen Westerode und Nesselröden in einem Talkessel am Fuß des Euzenberges das Dorf Rosenthal. Um das Dorf herum gab es prachtvolle Heckenrosen. Im Frühsommer sah das alles so wunderbar aus, dass das Dorf keinen anderen Namen als Rosenthal tragen konnte.

Die Bewohner lebten gottesfürchtig, solange sie hart für ihren Lebensunterhalt arbeiten mussten. Mit zunehmendem Reichtum aber zog Gier ins Dorf ein. Die Bewohner wurden gottlos, achteten den Sonntag und die Feiertage nicht mehr, blieben am Ende sogar dem Gottesdienst fern, egal, wie sehr der Geistliche auch mahnte und dagegen predigte. Zum Saufen und Spielen im Wirtshaus mangelte es den Rosenthalern aber nicht an Zeit. Im Sommer arbeiteten sie zwar von frühmorgens bis zum Mittag, doch dann eilten Männer wie Frauen ins Wirtshaus, zechten und lärmten, bis der nächste Morgen anbrach.

So wurden die Rosenthaler selbst den umliegenden Dörfern zu einem echten Ärgernis. Nur eine einzige Familie im Dorf war eine Ausnahme. Sie ging sonntags weiterhin zur Kirche.

So kam ein Sonntag zur Erntezeit heran. Wie immer wurde in der Früh etwas gearbeitet, dann im Wirtshaus gezecht. Schon am Tag war es furchtbar heiß, um Mitternacht herrschte eine unerträgliche Schwüle. Im Wirtshaus ging es noch immer über Tisch und Bänke. Da brach ein Unwetter los. Urplötzlich öffneten sich die Schleusen des Himmels. Es ging ein so gewaltiger Wolkenbruch hernieder, dass der Talkessel mit dem Dorf zu einem See wurde. Die Fluten rissen die Erde des Euzenberges mit sich, das verschlammte Wasser überflutete das Dorf und die Häuser. Es ging so schnell, dass sich niemand mehr retten konnte. Rosenthal ging mit Mann und Maus unter.

Nur die Familie, die Gott und die heiligen Tage ehrte, wurde gerettet. Sie hatte den Tag bei Verwandten in Seulingen zur Kindstaufe verbracht und kehrte erst nach der Katastrophe zurück. Es heißt, die Familie sei anschließend nach Westerode gezogen. Ein Teil des Grundbesitzes des verlorenen Dorfes ging in den gemeinsamen Besitz von Verwandten der Rosenthaler über, die in Westerode, Werxhausen und Duderstadt wohnten, was noch heute als „Rosenthaler Erbschaft“ bekannt ist. An das verschwundene Dorf erinnern heute nur noch der Rosenthaler Kirchhof, eine Wiese, und der Rosenthaler Hof.

DER TEUFELSBORN
BEI WESTERODE

Nahe des Dorfes Westerode nannten die Leute früher eine Quelle am kleinen Euzenberg den Teufelsborn. In Urzeiten soll sie noch mehr Wasser geführt haben. Die Westeröder waren immer fest davon überzeugt, die Quelle sei unergründlich. Mehrfach hatten Knaben mit aneinandergebundenen Hopfenstangen versucht, die Tiefe zu bestimmen, doch vergeblich.

Mehrere Bauern fassten im Wirtshaus den Entschluss, endlich die Tiefe der Quelle ausfindig zu machen. Drei lange Heubäume banden sie aneinander und befestigten daran ein langes Seil. Der unterste Baum wurde noch mit einem dicken Stein beschwert, den sie dann ins Wasser ließen. Zur Verwunderung aller kamen sie auch dieses Mal nicht auf den Grund der Quelle. Als sie aber die Bäume wieder heraufzogen, waren sie sprachlos. Der unterste Baum war vollständig schwarz gebrannt. Seitdem geht die Sage, die Quelle reiche bis an des Teufels Wohnung, die Hölle. So gaben ihr die Westeröder den Namen Düwelsborn oder auf hochdeutsch Teufelsborn.

Goldene Mark und Seeburger See

DER SCHATZ IN DER STUBE
ZU DESINGERODE

Zum Ende des Dreißigjährigen Krieges lebte in Desingerode eine arme Witwe mit ihren drei Kindern. Ihr Mann war im Krieg gefallen, hatte ihr aber ein kleines Häuschen hinterlassen. Es war ihr einziger Besitz. Dort wohnte sie mit den Kindern. Sie litten so Hunger, dass die Mutter den Kleinen manchmal nicht einmal ein Stück Brot in die Hand drücken konnte. Es zerriss ihr jedes Mal das Herz. Für gewöhnlich aber hatte sie einen Topf mit steif gekochten Erbsen bereitstehen, von denen sie den Kindern Scheibchen abschnitt.

Trotzdem verließ die Frau nicht die Hoffnung. Sie arbeitete als Tagelöhnerin, wann immer ihr sich die Gelegenheit bot. Sie war nicht nur fleißig, sondern auch überaus reinlich und ordnungsliebend. Vor allem vor Sonn- und Feiertagen scheuerte sie das Häuschen blitzblank und streute weißen Sand auf der Diele aus. Nun hatte die arme Frau eine überaus garstige und böse Nachbarin. Nicht nur deren Haus starrte vor Dreck, sondern sie selbst auch. Sie schaute voller Neid auf die Sauberkeit der Witwe und schädigte deren Ruf im Dorf, wann immer sie konnte. Das wollte ihr aber bei den anderen Dorfbewohnern nicht so recht gelingen.

Eines Samstags vor Pfingsten hatte die Witwe ihr Haus wieder blank gescheuert und alles ordentlich hergerichtet. Zufrieden und müde ging sie zu Bett. Aber um Mitternacht, als alles im Dorf schlief, schlich die garstige Nachbarin an das Häuschen, schob ein Fenster auf und warf eine Schaufel voll Pferdedreck in die frisch geputzte Stube. Sie schloss das Fenster wieder und ging mit Hohngelächter davon. Sie freute sich diebisch über die Bestürzung, die am nächsten Morgen im Häuschen herrschen würde.

Als die Witwe am Pfingstsonntag erwachte und die Stube betrat, blinkte ihr aber kein Haufen Pferdedreck, sondern ein Haufen Goldstücke entgegen. Erschrocken betrachtete sie den Schatz und wusste nicht, was sie tun sollte. Da vernahm sie plötzlich eine Stimme voller Freundlichkeit: „Greif zu, das sollst du alles haben!“ Die Witwe zögerte. Noch zweimal wiederholte die Stimme die Worte, dann fasste sich die Witwe ein Herz und glaubte, dass alles ihr gehören sollte. Die Armut war vorbei. Die böse Nachbarin aber fand den Haufen Pferdedreck am Pfingstmorgen in ihrer eigenen Stube wieder.

Der Vierkreuzestein
bei Desingerode

Eines Tages kamen um Mitternacht einige Musikanten des Weges, die in Westerode zum Tanz aufgespielt hatten und heim nach Desingerode wollten. Auf ihrem Weg kamen sie vorbei an vier Steinen, auf denen Kreuze eingemeißelt sind, dem sogenannten „Vierkreuzestein". Es heißt, dass hier im Dreißigjährigen Krieg ein Offizier mit seiner Begleitung überfallen und ermordet wurde. Sie sollen an dieser Stelle sogar beerdigt worden sein. Als die Musikanten beim Vierkreuzestein angelangt waren, meinte einer von ihnen übermütig: „Wie wär's? Wollen wir dem alten Offizier ein Ständchen bringen?" Den Spaß machten die anderen gern mit. Sie stellten sich auf und bliesen drei Strophen eines Chorals. Kaum war der letzte Ton verklungen, da stand plötzlich wie aus dem Boden gewachsen der in einen langen Mantel gehüllte Offizier vor ihnen. Er reichte jedem der Spielleute einen Kieselstein und verschwand wieder. Vor Angst warfen die Musikanten die Steine von sich. Nur der jüngste und tapferste von ihnen meinte, er wolle seinen Kiesel als Andenken behalten und steckte ihn in seine Tasche. Am nächsten Morgen holte er den Stein hervor und traute seinen Augen nicht: Statt des Kiesels hielt er einen kleinen Klumpen reinen Goldes in den Händen! Als die anderen Spielleute davon hörten, rannten sie zum Vierkreuzestein zurück und suchten. Aber es half nichts, es war nichts mehr zu finden.

Die Glocke
von Desingerode

Zwischen Nesselröden und Werxhausen liegt die Nackenröder Flur. Einst lag dort ein Dorf mit dem Namen Nackenrode, es soll eher ein Vorwerk gewesen sein. Der Volksmund erzählt sich, dass an dieser Stelle einst ein Kloster lag, das während einer Fehde zerstört wurde.

Einst hütete ein Nesselröder seine Schweine genau auf diesem Flecken Erde. Da beobachtete er, wie eine alte Sau andauernd um einen metallenen Gegenstand herumwühlte. Als er nähertrat, bemerkte er zu seinem großen Erstaunen, dass aus dem Schlamm der obere Teil einer Glocke herausragte. Sofort lief der Mann ins Dorf und bald bemühte sich die gesamte Nesselröder Einwohnerschaft darum, die Glocke aus dem Morast zu ziehen. Aber alle Bemühungen fruchteten nicht.

Da trat aus der Menge ein Mädchen. Niemand kannte es mit ihrem fremdartigen Aussehen. Es löste das Band aus ihrem Zopf, schlang es an der Glocke fest und zog sie ohne sichtliche Anstrengung heraus. Als man dem Mädchen danken wollte, war es spurlos verschwunden. Die Nesselröder holten ein Fuhrwerk und zwei Ochsen, um die Glocke aufzuladen und nach Nesselröden zu bringen. Doch die Ochsen ließen sich nicht dazu bewegen, den Weg ins Dorf einzuschlagen. Immer wieder versuchten sie, umzudrehen und die entgegengesetzte Richtung zu nehmen.

Der Pfarrer des Dorfes sah sich das eine Weile an. Schließlich hob er die Hand und sagte: „Lasst die Tiere ihres Weges gehen. Vielleicht ist es der Wille Gottes, dass die Glocke nach Werxhausen soll.“ Die Ochsen aber marschierten durch Werxhausen hindurch nach Desingerode und blieben auf dem Kirchhof stehen. Wieder waren sie nicht von der Stelle zu bringen. Daraus schlossen die verwunderten Menschen, dass die Glocke im Desingeröder Kirchturm aufgehängt werden soll. Als sie das erste Mal angeschlagen wurde, sorgte sie wegen ihres wunderbaren Klanges für Verwunderung, denn der lag einen Halbton unter a. Viele Jahre rief sie die Einwohner von Desingerode und Esplingerode zum Gottesdienst, bis sie verjüngt wurde und noch schöner wie ein Phönix aus der Asche neu emporstieg.

DIE BUNSENGASSE
ZU ESPLINGERODE

Vor mehr als einhundertfünfzig Jahren noch führte in Esplingerode von der Mitte der Dorfstraße ein schmaler Weg an der Nordseite des Teiches entlang zur Hördewiese. Später wurde dieser Weg zum Abfluss des Feuerlöschteiches. An beiden Seiten der Gasse standen Höfe, die von einer Hecke zu ihr begrenzt wurden. Bei schlechtem Wetter war zu Fuß kaum ein Durchkommen über die Dorfstraße, so schlecht war sie. Darum benutzten die Dorfbewohner, wenn sie fein angezogen zum Gottesdienst in die Pfarrkirche nach Desingerode wollten, gern die Gasse, um den Kirchsteig zu erreichen.

In einem dieser Höfe wohnte einst der Bauer Bunse. Er war der reichste Mann im Dorf und äußerst habgierig. Wenn er überhaupt einmal ins Wirtshaus ging, was vor lauter Geiz nur ganz selten vorkam, dann fiel er regelrecht über die Gemeindeverwaltung her und nörgelte, was das Zeug hielt. Richtig in Harnisch brachte ihn, wenn seiner Meinung nach die Verwaltung bei manchen Dingen nicht genug gespart hatte. Bei der nächsten Wahl wurde sein heimlicher Herzenswunsch endlich erfüllt, denn man wählte ihn zum Schulzen.

Oh, was führte er für ein strenges und herrisches Regiment! Dabei versäumte er nicht, immer auf seinen eigenen Vorteil zu achten, natürlich auf Kosten der Gemeinde. Er lieh Geld zu Wucherzinsen, und als er Haus und Hof einer sich mühsam durchs Leben schlagenden Bauernwitwe für einen Bruchteil des Wertes erwarb, fingen die Leute an zu tuscheln. „Das ist sein Werk“, raunte es durch das Dorf. Als der Tag der Neuwahl heranrückte, nutzte Bunse seinen Einfluss, da er sehr viele Leute von sich abhängig gemacht hatte – und wurde wiedergewählt.

Jahre vergingen. Eines Tages kurz vor Weihnachten war bei Bunses Schwager Schlachtefest. Auch Bunse war mitsamt Familie zur Suppe eingeladen. Gerade als man beim Abendessen saß, erschienen zwei Burschen, die sich als Ehepaar verkleidet hatten. Kaum waren sie drinnen, fingen sie an zu singen: „Wir haben gehört, ihr habt geschlacht't, habt große und kleine Würste gemacht. Die kleinen lasset hangen und gebt uns eine von den langen!" Sie führten noch zum Spaß aller einen lustigen Tanz auf. Die „Frau" ging von einem zum anderen, um aus der Hand zu lesen, was immer wieder für schallendes Gelächter sorgte. Als Bunse an der Reihe war, zog er die Hand zurück und brummte: „Unsinn!" Der verkleidete Bursche antwortete deutlich vernehmbar: „Auch wenn Ihr mich die Hand nicht lesen lasst, so weiß ich doch, was Euch bevorsteht. Euer vieles Geld wird Euch noch viel Sorge und Verdruss bereiten." „Hinweg, du freches Luder!", schrie Bunse außer sich vor Zorn. Als die Tochter des Hauses dem Paar noch einen mitgebrachten Korb mit allerlei Schlachtezeug füllte, konnte Bunse nicht an sich halten und sagte: „Die reinste Verschwendung!"

Dann setzten sich die Männer zum Kartenspiel. Bunse verlor ein Spiel nach dem anderen. Gegen zehn Uhr, es war schon lange dunkel, mahnte seine Frau zum Aufbruch. Er wollte nicht und schickte sie unwillig mit den Kindern schon einmal los, er komme später nach. Zu sehr hoffte er, dass er das Spielglück noch drehen könnte. Doch er täuschte sich. Am Ende des Abends wurde klar, dass nur er verloren hatte – und dann noch einen ganzen Taler. Sehr schlecht gelaunt verließ Bunse das Haus.

Es war eine bitterkalte Nacht und der Schnee knirschte unter seinen Füßen. Er beschloss, den Weg durch die Obstgärten abzukürzen und betrat, als es Mitternacht schlug, die Gasse. Noch immer wütend bemerkte er nicht, dass ihm im schmalen Gässlein ein Reiter entgegenkam. Plötzlich stand ein Esel vor ihm, auf dessen Rücken ein kleiner Mann mit einem langen weißen Bart saß. Bunse erschreckte sich fürchterlich. Das Männlein sah ihn scharf an. „Deine Unredlichkeit schreit zum Himmel und verlangt nach Sühne", sagte es. „Hör zu: In der dritten Nacht, die heutige mitgerechnet, bist du zur selben Zeit wieder hier in der Gasse. Dann wirst du berichten, wie du alle Unredlichkeiten, die du im Laufe der Jahre ausgefressen hast, wieder in Ordnung gebracht hast. Sonst passiert dir etwas Schlimmes." Der Esel schrie dreimal „I-A", dann waren beide verschwunden.

Wie versteinert stand Bunse noch lange an der Stelle. Dann griff er sich an den Kopf, fluchte laut und betrat seinen Hof. Doch auch im Bett konnte er lange keine Ruhe finden, erst gegen Morgen fiel er in den Schlaf und wachte am lichten Tag wieder auf. Immer wieder murmelte er den ganzen Tag lang „Unsinn..." vor sich hin, sodass ihn alle ganz verstört ansahen und aus dem Weg gingen. Zu Schlafenszeit ging Bunse nicht ins Bett, sondern setzte sich an den Küchentisch, stützte den Kopf in die Hände und murmelte weiter vor sich hin. Als seine Frau endlich schlief, holte er den Kasten mit der Gemeindekasse hervor. Er schloss ihn auf und begann zu zählen und zu rechnen. Nach ein paar Stunden schloss er alles wieder weg und murmelte weiter: „Es ist zu groß, ich kann nicht, die Summe ist zu groß..." Er versuchte sich einzureden, der Reiter sei nur Einbildung gewesen.

Als er ins Bett wollte, schlug es Mitternacht – und von der Gasse hörte er ein dreimaliges „I-A". Er riss das Fenster auf und schaute hinaus. Da sah er den Reiter, der ihm mit dem Finger drohte. Also doch keine Einbildung! Am nächsten Tag und in der nächsten Nacht spielte sich das Gleiche ab. Als er wieder das Eselsgeschrei hörte, kleidete er sich wieder an, holte erneut den Gemeindekasten, nahm die Papiere, sah wieder alles genau durch und stöhnte: „Wenn ich doch erst alles in Ordnung hätte!“ Als er endlich ins Bett ging, erwachte seine Frau. Natürlich fragte sie, was los sei. Er antwortete nicht. Liebevoll bat sie ihn, ihr doch zu sagen, was ihn drücke, sie habe seinetwegen ja schon so viel ausgestanden, da käme es nun auch nicht mehr darauf an. Endlich rückte Bunse mit der Sprache heraus, was ihm die beiden Nächte zuvor widerfahren war und was er sich vorgenommen hatte. Tränen des Glücks stiegen der Frau in den Augen. „Wie freue ich mich, schon unserer Kinder wegen! Unrechtes Gut kommt ja doch nicht an den dritten Erben.“ Sie habe vollkommen recht, sagte Bunse tief bedrückt.

Als es Tag geworden war, brachte er die Gemeinderechnung auf Heller und Pfennig in Ordnung. Nach dem Frühstück ging er zur Witwe und führte mit ihr ein langes Gespräch unter vier Augen. Am Nachmittag wunderten sich die Esplingeröder, als die Witwe mit Sack und Pack wieder in ihr Haus einzog. Als es dämmerte, ging nach und nach alles zur Ruh, nur das Ehepaar Bunse saß am Tisch. Beide schwiegen beklommen, die Stunden schienen dahin zu schleichen.

Dann schlug es Mitternacht. Nur durch gutes Zureden seiner Frau betrat Bunse die Gasse, wo der alte Graubart samt Esel schon wartete. Bunse erstattete detailliert Bericht, wie er alles wieder in Ordnung gebracht hatte. Das Männlein nickte am Ende und sagte: „Das war dein Glück, sonst wäre deine Familie mit Haus und Hof zugrunde gegangen.“ Infolge der Aufregungen wurde Bunse schwer krank, erholte sich aber wieder. In seinen Fieberfantasien hatte er die Sache jedoch ausgeplaudert, sodass bald das ganze Dorf davon erfuhr. Die schmale Gasse hieß seitdem Bunsengasse.

DER KRIEGSSCHATZ IM LOH
BEI MINGERODE

Vor mehr als zwei Jahrhunderten, als während des Krieges französische Truppen Duderstadt und die nahen Dörfer besetzt hatten, gab es beim Loh, ein kleines Gehölz westlich von Mingerode, ein heftiges Gefecht. Die Franzosen wurden geschlagen und mussten fliehen. Danach vergingen einige Jahre, bis ein paar Knaben aus Mingerode im Loh Maiblumen suchten. Einer der Jungen kam an eine dicke Buche und riss dort eine Maiblume aus, als vor ihm ein kleiner französischer Soldat erschien, richtig gekleidet mit roten Hosen und roten Aufschlägen. Aber das Kerlchen maß kaum zwei Fuß. Es schaute den Jungen verwundet an und winkte ihm dann, er möchte doch nähertreten. Den Knaben aber packte die Angst und er ergriff das Hasenpanier. Er erzählte den anderen Knaben von der Begegnung und sie rannten ins Dorf zurück. Bald kamen alle in Begleitung ihrer Väter wieder und durchsuchten das ganze Loh. Aber von dem kleinen Franzosen war nichts zu sehen. Die Alten, die den Suchtrupp begleitet hatten, schüttelten die Köpfe: „Junge, was du bloß gesehen hast…“

Es vergingen wieder mehrere Jahre. Da kam eines Abends ein Fremder ins Dorf und fragte einige Frauen auf der Straße, ob es hier ein Loh gebe und wenn ja, wo es wäre.

Die Weiber sahen ihn erstaunt an und antworteten, dass es hier kein Loh gebe. Der Fremde dachte nach und erkundigte sich dann nach der Wohnung des Schultheißen. Dem erzählte er von seiner Begegnung mit dem Weibsvolk des Dorfes und sagte, es müsse doch hier aber ein Loh geben, davon sei er überzeugt. Der Schultheiß lächelte und antwortete, das Loh liege tatsächlich dicht beim Dorf. Aber die Bewohner würden mit dem hochdeutschen Wort „Loh" nichts anfangen können, hätte er nach dem „Laf" gefragt, wäre ihm schnell geholfen gewesen. Da fragte der Fremde, ob denn niemals im Loh ein Schatz gefunden worden wäre. Der Schultheiß schüttelte mit dem Kopf. Ab und an seien fremde Geldstücke dort gefunden worden, mehr aber auch nicht. „Warum fragt Ihr?", wandte er sich nun seinerseits neugierig an den Mann.

„Das will ich euch sagen", antwortete der Gast. Als er ein kleiner Bube gewesen sei, hätte der schreckliche Krieg geherrscht. Eines Tages seien französische Soldaten durch seine Heimatstadt Witzenhausen gezogen, die auf Bahren und Tragen viele verwundete Kameraden mit sich trugen. Ein schwer verwundeter Offizier wurde bei der Mutter des Buben einquartiert. Die herzensgute Frau pflegte ihn wie einen eigenen Sohn. Aber nach einigen Tagen packte den Franzosen ein heftiges Fieber und es ging mit ihm zu Ende. Kurz vor seinem Tod kam der Kranke noch einmal zur Besinnung. Als er die gute Mutter weinend an seinem Bett sah, hauchte er: „Gute Frau, könnte ich Euch doch die Liebe vergelten…" Er schloss die Augen, um sie kurz darauf noch einmal zu öffnen. Mit letzter Kraft sprach er, dass er in der Nacht vor der schrecklichen Schlacht sein ganzes Geld, mehr als hundert Louisdor, im …roder Loh unter einer dicken Buche vergraben habe. In die Rinde hat er die Buchstaben ABC geschnitzt. „Der Schatz soll Euer Lohn sein", sagte er und starb. Doch die Silben vor „rode" konnte die Mutter nicht genau verstehen. Jahrelang forschte sie, doch vergebens. Zwar wurde ihr immer wieder ein Loh genannt, aber es war nie das richtige. „Vor kurzem kam ein Handelsmann aus Duderstadt zu uns. Meine Mutter fragte ihn natürlich, ob es bei seiner Heimatstadt ein Loh gebe." Der Händler sagte ja, bei Mingerode. Als die Frau den Namen hörte, wusste sie, es ist das richtige. „Und ich bin gekommen, um den Schatz zu holen", sagte der Fremde.

Der Schultheiß war eine ehrliche Haut. So teilte er dem Gast mit, dass es tatsächlich eine dicke Buche mit verwitterten Buchstaben gebe. „Ich mache Euch einen Vorschlag", sagte der Fremde, ganz erstaunt von der Offenheit. „Wir heben den Schatz und teilen ihn ehrlich." Der Schultheiß war einverstanden, zu verlieren hatte er nichts außer Zeit. Am anderen Morgen brachen sie in aller Frühe auf, ausgerüstet mit Hacke, Schaufel und Spaten. An der Buche begannen sie zu graben. Es war eine mühsame Arbeit, aber dann stießen sie auf einen irdenen Topf. Als sie den Deckel hoben, erblickten sie lauter Goldstücke. Voller Freude gingen sie zurück und teilten ihren Fund. Nach einem guten Frühstück mit Feldgiecker und Kälberblase wanderte der Fremde wohlgemut in seine Heimatstadt.

Noch Jahre später, so erzählt man sich in Mingerode, wurden immer wieder einmal fremdartige Geldstücke im Loh gefunden, die dem einen oder anderen glücklichen Entdecker zu Wohlstand verhalfen.

Wie ein Mingeröder auf dem Sulberg am Galgen endete

Es ist viele Jahrhunderte her, als ein Bauer von Mingerode nach Duderstadt zum Jahrmarkt ging. Auch ein Besuch im Wirtshaus war geplant. Er freute sich einfach auf einen schönen Tag. Seine Frau aber bat ihn, ihre Lieblingsspeise mitzubringen: frisch gebratene Kalbsleber. Die aß sie für ihr Leben gern.

Der Bauer hatte auf dem Markt und im Wirtshaus eine Menge beim Essen und noch mehr beim Trinken geleistet, als er den Heimweg antrat. Es dunkelte schon und er schritt den Weg ganz vorsichtig entlang. Als er den Sulberg hinaufging, ging der Mond auf. Da fiel ihm ein, dass er die Kalbsleber für seine Frau vergessen hatte. Oh, das würde ein Donnerwetter geben! Seine Frau hatte nämlich ein gepfeffertes Mundwerk. Er wollte umkehren, merkte aber, dass er keinen Pfennig mehr hatte. Was nun? Er ging langsam weiter den Sulberg hinauf, bis er in die Nähe der Galgen kam. Er sah, dass an einem ein Mann hing. Der Bauer kam auf eine fürchterliche Idee. Er kletterte den Galgen hoch, schnitt den Leichnam ab und dem Gehängten die Leber heraus. Dann ging er nach Hause. Seine Frau hatte schon voller Ungeduld gewartet und war richtiggehend wütend über die späte Heimkehr. Sie war aber sofort besänftigt, als sie die Leber bekam, die sofort in die Pfanne wanderte. Schließlich aß sie davon.

Um Mitternacht aber hub vor dem Haus ein furchtbares Geschrei an. „Mine Lewern, mine Lewern, mine Lewern…" tönte fortwährend ein weinerliches Geschrei. Erst als die Kirchturmuhr eins schlug, war plötzlich Ruhe. In der folgenden Nacht spielte sich das Gleiche ab. Bei Tagesanbruch ging die Frau zum Pfarrer nach Oberfeld und erzählte ihm davon. „Gute Frau, Ihr habt geträumt", sagte der Pfarrer. Sie blieb aber bei ihrer Geschichte. Der Pfarrer half sich nur mit dem Rat, wenn es wieder vorkommen sollte, zu fragen, wer denn die Leber hätte.

Die dritte Nacht brach an, um Mitternacht ging es wieder los. Die Frau fasste allen Mut und fragte: „Wei hät denn diene Lewern?" Sie traf fast der Schlag, als die Stimme antwortete: „Du hest mine Lewern uppegetten!" Voller Entsetzen sprang die Frau auf und stellte ihren Mann zur Rede. Der bekannte am Ende ganz kleinlaut und haarklein, dass er die Kalbsleber vergessen hatte und wo er sie herhatte. Er schwor sie aber ein, den Mund zu halten. Sie bekam jedoch ein heftiges Fieber, bei dem sie wirr redete. Dadurch wurde die Sache ruchbar – und der Bauer baumelte wegen seiner Schandtat selbst am Galgen.

DER BAUER, DAS LICHT UND DER GOTTESLOHN

Eines Tages kam ein Bettler zu einem Bauern in Seulingen. Er bat um eine milde Gabe, die ihm auch gewährt wurde. „Ihr sollt auch Gottes Lohn haben", sagte der Bettler zum Bauern, der mürrisch antwortete: „Das haben schon viele zu mir gesagt, aber davon kann ich nicht leben."

Nicht lange darauf, während der Erntezeit, war unser Bäuerlein gegen Abend immer noch im Feld. Als er den Wagen endlich vollgeladen und ins Dorf fahren wollte, war es stockfinster. Es dauerte nicht lange, bis er sich hoffnungslos verirrt hatte. Er wusste nicht mehr ein noch aus. So stockrabenschwarz war die Nacht, dass er kaum die Pferde vor sich erkennen konnte. Seufzend sagte der Bauer zu seiner Frau, die neben ihm saß: „Wenn doch nur ein Licht käme und uns den Weg zeigte!" Er hatte es kaum ausgesprochen, da erschien aus dem Nichts ein Licht, hüpfte vor dem Wagen her und leuchtete den Weg bis zum heimischen Gehöft. Sogar beim Ausspannen und Abschirren der Pferde im Stall strahlte es brav. „Nun kannst du gehen", sagte der Bauer. Das Licht aber blieb an Ort und Stelle. Der Bauer drehte sich um und wollte ins Haus. Flugs hüpfte das Licht wie ein Heinzelmännchen wieder vor ihm her und schlüpfte durch die Tür mit in die Stube. Jetzt war dem Bauern alles andere als wohl. Voller Schrecken sagte er zu seiner Frau: „Wenn es doch nur fortginge!" Da kam ihm aber plötzlich ein Gedanke. „Du sollst auch Gottes Lohn haben!", sagte er zu dem Licht. Da drang ganz klar und vernehmlich eine Stimme durch die Stube: „Auf dieses Wort habe schon lange gewartet. Endlich bin ich erlöst." Und das Licht war fort.

DER PANTOFFEL

Einmal ging eine Frau um Mitternacht mit ihren Pantoffeln an den Füßen über die steinerne Brücke in Seulingen. Als sie etwa in der Mitte der Brücke war, hörte sie ein Stimmchen, das furchtbar klagte: „Min Tüffelken verluren, min Tüffelken verluren…" Die Frau hatte ein recht liebloses Gemüt, war obendrein noch übel gelaunt. Sie rief hinunter in die Dunkelheit: „Ach, du met dinen Tüffelken verluren!" In dem Moment aber, als sie das gesagt hatte, kassierte sie aus der Dunkelheit eine schallende Ohrfeige, sodass sie zu Boden stürzte. Beim Aufrappeln merkte sie, dass ihr der linke Pantoffel fehlte. Sie tastete zwar noch etwas herum, war aber so griesgrämig, dass sie sich wieder Richtung ihres Hauses aufmachte. Auf einmal merkte sie, dass eine große Last ihren Rücken niederdrückte. Bei jedem Schritt wurde es ihr schwerer. Jetzt bekam sie es mit der Angst zu tun. Mit Ach und Krach schaffte sie es keuchend bis zu ihrer Tür, an deren Holm ein Kreuz hing. Plötzlich war die Last weg, sie konnte wieder freier atmen. Schnell schlug sie die Haustür hinter sich zu und zündete ein Licht an. Zu ihrer Verwunderung stand ihr linker Pantoffel auf dem Tisch. Er war voller Straßendreck.

Kurz darauf kam eine weitere Seulingerin über die Brücke. Auch sie hörte das Stimmchen nach dem verlorenen Pantöffelchen klagen, aber sie hatte ein gutes Herz. Sie zog ihren rechten Pantoffel vom Fuß und sagte: „He'i hest du minen Tuffeln." Dann schritt sie weiter ihrem Heim zu. Dort angekommen, fand auch sie ihren Pantoffel mitten auf dem Tisch. Als sie ihn nahm, sah sie, dass sich in ihrem großen Pantoffel ein winziges Pantöffelchen aus purem Gold befand. Da war die Freude riesengroß.

DIE SAGE VOM PIEPENRING
IN SEULINGEN

Als die Seulinger Raiffeisenstraße noch Piepenring hieß, lebte dort einst, es ist weit über zweihundert Jahre her, ein altes Weib. Die Alte war furchtbar geizig. Vor allem vom Kirchgang am heiligen Sonntag wollte sie nichts wissen. Vielmehr, so hieß es bei den Leuten, stand sie mit dem Teufel im Bunde.

Wieder einmal war ein Sonntagmorgen herangekommen. Die Seulinger saßen in der Kirche beim Gottesdienst. Da schlich sich die Frau auf den menschenleeren benachbarten Bauernhof und leerte kurzerhand die Hühnernester. Zuhause entfachte sie ein Feuer auf dem Herd und haute die Eier in die Pfanne. Auf einmal schlug das Feuer hoch, sodass die ganze Pfanne lichterloh brannte. Das Weib wollte die Flammen löschen, also riss es die Pfanne vom Herd und schlug sie gegen die Wand. Aber das Feuer erlosch nicht, sondern wurde im Gegenteil immer größer. Jetzt wurde die Alte wütend, sie fluchte und kreischte: „Nun, so brenne in drei Teufels Namen weiter!" Kaum hatte sie das geschrien, brannte erst die ganze Küche, dann das Haus. Mit Mühe rettete sich die alte Vettel aus den Flammen.

Aus der Kirche kamen die Leute gelaufen, sie eilten sofort in den Piepenring, wo sich das alte Weib auf der Straße wie wahnsinnig aufführte und immerwährend schrie: „Mein Geld! Mein Geld!" Das Feuer griff immer weiter um sich und schon bald stand der ganze Piepenring in Flammen. Da sahen die Leute mit Schrecken, wie eine Feuergarbe die Alte ergriff und mit ihr durch die Luft flog. Erst nach einigen Stunden gelang es, das Feuer zu löschen. Aber die Leute sagten: „Die alte Hexe hat der Teufel geholt!"

DER PFEIFENSTEG
ZU SEULINGEN

Wenn es in Seulingen irgendwo spukte, dann um Mitternacht auf dem Pfeifensteg. Ein Mann war eines Nachts zu dieser Stunde dort unterwegs. In der Hand trug er einen Knotenstock. Da sah er auf dem Steg eine weiße Katze sitzen, die ihn unverwandt ansah. Schnell hob er den Stock und schlug nach der Katze. In demselben Augenblick wimmelte es um ihn herum vor großen und kleinen Katzen, die voller Wut auf ihn lossprangen. Der Mann wehrte sich mit seinem Stock, oh ja. Aber die Katzen ließen nicht locker. Wie wild setzten sie ihm zu, so lange, bis sie sein ganzes Zeug in Fetzen gerissen hatten und das Gesicht und die Hände so zerkratzt waren, dass schon das Blut lief. Als die Turmuhr eins schlug, war die ganze Katzenmeute wie vom Erdboden verschluckt. Nie wieder in seinem Leben hat der Mann es gewagt, nachts über den Pfeifensteg zu gehen.

DIE FEUERKUGELN
AM SEULINGER GALGENWEG

Dass es am Beek nicht mit rechten Dingen zugeht, dass wussten die Seulinger schon in früheren Zeiten. Der Beek beginnt am Galgenberg nahe der Seulinger Warte und zieht sich bis nach Germershausen. Vor allem am Galgenweg soll es übernatürlich gewesen sein. Oft haben nächtliche Wanderer Wagengerassel, den Hufschlag von Pferden und Peitschengeknall gehört. Manche wollen auch Kettengerassel und Waffengeklirr wie bei einem heftigen Kampf mit Schwertern wahrgenommen haben. Wieder andere waren überzeugt, dass zur Geisterstunde ein Zug von Geistern der Hingerichteten noch einmal den Weg nimmt, der ihr letzter war, als sie noch aus Fleisch und Blut waren. Der Galgenweg führt ja zum Galgenberge, der früheren Richtstätte, wo so mancher arme Sünder sein Leben ausgehaucht hat.

Eines Nachts war ein Viehhändler aus Seulingen um Mitternacht mit seinem Ferkelwagen an eben dieser Stelle unterwegs, er war vom Bohnberg herübergekommen. Da bemerkte er zwei Lichter, die sich von der Warte her auf dem Galgenweg näherten. Erst hielt er sie für die Laternen einer Kutsche und dachte sich nicht viel dabei. Doch dann wurde er wegen der rasenden und überirdischen Geschwindigkeit der beiden hellen Lichter stutzig. Genau an der Stelle, wo der Galgenweg die Landstraße kreuzt, traf er mit den Lichtern zusammen. Er erschrak furchtbar, als er sah, dass es keine Kutschenlaternen, sondern zwei Feuerkugeln waren. Sie krachten gegen seinen Wagen und zerplatzten zu Aberhunderten kleiner Feuerkugeln, die wie kleine Geister einen gleißenden Reigen um Pferd, Reiter und Wagen aufführten. Der Mann war starr vor Angst. Als er sich wieder einigermaßen im Griff hatte, schlug er mit der Peitsche auf sein Pferd ein. Das aber stand wie festgebannt und bewegte sich keinen Schritt. Erst als es von der nahen Dorfkirche ein Uhr schlug, war der Zauber urplötzlich verschwunden. Mehr tot als lebendig kamen Pferd und Reiter daheim an. Nie wieder ist der Händler um Mitternacht diesen Weg gefahren.

DER SCHATZ
VON WICKELSHAUSEN

An der Suhle zwischen Seulingen, Esplingerode, Germershausen und Bernshausen befand sich einst das Dorf Wickelshausen inklusive eines adligen Gutshofes. Es soll im Dreißigjährigen Krieg zerstört worden sein. Der Armesünderweg, der Kreuzweg von Seulingen nach Germershausen, führte über die Wüstung. An diesem Weg war eine Vertiefung, die zum Teil mit Feldsteinen gefüllt war. Die Sage weiß zu erzählen, dass der Graf von Wickelshausen vor dem Krieg all seine Schätze, Gold und Silber, in einem Kessel dort vergraben haben soll.

Ein junger Bursche aus Seulingen war viele Jahre später am dritten Pfingsttag in Bernshausen zum Tanz und machte sich gegen Mitternacht zu Fuß auf den Weg nach Hause. Als er an der Vertiefung anlangte, sah er dort ein Feuer. Neugierig trat er näher heran und erblickte plötzlich neben den Dornen einen großen schwarzen Hund, der ihn mit feurigen Augen angrinste. Vor Schreck gab der Bursche Fersengeld und rannte bis nach Seulingen. Als er am nächsten Morgen davon erzählte, meinte seine Großmutter: „In der Vertiefung ist der Wickelshäuser Schatz vergraben. Er wird von einem schwarzen zottigen Hund bewacht. Mein eigener Großvater hat das Untier auch einmal um Mitternacht gesehen." Sie wusste zu berichten, dass der Schatz nur in der Johannisnacht gehoben werden kann, es dürfen aber nicht mehr als drei Personen anwesend sein. Ein verheirateter Mann, ein junger Bursche und ein unschuldiger Knabe. „Während der Arbeit darf kein Wort gesprochen werden", sprach die Großmutter. In der Familie war alles vorhanden: Der Vater, der Bursche und dessen siebenjähriger kleiner Bruder. Sie beschlossen, den Schatz zu heben.

In der Johannisnacht waren die drei um elf Uhr nachts an der Vertiefung zur Stelle. Sie warfen erst einmal die Feldsteine aus dem Loch, womit sie gegen Mitternacht fertig waren. Der Knabe hatte den Auftrag, die Laterne zu halten, dann fingen der Vater und der Bursche an zu graben. Etwa eine halbe Stunde verging, als sie auf den Kessel stießen. Der Junge bemerkte plötzlich einige Geister auf dem Weg, die einen Galgen aufrichteten. Ängstlich zupfte er seinen Vater am Ärmel, er durfte ja nicht sprechen. Der Vater blickte auf, sah die Geister und bedeutete dem Knaben, weiter zu schweigen und grub emsig weiter. Bald war der Kessel freigelegt, der Vater und der Bursche hoben ihn aus dem Loch, nahmen den Deckel ab und erblickten lauter Goldstücke und anderer wertvolle Dinge. Da erscholl plötzlich ein heiseres Lachen. Von dem Galgen sprang ein schwarzer Hund mit feurigen Augen herab und fletschte den Knaben grimmig an. „Er beißt, er beißt!", schrie dieser voller Angst auf. Ein gewaltiger Donnerschlag ertönte, der Kessel fiel in die Tiefe zurück, die ganze ausgehobene Erde und die Steine flogen wie von Geisterhand wieder auf das Loch, als ob hier nie jemand gegraben hätte. Die Schatzgräber ergriff solch eine Angst, dass sie den unheimlichen Ort so schnell verließen, wie sie konnten. Mehrfach ist wohl noch in den folgenden Jahren versucht worden, den Schatz zu heben, aber es ist niemandem bisher gelungen.

DAS WICKELSHÄUSER KREUZ

Vor vielen Jahrhunderten verlief von Seulingen aus ein Rasenweg nach Germershausen. Bei den Leuten wurde er auch Armesünderweg oder Pilgerweg genannt. Vierzehn Stationen über das Leiden Christi gab es an diesem Kreuzweg, der rege besucht wurde. Die zwölfte Station aber war das Wickelshäuser Kreuz. Es bestand aus Holz und trug eine Figur des sterbenden Jesus. Es war das einzige Überbleibsel des Dorfes Wickelshausen, das im Dreißigjährigen Krieg vollständig zerstört worden war. Lange durfte das Kreuz auf die Trümmer des Dorfes und später die Überreste des Kreuzweges schauen.

Dieses Kreuz wurde Opfer eines unfassbaren Frevels. Ein Arbeiter aus der Göttinger Region kam ins Eichsfeld, um nach Arbeit zu fragen. In Seeburg hatte man nichts für ihn, aber man empfahl ihm, nach Germershausen zu gehen, wo gerade die Wallfahrtskapelle zu Ehren Marias gebaut würde. Dort könne man sicher jede Hand gebrauchen. Der Arbeiter aber war voll bitteren Hasses gegen alles Religiöse und gegen Gott. Er lehnte es rundweg ab, bei solch einem Bau zu helfen und wandte sich nach Seulingen. Hier ging es ihm ebenso, auch hier bekam er den Rat, es in Germershausen zu versuchen. Der Hunger war inzwischen so groß, dass er körperlich weh tat. Also entschloss er sich in seiner Verzweiflung, doch nach Germershausen aufzubrechen. Er schlug den Armesünderweg ein. Gesenkten Kopfes ging er an den Stationen vorbei, bis er ans Wickelshäuser Kreuz kam. Als er den Gekreuzigten sah, packte den Göttinger so die Wut, dass er seinen eichenen Wanderstock nahm und dem Jesus beide Hände und Füße abschlug und seinen Weg fortsetze. In Germershausen bekam er Arbeit auf der Kapellenbaustelle. Wer aber den Frevel am Wickelshäuser Kreuz beging, das blieb erst einmal unbekannt.

Der Bau näherte sich schließlich seiner Vollendung. Nur der Schlussstein fehlte noch. Der Göttinger war eben dabei, ihn hoch oben im Gewölbe zu setzen, als er auf dem Gerüst einen Fehltritt tat und in die Tiefe stürzte. Dabei brach er beide Arme und Beine – aber genau an den Stellen, an denen er der Figur Hände und Füße abgeschlagen hatte. Auf dem Krankenlager ging der Mann in sich und bekannte, dass er den Frevel begangen hatte. Aus seiner großen Verachtung wurde eine große Verehrung des Kreuzes.

DAS GNADENBILD
VON GERMERSHAUSEN

Einst sah ein Schäfer in der Niederung des unweit gelegenen Seeburger Sees am Abend in einer hohlen Weide nahe des Dörfchens Germershausen ein Licht brennen. Seine Furcht war größer als seine Neugier. Er wagte es nicht, näher zu treten und nachzusehen, was es war. Am Morgen aber, als er seine Schäferhütte verließ, ging er zuerst zu dem Baume. Bei Tageslicht war das doch eine andere Sache. Wie erstaunt war er, als er statt des Lichtes ein Bildnis der Muttergottes mit dem Jesuskind in dem Stamm fand. In Windeseile sprach sich die Sache herum, sodass sehr zügig an dieser Stelle eine kleine Kapelle gebaut wurde, in der das Bildnis seinen Platz fand. Bald erfreute es sich in der ganzen Umgebung hoher Verehrung.

Die Kapelle lag aber auf einer niedrigen Wiese. Dann und wann kam es vor, dass der Platz bei Hochwasser von der Suhle dermaßen überschwemmt wurde, dass die Kapelle unter der Nässe sichtlich litt. Die Germershäuser fassten den Entschluss, an einer höheren Stelle des Dorfes, die noch heute „Kirchberg" heißt, eine neue Kapelle zu bauen.

Die Bewohner begannen eines Morgens, Steine und Holz zu sammeln und am neuen Bauplatz zu lagern. Am nächsten Tag aber war das Baumaterial verschwunden. Die Germershäuser fanden es in der Niederung bei der alten Kapelle liegen. „Da hat uns wohl jemand einen Streich gespielt", murmelten die Dorfbewohner und schafften alles wieder an den neuen Platz zurück. Allein am nächsten Morgen lag alles wieder bei der alten Kapelle.

Jetzt wollte man hinter das Geheimnis kommen. Das Baumaterial wurde wieder aufgeladen und ein drittes Mal auf die Anhöhe geschafft. Ein paar beherzte Männer versteckten sich, um zu wachen und zu sehen, was des Nachts geschah. Der Mond stand hinter den Wolken, alles war still, bis gegen Mitternacht die Wolken aufbrachen und den hellen Mondschein durchließen. Plötzlich erschien eine weißgekleidete zarte Frauengestalt von himmlischer Schönheit. Sie band eine Schnur an den ersten Stein. Mit dem Band in der Hand ging sie den Abhang hinunter – und alle Steine folgten ihr wie an der Schnur gezogen hinunter zur alten Kapelle. Genauso verfuhr sie mit dem Holz. Dann verschwand sie.

Am nächsten Tag, als alle von dem seltsamen Vorgang wussten, beschloss man, eine neue Kapelle am alten Platz zu bauen. Denn es bestand kein Zweifel darüber, dass es niemand anders als Maria gewesen war. Sie hatte den Platz persönlich ausgesucht.

Die neue Kapelle ist schon seit Jahren verschwunden. Es muss noch eine dritte oder vierte dort gestanden haben, denn als man 1885 die dortige Gnadenkapelle abriss, um die Wallfahrtskirche zu bauen, stammte diese erst von 1746. Sie stand genau an der Stelle, wo sich heute der Gnadenaltar befindet. Das Gnadenbild selbst war einst, so heißt es, mit stofflichen Gewändern versehen. Fromme Verehrerinnen der Gottesmutter und Jungfrauen schenkten ihr oft Kleid und Mantel, die nicht selten aus Samt und Seide waren. Die Statue selbst aber war im Laufe der Jahrhunderte schadhaft geworden. 1876 ließ sie der damalige Pfarrer in Köln restaurieren und kunstvoll aufarbeiten. Damals bekam sie ihre Bemalung, sodass fortan keine Gewänder mehr nötig waren.

Graf Isang
und der Seeburger See

Dort, wo heute der Seeburger See seine Fluten in der Sonne spiegelt, stand einst ein stolzes Schloss. Graf Isang führte dort ein gottloses und wildes Leben. Er raubte und plünderte, dass die ganze Gegend unter ihm litt und die Bewohner ihn genauso fürchteten wie den Teufel. Einmal durchbrach er gar die Mauern des Klosters Lindau. Die Nonnen konnten sich nur durch ihre Flucht retten – bis auf eine. Die packte er, warf sie auf sein Pferd und nahm sie mit. Erst auf dem Schloss erfuhr er, dass es seine eigene Schwester war, die er geraubt hatte. Er erschrak fürchterlich und schickte sie mit reichen Gaben zur Buße wieder zurück in das Kloster. Doch sein Herz blieb gegenüber Gott weiter steinern und er nahm das wilde Treiben bald wieder auf.

Einmal schickte er einen Diener zum Fischmeister, weil es ihm nach einem Aal gelüstete. Der Fischmeister gab aber eine silberweiße Schlange mit. Der Graf verstand die Sprache der Tiere und war gar nicht unzufrieden mit dem Tier, weil er wusste, dass derjenige, der von einer falschen Schlange aß, weiter in alle Geheimnisse der Tiersprache eindringen konnte. Er ließ die Schlange zubereiten, verbot dem Diener aber mit der Todesstrafe, einen Bissen davon zu kosten. Der Graf aß von dem Gericht, so viel er konnte, aber es blieb doch etwas übrig. Die Schüssel wurde wieder hinausgetragen. Da konnte sich der Diener nicht mehr beherrschen und aß den Rest auf. Dem Grafen aber begannen nach der Mahlzeit alle seine schweren Missetaten aufs Herz zu drücken, alle schweren Sünden und jeder Frevel, sodass er es regelrecht mit der Angst zu tun bekam. „Mir ist so heiß, als ob ich die Hölle angeblasen hätte“, stöhnte er und ging in den Garten. Dort traf ihn ein Bote mit einer noch schlimmeren Nachricht an. „Eure Schwester ist aus Kummer über Eure Gewalttat gestorben“, richtete er aus. Graf Isang wandte sich daraufhin zurück zum Schlosshof. Dort begannen alle Tiere, Hühner, Enten, Gänse, ja sogar die Sperlinge und Tauben, von seinen Missetaten zu sprechen und brachten jeden Frevel und jede Sünde an. „Jetzt aber haben die Sünden ihr volles Maß erreicht, das Ende ist gekommen“, sagten die Tiere. „In kurzer Stunde werden die mächtigen Türme einstürzen, die ganze Burg wird versunken sein.“

Ein Hahn krähte besonders laut vom Dach. Der Graf packte seinen Diener, der eben über den Burghof eilte, am Arm und fragte ihn: „Was ruft er da?“ Der Diener vergaß völlig überrumpelt, dass er nie von der Schlange hätte essen dürfen und antwortete: „Er ruft: Eil, eil, eil, ehe die Sonne untergeht, wenn du dein Leben retten willst.“ „Oh du Verräter!“, schrie der Graf. „So hast du doch von der Schlange gegessen! Pack zusammen, was du hast, wir wollen fliehen.“ Der Diener rannte ins Schloss, Graf Isang sattelte selbst sein Pferd, war schon aufgesessen und wollte eben zum Tor hinaus, als der Diener leichenblass zurückkam und ihn anflehte, ihn doch mitzunehmen. Der Graf schaute nach oben, wo soeben die letzten Sonnenstrahlen über die Dächer zogen. „Eil, eil, eil – aber zieh allein“, krähte der Hahn. Graf Isang zog sein Schwert und spaltete dem Diener den Schädel, ehe er über die Zugbrücke hinausjagte. Er ritt bis auf eine kleine Anhöhe bei Gieboldehausen und drehte sich erst dort um. Noch immer sah er die Turmspitzen seines Schlosses im Abendrot leuchten und dachte, es sei alles nur ein Traum. Mit einem Male aber begann die Erde unter seinen Füßen zu zittern. Er warf sich wieder aufs Pferd und ritt weiter. Als er sich erneut umdrehte, waren Türme, Mauern und Wall verschwunden. Anstelle des Schlosses lag ein fast kreisrunder See im Abendlicht. Erst nach dieser wundersamen Rettung, so furchtbar sie auch war, bekehrte sich der Graf und büßte seine Sünden im Kloster Gieboldehausen, dem er auch seine übrigen reichen Besitztümer übereignete.

Die weisse Jungfrau
von Radolfshausen

Auf Radolfshausen, eine frühere Domäne nicht weit vom Seeburger See nahe des Dorfes Ebergötzen, lebte vor vielen, vielen Jahrhunderten ein äußerst angesehener Ritter, der eine einzige Tochter hatte. Das Mädchen war so schön und tugendhaft, dass es ebenso berühmt war wie sein Vater. Auch der böse und wilde Graf Isang von Seeburg hatte sich in sie verliebt und wollte sie unbedingt heiraten. Die Jungfrau aber wusste um den Lebenswandel und den Charakter des Grafen und wies dessen Werbung ab. Das kränkte weniger den Grafen, als vielmehr Isangs Mutter, die ihren Sohn abgöttisch liebte und Rache wollte. Das alte Weib verwünschte die Jungfrau, die fortan im Ebergötzer Holz umgehen musste und nur erlöst werden konnte, wenn jemand die Worte „Gott helfe dir!“ zu ihr spricht.

Der Fluch wirkte fast augenblicklich. Die schöne Jungfrau durchwanderte rastlos das Wäldchen, an ihrer linken Seite trug sie eine Tasche mit einem Brot und einem Krüglein Wein. Beides war ihre Nahrung und erneuerte sich jeden Morgen selbst. Tagsüber trug sie eine Nebelkappe, sodass niemand sie zu sehen vermochte. Nachts aber hatten viele Leute sie in ihrem weißen Gewand erblickt und sie „Hilf mir! Hilf mir!“ klagen hören. Aber niemand fand die passende Antwort.

Jahrhunderte vergingen bis am späten Abend des Johannistages ein Landsknecht in Ebergötzen auftauchte. Vom Kriegshandwerk wollte er nichts mehr wissen, sondern war auf dem Weg in sein Heimatdorf Holzerode, das nicht mehr weit entfernt war. Aber die Leute warnten ihn, durch den Wald zu reiten, denn dort sei es nicht geheuer, die weiße Jungfrau gehe dort um. Sie habe schon manchen Wanderer in die Irre geführt. Der Mann aber lachte nur. „Ich kenne den Weg genau, außerdem kennt ein Soldat keine Furcht.“ Dann ritt er weiter. Der Mond schien hell in dieser Nacht. Er hatte schon ein gutes Stück geschafft, als ihm die Jungfrau in den Weg trat und dreimal rief: „Hilf mir!" Der Soldat fragte: „Wer kann dir denn helfen?" Sie antwortete tieftraurig: „Niemand!" Daraufhin sagte der Reiter: „Dann helfe dir Gott!" Kaum hatte er die Worte gesprochen, stieß die Jungfrau einen Jubelschrei aus. „Auf dieses Wort habe ich schon so lange gewartet. Dreihundert Jahre sind seit meiner Verwünschung vergangen. Jetzt muss ich nur noch fünfundzwanzig Jahre wandern, dann bin ich erlöst." In Waake, so teilte sie dem Soldaten weiter mit, lebe am Ende des Dorfes ein nicht mehr ganz junges, kinderloses Ehepaar. Das werde übers Jahr einen Sohn bekommen, der Priester werden würde. „An dem Tage, an dem er seine Primiz feiert, bin ich erlöst. Nehmt bitte diesen Beutel mit Gold und lasst den Knaben studieren. Das übrige sei Euer!" Darauf verschwand sie.

Tief in Gedanken ritt der Landsknecht weiter, bis plötzlich sein Pferd anhielt. Der Weg war zu Ende, er hatte sich verirrt. Kurzerhand stieg er ab, band das Pferd an einen Baum und wickelte sich in seine Decke zum Schlaf. Am Morgen, als die Sonne schon hell schien, weckte ihn sein Tier mit lautem Gewieher. Er war sich nicht sicher, ob er die letzte Nacht nur geträumt hatte, aber er fühlte in seiner Tasche den Beutel. Er zog ihn hervor und zählte dreihundertfünfundzwanzig Goldgulden. Jetzt fand er auch den rechten Weg wieder und ritt heim. Am dritten Tage aber machte er sich auf den Weg nach Waake und fand alsbald das Ehepaar, dem er von seiner Begegnung mit der Jungfrau erzählte. Während des Gesprächs trat jedoch der Tod ins Zimmer und berührte kurz den Ehemann, der daraufhin erschauderte, aber es war nichts zu sehen.

Am Johannistag des nächsten Jahres wurde dem Paar ein Sohn geboren und der Landsknecht wurde sein Taufpate. Bald darauf starb der Ehemann. Der Knabe aber zeigte, je größer er wurde, ein immer frommeres Gemüt und einen hellen Verstand. Natürlich trat er ins Priesterkolleg ein und feierte an seinem vierundzwanzigsten Geburtstag seine Primiz.

Da trat die weiße Jungfrau in die Kirche. Von der jungen Schönheit war aber nichts mehr zu sehen, klein und runzelig vor Falten war sie geworden. In Gegenwart des Taufpaten überreichte sie nach dem Gottesdienst dem jungen Priester ein silbernes Kreuz, das einst zu ihres Vaters Zeiten den Altar von Radolfshausen geziert hatte. Dann erzählte sie den Gästen von ihrem Schicksal und Leidensweg. Auf Wunsch des jungen Priesters verbrachte sie ihre letzten Tage bei seiner Mutter, die sie mit großer Liebe pflegte. Drei Jahre später legte sie ihr Leben in die Hände Gottes.

DER HECKETALER

In Bernshausen am Ufer des Seeburger Sees lebte einst der Bauer Kasper. Fröhlich pfeifend kam er eines Sommertages von Duderstadt zurück, wo er sein Korn verkaufen konnte. Dafür hatte er einen schönen Strumpf voller guter Taler bekommen. Daheim zählte er noch einmal nach, aber etwas stimmte nicht. Er hatte keinen Taler zu wenig, sondern einen zu viel. Noch einmal zählte er, dieses Mal hatte er sogar zwei zu viel. So oft er die Zählerei auch wiederholte, jedes Mal war die Summe um einen weiteren Taler angewachsen. Da rief er seine Frau aus der Küche, der es aber ebenso ging. Beiden wurde so richtig angst und bange. Hier konnte es nicht mit rechten Dingen zugehen.

Bauer Kasper rannte hinaus und klopfte bei Nachbar Hannes, um ihm von der Sache zu erzählen. Hannes machte ein pfiffiges Gesicht und lächelte. „Unter dem Geld ist ein Hecketaler", erklärte er. „Jedes Mal, wenn man ihn umdreht, verdoppelt er sich." Jetzt nahmen sich die Bauersleute jeden einzelnen Taler vor und drehten ihn um. Bald hatten sie den Hecketaler gefunden, der sich in nichts von den anderen unterschied. Kasper hatte den ganzen Abend eine äußerst angenehme Beschäftigung. Er drehte den Hecketaler fröhlich um und um, während seine Frau einen Strumpf nach dem anderen holte, um sie zu füllen. Doch irgendwann fielen beiden die Augen zu und sie gingen zu Bett. Sie wollten ihr einträgliches Geschäft am nächsten Morgen fortsetzen und schlossen den Hecketaler zur Vorsicht in eine Schublade.

Um Mitternacht aber ging in der Schublade ein riesiges Gepolter und Gerappel los, sodass das Bauernpaar entsetzt aus dem Schlafe fuhr. Der Taler bollerte regelrecht in seiner Schublade und veranstaltete so einen Krach, dass den beiden die Haare zu Berge standen. Die ganze Geisterstunde hindurch ging das so. Punkt ein Uhr herrschte wieder Stille. Jetzt war klar, dass es sich um Teufelswerk handelte. Bauer Kasper und sein Weib beschlossen, den verhexten Taler so schnell wie möglich wieder loszuwerden. Am Morgen fragten sie erneut Nachbar Hannes um Rat. „Wenn der Hecketaler kommende Nacht wieder anfängt zu bollern, dann nimm ihn und geh zur Aue. Dann zählst du bis sieben und wirfst ihn, ohne hinzusehen, rückwärts ins Wasser der Aue, dann verliert er seine Zauberkraft." Gesagt, getan, bei Kasper herrschte wieder Ruhe.

Glück aber brachte ihm der Hecketaler nicht. Kaspar dachte, er habe ausgesorgt und gab sich dem Müßiggang hin. Er trank und spielte Karten, bis man ihn eines Morgens tot in der Aue fand, genau an der Stelle, an der er den Hecketaler versenkt hatte.

Nur Hannes, der so etwas geahnt hatte, nickte traurig. Er verriet trotzdem, wie man an einen Hecketaler kommt: Man nehme am Silvesterabend eine Katze, die in der Walpurgisnacht geboren war. Sie stecke man in einen Sack und binde den zu, in die Schnur müssen aber genau hundert Knoten geknüpft werden. Sobald der Glockenschlag das neue Jahr verkündet, gehe man dreimal stumm um den Kirchhof. Alsdann erscheint ein schwarzer Mann, der fragt, was man für die Katze im Sack wolle. Man fordert einen Taler, den man auch bekommt – den Hecketaler. Mit dem muss man sofort nach Hause rennen, denn der schwarze Mann beginnt augenblicklich, die Knoten zu lösen. Wehe demjenigen, der sich um einen verzählt hat oder noch nicht daheim ist, wenn der Mann alle Knoten aufgeknüpft hat – denn dann wird einem der Hals umgedreht!

DAS ACHTEMANNSLOCH BEI OBERNFELD

Vor mehreren Jahrhunderten brauste eine hochherrschaftliche Kutsche über die Heerstraße durch das moorige Gebiet nahe Obernfeld, zwischen Duderstadt und Gieboldehausen. Vier feurige Rappen zogen das Gefährt, das, Kutscher und Diener eingerechnet, insgesamt acht Personen beförderte. Vor Obernfeld scheuten die Rappen und rannten im wilden Galopp den Abhang hinunter in das Moor. Die schwankende Rasendecke konnte das Gewicht nicht tragen. Sie zerriss und verschlang das Gespann samt Insassen.

Landarbeiter auf den nahen Feldern hörten die Hilferufe und eilten herbei, aber alle Rettungsversuche waren vergeblich. Die Helfer liefen Gefahr für ihr eigenes Leben. Einige Bauern eilten zu ihren nahen Höfen, holten lange Stangen und Bretter, aber es half nichts. Ein Bauer, der sich auf einem Holz zu weit vorgewagt hatte, versank ebenfalls und konnte mit größter Mühe noch gerettet werden. Weil die Pferde vor Angst um sich schlugen, sanken sie und die Kutsche unaufhaltsam tiefer.

Da drängte sich der Pfarrer durch die Menge. Er rief den Unglücklichen zu, sie möchten die Sünden ihres Lebens bereuen, er wolle ihnen die Absolution erteilen. Sie folgten der Mahnung, und als er das Kreuzzeichen über ihnen schlug, schloss sich das Moor über ihnen. Da die acht Opfer, alles Männer, ihrer Kleidung nach zu urteilen, den vornehmen Ständen angehörten, unternahmen die Obernfelder noch mehrere Versuche, zur Unglücksstelle zu gelangen und eventuell noch Kostbarkeiten zu finden. Sie schaufelten sogar einen Graben vom Moor zu einem nahen Bach, um das Wasser abzuleiten. Aber es war nichts zu finden, weder von den Pferden noch von der Kutsche. An genau der Stelle aber blieb eine Öffnung, aus der Wasser entsprang. Die Quelle bekam den Namen Achtemannsloch.

DER BILDSTOCK AUF DER GROSSEN WIESE BEI OBERNFELD

Vor rund dreihundert Jahren, heißt es in der Überlieferung, lebte in Obernfeld ein Steinmetz, der ein Meister seines Faches war. Er wusste, was er konnte. Die Leute hielten ihn für stolz, da er nicht viel sprach und einen verschlossenen Charakter hatte. Als seine Frau starb, übernahm die Tochter die Hausführung. Eines Tages brach unter dem Vieh im Dorf eine große Seuche aus, hunderte Rinder und Schafe starben. Da gelobten die Obernfelder in ihrer Not, dass sie einen Bildstock errichten wollen. Sofort hörte die Seuche auf. Der Steinmetz bekam den Auftrag, die Obernfelder wollten die damals unerhört hohe Summe von einhundert Reichstalern ausgeben. Die sollte der Meister haben, sobald der Bildstock aufgestellt sei. Der Steinmetz versprach, all sein Können aufzubieten, um ein Werk abzuliefern, dem keines im Eichsfeld gleicht.

Als der Frühling kam, ging er an die Ausführung. Auf dem Sonnenstein suchte er tagelang nach den richtigen Sandsteinblöcken. Als er fündig wurde verpackte er die Steine sorgfältig, damit sie beim Transport auf dem Wagen keinen Schaden nehmen. Er brachte sie direkt zur großen Wiese und stellte eine Steinmetzbude auf. Er begann mit der Arbeit, gewährte aber niemandem Zutritt, er schlief sogar in seiner Werkstatt. Nur seine Tochter durfte ihm das Essen bringen.

Der Sommer kam und ging, es wurde Herbst. Da erschien der Steinmetz beim Schultheißen, um zu melden, dass das Werk fertig sei. Es könne in der nächsten Woche aufgestellt werden. Ganz Obernfeld war am bezeichneten Tag auf den Beinen, zu neugierig waren die Leute auf den fertigen Bildstock. Mit großer Mühe wurde er aufgerichtet, dann stand den Leuten vor Staunen der Mund offen, so schön war er.

Der Schultheiß aber war ein Geizhals. Als der Steinmetz seinen Lohn forderte, sagte der knauserige Mann: „Für solche Arbeit ist die Summe zu viel. Ihr müsst *einen* Taler nachlassen!“ Daraufhin trat etwas Unheimliches in die Augen des Steinmetzes. Nicht einen roten Heller werde er nachlassen, rief er zornig. „Eher werde ich das Werk in Stücke hauen!“ Er griff nach dem Meißel und schlug tatsächlich ein Stück aus dem Bildstock. Da eilte der Pfarrer herbei. „Um Gottes Willen, hört auf! Ihr sollt das Geld haben! Eure Arbeit ist das Werk eines wahren Künstlers.“ Der Meister bekam die vollen einhundert Taler, aber das Benehmen des Schultheißen hatte ihn tief verletzt. Er fertigte nicht ein Stück mehr an und mied jeden Kontakt zu den Dorfbewohnern. Trotzdem ging er jeden Tag zum Bildstock und betrachtete stundenlang sein Werk. Er wurde trübsinnig, und eines Morgens wurde er tot unter dem Bildstock gefunden. Am 7. Dezember 1868 wütete ein furchtbarer Sturm in der Goldenen Mark, der auch den Bildstock umstürzte. Die Beschädigungen von einst sind heute noch am neuen Ort, am Wurthweg, zu sehen.

Die „Stadt Mainz“
in Obernfeld

Während des Siebenjährigen Krieges, als das kurmainzische Eichsfeld vorübergehend von Feinden besetzt war, kam in der Dämmerung ein höherer kurmainzischer Beamter nach Obernfeld hereingeritten. Völlig erschöpft und krank hielt er vor dem Gemeindekrug. Dessen Wirt erschien in der Tür, um den Fremden in Augenschein zu nehmen, der um Obdach bat. Aber der Wirt verwies ängstlich auf eine frisch ausgehängte Bekanntmachung, dass es bei harter Strafe verboten sei, Kurmainz in welcher Form auch immer zu unterstützen. Es sammelte sich eine kleine Menschenmenge um die beiden herum, die gaffend die Verhandlung zwischen dem Wirt und dem Fremden verfolgte. Immer wieder bat der Kurmainzer um Obdach, genauso oft wies der Wirt die Bitte ab. Da schob sich eine resolute Frau aus der Menge, Steinmetz mit Namen, und fuhr den Wirt an, es könne ja kaum ein großes Verbrechen sein, einem armen kranken Menschen den Samariterdienst zu erweisen. Kurzerhand bot sie dem Fremden Unterkunft in ihrem eigenen Haus an, der dankbar annahm. Am nächsten Morgen hatte sich der Zustand des Fremden bedenklich verschlimmert. Tagelang schwebte er zwischen Leben und Tod. Hingebungsvoll pflegte die Familie Steinmetz den Gast in ihrem Hause, sodass er sich wieder erholte und seine Reise mit frischen Kräften fortsetzen konnte. Beim Abschied versprach er, dass er den Edelmut und die Gastfreundschaft nie vergessen werde.

Als der Siebenjährige Krieg vorbei war, erhielt die Familie Steinmetz eines Tages einen Brief der kurfürstlichen Regierung in Mainz, beigelegt war eine nicht unbedeutende Geldsumme. Es war ein Dankesschreiben, in dem die Familie und ihre Nachkommen das Recht erhielten, eine Gastwirtschaft zu eröffnen. Nur eine Bedingung war daran geknüpft: Das Schild solle ein Bild der Stadt Mainz enthalten und der Name solle lauten: „Gastwirtschaft zur Stadt Mainz“. Das mitgeschickte Geld solle zur Einrichtung verwendet werden. Das Gasthaus solle zudem ein Zimmer bekommen, das für höhergestellte Persönlichkeiten reserviert bleiben sollte. Nicht zuletzt dürfe die Familie das Vorrecht, ein Gasthaus zu führen, an einen anderen Dorfbewohner verkaufen. Natürlich eröffnete die Familie das Gasthaus im Sandtore. 1792 wurde es in das Bruchtor verlegt, bis es nach etwa zweihundertvierzig Jahren schloss.

DER BILDSTOCK VOR DEM BRUCHTORE
IN OBERNFELD

In Obernfeld brach einst in der Scheune eines alten Bauernhauses, das noch aus dem Dreißigjährigen Krieg stammte, ein Feuer aus, ausgerechnet nach gerade eingefahrener Getreideernte. Schnell griff das Feuer auf den Stall über, um dann schon am Giebel des Wohnhauses zu züngeln. Es wehte ein scharfer Nordwind, vorausgegangen war zu allem Überfluss noch eine Dürre. Das Haus gehörte einer armen Witwe, die nun auch noch das Dach über dem Kopf verlor. In ihrer Not warf sie sich im Hof auf die Knie und gelobte, auf ihrem Grund und Boden einen Bildstock zu errichten, wenn ihr Haus gerettet wird. In dem Moment drehte sich der Wind und trieb die Flammen vom Haus weg, das nur einen angesengten Giebel davontrug. Die Frau erfüllte ihr Gelübde und errichtete auf ihrem Grundstück am Bruchtore den Heiligenstock, der Christus am Kreuz, die Gottesmutter, den heiligen Josef und den heiligen Michael zeigt. Heute heißt die Straße „Stadtweg".

DER GLOCKENBORN
BEI OBERNFELD

Vor zweihundert Jahren nahm die alte Heerstraße nördlich von Obernfeld Richtung Gieboldehausen eine höher gelegene Richtung, das Ackerland ging nahtlos in die morastige Wiese über. Manchmal sahen die Leute Irrlichter über ihr tanzen und meinten, aus dem Rauschen des Wassers aus der Quelle namens Glockenborn ein eigentümliches glockenartiges Klingen zu hören.

Vor vielen hundert Jahren hütete an einem schönen Sommertag der Obernfelder Schweinehirt seine Tiere. Er legte sich lang und übte sich im süßen Nichtstun. Auf einmal weckte ihn aber das wütende Gebell seines Hundes aus dem Nickerchen. Der Hirt sprang auf, um zu sehen, was den Lärm verursachte. Da sah er, wie sich eine alte Sau so tief in den Morast des Wiesenbruches gewühlt hatte, dass sie zu versinken drohte. Nur mit größter Mühe gelang es dem Hirten, das Tier zu retten.

Bei der Anstrengung stieß er immer wieder auf einen harten Gegenstand, den er zunächst für einen alten Baumstumpf hielt. Doch dann merkte er, dass das rätselhafte Ding im Boden aus Metall war. Und dann glaubte er seinen Augen nicht zu trauen. Aus dem Morast schaute eine große Glocke, so schwer, dass er sie allein nicht heben konnte.

Der Hirte lief sofort ins Dorf. Zwar glaubte ihm zunächst niemand, aber die Neugier trieb die Dorfbewohner doch zur besagten Stelle. Der Hirte hatte die Wahrheit gesprochen. Der Schulze ließ Seile und Hebebäume herbeischaffen, aber trotz aller Anstrengungen bewegt sich die Glocke keinen Zoll, auch nicht, als Pferde geholt wurden.

Inzwischen hatte sich die Menge Schaulustiger vervielfacht, sogar in den Nachbardörfern hatte sich die Sache herumgesprochen. Irgendwann raunte es in der Menge: „Die Glocke muss verhext sein", weil sie sich nicht von der Stelle rührte.

Unter den hunderten von Zuschauern befand sich ein Mädchen von sonderbarer, aber außerordentlicher, südländischer Schönheit. Auch ihre Kleidung war fremdländisch. Das pechschwarze glänzende Haar wurde von einem roten Seidenband gehalten. Sie trat einen Schritt vor und fragte, was ihr Lohn sei, wenn sie die Glocke aus dem Morast ziehe. Der Junker von Eutzenberg, ein hübscher Jüngling von zwanzig Jahren, sagte: „Ich verspreche dir einen Kuss, wenn du fertigbringst, was niemand von uns kann." Das Mädchen errötete und sagte: „Einverstanden."

Die fremde Schönheit löste das Band aus ihren Haaren, murmelte in die Sonne blickend einige unverständliche Worte, knüpfte das Band an einen dünnen Stab und befestigte es dann an der Glockenaufhängung, die herausschaute. Sie zog und immer höher kam die Glocke, bald stand sie auf dem Stoppelfeld, während aus der Stelle eine helle Quelle hervorsprudelte. Es herrschte Totenstille bei den Zuschauern, dann ertönte vereinzelt Beifall. Nur ein paar alte Weiber kreischten: „Eine Hexe! Schlagt sie tot!" Aber die Männer stellten sich schützend vor das Mädchen und der Schulze wies die alten Weiber scharf zurecht. Der Junker konnte kein Auge von dem Mädchen wenden, trat näher, gab ihr einen Kuss und sagte leidenschaftlich: „Da hast du deinen versprochenen Lohn." Auch der Schulze drückte ihr die Hand. Aus den Hebebäumen wurde flugs ein Schlitten gefertigt, um die Glocke zum Kirchhof zu bringen, wo sie ihren Platz im Glockenturm bekommen sollte.

Nur der Junker blieb zurück, sah sich nach dem Mädchen um und erblickte es am Waldrand. Er eilte hinterher, doch so sehr er auch den Wald durchstreifte, das Mädchen war verschwunden. Erst am Abend kehrte er müde heim, um sich am nächsten Morgen wieder auf die Suche zu begeben. Währenddessen befürchtete man im Dorf, dass der Kirchturm zusammenbrechen würde, wenn man die Glocke hoch oben läutet, weil sie so schwer war. Also baute man neben der Kirche einen Glockenstuhl. Gleichzeitig war der Jüngling, der früher vor Lebensmut übersprudelte, wie verwandelt. Still, traurig und in sich gekehrt war er nur noch ein Schatten seiner selbst. Immer wieder durchstreifte er den Wald und die Gegend um den Glockenborn. Wenn die Glocke geläutet wurde, kam er herbei, setzte sich auf die Kirchhofmauer und murmelte: „Sau fand, Mädchen band." Auf den ersten Jahrestag des Glockenfundes fand ihn der Küster morgens tot unter der Glocke sitzen. Das Mädchen wurde auch nie wieder gesehen.

Jahrhundertelang rief die Glocke die Menschen in die Kirche. Die Schweden brannten Obernfeld nieder, auch die Kirche wurde Opfer der Flammen, nur die Glocke war wie durch ein Wunder unversehrt. Der Feind beschloss, sie zu Kugeln umzugießen. Es wird aber erzählt, dass sich das heilige Metall nicht in den Dienst des Krieges stellen wollte. Die Kugelformen platzen immer wieder auf. Als die Einwohner zurückkamen, fanden sie die traurigen verschmolzenen Überreste der Glocke und beschlossen, sie dorthin zu bringen, wo sie einst gefunden wurde. Sie warfen die Reste in den moorigen Bruch bei der Quelle, wo sie für immer versanken.

DER SCHWARZE REITER

In Rollshausen lebten einst zwei gute Freunde. Der eine war Schuster, der andere Schneider. Eines Tages verabredeten sie sich, um gemeinsam nach Duderstadt zu laufen. Es sollte in aller Herrgottsfrühe losgehen. Der Schneider sollte den Schuster um drei Uhr wecken. Bereits gegen Mitternacht klopfte es beim Schuster am Fenster. Der hatte keine Uhr daheim und meinte, es sei schon so weit und sein Freund wäre da. „Jou, ich komme gleich", rief er. Nach einer Viertelstunde klopfte es wieder am Fenster, dieses Mal stärker. Der Schuster wurde ärgerlich. „Jetzt hab doch Geduld und lass mich wenigstens etwas Warmes essen! Geh mant vor, ich komme gleich nach."

Der Schuster aß in Ruhe seine Mehlsuppe auf, schnürte seinen Tornister und machte sich auf den Weg. Große Schritte machte er, um seinen Freund einzuholen, aber er sah und hörte nichts vom Schneider. Als er in die Nähe des Kesteberges bei Obernfeld kam und seinen Reisegefährten noch immer nicht eingeholt hatte, sprach er verwundert zu sich selbst, der Kumpan werde wohl in Obernfeld sein. Als er das Krommelnbeek, das einst quer über die Straße floss, überqueren wollte, hörte er ein Pferd hinter sich schnaufen und drehte sich um. Was er sah, ließ ihm fast das Herz stillstehen. Auf einem schwarzen dreibeinigen Pferd, aus dessen Nüstern Funken stoben, saß ein mächtig großer Mann, ein wahrer Satan. Der Schuster wollte schreien, aber die Stimme versagte ihm. Er wollte fliehen, aber die Beine waren wie angewurzelt. Der Spuk kam immer näher und war am Ende vielleicht noch zehn Schritte entfernt. Der Schuster, der sein letzte Stündlein vor sich sah, machte das Kreuzzeichen. Da tat sich die Erde auf, Ross und Reiter versanken im Boden, aus dem Funken und Flammen aufstiegen, dann war die Erscheinung verschwunden.

Der Schuster war endlich in der Lage, sich zu bewegen und ging mit schlotternden Knien wieder nach Hause. Die Lust auf Duderstadt war ihm vergangen. Mehr tot als lebendig kam er daheim an und legte sich fröstelnd ins Bett. Da klopfte es plötzlich. Es war der pünktliche Schneider. Aber aus dem Besuch in Duderstadt wurde nichts. Erst nach mehreren Tagen konnte der Schuster wieder aufstehen, war aber Zeit seines Lebens leidend und ging nur noch gedrückt einher.

Der Wechselbalg

Mit ihrem vierjährigen Söhnchen ging eine Bauersfrau vor langer Zeit von Obernfeld nach Breitenberg. Sie wollte dort Verwandte besuchen. Auf dem Weg wurde der Kleine schnell müde und begann zu weinen. Also nahm sie ihn auf den Rücken, wo er bald einschlief. Kurz darauf erreichten sie ein Wäldchen, wo sich die Frau hinsetzte, um sich etwas auszuruhen. Da stand auf einmal ein kleines Männlein vor ihr. Es hatte einen langen, weißen Bart und sah sie scharf an. Plötzlich nahm es Anlauf und sprang über die Frau hinweg, die laut aufschrie. Auch ihr Kind schrie auf, ließ los und fiel mit dem Gesicht voran zur Erde. Schnell drehte sich die Frau um, aber das Männlein hatte sich in Luft aufgelöst. Die Frau nahm ihr Kind wieder in die Arme und sprach ihm beruhigend zu. Aber es antwortete nicht. Als die Mutter es betrachtete, kam ihr das Gesicht des Sohnes um Jahre gealtert vor. Sie konnte machen, was sie wollte, das Kind sprach kein Wort und sah sie nur blöde an. Da kamen ihr Zweifel, ob es überhaupt ihr Kind war. Traurig kehrte sie nach Obernfeld zurück. Selbst die Zeit brachte keine Besserung. Da kam ihr der Gedanke, dass der Zwerg ihr Kind verhext haben könnte.

Eines Tages kam ein Duderstädter Arzt ins Dorf. Die Frau fasste sich ein Herz und bat ihn, sich ihr Kind anzusehen. Als der Doktor mit der Untersuchung fertig war, meinte er, das Kind sei kerngesund. „Aber der Junge ist viel älter, als Ihr sagt. Und er hat etwas Zwergenhaftes an sich. Der Schreck hat ihm die Sprache verschlagen und das Gehör beeinträchtigt. Ich kann nichts tun, Ihr müsst Euer Kreuz tragen."

Mehrere Jahre vergingen. Der Junge wuchs und sprach nicht, sondern blieb einfach, wie er war. Da begegnete die Bauerfrau vor ihrem Dorf einem Fremden, mit dem sie ins Gespräch kam und ihre Leidensgeschichte erzählte. Er strich sich über den Bart und sagte: „Euch ist zu helfen. Der Knabe ist ein Wechselbalg. Der Zwerg hat Euer Kind mitgenommen und Euch dieses hier untergeschoben." Und dann hatte er Rat. „Besorgt Euch ein Kiebitzei. Am Ostersonnabend müsst Ihr mit der Eierschale Wasser in den Behälter schöpfen, den Ihr zum Dünnbierbrauen benutzt. Das ist eine mühselige Arbeit, aber Ihr dürft nicht nachlassen, bis das Wasser bis zum Rand steht und überfließt. Dann habt Ihr Euren Sohn wieder."

Die Mutter tat, wie ihr geraten wurde. Der Ostersonnabend kam heran, sie hatte sich Kiebitzeier geholt. Unermüdlich schöpfte sie in ihrer Mutterliebe, bis am Abend das Fass endlich voll war und überfloss. Das Kind war schon längst im Bett. Schnell trat die Frau hinzu und beobachtete es. Da schlug der Junge die Augen auf und sie hörte ihn mit süßer Stimme „Mutter" sagen. Sie nahm ihn in die Arme, küsste ihn und wollte ihn nicht mehr loslassen. Der Junge erzählte ihr, wie der alte Zwerg ihn in den Berg mitgenommen hatte. „Da waren viele kleine Leute, aber alle freundlich. Wenn ich Heimweh bekam, trösteten sie mich und gaben mir Spielzeug aus Gold", berichtete er. Auf einmal sei der alte Zwerg ganz traurig geworden und hätte gesagt, dass der Junge ihnen Glück gebracht habe, er sie aber nun wieder verlassen müsse. Die Spielsachen habe er mitnehmen dürfen. „Ich bin dort eingeschlafen und hier wieder aufgewacht." Das Spielzeug lag im Bett verteilt und war aus purem Gold.

Der Name Gieboldehausen

Einst brach in einem kleinen Dörfchen eine verheerende Feuersbrunst aus. Alle Häuser, Ställe und Scheunen brannten nieder – bis auf ein Gebäude. Und von dem blieb auch nur noch der Giebel übrig, den man in Mundart Giewel nennt. Beim Wiederaufbau des Dorfes rührten die Bewohner zur Erinnerung an die Katastrophe diesen Giebel nicht an und ließen ihn stehen. Das sorgte für Spott in den Nachbardörfern, und deren Bewohner nannten das Dorf unter sich Giewelhusen, also Giebelhausen. Der Name kam immer mehr in Mode und verdrängte den alten, bis die Einwohner ihn selbst übernahmen. Im Laufe der Zeit wandelte er sich in Gieboldehausen, aber wer Eichsfelder Mundart spricht, nennt es immer noch Giewelhusen.

Wie ein Irrwisch einen Schneider das Fürchten lehrte

An einem schönen Sommertag ging ein Schneider einst fröhlich pfeifend von Gieboldehausen nach Bilshausen, um dort ein paar Ferkel zu kaufen. Doch egal, auf welchem Bauernhof er fragte, überall bekam er zur Antwort, es seien keine Ferkel mehr da, die Harzer hätten schon alle aufgekauft. Da pfiff er nicht mehr fröhlich, sondern wandte sich missmutig zum Strohkrug, um seinen Kummer mit einigen Gläsern Branntwein zu bekämpfen. Als er sich am Abend Richtung Heim wandte, war seine Stimmung wieder recht rosig. Er war noch nicht lange unterwegs, als er rechterhand von der Landstraße auf einer Wiese einen Irrwisch bemerkte, der hin und her hüpfte. Eigentlich fürchtete sich der Schneider ein bisschen, doch er war vom Schnaps noch so benommen, dass er stehen blieb und mit den Augen das Gehüpfe verfolgte. Mit einem Mal kam ihm ein Gedanke. „Wie wäre es, wenn ich den Irrwisch finge..“, dachte er bei sich. Den Sack für die Ferkel hatte er schließlich noch. „Dann hätte ich im Winter ein billiges Licht und das Klagen meiner Frau über das teure Brennmaterial hört auf....“

Er nahm den Sack von der Schulter, öffnete ihn und ging dem hüpfenden Licht nach. Das Herz schlug ihm laut bis zum Hals. Den Irrwisch zu fangen war doch nicht so leicht wie gedacht. Immer wieder entwischte er dem Schneider. Doch dann warf er sich mit dem geöffneten Sack auf den Irrwisch und hatte ihn endlich gefangen. Der Schneider band den Sack fest zu, warf ihn sich auf den Rücken und machte sich wieder auf den Weg gen Gieboldehausen.

Bei der Rhumemühle aber staunte er nicht schlecht, als ihm seine Frau entgegenkam. Sie hatte sich wegen des langen Ausbleibens ihres Mannes geängstigt und sich auf die Suche gemacht. „Rate mal, was ich im Sacke habe“, rief er ihr gutgelaunt entgegen und erzählte ihr die Geschichte. Sie glaubte ihm jedoch nicht. „Dein Irrwisch wird ein hübscher Schwips sein", entgegnete sie. Zuhause angekommen, wollte der Schneider den Irrwisch aus dem Sack ziehen und griff hinein. Ihn durchfuhr das blanke Entsetzen, als er statt des Lichtes einen grinsenden Totenschädel in der Hand hielt. Er ließ ihn vor Schreck fallen, aber sobald der Schädel den Boden berührte, begann er zu hüpfen. Immer größer wurden die Sprünge, bis er am Ende von einer Ecke des Zimmers in die andere polterte. Die Schneidersfrau kreischte und floh aus dem Zimmer, während dem Schneiderlein die Haare zu Berge standen.

Er fasste sich ein Herz und versuchte, den Schädel wieder einzufangen. Nach vielen Mühen gelang es ihm, ihn in den Sack zu stopfen. Erst nach vielem Zureden konnte er seine Frau dazu bewegen, das Haus wieder zu betreten. „Schaff uns das Spukeding vom Leibe, sonst bleibe ich keine Minute länger hier", rief sie. Als er das Haus verließ, rief sie ihm noch einen guten Rat hinterher: „Bring es an die Stelle zurück, wo du es herhast." Als der Schneider an die Rhumebrücke kam, hörte er die Turmuhr Mitternacht schlagen. Endlich hatte er die Stelle erreicht, da schlug die Uhr eins. Er öffnete den Sack, der Irrwisch sprang heraus und rief: „Wenn es jetzt wäre nicht eine, so hätte ich dir kaputtgebrochen Hals und Beine!" Der Schneider rannte, so schnell ihn seine Beine trugen, nach Hause. Seitdem bekreuzigte er sich immer, wenn er einen Irrwisch auch nur aus der Ferne sah. Er hat nie wieder versucht, einen zu fangen.

Die Hohe Leuchte
in Gieboldehausen

Vor weit mehr als tausend Jahren soll ein Graf Biso oder Iso auf einem kleinen Hügel mitten im Herzen von Gieboldehausen eine Burg besessen haben. Der Graf soll reich gewesen sein und noch mehrere Schlösser und Burgen in der Gegend sein Eigen genannt haben – das sagenhafte Schloss im Seeburger See inbegriffen. In Gieboldehausen residierte der Graf nur, wenn er in der Nähe im wildreichen Rotenberg zur Jagd ging. Damit die Bewohner wussten, dass er gerade seinen Aufenthalt hier genommen hatte, ließ er jeden Abend vor der Gieboldehäuser Burg an einer langen Stange eine Leuchte aufziehen, die hoch in der Luft weithin strahlte. Bis heute heißt die Straße darum „Hohe Leuchte".

Es soll sich tatsächlich um den gleichen Adligen gehandelt haben, der als der wilde Graf Isang von Seeburg bekannt war. Er schwor irgendwann seinem lasterhaften Leben ab und ging nach Rom, um beim Papst Vergebung für seine schweren Sünden und Gewalttaten zu erlangen. Nach seiner Rückkehr, so erzählt die Legende, hat er die Burg in Gieboldehausen zerstört und aus den Trümmern eine Kirche zu Ehren des heiligen Laurentius bauen lassen. Er hatte Reliquien des Heiligen aus der Ewigen Stadt mitgebracht. Bis heute führt die große Gieboldehäuser Kirche das Patronat Sankt Laurentius.

DAS SANKT-ANNEN-BILD
IM „HERRENHAUS AUF DEM WALL“

Um das Jahr 1520 begann die Glaubenserneuerung, die Reformation hielt nach und nach Einzug im Eichsfeld. Das Schloss Gieboldehausen, das auch „Herrenhaus auf dem Wall“ oder „Rittergut Wall“ genannt wird, beherbergte zu dieser Zeit eine Holzfigur der Mutter Mariens, Anna Selbdritt. Doch der Schlossherr von Gieboldehausen trat zum lutherischen Glauben über und ließ die Annenstatue aus seinem Schloss entfernen und auf den Dachboden bringen. Das war jedoch kein guter Gedanke, denn ab diesem Zeitpunkt lief im Schloss nichts mehr glatt. Allerlei Unheil ereignete sich. Das Vieh starb eins nach dem anderen, im Hause spukte es, sodass die verängstigten Bewohner des Nachts kein Auge zumachten. Eine ganze Zeit lang ging es so fort, bis man sich nicht mehr zu helfen wusste. Da kam ein weiser Schäfer ins Schloss, der als einziger auf dem Wall dem alten Glauben treu geblieben war. Er gab den Rat, das Annenbild vom Dachboden zu holen und an seinen alten Platz zu stellen. Kaum war das geschehen, hatte der Spuk ein Ende, auch das Sterben unter dem Vieh hörte auf.

DER SCHATZ AUF DEM HOPFENHOF
IN GIEBOLDEHAUSEN

Eines Nachts träumte ein Gieboldehäuser, im Hopfenhofe in seinem Heimatort läge ein großer Schatz. Der Traum regte ihn innerlich so auf, dass er davon erwachte und sofort seiner Frau davon erzählte. Es war gerade Mitternacht. Dazu leuchtete ein perfekter Vollmond am dunklen Himmel. Die Frau redete ihm zu, sich sofort auf den Weg zu machen. An Ort und Stelle fand er drei große Maulwurfshaufen vor. Obwohl sie außergewöhnlich groß waren, sah der Mann nichts von irgendwelchem Gold. Aber um seinem zänkischen Weibe den Beweis mitzubringen, dass er wirklich am Hopfenhof war, nahm er von jedem Haufen so viel Erde in seiner Mütze mit, wie er mit drei Fingern fassen konnte. Zu Hause stülpte er die Mütze auf dem Küchentisch um und sagte: „Da hast du dein Gold.“ Doch es klimperte unter der Mütze. Statt der Erde lagen kleine Goldklumpen auf dem Tisch. Sofort rannten beide zum Hopfenhof zurück, aber die Maulwurfshaufen waren verschwunden.

DER SCHWARZE HUND
VON GIEBOLDEHAUSEN

Vor mehr als einhundert Jahren erzählten sich die Leute, dass es in der Marktstraße von Gieboldehausen nicht geheuer sei. Um Mitternacht soll ein schwarzer Hund um die Ecke gehen. Wenn jemand um diese Zeit dem Hund begegnet und deswegen flucht, so würde er von ihm gebissen und müsse daran sterben.

DIE KINDESHAND
VON GIEBOLDEHAUSEN

Einst wurde in Gieboldehausen ein Kind beerdigt, das zu Lebzeiten wild und ungebärdig war und immer nach seiner Mutter schlug. Doch eine Strafe bekam es nie, dafür liebte es die Mutter zu sehr. Als das Kind verstarb, konnte es im Tod aber keine Ruhe finden. Die untröstliche Mutter ging jeden Tag zum Grab. Eines Tages meinte sie, aus der Erde unablässig Klopfgeräusche zu hören. Die Mutter eilte nach Hause und holte einige Männer, die das Grab öffneten. Da sahen sie, dass das Kind eine Hand aus dem Sarg herausgestreckt hatte und eine Stimme rief: „Schlag doch auf meine Hand, sonst kann ich keine Ruhe finden…!“ Das tat die Mutter. Im selben Moment verschwand die Hand und das Kind hatte seinen Frieden.

DIE GESCHICHTE VOM SCHNURBRAND

Vor vielen Jahrhunderten lebte in Gieboldehausen ein böser Bauer mit Namen Schnur. Eines Tages stand sein Haus in Flammen. Er versuchte verzweifelt, das Feuer zu löschen, aber es wollte und wollte ihm nicht gelingen. Doch statt um Hilfe zu rufen, wurde er böse. Er wurde so wütend, dass er nicht nur das Feuer verfluchte, sondern gleich ganz Gieboldehausen. Im gleichen Moment stand sein ganzes Gehöft im Vollbrand. Schnur sprang in den Stall und holte die beiden Ziegen heraus und rannte mit ihnen durch die Straßen. Aber wohin er auch kam, alles begann sofort zu brennen. Da verwünschten ihn die Leute. Schnur rannte in seiner Angst durch die Rhumemühle, die ebenfalls sofort samt Mühlrad zu brennen begann. Es soll ein eigenartiges Schauspiel gewesen sein: Wenn die Schaufeln ins Wasser tauchten, erloschen die Flammen, kamen die Schaufeln hoch, brannten sie wieder lichterloh. Schnur rannte mit den beiden Ziegen weiter in den Hellberg und versteckte sich in einem Dornengestrüpp, das natürlich auch sofort in Flammen stand. Schnur und seine Ziegen starben eines jämmerlichen Todes. Bis heute aber erinnern sich die Gieboldehäuser von Generation zu Generation noch an den bösen Bauern, der nur noch Schnurbrand genannt wird.

Unter der Rhumebrücke

Ein kleines Mädchen hütete bei Gieboldehausen die Gänseschar ihrer Mutter. Doch die Gänse liefen auf einmal unter die Rhumebrücke. Das Mädchen rannte hinterher, um sie zurückzuholen. Unter der Brücke sah es einen Topf und jeweils einen silbernen Leuchter an der Seite auf dem Wasser treiben. Auf dem Topfdeckel saß ein dicker grüner Frosch, der das Mädchen pausenlos anblinzelte. Sie wollte den Frosch vom Topf jagen und klatschte in die Hände. Aber vergebens, der Frosch blieb, wo er war. Das Mädel drehte sich um und rannte nach Hause, um seine Mutter zu holen. Die kam gleich mit. An der Rhumebrücke brach sich die Frau eine Weidengerte ab und schlug nach dem Frosch. Der quakte erbärmlich und sprang ins Wasser. Die Mutter wollte nach dem Topf greifen, aber es gab einen lauten Plumps, und Topf und Leuchter waren verschwunden. Hätte die Mutter den Frosch freundlich angesprochen, so heißt es, dann hätte sie einen großen Schatz bekommen, denn es soll sich um einen verzauberten Prinzen gehandelt haben, der nur auf ein freundliches Wort wartete, um erlöst zu werden.

Die Totengruft
bei Gieboldehausen

Vor Zeiten war der Kleine Lohberg bei Gieboldehausen noch von einem dichten Wald bewachsen. Damals hauste im Inneren des Berges ein Zwergenvolk. Die Kleinen hatten eine Menge Schätze angehäuft. Sie ernährten sich von Vögeln, die sie geschickt mit Pfeil und Bogen erlegten, und holten ihr Wasser aus einem kleinen Teich. Doch eine Seuche suchte das Völkchen heim. Alle Zwerge starben, bis auf zwei uralte Brüder.

Es verging eine Zeit, da holte die Seuche auch noch einen der beiden. Der letzte Zwerg wurde tieftraurig, denn wie sollte er ohne seinen Bruder, seinen Kameraden, überleben? Der Tod stand schon hinter dem Krankenbett, da fragte der Sterbende seinen Bruder, was eigentlich mit all den Schätzen geschehen solle, denn wenn sie beide tot seien, wären die zu nichts mehr nütze. „Gib sie denen, die in Not und Sorge sind“, bat er ihn und starb darauf.

Der überlebende Bruder ging jeden Tag dreimal in den Wald, um nach armen Menschen Ausschau zu halten. Eines Mittags kam er zu einem Teich, wo ein erwachsenes junges Mädchen vor einem Kreuz kniete, das in einem Busch hing. Die Jungfrau weinte und schluchzte bitterlich. Als sie den kleinen Mann mit dem langen grauen Bart sah, erschrak sie und wollte fortlaufen. Aber der Zwerg trat ihr in den Weg, sprach ihr sanft und liebevoll zu und fragte nach der Ursache ihres Kummers. „Mein Vater war der beste Mensch auf dieser Erde", begann das Mädchen seine Erzählung. „Aber seit einigen Jahren ist er vom Spielteufel besessen. Die Karten haben dafür gesorgt, dass wir überschuldet sind." In seiner Verzweiflung sei ihr Vater nun auch noch der Trunksucht verfallen. „Jetzt will er Weib und Kind ermorden, wenn wir ihm nicht innerhalb von drei Tagen so viel Geld beschafft haben, dass er Haus und Hof zurückkaufen kann. Heute Morgen habe ich mich vor dem Vater versteckt und bin hierher geflüchtet. Wenn Gott uns nicht hilft, dann sind wir verloren", weinte sie. Die alten Augen des Zwerges ruhten eine ganze Weile voller Mitleid auf dem Mädchen. „Seit Tagen gehe ich hier durch das Holz, um einen Menschen in Not zu finden. Komm mit mir", sagt er dann leise. Er nahm das Mädchen bei der Hand und führte es in sein unterirdisches Reich und zu den ungeheuren Schätzen. Er gab ihr so viel Geld, wie sie brauchte. Sie musste aber schwören, niemandem etwas von ihrer Begegnung zu verraten.

Voller Freude eilte die Jungfrau heim zu ihrer Mutter, gab ihr das Geld und erzählte, was ihr widerfahren war. Drei Tage später fand die Versteigerung des Hauses statt. Wie staunten die Gieboldehäuser, als der Bauer die Summe in bar bezahlte. Mutter und Tochter aber waren solche Plaudertaschen, dass bald alle wussten, woher das Geld kam. Weil das Mädchen ihr Versprechen an den Zwerg nicht gehalten hatte, lag aber kein Segen auf dem Geld. Der Bauer verfiel erneut dem Kartenspiel und der Trunksucht. Eines Tages fand man ihn tot im Teich. Erneut wurde der Hof versteigert, für die Hinterbliebenen blieb nichts übrig.

Nun lebte aber in Gieboldehausen ein älteres Ehepaar ohne Kinder, das von einem anderen Teufel besessen war: Dem Geizteufel. Es gelang den beiden, das Mädchen so zu beschwatzen, dass sie übereinkamen, den Zwergenschatz zu heben. Es kam eine mondhelle Nacht, in der sie zum Kleinen Lohberg aufbrachen und zu graben begannen. Auf einmal stießen sie auf das Skelett eines kleinen Menschen. Als es sich aufrichtete, standen den dreien die Haare zu Berge. Die Knochenhände erschlugen erst den Mann, dann die Frau. Das Skelett fiel sofort wieder nieder, woraufhin sich der Boden öffnete und es verschlang. Wie festgebannt stand das Mädchen eine Weile da. Dann stieß es einen lauten Schrei aus und fiel in Ohnmacht. Erst als die Sonne wieder schien, erwachte es. Das Mädchen ging nach Hause, wo es fieberte und lange Zeit auf Leben und Tod lag. Die Jungfrau wurde zwar wieder gesund, war aber Zeit ihres Lebens nicht dazu zu bewegen, je wieder einen Fuß auf den Kleinen Lohberg zu setzen. Das Loch, in dem das Skelett verschwand, bekam bei den Menschen den Namen Totengruft oder auch Goldbrunnen.

DER ZWERG AM LOHBERG

Ein Wollbrandshäuser namens Veit kam eines Tages aus Lindau zurück, wo er Geschäfte zu erledigen hatte. Er wählte den Weg, der nahe am Kleinen Lohberg bei Gieboldehausen vorbeiführte. Es wurde schon fast dunkel, als er auf einen Schlehenstrauch stieß, der mit Blüten bedeckt schien, obwohl es Herbst war. Neugierig trat er näher und staunte, dass er statt Blüten weißes Leinen berührte, das augenscheinlich zum Trocknen auf dem Busch ausgebreitet worden war. „Das wäre doch ein schönes Geschenk für meine Frau", dachte er sich, ergriff das Leinen und ging weiter. Es handelte sich um drei große Tischdecken. Unterwegs bekam der Mann leichte Gewissensbisse. Aber es bräuchte ja niemand die Decken unbeaufsichtigt dahin zu legen, beruhigte er sich selbst.

Zu Hause zeigte Veit seiner Frau Grete die Decken und erzählte, wie er an sie gekommen war. Sie freute sich, machte ihm aber wegen des Diebstahls Vorwürfe. Da klopfte es plötzlich an die Tür. Beide bekamen Angst, dass der Bestohlene schon da sei, und machten die Tür nicht auf. Da ertönte draußen eine Stimme: „Hollo, heito! Morgen um diese Zeit müssen sterben Grete und Veit! Er hat gestohlen und sie hat's verhohlen!" Jetzt packte die beiden die nackte Panik. Sofort machte sich der Mann zu einer weisen Frau auf und bat sie um Rat. „Um dem Tod zu entgehen, musst du alles dorthin zurückbringen, woher du es genommen hast", sagte sie. „Dann musst du fünf Kreise mit dem Hacken um den Schlehenstrauch machen. Stell dich in den innersten Kreis und lass dich durch nichts, aber auch gar nichts dazu bewegen, ihn zu verlassen." Sofort lief er mit den Decken zum Lohberg und erledigte alles, was die weise Frau ihm aufgetragen hatte. Kaum stand er im innersten Kreis, schlug die Turmuhr von Gieboldehausen Mitternacht. Kurz darauf kam ein kleines Männchen aus dem Schlehenbusch und versprach dem Dieb Gold und gutes Essen, wenn er mit ihm komme. Veit aber blieb wie angewurzelt in seinem Kreis stehen und ertrug die Versuchung bis ein Uhr. Da erschien wiederum ein Zwerg und nahm die Decken vom Busch. „Es war dein Glück, dass du sie zurückgebracht und nicht auf meine Verlockungen gehört hast, sonst wärst du des Todes gewesen. So aber wirst du belohnt", sagte er. Das Männlein verschwand und Veit ging erleichtert nach Hause. Am nächsten Abend saß er mit seiner Grete in der Stube, als plötzlich die Tür aufging und ein Zwerg hereinkam. Er machte die Truhe auf, in der die Frau die Decken am Tag zuvor gelegt hatte und ließ drei Goldstücke hineinfallen. Dann verschwand er. Veit und Grete lebten glücklich bis an ihr Ende. Nie wieder haben sie etwas gestohlen.

Der Marsfelder Kirchhof

Zwischen Rollshausen und Gieboldehausen lag einst das Dorf Marsfelde, das zur Wüstung wurde. Eine Stelle heißt noch heute der „Marsfelder Kirchhof". Dort stand vor langer Zeit ein reiches Buschwerk aus Weidenholz. Eines Tages kamen hier aus Richtung Rollshausen vier Männer vorbei, die nach Gieboldehausen wollten. Aber als sie bei den Büschen waren, hörten sie plötzlich ein Flattern. Es klang fast so wie ein Huhn. Die Männer durchsuchten die Büsche, fanden aber nichts, obwohl das Flattern nicht aufhörte. Da bekamen sie es mit der Angst und machten sich von dannen. Am Abend, als sie wieder nach Hause gingen, machten sie einen weiten Bogen um den Marsfelder Kirchhof und nahmen dafür sogar einen langen Umweg in Kauf.

Am nächsten Morgen wiederum wollten Männer aus Gieboldehausen die Wiese in der Nähe des Buschwerks mähen. Auch sie hörten das Flattern, machten sich aber nichts daraus. Als es Zeit für das Frühstück wurde, kam eine der Frauen den Weg entlang und wollte zu den Männern. Sie trug in der linken Hand einen Korb mit lauter Essen und in der rechten eine Harke. Auch sie hörte das Flattern. Weil es nicht aufhörte, schlug sie mit der Harke in die Büsche, um den Vogel hochzujagen. Auf einmal stand ihre Harke jedoch lichterloh in Flammen! Die Frau fragte völlig überrumpelt: „Wer ist da?" Eine feine Stimme antwortete ihr: „Eine arme Seele." Die Frau fragte neugierig, ob sie helfen könne. „Die Frage kommt mir gerade recht", antwortete das Stimmchen. „Ich habe während meines früheren Lebens in einer schweren Krankheit das Gelübde abgelegt, zum Hülfensberg zu pilgern. Ich bin auch sogleich gesund geworden. Aber die Wallfahrt habe ich immer wieder aufgeschoben und bin darüber hinweggestorben." Nun, so erzählte die Seele weiter, könne sie bis in Ewigkeit keine Ruhe finden, bis eine andere Person für sie dieses Gelübde erfülle. „Ich bitte dich deshalb, um der Liebe Jesu Christi willen, für mich zum Hülfensberg zu gehen. Wenn du zurück bist, so komm am nächsten Mittag, wenn in Gieboldehausen die Betglocke schlägt, hierher. Dann sollst du einen Lohn für deinen Liebesdienst haben."

Die Frau unternahm im darauffolgenden Jahr die Wallfahrt zum heiligen Berg des Eichsfeldes und begab sich am Tag danach zum Buschwerk. Eben als die Betglocke schlug, hörte die Frau die bekannte Stimme. „Ich bin erlöst", sagte sie. „Ich danke dir für deine Liebe." Die Stimme hieß die Frau, in das Buschwerk zu gehen, unter einem Stein liege eine ganze Anzahl Goldstücke. „Diese nimm, aber die Hälfte davon stiftest du für ein feierliches Hochamt auf dem Hülfensberg. Verwende die andere Hälfte zur Erziehung deiner Kinder und für die Armen." Die gute Frau hielt sich an diese Bitte – und das Flattern wurde nie wieder gehört.

DIE CHRISTMETTE
IN LEMMERSHAUSEN

Früher war es im Eichsfeld üblich, dass die Christmette immer um Mitternacht gefeiert wurde. Nirgends soll es so feierlich gewesen sein wie in der Kirche zu Gieboldehausen. Wenn die Messe gesungen wurde, jubilierten Flöten und Klarinetten, Geigen und Trompeten. Aber wenn der Pfarrer dann noch in Begleitung der Altarschellen und der brausenden Orgel das Gloria anstimmte, war es so wunderschön, dass den Leuten Tränen der Rührung in die Augen traten. Die Freude, die der Engel den Hirten in der Heiligen Nacht verkündete, nahm von den Gläubigen Besitz. Wenn der Priester dann bei der Wandlung die heiligen Worte sprach, ertönte eine helle Knabenstimme von der Empore, die wieder von Geigen und Flöten begleitet wurde.

Eine Frau, die in Bilshausen lebte, hatte schon so oft von der Christmette in Gieboldehausen gehört, dass sie diese unbedingt einmal miterleben wollte. Sie hatte keinen sehnlicheren Wunsch. Als Heiligabend nahte, machte sie sich zwei Stunden vor Mitternacht mit ihrem kleinen Sohn auf den Weg. Als sie am Dorfrand von Bilshausen waren, brach der Mond zwischen den Wolken hervor und beschien die Schneelandschaft. Nach einer kurzen Strecke verschwand der Mond aber wieder und der Himmel verdüsterte sich. Dazu kam noch ein scharfer Wind auf, der in der Dunkelheit den plötzlich einsetzenden Schnee vor sich hertrieb. Der Weg wurde immer beschwerlicher, ängstlich klammerte sich das Kind an die Mutter. Dann merkte die Frau, dass sie bei dem Schneetreiben in der Dunkelheit vom Weg abgekommen waren. Lange irrten die beiden umher.

Auf einmal hörten die beiden einen süßen Klang. Sie folgten ihm, bis sie an ein dichtes Gebüsch kamen. Vorsichtig zog die Frau die Zweige auseinander und zwängte sich mit ihrem Kind hindurch. Dann sahen sie ein Wunder. Auf einem Hügel stand ein Altar, auf dem zahllose Kerzen brannten. Vor ihm stand ein Priester in goldschimmernden Gewändern, der gerade bei der heiligen Handlung war und von zwei rotgekleideten Knaben bedient wurde. Rings um den Altar schwebten Engel, die so liebliche Lieder sangen, wie die Frau sie noch nie gehört hatte. Bei der Wandlung wurde es still, sogar der Wind legte sich. Über dem Altar erschienen drei Engel, die ein wunderschönes Kind in den Armen hielten. Der Junge zupfte seine Mutter am Mantel und flüsterte: „Oh wie wunderschön ist das Kind!“ Und die Mutter antwortete, dass es das Christkind sei. „Knie nieder“, sagte sie. Ehe sie es merkten, war die Messe vorbei und die ganze Erscheinung verschwunden.

Es hatte aufgehört zu schneien, auch der Mond stand wieder hell am Firmament. Da merkte die Mutter, dass sie auf dem Kirchhügel von Lemmershausen stand. Voller Dankbarkeit für Gott küsste sie ihren Sohn auf die Stirn und kehrte nach Bilshausen zurück.

Die Schatzgräber
in Lemmershausen

Zu Kriegszeiten wurden Edelsteine, Kostbarkeiten und nicht unerhebliche Geldsummen vergraben, in der Erde wähnte man die Schätze am sichersten. Auch in der Lemmershäuser Feldflur zwischen Bilshausen und Gieboldehausen soll bis heute ein Kessel mit Gold liegen. Der Ort soll sich nicht weit vom Lemmershäuser Kirchhügel befinden. Die Sage gibt mit auf den Weg, dass beim Bergen des Schatzes kein Wort über die Lippen kommen durfte, was auch geschehe. Jahrhundertelang wurde die Kunde von den Großeltern an die Enkel und immer weiter durch die Generationen gegeben, doch niemand hatte den Mut, den Schatz zu heben. Bis vor etwa zweihundert Jahren.

Da fassten sich mehrere Männer ein Herz und teilten schon gedanklich das unter sich auf, was sie zu finden gedachten. Es kam der Abend des zweiten Kirmestages, sie fanden sich am besagten Platz ein und machten sich frohgemut an die Arbeit. Der Teufel bemerkte das Treiben. Was in der Erde ruhte, sah er als sein Eigentum, an dem sich niemand vergreifen durfte. Darum kam alsbald ein Fuder Heu angefahren, das von vier Gänsen gezogen wurde. Die Schatzgräber blickten kaum auf, sondern arbeiteten schweigend weiter, ließen das merkwürdige Fuhrwerk unbeeindruckt an sich vorbeiziehen. Sie waren schon in einer beachtlichen Tiefe, als die Hacke auf etwas Hartes traf. Es war der Rand eines Behälters. Vorsichtig entfernten sie die Erde und hoben dann einen schweren Kessel an die Erdoberfläche. Doch als sie aufschauten, sahen sie neben ihrem Loch einen aufgebauten Galgen, von dem eine furchtbare, unsichtbare Stimme schrie: „Wer ist zuerst daran?“ Einer der Männer war so erregt und durch den Galgen so beeindruckt, dass er alles vergessend rief: „Der mit der roten Weste!“ Einer der Männer trug eine solche. Doch kaum waren ihm die Worte entfahren, gab es ein fürchterliches Gepolter, der Schatz stürzte zurück in die Erde, der ganze Aushub obendrauf. Genauso plötzlich wie der Schatz war auch der Galgen verschwunden. Mit schreckensbleichen Gesichtern blickten sich die Männer an. In dem Moment schlug es ein Uhr und sie mussten unverrichteter Dinge nach Hause gehen.

So schnell wollten die Schatzgräber aber nicht aufgeben. Sie ließen einen Bergmann aus dem Harz kommen, der mit seiner Wünschelrute den Platz genau bestimmen sollte. Der Hauer aus dem Harz stellte mit der Wünschelrute jedoch fest, dass der Schatz inzwischen so tief in die Erde gesunken sei, dass er sich unter der Rhume befinde. Bis heute liegt der Kessel Gold dort, nichts an der Oberfläche zeigt mehr die Stelle.

DIE GESCHICHTE VON DEN KORNÄHREN

Eine Gieboldehäuserin war auf dem Weg von Bilshausen nach Hause, als sie an einer dicken Linde am Wegesrand eine Furche mit Roggen entdeckte. Sie betrachtete diese näher, denn die Ähren waren so groß und so schön, wie sie sonst nirgendwo zu sehen waren. Die Frau pflückte ein paar Hände davon und ging weiter. Daheim angekommen, klopfte sie die Ähren aus. Sie wollte ihren Augen nicht trauen, als sie sah, dass die Körner aus purem Gold waren. Natürlich eilten sie und ihr Mann zu der Linde zurück, aber der Roggen war verschwunden.

DER NAME BILSHAUSEN

Vor vielen Jahrhunderten führten zahlreiche Fußwege zum „Opfergrund" zwischen Bildhausen und dem Höherweg, da es in heidnischer Zeit dort eine Opferstätte gegeben haben soll. Die Menschen der Gegend verehrten den Gott Biel. Hauptstätte der Anbetung soll die Bielshöhe bei Katlenburg gewesen sein, wo ein Bildnis des Gottes aufgestellt war. Als der Sage nach der heilige Bonifatius in die Region kam, warfen seine Anhänger das Götzenbild den Abhang hinunter, wo es zerschellte. In der Nacht aber kamen die Druiden, lasen die Überreste auf und klebten das Bildnis wieder zusammen. Dann brachten sie es in die Gegend, wo heute Bilshausen liegt.

Damals bedeckte dichter Urwald die heutige Gemarkung. Das Bildnis wurde in einem Grund am Höherberg aufgerichtet. Auch an der neuen Stelle brachten die Menschen dem Gott Biel Opfer dar, menschliche wie tierische. Die Tiere, so heißt es, sollen im „Teufelsgraben" geschlachtet und danach im Opfergrund verbrannt worden sein. Genau dort, wo heute die Pfarrkirche von Bilshausen steht, sollen die heidnischen Priester einst ihre Wohnstatt errichtet haben, die nach dem Gott „Bielshaus" genannt wurde. Als die Christianisierung weiter um sich griff, wurde auch dieses Haus zerstört. An der Stelle soll ein sächsischer Edelmann einen Hof errichtet haben, um den sich immer mehr Menschen ansiedelten, bis die Siedlung zu einem Dorf wurde. Der Name „Bielshaus" aber wurde behalten. Er wandelte sich im Laufe der Jahrhunderte erst in Bielshausen, dann ins heutige Bilshausen.

DAS ZUCKERLOCH
BEI BILSHAUSEN

Als vor etwa zweihundert Jahren die alte Heerstraße noch von Norddeutschland durch das Eichsfeld in den Süden führte, verlief sie auch nahe Bilshausen. Sie war allerdings in einem schlechten Zustand. Vor allem im regenreichen Herbst, im Winter und im Frühling, wenn Tauwetter einsetzte, war sie nahezu grundlos. So hatte sich beim Strohkrug über die Zeit auf einer Straßenseite eine tiefe Senke gebildet. Die Fuhrleute kannten die Begebenheiten und holten mit ihren Wagen vor der kritischen Stelle weit aus, um keine Bekanntschaft mit dem Loch zu machen. Einmal aber kam von Hamburg her ein großer, mit Zucker beladener, vierspänniger Wagen angefahren. Der Fuhrmann war auf seinem Kutschbock eingeschlafen. Plötzlich gab es einen heftigen Ruck, der ihn hellwach werden ließ. Er sprang blitzschnell herunter und packte die Pferde am Zügel, um sie zur Seite zu ziehen. Doch es war zu spät. Der Wagen hing schon halb im Loch und stürzte hinein. Nun stand der Fuhrmann vor der Bescherung. Er spannte die Pferde aus und brachte sie im Gasthaus am Strohkrug in den Stall, bevor er nach Bilshausen lief, um Hilfe zu holen. Bis in die Dunkelheit mühten sich die Männer ab, den Wagen herauszuziehen, aber alle Anstrengung war vergeblich. Man einigte sich darauf, es am nächsten Morgen neu zu versuchen und dann zunächst den Zucker abzuladen.

Gegen Mitternacht fing es heftig an zu regnen. Es goss in Strömen und erst zum Morgengrauen hatte das Unwetter ein Einsehen. Als der Fuhrmann und seine Helfer zum Loch kamen, konnten sie sich nur noch den Schaden besehen. Der Regen hatte den Zucker zum Großteil aufgelöst, der Rest war wertlos. Mit großer Mühe zogen die Männer den Wagen aus dem nun bis zum Rand mit „Zuckerwasser" gefüllten Loch. Dem Fuhrmann blieb nichts anderes übrig, als traurig nach Hamburg zurückzukehren. Die Kinder von Bilshausen aber erschienen noch eine ganze Weile täglich, um von dem süßen Nass zu trinken und zu lecken. Die unheilvolle Vertiefung bekam den Namen „Zuckerloch".

DER ZWERG IM ERBSENFELD

Ein Bauer aus Bilshausen war einst durch ein unverschuldetes Unglück in große Not geraten. Oft klagte er seinem Web sein Leid und haderte mit seinem Schicksal. Seine Frau hatte ein goldenes Herz. Immer wieder gelang es ihr, ihrem Mann mit liebevollen Worten Mut zuzusprechen und ihn aufzumuntern. Auch war sie mildtätig. Kein Armer ging an ihrem Haus vorüber ohne eine kleine Gabe. Wenn im Winter Schlachtefest war, so ließ sie eine ganze Molle mit kleinen Würsten für Arme machen. Das wussten auch die Bilshäuser Kinder. Sie versammelten sich dann in großer Schar vor dem Bauernhaus. Jedes Kind, ob arm oder reich, bekam eine Wurst und dazu ein

Stück Brot. Oft brummte ihr Mann, wenn er das sah und meinte, die Not sei doch selbst so groß, erst müssten die eigenen Kinder satt werden. Seine Frau aber blickte ihn mit ihren sonnigen Augen an und sprach: „Ich bin überzeugt, dass der liebe Gott alles, was wir den Armen tun, unseren Kindern hundertfach, ja tausendfach, eines Tages zurückgibt." Und wenn sie ihrem Mann über die gerunzelte Stirn strich, so erwiderte er: „Ach, wer kann einem solchen Weib böse sein. Tu, was dir dein Herz eingibt."

In der Nähe der Wüstung Oehrshausen zwischen Bilshausen und Bodensee hatte der Bauer ein Erbsenfeld. Eines Sonntags ging der Bauer nach dem Vespergottesdienst zu seinem Acker, um nachzusehen, ob die Erbsen schon reif sind. Aber er sah erstaunt, dass massenweise leere Schoten auf dem Boden lagen. Es war ein Rätsel. Egal, wie der Bauer auch suchte, er fand keine Fußspur eines Erbsendiebes. Übellaunig ging der Bauer heim. Nach dem Abendessen besuchte er seinen Nachbarn, den Dorfschmied, der als kluger und besonnener Mann bekannt war. Als der Bauer ihm von seinem Missgeschick erzählte, sah der Schmied ihn lächelnd an und meinte, der Erbsendieb sei leicht zu fangen. „Geh morgen in aller Frühe auf dein Feld und nimm eine möglichst lange Hopfenstange mit. Sobald die Sonne ihre ersten Strahlen über die Erde schickt, fahre mit der Stange schnell über deine Erbsen. So hast du den Dieb", riet er. „Du willst mich wohl zum Besten haben", rief der Bauer. Der Schmied aber lächelte nur.

Der Bauer, der die Nacht schlaflos in seinem Bette lag, dachte sich, es könne ja nicht schaden, dem Rat des Schmiedes zu folgen. Er tat wie ihm geheißen. Kaum war er mit der Stange über die Erbsen hinweggestrichen, hörte er ein ängstliches Schreien. Der Bauer erblickte ein kleines Männlein. „Meine Nebelkappe, meine Nebelkappe", schrie es in höchster Not. Neben dem Zwerg lag wieder eine Menge leerer Schoten. Der Bauer packte ihn und drohte, der kleine Mann würde den Diebstahl büßen. Der zappelnde Zwerg aber bat: „Lasst mich los und ich will es Euch fürstlich lohnen." Doch der Bauer schüttelte den Kopf. „Spannt heute Abend die stärksten Pferde vor den größten Wagen und kommt zum Wald", fuhr der Zwerg fort. „Um Eurer Frau willen, lasst mich los." Da hielt der Bauer inne. „Meiner Frau habe ich noch nie eine Bitte abgeschlagen", sagte er. „Um ihretwillen gebe ich dich frei." Der Zwerg griff nach seiner Kappe und war augenblicklich verschwunden.

Am Abend fuhr der Bauer mit seinem Gespann zum Erbsenfeld, wo ihn der Zwerg empfing und ihn zum Wald führte. Das Männchen wies einen Weg, den der Bauer noch nie gesehen hatte. Es ging auf geheimnisvollen Wegen immer tiefer in den Wald. Es war schon Mitternacht, als sie zu einem besonders dunklen Winkel kamen und der Zwerg anhielt. Er zeigte auf eine Stelle und sagte: „Das sei Euer Lohn." Daraufhin setzte er die Kappe auf und verschwand.

Der Bauer ging voller Neugier zu der Stelle und begann zu fluchen, als dort ein totes Pferd lag, das in sieben Teile zerlegt war. Er verwünschte alle Zwerge. Um den Weg aber nicht umsonst gemacht zu haben, sprach er bei sich, er wolle wenigstens eine Keule für den Hund mitnehmen. Er wälzte sie unter Schimpfen auf den Wagen und fuhr zurück nach Bilshausen. Die Fahrt kam ihm endlos vor, bis sich der Wald endlich lichtete und er einen Weg fand, den er kannte. Die Pferde aber waren schweißgebadet und gingen immer langsamer. Als es hinter dem Wald bergauf ging, konnten sie nicht mehr und blieben stehen. In dem Moment ging die Sonne auf und ließ die Keule auf dem Wagen hell aufblitzen. Das wollte sich der Bauer genauer ansehen. Er traute seinen Augen kaum, als er sah, dass die Keule aus purem Gold war! Er bewegte die Pferde dazu, weiterzugehen und kam glücklich zu Hause an. Als die Frau das Gold sah, dankte sie Gott und hieß ihren Mann, auch dem Schmied etwas davon zu geben, denn er hatte durch seinen guten Rat dem Paar zu diesem Reichtum verholfen. Der Bauer folgte dem Rat seiner Frau. Als es Abend wurde, fuhren der Bauer und der Schmied noch einmal in den Wald. Aber sie fanden weder den Weg noch das Gold. Das war bei allem Glück die Strafe dafür, dass der Bauer in seinem Zorn die Zwerge verwünscht hatte.

DIE VIERZEHNHEILIGEN-KAPELLE
IN BILSHAUSEN

Mit ihren Korb- und Strohwaren zogen die Bilshäuser Handelsmänner in früheren Zeiten weit in die Welt hinaus. Einst waren drei von ihnen bis in den Schwarzwald gereist und kamen dort vom Weg ab. Drei Tage irrten sie durch die Wildnis, fanden aber kein Haus, keine Hütte und keine Menschenseele. Auch der Proviant ging ihnen aus, keine Quelle säumte ihren Weg. Nur die Beeren des Waldes hielten sie aufrecht. Als sie kurz vor dem Verschmachten waren, seufzte einer von ihnen und sagte: „Wir geloben Gott, wenn er uns rettet, dass wir in unserer Heimat eine Kapelle zu Ehren der Vierzehn Nothelfer stiften und errichten.“ Die anderen beiden waren einverstanden, sie sprachen ein lautes Gebet.

Da vernahmen sie auf einmal den Klang einer Glocke. Mit neuer Kraft gingen sie dem Geräusch nach und stießen bald auf einen Bauernhof, wo sie freundlich aufgenommen wurden. Als sie erzählten, wie sie den Hof gefunden hatten, meinte der Bauer, im Giebel hänge eine Glocke, die bei Gefahr geläutet wird. „Heute ist es unserem Söhnchen gelungen, das Glockenseil zu lösen. In kindlicher Freude hat der Kleine geläutet, solange er konnte. Das hat euch wohl gerettet.“

Als sie auf den rechten Weg gewiesen wurden und nach Wochen wieder Bilshausen erreichten, gingen die drei Händler sofort an die Umsetzung ihres Versprechens und bauten die Vierzehn-Nothelfer-Kapelle.

DIE SAGE VON DER GLOCKE
IN BILSHAUSEN

Die Schweden hatten es vor allem auf die Kirchenglocken abgesehen, als sie das Eichsfeld im Dreißigjährigen Krieg überzogen, plünderten und brandschatzten. Sie holten sie aus den Kirchtürmen, um aus ihnen neue Kugeln zu gießen. Auch die Bewohner von Oehrshausen zwischen Bodensee und Bilshausen hatten gehört, wie die Schweden mit Kirchenglocken umgingen. Als die Feinde nahten, stiegen einige beherzte Männer in den Kirchturm, um die Glocke an einem Seil herunterzulassen und in Sicherheit zu bringen. Aber das Seil riss, die Glocke sauste in die Tiefe und schlug auf der Erde auf. Wie durch ein Wunder blieb sie unversehrt. Auf einmal öffnete sich jedoch der Erdboden und die Glocke verschwand. Die Bewohner flüchteten sich in die Wälder und die Schweden wüteten, sodass kein Stein auf dem anderen blieb. Die Oehrshäuser bauten ihr Dorf nicht wieder auf, sondern zogen nach Bilshausen und Bodensee.

Die Jahre vergingen. Eines Tages hütete der Hirte aus Bodensee gemeinsam mit seiner Tochter Susanna die Schweine auf der Flur, auf der einst Oehrshausen stand. Eine alte Sau aber fing an, in der Erde zu wühlen. Susanna versuchte, die Sau von der Stelle zu vertreiben und sah, dass aus der Erde ein Oehr, eine Aufhängung, herausschaute. Das Mädchen versuchte, das Ding herauszuziehen, aber es war vergeblich. Es holte seinen Vater, aber auch der vermochte nichts auszurichten. Er erkannte ebenso, dass es das Oehr einer Glocke war. Sofort eilte er ins Dorf und holte die Männer mit Schaufeln, Hacken und Spaten. Nach kurzer Zeit hatten sie die Glocke ausgegraben. Ein mit vier Pferden bespannter Wagen wurde geholt und die Glocke aufgeladen. Als es nun nach Bodensee gehen sollte, waren die Pferde nicht von der Stelle zu bekommen. Als die Leute ratlos herumstanden, setzten sich die Tiere auf einmal von selbst in Bewegung, drehten um und schlugen die Richtung nach Bilshausen ein. Erst vor der Pfarrkirche hielten sie an. Für die Leute war es ein göttliches Zeichen, dass die Glocke nach Bilshausen gehörte. Sie wurde alsbald im Kirchturm aufgehängt. Als sie zum ersten Mal ihren Klang verbreitete, meinten die Zuhörer die Worte „Susanna is mine Pah!" zu hören, „Susanna ist meine Patin!"

Die weissen Laken

Ein Bauer ging eines Morgens von Bodensee nach Bilshausen, um Schafe zu kaufen. Als er am Escherberg anlangte, sah er auf einem Schlehenstrauch drei weiße Laken. Er ging näher, um sie sich anzusehen. Solch ein feines Gewebe hatte er noch nie gesehen, sogar Blumen und menschliche Figuren fanden sich im Stoff. Die Verlockung war zu groß, als dass er ihr hätte widerstehen können. Er griff nach einem Laken, um seiner Frau eine Freude zu machen, nahm aber nach kurzem Zögern alle drei mit.

In Bilshausen kehrte er zunächst bei einem Freund ein und gab dessen Frau die Laken zur Verwahrung, bis er mit seinen Geschäften fertig sei. Als er sie auf dem Rückweg abholen wollte, fragte sein Freund, wie er an die Laken gekommen sei. Der Bauer sagte, er habe sie gefunden und wolle sie seiner Frau mitnehmen. Der Freund riet ihm dringendst davon ab. „Ach, wem sollen die Laken denn gehören, niemand in Bilshausen oder Bodensee besitzt solch feine Stoffe." Genau deswegen, entgegnete sein Freund, ihm komme die Sache nicht geheuer vor. „Wenn nur keine Geister dahinterstecken!", befürchtete er. Der Bauer aber ließ sich nicht beirren. Zuhause angekommen gab er seiner Frau die Laken und erzählte die Geschichte. Um Mitternacht, als beide friedlich im Bett lagen, ertönte ein immerwährendes Klopfen am Fenster, das nicht aufhören wollte. Ärgerlich, weil er einen Streich junger Burschen vermutete, stand der Bauer schließlich auf und sah hinaus. Da standen drei kleine dunkel gekleidete Männlein mit langen Bärten. „Du hast unsere Laken gestohlen", sagte eins. „Wenn du sie nicht binnen dreier Nächte wieder auf den Busch legst, geht es dir ans Leben!"

Da wurde dem Bauernpaar mulmig. Sobald es hell wurde, suchte der Mann eine weise Kräuterfrau in Renshausen auf. Sie riet ihm, die Laken schleunigst zurückzubringen. Und damit es nicht noch mehr Unglück gebe, müsste er damit vor Mitternacht fertig sein. Jedes Mal, wenn er ein Laken auf den Busch gehängt habe, sollte er mit Kreide einen Kreis um sich ziehen, jedes Mal einen größeren. Und den dürfte er während der Geisterstunde auf keinen Fall verlassen. „Egal was kommt", schärfte sie ihm ein.

Eine Stunde vor Mitternacht machte sich der Bauer auf den Weg, das Herz schlug ihm vor Angst bis zum Hals. Nach einer halben Stunde war er im hellen Mondlicht angekommen und hielt sich strikt an die Anweisung und stand in seinen Kreisen. Es schlug Mitternacht. Im gleichen Augenblick traten die Zwerge hinter dem Strauch hervor. „Es ist gut, dass du die Laken zurückgebracht hast", sagte einer. „Aber jetzt komm her, ich zeige dir Schätze, die mehr wert sind als alles, was du besitzt." Schon wollte der Bauer aus dem Kreis treten, als er sich an den Ratschlag der Kräuterfrau erinnerte. Er blieb eisern stehen, egal was die Zwerge ihm auch versprachen. Nach einer Ewigkeit schlug es endlich ein Uhr vom Bilshäuser Kirchturm. „Das war dein Glück, dass du im Kreis geblieben bist", rief einer der Zwerge. „Sonst hätte es dich das Leben gekostet." Die Zwerge verschwanden mit den drei Laken. Und der Bauer hat in seinem Leben nie wieder etwas gestohlen.

DIE MORDMÜHLE
BEI LINDAU

In der Nähe von Lindau in Richtung Gillersheim hauste einst eine furchtbare und vielköpfige Räuberbande, die auch vor Mord und Brand nicht zurückschreckte. Aber ihren Schlupfwinkel kannte niemand. Einige Zeit war es ruhig gewesen, die Bewohner der umliegenden Dörfer hatten schon Hoffnung, dass sich die Bande aus der Gegend verzogen hatte. Dem war aber nicht so.

Eines Tages waren der Schorbach-Müller und seine Frau zu einer mehrtägigen Hochzeit nach Lindau geladen. Da von den Räubern lange nichts gehört wurde, wagte es das Müllerehepaar, über Nacht wegzubleiben und das Dienstmädchen allein daheim zu lassen. Der Müller schärfte der Magd ein, bloß alle Fenster und Türen zu verschließen. Als sie dann abends zu Bett gehen wollte, sah sie durch ihr Kammerfenster zwölf vermummte Gestalten auf die Mühle zugehen. Bald hörte sie, wie an der schweren, eichenen Haustür und den Fensterläden gerüttelt wurde, aber sie hatte alles fest verschlossen.

Auf einmal wurde es still. Die Magd schob sacht einen Fensterladen ein wenig auf, um zu lauschen. Da hörte sie die Worte: „Durchs Kammloch kriechen." Die Magd erstarrte, denn sie wusste, was das hieß. Sie rannte in die Küche, ergriff das Beil, das der Müller am Tag noch am Schleifstein geschärft hatte. Dann eilte sie in die Mühle und stellte sich lauschend neben das Kammloch. Eine Weile hörte sie nur das plätschernde Wasser, als endlich der Kopf des ersten Räubers in der Öffnung erschien. Die Magd holte aus, schlug ihm blitzschnell den Kopf ab und zog den Körper in die Mühle. Von unten rief es: „Bisste all drinnen?" Die Magd antwortete mit tiefer Stimme: „Ja, kumm man herin." Wieder kam ein Räuber durch das Loch, wieder fiel das Beil. Elfmal ging es so. Der zwölfte in der Reihe war der Räuberhauptmann. Als er durch das Loch kroch bemerkte er das Mädchen und zog den Kopf blitzschnell wieder ein. Das niedersausende Beil schlug ihm trotzdem ein großes Stück Kopfhaut weg, bevor der Hauptmann zu seiner Bande zurück floh.

Einige Wochen später wollte das Mädchen ihre Verwandten in Sudershausen hinterm Hünenstollen besuchen und machte sich auf den Weg. Die Sonne brannte heiß, sodass sie erschöpft eine Rast einlegte. Es näherte sich ein Fuhrmann, der fragte, ob er sie ein Stück mitnehmen soll. Das nahm sie gern an. Als sie neben ihm saß, stöhnte der Fuhrmann und klagte über heftige Kopfschmerzen. Sie fragte, woher sie stammen. Er nahm den Hut ab. Die Magd wurde bleich, denn sie erkannte die grässliche Narbe. Die Augen des Fuhrmannes begannen zu glühen. „Sieh, Kanaille, das hast du getan", lachte er höhnisch. „Das sollst du büßen. In einem Kessel siedenden Öls sollst du enden!" Er packte, fesselte und knebelte sie und warf sie hinten auf den Wagen. Dann eilte er der Räuberhöhle zu.

Dort angekommen, johlte die Bande vor Freude über den Fang und beschimpfte das Mädchen gar widerwärtig. Der Hauptmann gebot Einhalt. „Die Hexe soll in siedendem Öl braten. Vom nächsten Zug bringen wir ein Fass mit." Das Mädchen warf er in ein Verlies und ließ es von einem alten Weib bewachen. Den Schlüssel steckte er ein. Die alte Frau war selbst vor langer Zeit von der Bande geraubt worden. „Bring ihr Wasser und Brot", befahl der Hauptmann, bevor sich die Bande voller Freude einem lauten fröhlichen Gelage widmete. Am nächsten Tag ging es wieder auf Raubzug in eine weiter entfernte Gegend.

Die alte Frau brachte dem Mädchen Wasser und Brot. Es flehte: „Rettet mich!" Die Alte fragte, wie sie das denn anstellen sollte, der Hauptmann habe doch die Schlüssel, aber sie bedauere das junge Ding, das laut schluchzte. „Hinter dem Felsblock in deinem Verlies befindet sich ein alter Gang", sagte die alte Frau nach etwas Überlegung. „Der führt ins Freie. Aber wie willst du den Felsen von der Stelle bewegen?" Das Mädchen zerrte und drückte mit aller Kraft, aber der Felsen bewegte sich nicht. Da hob sie die Hände empor und bat den Himmel um Erbarmen. Noch einmal nahm sie alle Kraft zusammen – und der Felsen bewegte sich! Kurz darauf war das Mädchen im Freien. Es kannte sich in der Gegend nicht aus und war ratlos, in welche Richtung es laufen wollte. Da kam ein mit Fellen beladenes Fuhrwerk des Wegs. Der Kutscher sah vertrauenserweckend aus, darum erzählte sie ihm, was passiert war und bat ihn, sie mitzunehmen. „Wenn ich dich mitnehme, und die Räuber entdecken uns, sind wir beide verloren", zögerte er. Doch endlich, unter den heiligen Bitten und Tränen, gab er nach und versteckte das Mädchen unter den Fellen. Er war noch nicht weit gefahren, da tauchten hinter einer Biegung die Räuber auf. Sie umringten den Wagen und durchsuchten die Taschen des Fuhrmannes. „Was hast du auf dem Wagen", wollten sie wissen. Der Hund des Hauptmanns sprang bellend an dem Fuhrwerk empor. „Felle", war die Antwort. Die Räuber begannen, die Felle vom Wagen zu werfen. Etwa nach der Hälfte hob der Hauptmann die Hand und gebot Einhalt, da der Hund inzwischen an den Fellen am Boden schnupperte. Er zog mit seiner Bande und dem wenigen Geld aus den Taschen des Kutschers ab. Der fuhr weiter bis zur Mühle und holte dann das unentdeckte Mädchen vom Wagen.

So wurde endlich das Versteck der Räuber bekannt und die Höhle umzingelt. Wer Widerstand leistete, wurde niedergeschlagen. Die übrigen endeten am Galgen. Das heldenhafte Mädchen aber wurde von dem kinderlosen Müllerpaar an Kindes statt angenommen und erbte die Mühle. Jahrhundertelang lebten ihre Nachkommen in der Mühle, die seit der Tat des Mädchens bei den Leuten die Mordmühle hieß.

Der Glockenbrunnen
bei Lindau

Zwischen Lindau und Bilshausen soll einst ein Dorf gestanden haben, das „Ellern" hieß. Die Bewohner hielten von Gott nicht viel, achteten weder Sonn- noch Feiertage, gleich gar nicht die Zehn Gebote. Der Zorn Gottes habe nicht lange auf sich warten lassen. Eines Nachts fegte er mit einem schrecklichen Unwetter das Dorf vom Angesicht der Erde. Selbst die Kirche, in die nie jemand ging, verschonte er nicht. Die Glocke soll in einem Wasserloch versunken sein, das heute „Ellerbrunnen" heißt. Wenn jemand einen Stein hineinwirft und lauscht, dann kann er den wundersamen Klang der Kirchenglocke noch hören.

Der Edelhof
in Bodensee

Der Herr von Amelunxen, der in seinem Edelhof an der Oberdorfstraße in Bodensee lebte, war ein sonderbarer Mann und besaß ein jähzorniges und rachsüchtiges Gemüt. So mancher Dorfbewohner konnte davon ein Lied singen. Sobald sich der Junker von Amelunxen von einem Bauern beleidigt fühlte, und sei es noch der geringste Anlass, dann rächte er sich, indem er das Getreide des betreffenden Bauern noch vor der Reife abmähen ließ. Seine Knechte, die diesen Henkersdienst übernahmen, bezahlte er allerdings generös.

Als der Junker einmal erkrankte, kam der Teufel zu ihm und versuchte, an dessen Seele zu kommen. So besuchte den Kranken eines Tages einen fein und schwarz gekleideter Mann, der tagelang nicht von dessen Seite wich. Als die Hausbewohner merkten, dass es mit dem Herrn von Amelunxen zu Ende ging, riefen sie einen Geistlichen. Kaum hatte der das Krankenzimmer betreten, verschwand der feine Herr. Das Gesinde will gesehen haben, dass er einen Pferdefuß hatte. Der Junker ließ den Geistlichen hinauswerfen. Von da bis zu seinem Tod war er nie allein. Der fremde Herr war wieder da und verließ den Kranken keine Sekunde lang.

Doch auch nach seinem Tod wurden die Dorfbewohner den Junker nicht los. Er versetzte die Leute weiter in Angst und Schrecken. Es passierte, dass er angetan mit Schlafrock und Pfeife den Hausbediensteten auf der Treppe begegnete, wenn sie gerade aus dem Keller Wein holen wollten. Das ging eine ganze Weile so weiter, bis niemand mehr in dem Haus bleiben wollte. Erst als man wieder den Pfarrer holte, konnte er den Spuk in eine Kammer bannen, die sofort zugemauert wurde. Seitdem hat der Spuk im Edelhof ein Ende.

Der Brüllborn
bei Renshausen

In einem schweren Krieg ritt ein Soldat auf den Hof der Viethsmühle bei Renshausen, wo die Müllersfrau gerade allein war. Er brüllte sie an und forderte Geflügel von ihr. Die verängstigte Frau weinte bitterlich und erzählte, dass ihr gesamtes Vieh bereits von Soldaten gestohlen wurde. Voller Wut sprang der Kerl vom Pferd, zog den Säbel und drohte der armen Müllerin, sie zu erstechen, sollte sie nicht augenblicklich das Verlangte bringen. Sie aber beteuerte bei Gott und allen Heiligen, dass sie die Wahrheit sagte. Der rohe Soldat packte die Frau, warf sie zu Boden und wollte sie knebeln. Die Frau schaffte es noch, einen gellenden Schrei auszustoßen, der den Müller, der gerade aus dem Wald trat, herbeirennen ließ. Er erhob seinen Stock und zog ihn dem Soldaten über den Kopf, der zu Boden taumelte. Der Müller befreite seine Frau von den Fesseln und beide rannten vom Hof auf die Quelle im Wald zu. Der Soldat war inzwischen wieder zu sich gekommen und sah, in welche Richtung die beiden flüchteten. Er sprang auf das Pferd und gab ihm die Sporen. Er hielt die dichten Wasserpflanzen über einer Quelle für festen Boden und galoppierte geradeaus darauf zu, direkt in sein Verderben. Reiter und Pferd versanken auf Nimmerwiedersehen. Und wenn im Februar oder März das Eis schmilzt, so wollen Wanderer das lautstarke Fluchen des Soldaten und Waffengeklirr gehört haben. Darum wird die Quelle „Der Brüllborn" genannt.

Eine andere Sage erzählt, dass einst eine Herde Kühe auf die Weide rund um die Quelle geführt wurden. Der Stier, den der Hafer stach, wurde wild und rannte in die von Wasserpflanzen bedeckte Quelle. Alle Mühe half nichts, die Leute bekamen den Stier nicht heraus. Und der Stier brüllte im kalten Wasser wie am Spieß, ehe er langsam in der Tiefe versank.

Der Schatz
im Banderholz

In alten Zeiten lebte in Renshausen einmal ein Bauer, der das Unglück regelrecht anzog. Ein Schicksalsschlag nach dem anderen ereilte ihn, bis er so arm war, dass er nur noch ein altes, kleines und halb zerfallenes Häuschen besaß. Nicht einmal ein Bett hatte er mehr, sondern machte sich eine Schlafstatt aus Stroh und Heu auf dem Fußboden zurecht. Eines Nachts aber wurde er durch ein Geräusch geweckt, aus dem Schornstein grollte ein dumpfes Rollen. Vor Schreck sprang er auf und hörte eine feine Stimme. „Du hast viel ertragen, deine Not soll ein Ende haben", sagte diese. „Ich warte vor der Haustür", forderte die Stimme den Bauern auf, nach draußen zu kommen. Als der Bauer vor die Tür trat, entdecke er einen Zwerg, der ihn zum Dorf hinaus ins Banderholz führte. „Reiß das Moos weg und wühl die Erde auf", sagte der Zwerg zu dem Bauern, als sie auf einem freien Rasenplatz ankamen. „Du wirst etwas finden, was du gut gebrauchen kannst. Versprich mir aber, dass du die Hälfte davon den Armen gibst." Das versprach der Bauer und der Zwerg verschwand.

Eine ganze Zeitlang wühlte der Bauer in der Erde, bis er einen dicken, runden Stein fand. Wütend warf er ihn gegen einen massiven Baum. Der Stein zerbrach und heraus kullerten lauter Goldmünzen. In großer Hast sammelte der Bauer sie ein und rannte nach Hause. Dort versteckte er seinen Schatz gut auf dem Boden. Aber ein Segen sollte der Fund nicht sein. Täglich saß der Bauer stundenlang vor dem Versteck, nicht einen Pfennig verwendete er für sein Haus. Auch die Armen bekamen nichts. Ab und an erinnerte er sich an das Versprechen, wischte es aber immer wieder unwirsch beiseite. Genau ein Jahr nach der Begegnung mit dem Zwerg hörte er wieder ein Rollen im Schornstein. Die Stimme gemahnte ihn an sein Versprechen. Der Bauer nahm sich vor, es zu halten, aber sobald er wieder bei seinem Schatz saß, war der Vorsatz aus dem Sinn. Sieben Jahre lang wiederholte sich das Geschehen. Eines Tages fand man den Bauern. Er saß trotz allen Reichtums verhungert vor seinem Schatz. Der Mammon und sein Geiz waren ihm zum Fluch und Verhängnis geworden.

Zwischen Rhume, Ohmberg und Südharz

DIE VERSUNKENE SCHWEINEHERDE

Ein Schweinehirt namens Jochen hütete schon länger als zwanzig Jahre die Schweine seines Herrn vom Gut Elbingen. Er war treu und ehrlich, widerstand jeder Versuchung. Dank bekam er dafür aber nicht. Eines Tages kam ein gewitzter Schweinehändler aus dem Harz an Jochens Hütestelle vorbei. Er sagte ihm eine hohe Geldsumme zu, wenn er ihm die Schweine verkaufte. Die beiden kamen auf eine Idee. Kurzerhand schnitten sie allen Schweinen die Ringelschwänzchen ab und steckten sie vereinzelt in den sehr sumpfigen Boden der Vogelwiese. Der Händler zog mit den schwanzlosen Schweinen ab und Jochen hatte ein gut gefülltes Beutelchen unter dem Hemd. Am Abend rannte er aufgeregt zu seinem Herrn und klagte, ihm seien alle Schweine im Morast der Vogelwiese versunken. Daraufhin liefen sofort alle Knechte und Mägde zur Wiese und sahen nur noch die Schwänzchen aus der Erde gucken. Sie dachten, sie könnten helfen und wälzten sich durch den Schlamm. „Ihr reißt ja den Tieren die Schwänze heraus!“, schrie Jochen jammernd. Ein Knecht kam auf die Idee, die Tiere auszugraben. Aber da es inzwischen Nacht war, verschob man das Vorhaben auf den nächsten Morgen.

In der Nacht wurde es Jochen zu brenzlig. Kurz nach Mitternacht packte er seine wenigen Habseligkeiten und suchte das Weite. Am nächsten Morgen kam man beim Graben hinter das Geheimnis der versunkenen Schweine. Trotz aller Nachforschungen waren Jochen und auch die schwanzlosen Schweine auf Nimmerwiedersehen verschwunden.

Wie ein Esel allerhand Unfug trieb

In Rüdershausen stand auf dem Plane vor langer Zeit eine alte Mühle, in der es nicht geheuer war. Jede Nacht erschien in der Geisterstunde ein grauer Esel in dem Gemäuer. Darin trieb er so manchen Unfug. Besonders viel Spaß schien es ihm zu machen, Mehl und Kleie durcheinanderzuwerfen. Schließlich war es so weit, dass sich niemand mehr in die Nähe der Mühle traute, geschweige denn darin das Korn mahlen wollte. Den Rüdershäusern blieb nichts übrig, als sie irgendwann abzureißen. Damit waren sie aber den Esel nicht los. Fortan trieb er seinen Unfug in der sogenannten Gasse. Bald wagte sich niemand mehr, durch diese Gasse zu gehen. Eines Nachts kam kurz vor ein Uhr ein beherzter Fremder durch die Gasse, der sich zum Dreschen verdingen wollte. Als sich der Esel ihm in den Weg stellte, schwang der Mann seinen Dreschflegel und verprügelte den Esel nach Strich und Faden. Der erhob ein fürchterliches Geschrei, verschwand und hat sich niemals wieder in Rüdershausen oder anderswo blicken lassen.

Die Sage von der Klus
bei Rüdershausen

Der Dreißigjährige Krieg war noch nicht lange vorbei, da lebte in Duderstadt ein Metzgermeister. Er hatte durch den Krieg alles verloren, was er besaß, und war in größter Not. Eines Nachts hatte er einen Traum. Am sogenannten Stadtwege, eine Viertelstunde Weg von Rüdershausen entfernt, würde unter einem umgestürzten Baum ein kleiner Ranzen voller Geld liegen. Als er erwachte, fasste er trotz des stürmischen Wetters den Entschluss, sofort nachzusehen, ob der Traum sich bewahrheiten würde.

Gesagt, getan. Er wanderte noch im Dunkel der Nacht los. Es ging an Breitenberg vorbei, dann durch das Hübenthaler Holz. Er kannte den Weg genau, so konnte er trotz der tiefen Gräben heil und ohne Unfall die besagte Stelle erreichen. Er fand den Baum, der vom Sturm entwurzelt war. Doch was für eine Enttäuschung! Statt des Ranzens voller Geld lag auf der Stelle ein alter zotteliger Hund. Der Meister war auf sich selbst ärgerlich und führte Selbstgespräche. „Was läufst du auch los. Jetzt hast du den ganzen Weg umsonst gemacht…“ Vor Wut gab er dem Hund einen Fußtritt. Der fletschte daraufhin die Zähne und begann fürchterlich zu knurren. Voller Entsetzen sah der Meister Flammen aus dem Hunderachen schlagen. Aus Reflex machte er in seiner Not das Kreuzzeichen – und der Hund war plötzlich verschwunden. Und siehe da: Genau an der Stelle, von der der Hund aufgesprungen war, fand er den Schatz. Er nahm ihn und wanderte frohgemut nach Duderstadt zurück. Aus Dankbarkeit gegenüber Gott baute er an der besagten Stelle eine kleine steinerne Klus und stattete sie mit einem Gemälde der Schmerzensmutter aus. Bis 1885 stand die Klus, dann musste sie wegen Einsturzgefahr abgerissen werden. Fleißige Spender sorgten dafür, dass statt ihrer ein neues Kapellchen errichtet werden konnte, das bis heute „Die Klus" heißt.

Die Nymphe Ruma

In alten Zeiten gab es eine Königin, die über die Quellen, Flüsse und Teiche wachte und herrschte. Jungfräuliche Holda oder auch Hulda wurde sie genannt. Ihr Hofstaat bestand aus Feen, Nymphen und Nixen. Jahrtausendelang hatte sie ihren Thron im Himmel, aber eines Tages beschloss sie, von der Erde aus über ihr Reich zu herrschen. Ihr Palast sollte in der größten und schönsten Quelle erbaut werden. So begannen die Nymphen, nach solch einer zu suchen. Sie waren sich schnell einig und berichteten ihrer Königin, dass keine Quelle sich zum Göttersitz eigne, sie doch besser in einem der großen Ströme ihr Heim aufschlagen solle. „Auf keinen Fall darf sich unsere Jungfräulichkeit in einem trüben Flusse baden", antwortete Holda „Es ist gegen die Sitte unseres Geschlechts, gegen die Ansprüche einer Göttin." Noch einmal schickte sie ihr Gefolge auf die Erde. Die Nymphen zogen durch den Harz in alle Richtungen. Gerade als Holda unwirsch fragen wollte, ob sie erst selbst eine passende Quelle erschaffen müsste, kam die letzte Nymphe mit dem Namen Ruma und strahlte. Sie habe ganz im Süden des Harzes eine Quelle zwischen wunderbaren Buchen, Wiesen und Moosen entdeckt, die allen göttlichen Ansprüchen gerecht würde. „Kristallhelle Durchsichtigkeit, erquickende Frische, reiner Geschmack und ein außerordentlich starker Sprudel", zählte sie fast atemlos auf. Und in der Mitte könne man einen Granitpalast bauen, die Ränder erweitern und mit Marmor befestigen, den Grund des Beckens ebenfalls mit Mamor auslegen. Sofort segelte Hulda mit ihrem Gefolge hocherfreut los, um den Platz selbst in Augenschein zu nehmen. Sie fand Rumas Bericht in allen Punkten bestätigt und sprach: „Dein Name, Ruma, soll hier durch Götterwort verewigt werden. Die Quelle soll, da du sie fandest, Rumasprung heißen." Und sofort wurde der Wille der Göttin zur Realität. Aus einem kleinen Kessel erhob sich ein kleiner Palast, der zur Hälfte im Wasser stand, darin flossen drei Quellen. Zwei ergossen sich durch Bogenöffnungen in das wie von Zauberhand erweiterte Marmorbecken und unter den Alabastermauern hindurch ins Freie. Über der Wasseretage erschien eine zweite mit Zimmern, die Fluten der dritten Quelle ergossen sich durch eine Röhre aufs Dach und dann in gleichmäßigen Wölbungen wieder herunter, sodass man darunter, wie unter einem Baldachin, trocken sitzen konnte. Jahrhunderte herrschte Hulda von hier über ihr Reich, sie verteilte unter ihren Feen, Nymphen und Nixen die Statthalterei über die Quellen und Flüsse der Welt. Ruma, ihre Lieblingsnymphe, aber war für ewige Zeiten die Statthalterin über die Rhumequelle.

Erst als Bonifatius das Kreuz auch in diesem Landstrich aufstellte, zerfiel das Reich der Göttin. Holda kehrte zu ihrem Ursprung zurück und entließ ihren Hofstaat. Der Sage nach sollen sich viele ihrer Nymphen Richtung Duderstadt gewandt und geheiratet haben. So erklären sich die Duderstädter noch heute, warum es so viele hübsche

Mädchen in ihrer Stadt gibt. Nur Ruma wollte ihre Quelle nicht verlassen. Auf ihren Wunsch hin verwandelte Holda sie in eine Silberforelle. Wer sie fangen kann, so die Legende, der wird der Herr vom Rhumesprung und seines Gebietes.

RUMA UND IHRE TRAGISCHE LIEBE

Von der Rhumequelle kündet noch eine zweite Sage. Einst herrschte am Südrand des Harzes ein Riesengeschlecht, das mit seinen Nachbarn, den Berggeistern in unablässiger Fehde lag. Romar war ein schöner Jüngling aus dem Geschlecht der Riesen, der oft für die Jagd in den Wald ging, um Hische oder Keiler zu erlegen. Eines Tages, als er gedankenverloren durch den Wald strich, blieb er wie angewurzelt stehen. Vor ihm lag im weichen Moos eine zauberhafte Mädchengestalt, in tiefen Schlaf versunken. Sofort entbrannte er in tiefer und reiner Liebe zu dem schlummernden Mädchen, er konnte die Augen nicht mehr von ihm abwenden. Doch als es erwachte und den Fremden vor sich sah, stieß es einen lauten Schrei des Entsetzens aus. Sie sprang auf und floh wie ein gehetztes Reh in die Tiefen des Waldes. Romar stand wie versteinert da, bis er zu sich kam und ihr nacheilte. Bald erreichte er die zitternde Maid und schloss sie fest in seine starken Arme. Sie begann zu weinen, beruhigte sich aber bald durch seine freundlichen und liebevollen Worte. Ja, sie versprach sogar, ihn am nächsten Tag wiederzutreffen. Danach sahen sich Romar und die schöne Unbekannte häufig. Als er sie schließlich nach ihrem Namen und ihrem Ursprung fragte, erschrak er nicht wenig. Denn sie war niemand anders als die Nixe Ruma, die Tochter des Berggeistes, der mit Romars Vater in heftiger Feindschaft lebte. Außerdem bewachte sie die nahe Quelle. Romars Herz sank. Niemals würde er die Geliebte heimführen können. Doch Ruma beruhigte ihn. Sie sei immerhin das Lieblingskind ihres Vaters, der ihr noch nie einen Wunsch habe abschlagen können. Als der Berggeist eine längere Reise unternahm, schlossen die beiden heimlich den Bund fürs Leben.

Etwa ein Jahr später im Frühling – Ruma trug schon einen holden Knaben auf ihrem Arm – ruhten beide im Schatten eines Baumes mit mächtigen Ästen, als ihr Vater hinter einem Busch hervortrat. Voller Zorn war er gegen den vermeintlichen Verführer. Romar und Ruma versuchten gemeinsam, ihn um Verzeihung zu bitten, doch der Zorn war zu groß. Er rief eine Schar Berggeister zu sich, die Ruma samt ihrem Sohn ergriffen und fortführten, während andere auf Romar eindrangen. Blutend schaffte er es gerade noch, sich bis vor das Schloss seines eigenen Vaters zu schleppen.

Für Ruma begannen traurige Tage. Täglich bedrängte sie ihr Vater, sich von Romar loszusagen und ihn zu vergessen. Doch als sich Ruma erneut weigerte, ihre Liebe zu verraten, ergriff ihr Vater das Kind und zerschmetterte es an einem Felsen. Ruma selbst verbannte er in eine dunkle Höhle und ging mit Hohngelächter davon. Aus der Höhle, die von tückischen Berggeistern bewacht wurde, versuchte Ruma immer wieder zu entkommen. Aber es war vergeblich. Jedes Mal erschien ihr wütender Vater und schleuderte sie zurück in die Höhle. Erst nach vielen Jahren verwandelte sich Ruma in einen Strom, der wieder ans Tageslicht kam. Die Menschen erinnerten sich an die treue und liebende Nixe und benannten den Fluss nach ihr „Rhume“.

DER GRAF VOM BORNBERGE

Als die Rhumequelle noch von Nymphen und Nixen bewohnt wurde, stand auf dem nahen Bornberg ein stattliches Schloss. Von tausendjährigen Eichen war es umgeben, besaß kühne Zinnen und grazile Türme. Der junge Graf, der darin hauste, war jedoch ein Ausbund an Hochmut und Stolz. Diese Charaktereigenschaften wurden in der Umgebung zum geflügelten Wort. „Hochmütig und stolz wie der Graf auf dem Bornberge…“, sagten die Leute, wenn sie über jemanden lästerten.

Wenn der Graf indes eines konnte, dann war es reiten. Darin war er ein wahrer Meister. Auserlesene Tiere besaß er, aber sein Liebling war ein prachtvoller Rapphengst, mit dem er die wahnwitzigsten Sprünge und tollkühnsten Ritte vollbrachte. Sahen die Leute den Grafen auf dem Rappen, dann rannten sie förmlich aus dem Weg.

Eines Tages ritt der Graf auf seinem Rappen durch Rhumspringe, wo gerade eine Schar Kinder selbstvergessen auf der Straße spielte. Als der Graf sie sah, gab er seinem Rappen die Sporen, sodass dieser aufstieg und mit einem weiten Satz über die Kinder hinwegsprang. Die Kinder schrien und stoben davon. Doch ein kleines Mädchen blieb reglos und blutend auf der staubigen Straße liegen. Ein Huf hatte es am Kopf getroffen. Die Mutter stürzte zu ihrem Kind und hob es in ihre Arme. Das kleine Mädchen sah erst hilfesuchend zu seiner Mutter auf, dann brachen die Augen. Das Kind war tot. In dem Moment kam der Graf zurück und sah, was er angerichtet hatte. Stolz und hochmütig zog er einen Beutel Gold aus dem Gürtel und warf ihn der Mutter vor die Füße. Sie jedoch gab dem Beutel einen Tritt und verfluchte ihn. „Der Himmel versage euch Vaterfreuden und bestrafe Euch mit einem jähen und frühen Tod!“, schrie sie.

Nicht lange nach diesem schrecklichen Ereignis heiratete der Graf die Tochter eines vornehmen Ritters. Sie war von edler Gesinnung. Es hatte den Anschein, als vermochte sie, den Grafen zu zügeln und günstig auf dessen hochfahrendes Gemüt Einfluss zu nehmen. Eines blieb dem Paar aber versagt: Ein Erbe. Das verbitterte die Seele und das Gemüt des Grafen noch mehr und er wurde noch verschlossener und stolzer, wenn das überhaupt möglich war. Ablenkung suchte er unter anderem bei der Jagd und Gelagen im Schloss. Und so hatte er wieder einmal Ritter von nah und fern zur Jagd eingeladen, die am dritten Tag mit einem echten Gelage endete. Die Pokale kreisten so um die Tische, dass die Diener ihre liebe Not mit dem Nachschenken hatten. Das Gespräch kam auf den weithin berühmten Stall des Grafen, der hochgelobt wurde. Nur einer der Jagdgenossen widersprach und bezweifelte, dass der Rappe solche Sprünge schaffen könne, wie der Gastgeber immer behaupte. Der war bis aufs Blut beleidigt. Hochfahrend und stolz rief er sofort seinen Reitknecht und befahl, umgehend den Rappen zu satteln. Innerhalb weniger Minuten stand das Tier bereit vor der Schlossterrasse. In dem Augenblick stürzte die Gräfin aus dem Schloss und flehte ihren geliebten Gemahl an, auf den Ritt zu verzichten. Unter Tränen bat sie ihn, denn sie habe eine schreckliche Vorahnung. Er jedoch, nicht mehr ganz nüchtern, stieß sie roh von sich und stieg wie der Blitz auf das Tier, das freudig hell wieherte.

Gespannt verfolgten die Gäste den Weg des Grafen, doch das Grauen packte sie, als sie sahen, dass er an den Rand der Rhumequelle ritt! Der Rapphengst begann zu schnauben, als der die tosenden Wassermassen sah. Der Graf klopfte ihm beruhigend den Hals, riss das Tier herum und ritt einen Pfeilschuss weit zurück. Dann gab er dem Pferd die Sporen. Im Galopp ging es auf die Quelle zu. Doch der Sprung misslang. Rappe und Reiter überschlugen sich und stürzten in die nasse Tiefe. Ein Schrei der Zuschauer zerriss die Luft, sie eilten an das Ufer, doch vom Grafen wurde niemals wieder etwas gesehen.

Die Gäste verließen in bedrückender Stille das Schloss. Die Gräfin wollte jedoch nicht aufgeben. Sie schickte nach einem Taucher und stellte ihm große Reichtümer in Aussicht, wenn er den Leichnam heraufholte. Der Taucher wagte es – und verschwand ebenso auf Nimmerwiedersehen in den Fluten der Rhumequelle. Das war für die Gräfin zu viel. Sie zog sich von der Welt zurück und verwandte ihre Güter für die Armen. Die Burg der Bornberger zerfiel.

Noch lange blieb diese schreckliche Nacht im Gedächtnis der Rhumspringer und der Bewohner der umliegenden Dörfer. Immer, wenn sie ihre Kinder vor Hochmut und Stolz warnen wollten, erzählten sie ihnen die Geschichte vom Grafen und seinem tragischen Ende.

DAS JUNGFERNHOLZ

Einst ging ein Mann von Rhumspringe nach Duderstadt. Er hatte dort einiges zu erledigen und traf eine Menge Bekannte, sodass es ziemlich spät wurde, bis er den Rückweg antrat. Sobald er am Hübenthaler Holz war, verirrte er sich in der Dunkelheit und fand sich plötzlich im Jungfernholz wieder. Es war genau Mitternacht, als auf einmal die Waldjungfern mit Gesängen begannen, die so schön waren, wie der Mann es noch nie gehört hatte. Aber er war in Rage, da er einfach nur nach Hause wollte. „Ihr alten Schrullen", rief er laut. „Was macht ihr hier um Mitternacht so einen Radau!" Kaum hatte er das gerufen, sprang ihm eine der Waldjungfern in den Nacken. Vor Angst standen dem Rhumspringer die Haare zu Berge. Er rannte los, aber bei jedem Schritt wurde die Last schwerer, sodass er keuchte und ihm der Angstschweiß ausbrach. Endlich erreichte er mit letzter Kraft den Hölzchenberg, als er die Turmuhr von Rüdershausen eins schlagen hörte. Die Waldjungfer sprang von ihm ab und rief: „Wage es nie wieder, unseren Waldfrieden zu stören, sonst hat dein letztes Stündlein geschlagen!" Der Mann war vom Schweiß so tropfnass, als hätte man ihn aus einem Teich gezogen. Am Morgen erreichte er endlich Rhumspringe. Für ihn hatte seine Frechheit aber kein gutes Ende. Er wurde krank und starb. Von den Waldjungfern wurde niemals wieder etwas gesehen oder gehört.

DER MAHNEHUND

Eines Tages gegen Mitternacht, so heißt es, gingen zwei Männer vom Schlachtefest in Rhumspringe zu ihrem Heimatort Rüdershausen. Auf ihrem Weg kreuzten sie eine Wiese, die im Volksmund „Die Mahne" genannt wird. Dort wurde immer wieder der Mahnehund gesehen. Er hatte die Größe eines gewöhnlichen Schlachterhundes und trug auf der Brust einen weißen Stern. Nach etwa der halben Strecke gelangten die Männer an einen Graben, über den ein schmaler Steg als Brücke führte. Sie wollten ihn gerade betreten, als sie auf der anderen Seite des Stegs den Mahnehund sahen. Kaum machten die Männer einen Schritt nach vorn, tat der Hund es ihnen gleich. Wollten sie hinüber, wollte auch er herüber. Einer der beiden Rüdershäuser hatte nach einer Weile die Nase voll von dem Schauspiel und rief wütend über den Graben: „Willst du zuerst herüber oder sollen wir zuerst hinüber?" In genau diesem Moment schlug die Turmuhr eins. Da rief der Mahnehund: „Schlüge es jetzt nicht eine, so wollt ich euch brechen Hals und Beine!" Da drehte sich der Hund um und ging in Richtung Rüdershausen.

Den beiden Männern blieb nichts übrig, als ihm im gewissen Abstand zu folgen, wollten sie überhaupt noch nach Hause kommen. Sie kamen an dem Gemeindewirtshaus vorbei, vor dem ein steinerner Tisch stand. Auf den legte sich der Mahnehund, seine Augen glühten wie Feuer. Die Männer wagten sich nicht heran, sondern machten einen weiten Bogen um das schauerliche Tier und rannten in ihre Häuser.

Zur gleichen Zeit aber waren in einem Haus mehrere Wäscherinnen noch tief in der Nacht mit der Arbeit beschäftigt. Wie es der Zufall wollte, sprachen sie gerade vom Mahnehund. Ein ganz junges, vorlautes Ding meinte: „Ich glaube nicht an den Spuk, wenn ich den Mahnehund nicht mit eigenen Augen sehe!" In dem Moment wurde das Fenster aufgerissen. Der Mahnehund schaute mit aufgerissenem Rachen, aus dem eine feurige Zunge hing, zum Fenster herein. Entsetzt schrien die Wäscherinnen auf und stürzten zur Tür hinaus. Das war das letzte Mal, dass der Mahnehund gesehen wurde.

Wie Hilkerode entstand
und zu seinem Namen kam

Unweit des Rotenberges lag in alten Zeiten das reiche Dorf Ankerode. Eines Tages entbrannte eine wilde Fehde, bei der Ankerode vollständig zerstört wurde. Die Bewohner lagen tot unter den Trümmern ihrer Häuser. Nur zwei Männer waren entkommen. Als sich die Situation beruhigt hatte, kehrten sie auf ihren Pferden zu den Überresten Ankerodes zurück. Doch hier, wo so viel Schreckliches geschah, wollten sie nicht mehr leben. Sie beschlossen, sich einen neuen Ort zu suchen. Ihr Weg führte sie nach Nordosten, in Richtung Harz. Bald erreichten sie eine Stelle, die den beiden sehr gefiel. „Hier wollen wir uns niederlassen", waren sie sich einig. Nachdem sie die ersten notwendigen Gebäude errichtet hatten, dachten sie über einen Namen für das neue Dorf nach. Nach einer Weile schlug der Ältere vor: „Wir wollen das Dorf nach unseren Namen nennen." Der andere war einverstanden. Der Ältere hieß Hilko, der andere Roda. So bekam der Ort den Namen Hilkoroda, was sich später zu Hilkerode verändert hat.

Der Schatz
im Herrenholz

Ein Mann in Hilkerode träumte vor langer Zeit, er soll um Mitternacht ins Herrenholz gehen. Dort stünde ein Kessel voller Gold, den er holen kann, er dürfe dabei aber kein Wort sprechen. Eine Nacht später hatte er den gleichen Traum. Am Morgen ging er zu seinem Nachbarn und erzählte ihm von seinem Traum. Der Nachbar meinte: „Wenn du heute Nacht wieder dasselbe träumst, dann weck mich sofort. Wir wollen dann gemeinsam den Schatz heben." Und so geschah es. In der dritten Nacht gingen die beiden nach dem neuerlichen Traum sofort zum Herrenholz. Schon aus der Nähe sahen sie den Kessel, unter dem ein lustiges Feuer prasselte. Zu zweit hoben sie den Kessel von den Flammen. Einer der beiden sah sich um und sah eine gewaltige Wasserflut auf sie zurauschen. Erschrocken rief er: „Wir werden ertrinken!" Sobald die Worte heraus waren, gab es einen fürchterlichen Krach, Kessel und Feuer waren verschwunden. Die beiden sahen sich betrübt an und schlichen nach Hause. Am nächsten Tag sahen sie noch einmal nach, doch es gab keine Spur von den Geschehnissen der Nacht.

Der Weinborn
bei Hilkerode

In alter Zeit gab eines Tages der Abt des Klosters Pöhlde, das sich unweit des Rotenberges befindet, einem der Knechte den Auftrag, vom Rhein ein Fuder guten Messwein zu holen. Er gab dem Knecht eine größere Menge Geld mit. Der machte sich mit seinem Gespann auf den Weg. Was der Abt nicht wusste, war, dass der Knecht vom Spielteufel besessen war. Eines Abends kam es, wie es kommen musste: Der Knecht verspielte den größten Teil der Summe in einer Fuhrmannskneipe.

Am Rhein angekommen, versuchte der Knecht, das Fuder Wein zusammenzubekommen. Aber das Geld reichte hinten und vorn nicht für anständigen Messwein. Also kaufte er schlechten, gepanschten Wein, lud ihn auf den Wagen und machte sich wieder auf den Weg ins Eichsfeld. Unterwegs erschien ihm eine Fee. „Du ungetreuer Knecht!", schalt sie ihn. „Der Wein, den du geladen hast, eignet sich nicht für das heilige Opfer. Noch bevor du deine Heimat erreicht hast, wird dich die Strafe treffen." Darauf verschwand die Fee.

Tagelang war der Knecht noch unterwegs. Endlich sah er die heimischen Hügel und war erleichtert, dass er es bis in den Rotenberg ohne Unfall geschafft hatte. Gemütlich saß er auf dem Wagen und knallte mit der Peitsche. An die Fee dachte er nicht mehr. Er erreichte eine Biegung, an der die Straße bergab führte, als auf einmal ein Fuchs aus dem Wald quer über die Straße sprang. Er wurde von einem Jäger und dessen Hunden verfolgt. Die Pferde des Knechts scheuten, bäumten sich auf, wurden wild und fegten im Galopp den Abhang hinunter in die sumpfige Wiese. Es half nichts, dass der Knecht nach Leibeskräften um Hilfe schrie. Der Jäger, der herbeigerannt war, sah das Gespann samt Pferden, Ladung und Knecht im Boden versinken. Es dauerte nicht lange, da bildete sich an genau dieser Stelle eine Quelle. Als die Leute davon tranken, fanden sie, dass das Wasser nach Wein schmecke. So bekam die Quelle den Namen Weinborn.

Die Zerstörung des Schlosses Ankerode

Bei Hilkerode stand einst auf dem Ankerberg ein Schloss mit Namen Ankerode. Am Fuß des Berges lag das gleichnamige Dorf. Die Einwohner arbeiteten vorwiegend für das Schloss und auf dem zugehörigen Gutshof. Ritter Jost von Ankerode galt in der Gegend als reich begütert. Zwei Söhne hatte er. Der ältere war herrisch und bei den Dorfbewohnern sehr unbeliebt. Er war der Erbe von Ankerode. Der jüngere war von sanftem Wesen, sehr beliebt und sollte die anderen Güter erben. Er stand zudem als Ritter in kaiserlichen Diensten und wurde gerühmt als tapferer Held.

Eines Tages starb der Vater. Der ältere Bruder beschloss, dem jüngeren dessen Erbe vorzuenthalten. Mehrfach besuchte der jüngere das Schloss und versuchte es im Guten. Aber jedes Mal wurde er höhnisch abgewiesen. Da wandte er sich an den Kaiser um Beistand, der ihm gewährt wurde. Bald stand ein großes Heer vor Ankerode. Noch einmal wurde der raffgierige Ältere zur Übergabe aufgefordert, aber der lachte nur. Jetzt begann der Kampf, bei dem sich die Hörigen von Ankerode auf die Seite des jüngeren Bruders schlugen. Als der Sturm begann, befand sich eine Amme mit dem Sohn und Erben des älteren Bruders auf dem Arm gerade im Burghof. Vor Angst flüchtete sie mit dem Kind durch ein verstecktes Pförtchen in den Wald und gelangte auf geheimen Wegen nach Mingerode, damals noch Minningerode, wo sie beim dortigen Burgherrn Unterschlupf fand.

Vom Schloss Ankerode blieb bei der Schlacht kein Stein auf dem anderen, alle Insassen fanden den Tod. Der Gutshof brannte lichterloh nieder, die Flammen griffen auf das Schloss nieder und vernichteten das, was noch stand, sodass nichts übrigblieb. Die Dorfbewohner ließen sich in Hilkerode nieder. Der gerettete Erbfolger wurde von dem kinderlosen Burgherrn von Minningerode an Kindes statt angenommen, erhielt dessen Namen und dessen Erbe. Er soll der Stammvater aller Nachkommen des Geschlechtes derer von Minningerode sein.

DIE SELTSAMEN BOHNEN

Vor Urzeiten, als noch fremde Völker die Gegend des Eichsfeldes bewohnten, gab es auf der östlichen Seite des Rotenberges einen geheimnisvollen Garten. In dem wuchsen allerlei gar seltsame Pflanzen. Darunter befand sich eine Bohnensorte, deren Hülsen riesig groß und von einem eigenartig goldenen Glanz waren. Niemand kannte diese Sorte. Zwei Frauen von Ankerode hatten auch von den seltsamen Bohnen gehört. Eines Morgens gingen sie noch vor Sonnenaufgang in den Wald und betraten scheu den Garten. Sie sahen sich um, aber kein lebendiges Geschöpf ließ sich blicken. Schnell pflückten sie jede einen Sack voll Bohnen, dann füllten sie noch ihre Rocktaschen. Sie nahmen die Säcke auf die Schulter, blickten noch einmal umher, ob sie auch niemand beobachtet hat und wollten gehen. Plötzlich sahen sie in der Hecke zwei Jäger, die mit ihren Bögen auf sie zielten. Vor Schreck ließen die Frauen die Säcke fallen und rannten, was sie konnten. Als sie bei ihrem Dorf waren, bemerkten sie, wie schwer ihre Rocktaschen geworden waren. Sie sahen nach und hatten statt der Bohnen die Taschen voller Gold.

DIE WEISSE JUNGFRAU
IM ANKERBERG

Die Bauern von Hilkerode hatten in früheren Zeiten einen Narren an der Pferdezucht gefressen. Die Fohlen wurden im und um den Rotenberg auf die Weide gebracht. Eines Tages war der erwachsene Sohn eines Hirten dabei, die Fohlen wieder einmal zur Weide zu bringen, als er am Ankerberg eine wunderschöne, weißgekleidete Jungfrau erblickte, die Flachs trocknete. Sie winkte ihn zu sich, und weil sie so lieblich aussah, folgte er ohne Zögern. „Folge mir", sagte sie sich erhebend, als er vor ihr stand. Sie schritt zu einem Dornengestrüpp am Fuße des Ankerberges und öffnete zur großen Verblüffung des Jünglings eine Tür, die in den Berg führte.

Nachdem sie eingetreten waren, gelangten sie bald tief im Berg in den Ahnensaal eines Schlosses. Eiserne Rüstungen standen entlang der Wände, die wiederum von Schwertern und Lanzen geschmückt waren. In der Mitte stand ein alter Tisch aus Eichenholz, der mit Elfenbein ausgelegt war. Er trug eine weiße Lilie in einer kostbaren Vase, rund um den Tisch waren Schätze aufgehäuft. Ein Haufen bestand aus Silber, einer aus purem Gold, ein dritter aus funkelnden Edelsteinen. Die Jungfrau blieb beim Tisch stehen und sagte zu dem Jüngling: „Du kannst dir von allem nehmen, wie viel du möchtest, aber vergiss das Beste nicht." Der blickte sich um, trat zum Gold und füllte sich die Tasche. Dann wollte er gehen. „Vergiss das Beste nicht", flehte das Mädchen. Beklommen drehte er sich um, leerte das Gold wieder aus und griff zu den Edelsteinen. Wieder wandte er sich zum Gehen. Angstvoll sah ihn das Mädchen an und wiederholte: „Vergiss doch das Beste nicht!" Der Bursche war ratlos und dachte dann, er nimmt etwas von jedem Haufen, dann hat er sicher das Beste. Er griff zu und wandte sich wieder um. Da stieß das Mädchen einen gellenden Schrei aus und der Bursche rannte zum Ausgang. Kaum hatte er ihn erreicht, fiel hinter ihm die Tür krachend ins Schloss und traf ihn an der Ferse, sodass er Zeit seines Lebens nicht mehr richtig laufen konnte. Als er draußen in die Tasche schaute, war sie statt der Schätze voller Staub und Kieselsteine. Hätte er die Lilie gewählt, so wäre das Schloss erlöst und er der Besitzer aller Schätze geworden. Die Jungfrau wurde nie wieder gesehen.

Die Sauwühle

Eine alte Sau hatte genau dort, wo sich die Gemarkungsgrenzen von Brochthausen und Hilkerode treffen, den Boden aufgewühlt und dabei den oberen Teil einer Glocke freigelegt. Wie vielerorts bereits geschehen, hat auch hier ein unschuldiges kleines Mädchen, in diesem Fall die Tochter des Schweinehirten, ein Haarband an der Glocke befestigt und sie mühelos herausgezogen. Beide Dörfer erhoben Anspruch, also wurde ein blindes Pferd vor den Leiterwagen mit der Last gespannt. Es entschied sich für Hilkerode. Unterwegs soll die Glocke von selbst zu läuten angefangen und die Leute deutlich die Worte vernommen haben: „Billaum, bollaum! Sau fand, Mädchenband, drei Ellen lang!" Die Glocke fand ihren Platz der Sage nach im Hilkeröder Kirchturm.

Der Taternbaum
bei Hilkerode

Vor vielen Jahrhunderten, so wird erzählt, gelangte ein größerer Trupp fahrendes Volk in die Region und zog von Hilkerode in Richtung Pöhlde und Harz. Auf dem Rotenberg lagerte der Trupp unter dieser Eiche. Der Hauptmann ging schlafen, aber unter den jungen, heißblütigen Burschen entbrannte ein Streit. Am Ende gingen sie mit Messern aufeinander los. Der Hauptmann erwachte bei dem Lärm. Als er sah, was vor sich ging, sprang er auf und wollte dazwischengehen. Da traf ihn ein Stich, der nicht für ihn bestimmt war. Nach wenigen Stunden war er tot. Seine Angehörigen begruben ihn unter der Eiche, die seit dieser Zeit den Namen „Taternbaum" trug.

In einer anderen Erzählung heißt es, dass die Hilkeröder mit einem Trupp fahrenden Volkes in Streit gerieten und ihnen Diebstahl vorwarfen. Die Verfolgung ging bis auf den Rotenberg. Unter der Eiche soll es zum blutigen Kampf gekommen sein, bei dem der Hauptmann tödlich verwundet und sein Leichnam unter der Eiche begraben wurde.

Der Mann ohne Kopf

Es ist überliefert, dass in alter Zeit auf einem Bauernhof in Hilkerode eine Tagelöhnerin arbeitete, die Dietrich mit Nachnamen hieß. Nun trug es sich zu, dass der Bauer in seiner Scheune seinen Tritt verfehlte, durch die Diele fiel und sich das Genick brach. Nach der Beerdigung war die Tagelöhnerin am Rotenberg unterwegs, um Futter für ihre Ziegen zu schneiden. Da hörte sie plötzlich aus dem Wald eine ihr wohlbekannte Stimme. „Frau Dietrich", rief sie. „Geht zu meiner Frau und sagt ihr, sie soll ein Malter Korn mahlen lassen, aus dem Mehl Brot backen und es an die Armen im Dorf verteilen. Ich kann sonst keine Ruhe finden." Die Tagelöhnerin drehte sich um und sah an einen dicken Eichenstamm gelehnt einen kopflosen Mann. Er trug die Kleidung, die der Bauer immer getragen hatte. Die Gestalt verschwand alsbald wieder. Frau Dietrich rannte zur Witwe des Bauern und erzählte ihr von dem Vorfall. Die tat sogleich, wie ihr aufgetragen wurde. Seitdem hat niemand mehr den Mann ohne Kopf gesehen. Er scheint seine Ruhe gefunden zu haben.

Das Pfannenthal
bei Breitenberg

Einst kam ein Bauer aus Breitenberg in der Nacht aus der Mingeröder Mühle. Er saß bequem auf seinem Pferd und hatte den Sack mit Mehl vor sich. Am Hellberg aber begann das Pferd angstvoll zu schnauben. Auf einmal lag dem Tier solch eine schwere Last auf dem Rücken, dass es fast einknickte und die Beine seines Reiters auf dem Boden schleiften. Im Pfannenthal nahm der Bauer endlich sein Feuerzeug heraus und machte Licht, um zu sehen, was eigentlich los war. Im gleichen Augenblick bekam er eine so starke Ohrfeige, dass er fast vom Pferd geflogen wäre. Er wagte es nicht mehr, zur Seite zu sehen. Erst auf dem Kreuzweg war das Pferd die Last los. Es heißt, ein böser Geist vermag nicht, über einen Kreuzweg zu kommen.

Der Schatz
im Sickental

Als wieder einmal in Breitenberg Kirmes war, war auch ein Handwerksmeister aus Duderstadt dabei. Da er ein Freund des Kartenspiels war, verging die Zeit wie im Flug. Es war schon kurz vor Mitternacht, als er den Heimweg antrat. Er zog sein geliebtes Pfeifchen hervor, doch egal, was er versuchte, es ließ sich einfach nicht anzünden. „Nun, dann nicht", dachte sich der Mann. Um den Weg abzukürzen, nahm er, immer noch in Gedanken bei der Kirmes, den Richteweg durch das Sickental. An einer Biegung leuchtete ihm plötzlich links des Wegs nahe einem Dornbusch ein Feuer entgegen. Als er nähertrat, sah er, dass sieben Zwerge um das Feuerchen lagerten. Sie starrten, die rauchgeschwärzten Gesichter fest in die kleinen Händchen gestützt, unverwandt in die Flammen. Da fiel dem Handwerksmeister sein erloschenes Pfeifchen wieder ein. Er trat näher, schüttelte den Kopf und fragte: „Meine Herren, ist es erlaubt, sich hier seine Pfeife wieder anzuzünden?" Die Zwerge blieben stumm. Er wiederholte seine Frage etwas lauter und dann ein drittes Mal. Aber er bekam keine Antwort. Beherzt ergriff er zwei Stäbe, angelte sich eine Holzkohle aus dem Feuer und legte das glühende Stück in den Pfeifenkopf. Er zog und zog, aber der Tabak wollte einfach nicht brennen. Er angelte sich ein zweites Stück heraus, wieder ohne Erfolg. Schließlich nahm er seinen Buchenstock und rührte damit in dem Feuer herum, aber es gab weder Funken noch Rauch. „Das ist aber ein sonderbares Feuer", brummte er und wandte sich zum Gehen. Da aber wurde ihm die Pfeife im Mund ganz schwer, selbst mit den Zähnen konnte er sie kaum mehr halten. Er nahm sie und fasste in den Pfeifenkopf. Die Kohlen fühlten sich sonderbarerweise an wie Metall. Als er wieder seines Weges gehen wollte hatte er erst einige Schritte gemacht, als er plötzlich eine schwere Last auf dem Rücken spürte. Sie wurde von Minute zu Minute immer schwerer. Je schneller er lief, um zu mehr drückte es, ja, es wollte ihn regelrecht in die Erde ziehen! Jetzt bekam er es mit der Angst zu tun. Schwer keuchend kam er endlich am Kreuzweg an. Kaum hatte er ihn betreten, war er von der Last befreit. Er eilte, so schnell er konnte, nach Hause und holte seine Frau aus dem Bett. Sie erschrak furchtbar, als sie ihn sah. Er war weiß wie eine Wand und zitterte wie Espenlaub. Tief seufzend legte er seine Pfeife, die er die ganze Zeit wie im Krampf in der Hand getragen hatte, auf den Tisch. Auf einmal rollten zwei Klümpchen Gold heraus. Er erzählte seiner Frau, was sich zugetragen hatte. Kaum war der Morgen angebrochen, liefen sie zurück zu der Stelle, wo der Meister im Feuer gerührt hatte. Dort lagen neben dem Dornbusch jede Menge Goldklümpchen in Form von Holzkohlen. Sie sammelten alles ein und seitdem ist diese Handwerkerfamilie schon über Generationen hinweg wohlhabend.

Der Schatz unter den „Vier Kreuzen"

In Breitenberg lebte einst ein Bauer, der sich nur mit Mühe über Wasser halten konnte. Zu allem Überfluss begann im Sommer noch ein großes Sterben unter seinem Vieh. Innerhalb weniger Wochen waren Pferde, Kühe, Schweine und Schafe von einer Seuche dahingerafft. Jedes Jahr traf ihn das gleiche Schicksal. Am Ende gehörte ihm kein Dachziegel seines Hofes mehr. In seiner Not machte er sich nach Duderstadt auf, um sich Geld zu leihen. Aber da sein Unglück weithin bekannt war, fand sich niemand, der ihm auch nur einen roten Heller anvertrauen wollte. Voller Verzweiflung machte er sich wieder auf den Weg nach Hause. Als er das Sickenthal hinter sich gelassen hatte und in die Nähe der Stelle, die als die „Vier Kreuze" bekannt ist, kam, flog ihm plötzlich die Mütze vom Kopf, obwohl es windstill war. Er drehte sich um und sah einen Offizier vor sich, der rote Hosen und eine rote Mütze trug. Der Soldat bedeutete ihm mit einer Handbewegung, ihm zu folgen. Zu verlieren hatte der Bauer nichts mehr, darum folgte er ihm zögernd. Es ging zu den Vier Kreuzen. Der Offizier hob einen der vier Kreuze aus der Steinformation an und zeigte mit dem Finger darunter. Unter dem Stein lag wundersamerweise ein lederner Beutel. Der Offizier winkte dem Bauern, den Beutel aufzuheben. Der griff zu, öffnete ihn und fand darin lauter Goldstücke. Im gleichen Augenblick war der Soldat verschwunden. Für den Bauern hatte nun die Not ein Ende.

DER UNTERGANG DER KLINGENBURG

Einst soll in der Talsenke südwestlich von Langenhagen eine stolze Burg gestanden haben, die von einem großen Park umgeben war. Soweit das Auge reichte, gehörten alle Ländereien dem Herrn der Klingenburg. Er war aber der König der Geizhälse. Nicht einmal Diener hatte er, da er beim besten Willen nicht einsehen wollte, ihnen Lohn und Essen zu geben. Eines Abends kam ein alter Mann in schäbiger und löchriger Kleidung vor das Tor. Flehentlich bat er um ein Stück Brot und einen Platz zum Schlafen, aber er geriet an den Rechten. Der Geizhals verfiel in fürchterliche Wut und hetzte sogar seinen Hund auf den alten Mann, der ihm die letzten Kleider am Leibe zerriss! Der Arme war aber ein Zauberer. Er wuchs zu einer Riesengestalt auf und schrie mit donnernder Stimme: „So sei verflucht, du alter Geizhals! Deine Burg soll untergehen und du selbst als zottiger Hund so lange deine Schätze bewachen, bis all dein Eigentum an ehrliche Menschen gekommen ist!"

Am anderen Morgen war die Klingenburg spurlos verschwunden. Dort, wo sie gestanden hat, wuchs nun dichtes Dornengestrüpp. Nur noch der Name des Walstücks erinnert an die frühere Burg. Wo einst der Park war, wächst bis heute im Frühling ein bunter Blumenteppich. Es heißt, dass noch immer in der Nacht ein schwarzer, zottiger Hund durch das Gelände streift, der mit dem ersten Hahnenschrei verschwindet.

IN DER KLINGENBURG

Es mag zweihundert Jahre her sein, da kam der alte Förster Deppe aus Breitenberg spät in der Nacht von der Kirmes in Langenhagen und wählte den Weg durch die Klingenburg. Es war so finster, dass er die Hand vor Augen nicht sah. Er stolperte, stürzte und schlug mit dem Kopf auf einen alten Baumstamm, sodass er Sterne sah. Mit Fluchen und Donnerwetter rappelte er sich wieder auf und sah ein Männlein vor sich, das eine Laterne in der Hand hielt. „Du alter Brummbart“, sagte das Männlein. „Was brummst und fluchst du hier so? Komm mit, ich will dir etwas zeigen.“ Der Förster folgte ihm. Vor ihnen tat sich der Berg auf und die beiden gingen hinein. Nach einigen Schritten standen sie vor einem großen Tor, an welches das Männlein dreimal anklopfte. Sogleich schwangen die Flügel auf und gaben den Blick auf einen großen und hell erleuchteten Saal frei. Dort gab es ganz viele der kleinen Männlein, die den Förster sehr artig und mit Verneigungen begrüßten. Das erste Männlein bedeutete ihm, weiter zu folgen und führte ihn in die Schatzkammer, wo haufenweise Gold und Silber aufgetürmt lag. „Diesen Schatz“, so sprach das Männlein, „soll derjenige haben, der in hundert Jahren auf Walpurgis hier erscheint.“ Er versetzte dem Förster einen leichten Schlag auf die Schulter, der im gleichen Moment wieder draußen am Fuß des Berges stand. Was aus der Klingenburg wurde und ob jemand den Schatz errang, wurde nie bekannt.

Der Brautschatz von Langenhagen

Ein Meisterssohn aus Duderstadt liebte ein Mädchen aus Langenhagen. Es war schön wie der Morgen, brav und fleißig. Aber weil es so arm war, weigerte es sich lange, den Meisterssohn zu heiraten, zu sehr schämte es sich seiner Armut. Der Johannistag kam heran, ein wunderbarer Sommertag. Der Bursche wanderte über Berg und Tal nach Langenhagen. Endlich gab seine Liebste ihm das Jawort, voller Freude legten sie das Hochzeitsdatum im kommenden Herbst fest.

Am Abend machte sich der junge Mann wieder auf den Weg nach Duderstadt. Das Mädchen begleitete ihn eine Weile des Wegs. Als sie im Bereich der sagenhaften Klingenburg waren, lag am Wegesrand ein großer, zottiger Hund. Vor ihm lag ein großer Haufen Pferdeäpfel. Als das junge Paar vorbeigehen wollte, stand der Hund auf, stellte sich ihnen in den Weg und blickte immer wieder zu den Pferdeäpfeln. Als die beiden noch einmal versuchten, den Hund zu passieren, begann das Tier zu knurren. „Was soll das bedeuten?“, flüsterte der Meisterssohn. „Vielleicht will er, dass wir etwas von dem Haufen nehmen“, vermutete ebenso leise seine Verlobte. Der Bursche bückte sich, nahm drei von den Pferdeäpfeln und steckte sie in seine Rocktasche. Im gleichen Augenblick war der Hund verschwunden.

Der Bursche brachte seine Angebetete sofort nach Langenhagen zurück und nahm dann einen anderen Weg nach Duderstadt, dieses Mal über Herbigshagen. Als er zu Hause war und seinen Rock auszog, meinte er, dass die Taschen schwerer geworden waren. Er griff hinein und holte statt der Pferdeäpfel drei große Goldklumpen heraus. Kaum brach der Morgen an, rannte der Bursche zurück zur Klingenburg, aber es waren weder die Pferdeäpfel noch der Hund zu sehen. Er eilte weiter nach Langenhagen und überreichte seinem Mädchen freudestrahlend den goldenen Brautschatz. Der Hochzeit im Herbst stand nichts mehr im Wege.

DIE LANGHAARIGEN MÄNNER

Einst gab es zwei Brüder in Brochthausen, die ihr Glück in der Welt versuchen wollten. Damit sie niemand aufhielt oder beschwatzen konnte, machten sie sich heimlich des Nachts auf und davon. Unterwegs meinte der Ältere, er habe einen schrecklichen Traum gehabt. „Ein Mann packte mich bei der Gurgel und wollte mich erwürgen. Da bin ich mit einem Schrei aus dem Bette gesprungen", erzählte er. „Wenn uns unterwegs nur kein Unglück zustößt…" Der jüngere Bruder lachte und sagte: „Ach was. Träume sind Schäume! Ich bin nicht bange und glaube auch nicht an Gespenster."

Als die beiden in den Rotenberg kamen, sahen sie plötzlich drei Männer von riesenhaftem Ausmaß vor sich. Sie hatten so lange Haare, dass sie bis unter die Knie reichten. Der ältere Bruder stieß einen lauten Schrei aus und fiel vor Angst schlotternd in den Graben. Dem Jüngeren stiegen die Haare so zu Berge, dass ihm die Mütze vom Kopf fiel. In seiner Angst machte er das Kreuzzeichen, woraufhin die langhaarigen Männer sofort verschwanden. Aus war es mit dem Traum der Fremde. Die beiden Brüder kehrten um und gingen zähneklappernd nach Brochthausen zurück. Es hat lange gedauert, bis sie sich von dem Schrecken erholt hatten.

DIE FEUERRÄDER
VON BROCHTHAUSEN

Bei der Langenhagener Kirmes feierten vor vielen Jahrzehnten zwei Brochthäuser Burschen tatkräftig mit. Gegen Mitternacht machten sie sich noch von Trank und Tanz beschwingt auf den Heimweg. Kaum hatten sie den Ortsausgang von Langenhagen Richtung Brochthausen namens „Futterlade" passiert, erblickten sie zwei kleine, feurige Räder vor sich. Diese wuchsen und wuchsen, bis sie die Größe eines Wagenrades erreicht hatten. Dann wurden sie beim Drehen immer wieder abwechselnd kleiner und wieder größer. Es ging immer so weiter. Die beiden Burschen waren schlagartig nüchtern und fürchteten sich. Daher bogen sie vom Weg ab. Aber die Räder tauchten auf einmal wieder vor ihnen auf. Egal, in welche Richtung die beiden laufen wollten, die Räder sprangen immer wieder vor sie. Plötzlich verschwanden sie jedoch mit einem lauten Knall. Erst am nächsten Morgen kamen die beiden Burschen völlig erschöpft in ihrem Heimatdorf an.

Der Schatz
im Hüschenberg

Im Hüschenberg nahe des Gutes Herbigshagen soll ein Schatz liegen, der nur in der Thomasnacht gehoben werden kann. Daher machten sich eines Tages zwei beherzte Männer aus Fuhrbach auf den Weg, um ihn zu holen. Der Weg wurde ihnen bereits von Weitem durch ein brennendes Licht gewiesen. Voller Freude waren sie sich schon sicher, den Reichtum in ihren Taschen zu haben. An der Lichtquelle angekommen, stellte sich diese als Feuer heraus. Schnell merkten sie, dass es kein gewöhnliches Feuer war. Es leuchtete zwar, strahlte aber keine Wärme ab. Davon ließen sich die beiden jedoch nicht abhalten, sondern begannen emsig zu graben. Bald stießen sie auf eine feste Steinplatte, unter der sie einen eisernen Kasten fanden. In der Zwischenzeit hatte sich allerdings ein kleiner Mann mit einem Hund zu ihnen gesellt. Er versuchte, die beiden Schatzgräber zu stören, wo es nur ging. Immer wieder hetzte er den Hund auf sie, der pausenlos an den beiden Fuhrbachern emporsprang und sie beißen wollte. Doch die beiden blieben eisern und ließen sich nicht stören. Als aber einer von ihnen den ehernen Kasten hochhob, wurde das Männlein mit dem Hund böse und rief: „Er beißt dich!" Da reichte es dem Schatzgräber und er schrie zurück: „Er hustet dir was, aber er beißt nicht." In dem Moment fiel ihm der Schatz aus den Händen und verschwand spurlos.

Die Ritterkuhle
bei Fuhrbach

Der Sage nach sollen im Dreißigjährigen Krieg bei einem Überfall sieben Ritter erschossen und im Fuhrbacher Wald zwischen dem Solbach und der Holztrift begraben worden sein. Vor der Verkoppelung, wie im Königreich Hannover die Separation oder frühe Form der heutigen Flurbereinigung im achtzehnten und neunzehnten Jahrhundert genannt wurde, sollen noch sieben, dicht nebeneinander liegende, längliche Vertiefungen zu sehen gewesen sein, die aber schon seit mehr als hundert Jahren nicht mehr sichtbar sind. Die Stelle trägt bis heute den Namen Ritterkuhle.

Mühlensprache

Einst ging ein junger Bursche aus Fuhrbach ins Nachbardorf zur Kirmes. Da hörte er auf einmal das Mühlrad der Mühle sprechen. „Juk-ket-dek-din-Puk-kel? (Juckt dich dein Buckel?)", fragte es. Erschrocken blieb der junge Kerl stehen und dachte kurz nach, zuckte aber dann mit den Schultern und ging zur Kirmes. Dort ging es dann aber so übermütig her, dass er in eine handfeste Prügelei geriet. Er musste ordentlich einstecken und flog auf die Straße. Da begann es auch noch zu regnen, sodass der Soolbach anschwoll und das Fuhrbacher Mühlrad Geschwindigkeit aufnahm. „Het deck din Puckel ejucket?", wiederholte es immer wieder. „Hat dich dein Buckel gejuckt?" Fast meinte der Bursche, sogar Häme zu spüren.

Manchmal gab es so wenig Wasser im Soolbach, dass das Mühlrad sich kaum bewegen konnte. Da glaubten die Fuhrbacher, ein Klagen zu hören: „Wenn – hei – doch – man – keime!" (Wenn er doch nur käme!)", wünschte sich das Mühlrad seufzend Regen. Die Brochthäuser Mühle ein Dorf weiter war da schon zuversichtlicher und rief gern: „Hei küm – met, Hei küm – met..!" (Er kommt!)

Die Ellermühle etwas bachabwärts wiederum hatte auch in regenarmen Zeiten immer genug Wasser und rief deswegen, so erzählen die Leute, übermütig: „Lot hei komen oder nich!" (Lasst ihn kommen oder nicht!) Die Eichsfelder Mühlräder haben eben ihre eigen Sprache, man muss nur genau hinhören.

DER SCHATZ IM KIRCHBERG BEI FUHRBACH

Wer genau hinsieht, entdeckt auf dem Kirchberg bei Fuhrbach ein Loch, das die Form eines Kessels zu haben scheint. Dort soll ein Schatz vergraben liegen. Der eine oder andere will sogar um Mitternacht ein Licht dort brennen gesehen haben.

Vor Urzeiten hörte ein Fuhrbacher von dem Schatz und machte den Versuch, ihn zu heben. Kaum hatte er den Spaten in die Erde gesenkt, erschien vor dem Loch ein riesiger Hund. Er war so groß wie ein Pferd und spie wie ein Drache Feuer aus dem Rachen. Der Fuhrbacher schrie entsetzt auf und rannte nach Hause. Am Morgen war sein Haar schneeweiß. Nie wieder soll sich seitdem jemand um Mitternacht an diese Stelle gewagt haben.

DAS SÜSSELOCH

Früher, so wird erzählt, spielten die Mädchen von Ecklingerode, Fuhrbach und der Roten Warte an den Sonntagnachmittagen hinter der letzteren „Tütche-hür-Laufen" und andere Spiele. Dazu brachten sie sich immer Seutekauken, Süße Kuchen, mit, die sie dann gemeinsam verzehrten. Daher soll der Name Süßeloch stammen, wie man den Ort noch heute nennt.

DER OSTERHOLZGRUND

Der Sage nach sollen die Ecklingeröder jedes Jahr in einer Schlucht im Rotenwarter Holz bei Duderstadt verbotenerweise das Holz für ihr Osterfeuer geschlagen haben. Darum bekam dieser Platz den Namen „Osterholzgrund".

Die Aehmecke
von Ecklingerode

In ganz alten Zeiten flossen statt des Bächleins große Wassermassen Richtung Ecklingerode. Am Ufer des Flusses wohnten Zwerge. Im Laufe der Jahre hatten sich die kleinen Gesellen in zwei Stämme geteilt. Die ältere Linie wohnte oben nahe der Quelle, die jüngere unten in der Nähe des Dorfes. Warum zwischen den beiden Stämmen auf einmal erbitterte Feindschaft herrschte, ist unbekannt, aber sie gerieten sich furchtbar derbe in die Haare. Der obere Zwergenkönig an der Quelle trug einen weißen Bart, der tatsächlich an den einer Ziege erinnerte. Um ihre Feinde zu ärgern, riefen die unteren Zwerge tagtäglich frech „Meck, meck, meck“ zum Berg hinauf. Die oberen Zwerge wurden so böse, dass sie den unteren das Wasser regelrecht abgraben wollten. Sie begannen mit dem Bau eines Damms. Rastlos bauten sie Tag und Nacht, aber es wollte ihnen nicht gelingen, den Damm dicht zu bekommen. Immer wieder sickerte Wasser durch, gerade so viel, dass die unteren Zwerge genug bekamen. Daraufhin riefen sie voller Schadenfreude zu den oberen Zwergen: „Aeh, meck, Aeh, meck! Es fließt doch Wasser!“ So bekam das Bächlein den Namen Aehmecke, mittlerweile wird er Ehmke geschrieben.

Das Geldloch
bei der Kammerforst

Die Sage behauptet, Jützenbach habe einst an einer anderen Stelle gestanden und sei von Feinden zerstört worden. Sie sollen die geraubten Schätze auf einen Wagen geladen haben. Unterhalb der Flur Kammerforst, die unter dem Berg liegt, tat sich die Erde auf und verschlang den gesamten Zug mit Wagen, Schätzen, Mann und Maus. An dieser Stelle schoss dann eine Quelle hervor: Das Geldloch. Seitdem haben Einwohner immer wieder versucht, die Schätze zu heben.

Eines Tages kam ein Trupp fahrendes Volkes nach Jützenbach. Eine alte Frau unter ihnen prophezeite dem Dorfschmied, er werde den Schatz finden, wenn er in der Thomasnacht mit zwei Freunden danach grabe. Es dürfe aber während der Arbeit kein Wort gesprochen werden, was auch immer passiere. Da meinte der Schmied großspurig, wenn es nur daran liegen würde, dann gehöre der Schatz schon ihm.

So kam die Thomasnacht. Der Schmied und seine zwei Nachbarn machten sich auf den Weg zum Geldloch. Als die Geisterstunde anbrach, begannen sie zu graben. Auf einmal stand ein zerlumptes Weiblein vor ihnen, das hatte ein Gesicht wie ein Vogel. „Habt ihr meinen Mann gesehen?“, fragte es. Von den drei Männern kam keine Silbe. „Er hatte rote Strümpfe an, so wie der da“, fuhr das Weiblein fort und zeigte auf den Schmied. Der sah nach unten und bemerkte erst jetzt, dass er sich beim Ankleiden im Dunkeln geirrt hatte und die roten Strümpfe seiner Frau trug. Trotzdem grub er stumm weiter. Daraufhin begann die Gestalt fürchterlich zu schimpfen und Anzüglichkeiten von sich zu geben. Die Männer schwiegen weiterhin und das Weiblein verschwand.

Kurz darauf kam eine Eule und setzte sich auf einen alten Stamm. „Komm mit! Komm mit!“, schrie sie ununterbrochen. Es nutzte nichts, der Vogel ließ sich nicht verscheuchen. Der Schmied wurde immer wütender und schlug mit der Hacke nach dem penetranten Vogel. Die Eule schoss auf den Schmied zu, packte dessen Zipfelmütze mit den Krallen und flog damit weg. Schon wollte dem Schmied ein Fluch entfahren, aber er biss sich auf die Zähne und blieb stumm. Bald stießen die Männer auf einen großen Kessel mit zwei Ringen. Sie steckten zwei Hackenstiele hindurch und wollten den Kessel heben, als ein lautes Meckern erklang. Vor ihnen standen sieben Ziegenböcke mit langen Hörnern. Und auf jedem Ziegenbock saß ein kleiner schwarzer Mann. Feindselige Blicke gingen in Richtung der Schatzgräber. Auf einmal schrie einer der schwarzen Zwerge: „Wer soll zuerst dran?“ Ein zweiter antwortete: „Der mit den roten Strümpfen!“ Jetzt war es beim Schmied vorbei. Er schrie: „Das könnte euch so passen!“ Da gab es sofort ein großes Gepolter und Krachen. Die Zwerge lachten voller Hohn und ritten durch die Luft davon. Die drei Männer blickten besorgt in die Öffnung. Die beiden Ringe an den Hackenstielen waren noch da, der Kessel aber nicht mehr. Es blieb ihnen nichts weiter übrig, als nach Hause zu gehen. Unterwegs machte sich der Schmied die größten Vorwürfe.

Als er am nächsten Morgen seine Schmiede betrat, hingen die beiden Ringe dort an der Wand. Egal, was der Schmied versuchte, sie ließen sich nicht entfernen. Zeit seines Lebens erinnerten sie ihn daran, wie schwer es ist, sich zu beherrschen. Erst als der Schmied als alter Mann starb, fielen die Ringe von der Wand. Als die Angehörigen sie aufheben wollten, verschwanden sie.

Der Urmeswinkel bei Jützenbach

Bei Jützenbach soll einst im nahezu undurchdringlichen Dickicht ein Räuber samt Pferd gehaust haben. Er war eine wahre Plage für die Umgebung, aber niemand kannte sein genaues Versteck. Einmal hatte sich der Jützenbacher Schmied im Wald verirrt und traf auf einer Lichtung auf den Räuber, der gerade dabei war, für sein Pferd Futter zu holen. Urmes, so der Name des Räubers, hielt dem Schmied sofort eine Pistole vor die Brust und sagte: „Versprich mir, niemandem etwas von unserer Begegnung zu verraten, sonst wird eine Kugel dein Leben beenden.“ Der Schmied versprach es. Doch als er am folgenden Sonntag im Wirtshaus saß und das eine oder andere Glas Schnaps intus hatte, plauderte er das Geheimnis doch aus. Schon am nächsten Tag wusste das ganze Dorf davon. Als der Schmied nun vor seiner Werkstatt auf der Straße stand, kam Urmes auf der Dorfstraße daher, in der Hand hielt er die schussbereite Flinte. Der Schmied rannte in sein Haus, riss seinerseits ein Gewehr von der Wand und trat hinter seine Haustür, die zur Straße führte. Dann legte er an, zielte und drückte ab. Der

Räuber sank tot vom Pferd. Unter Führung des Schmiedes drangen die Dorfbewohner in den Wald ein, fanden das Versteck des Räubers und die dort versteckten großen Schätze, die sie unter sich aufteilten. Der Schmied bekam den Löwenanteil. Bis heute heißt die Stelle im Wald „Urmeswinkel".

DIE ALLERBURG
BEI BOCKELNHAGEN

Dort, wo im Nordosten das Eichsfeld endet und sich der Südharz breitmacht, teilten sich zwei Brüder auf dem Allerberg den Besitz der Allerburg – Hans und Jost von Minningerode. Jost war der jüngere Bruder und ein unbeherrschter, tatendurstiger junger Mann. Es wurde ihm auf der Burg schlichtweg zu langweilig. Er sattelte sein Pferd, packte seine Siebensachen, verabschiedete sich von seinem Bruder und zog mit seinem Knappen immer der Nase nach auf der Suche nach Abenteuern in die Welt.

Es vergingen viele Jahre, in denen man niemals auch nur das geringste Lebenszeichen von Jost erhalten hatte. Man wähnte ihn nicht nur verschollen, sondern gar tot. Hans passte das gut in den Kram, denn er war habgierig und betrachtete sich inzwischen als Alleinerbe der väterlichen Erbschaft, die er mit Jost nicht teilen mochte. Doch dann kam der Tag, an dem Jost vor der Tür der Allerburg stand und Einlass begehrte. Hans war nicht sehr erfreut, ihn zu sehen. Nach einigen Wochen bestand Jost auf die Herausgabe seines Anteils, aber Hans fand immer wieder Ausflüchte und Vorwände, um die Güter nicht teilen zu müssen. Jetzt artete das kühle Verhältnis zwischen den beiden in offenen Streit aus. Nachdem sich beide wieder einmal so gezankt hatten, dass die Fetzen flogen, ritt Jost in den Wald, um sich zu beruhigen. Als er zurückkam, fand er das Burgtor verschlossen. Trotz aller Bitten und Drohungen war Hans von Minningerode nicht zu bewegen, seinen Bruder wieder hineinzulassen. Der hob die vor Zorn geballte Faust und ritt voller Wut davon. Er eilte von Dorf zu Dorf, von Schloss zu Schloss, von Burg zu Burg und erzählte überall, wie übel ihm von seinem Bruder mitgespielt wurde. Er bat um Beistand und Hilfe. Hans war nicht beliebt, darum erklärten sich viele Ritter bereit zu einem Feldzug gegen die Allerburg. Unter ihnen waren der Graf von Schwarzburg und viele Untertanen.

Das gewaltige Heer belagerte die Allerburg eine lange Zeit. Schließlich holte man schwere Geschütze und brachte sie auf eine nahe Anhöhe. Kugeln um Kugeln flogen auf die Allerburg, bis die Mauern endlich nachgaben und die Verteidiger unter sich begruben. Auch der hartherzige Hans fand dabei den Tod. Er hatte sich, nachdem die Burg fast ganz erobert war, im Bergfried verschanzt. Als dieser zusammenbrach, wurde Hans von den Trümmern erschlagen.

Seine beiden Söhnchen wurden von ihrer Amme gerettet, heißt es. Sie nahm die beiden und flüchtete mit ihnen durch einen unterirdischen Gang. Sie eilten bis Mingerode, damals hieß es noch Minningerode, wo sie von einem Edelherrn versteckt wurden. Als sie erwachsen waren, begaben sie sich nach Bockelnhagen, um ihr Erbe geltend zu machen. Dort trafen sie auf ihre alte Amme, die sie sofort wiedererkannte. „Da kommen die Junker von Minningerode!“, rief sie. Jost war unvermählt geblieben. Er nahm die Neffen freundlich auf, später erhielten sie mit dem Familienerbe auch die Allerburg.

Die Goldblume
auf der Allerburg

Es wird erzählt, dass unter den Trümmern der Allerburg, die dem Bruderkrieg zum Opfer gefallen war, noch unermessliche Schätze liegen sollen. Gegen Mittag des Thomastages, am 21. Dezember, stieg ein Mann die Anhöhe der Allerburg hinauf, um trockenes Holz für den bitterkalten Winter zu sammeln. Plötzlich sah er neben der Ruine eine Blume blühen. Hell wie Gold schimmerte sie trotz des strengen Frostes. Da erinnerte er sich an die Geschichte, die früher die alten Frauen im Dorf erzählten: Wenn eine reine Jungfrau die Goldblume, die nur am Thomastag zur Mittagsstunde bei Sonnenschein blüht, pflückte, so könnte sie damit den Berg öffnen und die Schätze gewinnen. Der Mann kehrte um und rannte nach Hause, um seine soeben herangewachsene junge Tochter zu holen. Doch das Mädchen fürchtete sich und sträubte sich lange, ihrem Vater zu folgen. Erst nachdem die Mutter ihr zugeredet hatte, begleitete sie ihn zur Ruine. Das Mädchen wollte soeben nach der Blume greifen, da schlug die Turmuhr von Bockelnhagen ein Uhr und die Blume war verschwunden. Hätte das Mädchen sofort ihren Vater begleitet und etwas Mut und Vertrauen besessen, dann wäre sie rechtzeitig gekommen.

Die Haselstaude
auf der Allerburg

Bei der Allerburg stand früher eine eigenartige Haselstaude. Sie wirkte verdorrt und tot. Doch alle sieben Jahre kam Leben in sie und sie trieb genau dreizehn grüne Blätter. Wenn ein Sonntagskind zur Mittagszeit die Blätter abpflückte, so begann ein wahres Schauspiel. Dreizehn Ritter erschienen, um ein Turnier abzuhalten. Schwerter und Lanzen krachten aufeinander, bis ein Ritter tot zu Boden fiel. Der wurde dann auf eine Bahre gelegt und die restlichen Ritter begleiteten den Zug dreimal um den noch stehenden Teil der Allerburg herum, bis sich im Berg eine Öffnung auftat und die Ritter verschluckte. Genau dann schlägt die Bockelnhagener Turmuhr eins.

Das Ohmgebirge und der Sonnenstein

Die Sage vom wilden Grafen

Einer der Grafen von Bodenstein wurde einst nur der wilde Graf genannt. Schon als Kind heckte er allerhand Streiche aus. Doch mit wachsendem Alter wurde es nicht besser, eher schlimmer. Vor allem ging es ihm darum, fremden Menschen einen heillosen Schrecken einzujagen. Seinen größten Spaß hatte er, wenn er heimlich auf ein Fuhrwerk klettern und dem Fuhrmann wilde Streiche spielen konnte. Selbst nach seinem Tod gab der Geist des Grafen keine Ruhe. Immer wieder spukte er rund um die Burg Bodenstein herum. Berüchtigt und gefürchtet war vor allem der Weg von Wintzingerode nach Kaltohmfeld hinauf. Unversehens konnte es einem armen Bauern oder Fuhrknecht passieren, dass der Geist des wilden Grafen hinter einem Gebüsch hervorsprang, sich auf den Wagen schwang und ihn damit so schwer belastete, dass die Pferde weder vor noch zurück und erst recht nicht von der Stelle konnten. Wenn sich der Fuhrmann geduldig gab und ruhig abwartete, dann verschwand der Graf fast ebenso plötzlich, wie er erschienen war. Fluchte jemand und schimpfte lauthals, dann blieb der ungebetene Gast die ganze Nacht auf dem Wagen sitzen und verschwand erst beim ersten Hahnenschrei.

Die Ahnfrau
von Burg Bodenstein

Auf Burg Bodenstein gab es viele Geister. Nicht alle von ihnen waren schreckliche. Es gab einst einen ganz sanften: die Ahnfrau. Susanna war ihr Name, sie war einst für lange Zeit die Burgherrin gewesen. Susanna wandelte in stiller Trauer durch die Burggänge, immer auf der Suche nach ihrer goldenen Brautkrone, die sie zu Lebzeiten verloren hatte. Während ihrer Suche überprüfte sie auch, wie es um die Burg stand und ob Mägde und Knechte fleißig waren. Wenn die Mägde fleißig und adrett waren, spann sie ihnen in der Nacht den Wocken ab, auch den treuen Knechten erwies sie viele gute Dinge. Einen aber mochte sie besonders gern, denn sie erschien ihm oft und sah ihn freundlich an. Häufig sah er sie am Fensterbogen zur Zugbrücke hin stehen und gedankenverloren hinausblicken. Der Bursche konnte eine genaue Beschreibung von ihr und ihrer Kleidung geben. Doch dann schaffte man auf der Burg eine neue goldene Brautkrone an, und seitdem ist Susanna, die Ahnfrau, nie wieder erschienen.

DER GEIST DES RITTERS

Die Bodensteiner waren mitunter arge Landplagen, verbreiteten teils Angst und Schrecken in der Umgebung. Einer, der es besonders schlimm trieb, war Ritter Barthold von Wintzingerode, der im sechzehnten Jahrhundert Burgherr war. Doch im Jahr 1574, so steht es in den Annalen, wurde er vom Kurfürsten Daniel von Mainz während eines Überfalls auf Burg Bodenstein gefangengenommen, wegen eines beweisbaren Mordes zum Tode verurteilt und im Jahr darauf in Mainz hingerichtet.

Die Menschen rund um den Bodenstein atmeten auf. Doch lange sollte die Freude nicht währen, denn der Geist des Ritters kam nicht zur Ruhe. Immer wenn der Mond über dem Ohmgebirge aufging und silbriges Licht nicht nur in die Buchenwälder, sondern auch durch die Schlossfenster warf, wurde es im Inneren der Burg lebendig. Tritte und Sporenklang erschollen, dann trat der Geist des Ritters aus einem unterirdischen Gang, stieg eine Treppe empor und rollte wild mit den Augen. Sah er fremde Gäste in einem bestimmten Zimmer, so packte ihn eine unheimliche Wut, sodass er den Gast ergriff und ihn mit lautem Hohngelächter die Treppe hinunterwarf. Wer sich dabei nicht das Genick brach, konnte von Glück reden.

Um der unheimlichen Sache Herr zu werden, bauten die Burgbewohner die Treppe ab, um dem Geist den Weg zu verwehren. Darüber wurde er noch zorniger. Zwar konnte er in dem unheimlichen Gemach niemanden mehr die Treppe hinunterwerfen, doch an sein eigenes Porträt an der Wand gelangte er. Schlief jemand Fremdes in dem Zimmer, warf er das Bildnis mit lautem Gepolter zu Boden. Vielleicht wurde der Geist es leid oder wurde anderweitig erlöst, seit Jahren lässt er sich nicht mehr sehen.

DIE SAGE VOM PFERDESCHÄDEL

Einst hütete der Bodensteiner Schäfer auf dem Bornberg seine Herde. Er liegt nahe der Burg Bodenstein und von ihm kann man bis zum Harz, zum Hohen Meißner und zum Thüringer Wald blicken. Am Abend trieb der Schäfer die Schafe auf das nahe Ackerland in einen Pferch und ging nach Hause. Nach dem Abendessen kehrte er zur Herde zurück. Sein halbwüchsiger Sohn begleitete ihn, um dem Vater zu helfen. Nach getaner Arbeit legten sich beide in der Schäferhütte zur Ruhe, während der Hund den treuen Wächter gab. Gegen Mitternacht weckte der Schäfer den Sohn, denn aus der Ferne kam ein immer stärker werdendes Tönen und Brausen auf sie zu. Bald konnten sie wildes Geschrei und Hundegebell unterscheiden. Der Schäfer packte den Sohn am Arm und sagte angstvoll: „Das ist der wilde Jäger mit seinem Gefolge."

Kurz darauf erblickten Vater und Sohn gespenstische Reiter in der Luft, die lange Peitschen schwangen. Ihnen folgte eine große Meute schwarzer und zum Gotterbarmen bellender Hunde. Eine wüste und wütende Stimme schrie „Hüh, harr, hott“ in der Luft. Der Schäfersjunge war trotzdem keck und vorwitzig. Er äffte die unheimliche Horde nach und schrie, so laut er konnte: „Hüh, harr, hott!“ Im gleichen Augenblick fiel aus der Luft ein Pferdeschädel direkt neben ihnen nieder und eine Stimme rief: „Habt ihr mit helfen jagen, so müsst ihr auch helfen nagen!“

Als die wilde Horde vorüber war, besahen sich der Schäfer und sein Sohn den Schädel genauer. Ungewöhnlich groß war er. Der Junge warf ihn auf Geheiß seines Vaters in eine nahe Grube, aber der Schädel sprang sofort wieder heraus und hüpfte in Richtung Schäferhütte. Noch zweimal versuchten die beiden, den Schädel in die Grube zu befördern, doch immer wieder kam er hervor. Da nahm der Schäfer sein Taschenmesser, kratzte das noch am Knochen hängende Fleisch ab und warf es dem Schäferhund hin, der es sofort fraß. Noch einmal warf der Bursche den Schädel in die Grube, wo er nun auch blieb. Am nächsten Morgen sah der Schäferssohn nach dem Schädel, aber er war spurlos verschwunden.

Der Grobschmied von Kaltohmfeld

Joachim Kellner, so sagt die Sage, war vor vielen Jahren ein Grobschmied in Kaltohmfeld. Er wollte unbedingt reich werden, aber allein schaffte er es nicht. Er griff zum letzten Mittel und verschrieb sich dem Bösen, das in Gestalt eines Kobolds bei ihm einzog und es sich unter der Treppe in einem Erbsenbündel bequem machte. Dann und wann schaute der Kobold daraus hervor. Der Reichtum des Schmiedes nahm zu, Küche und Scheune füllten sich. Aber je reicher er wurde, umso stiller wurde der Meister. Das hatte er sich ganz anders gedacht! Statt sich am Reichtum zu freuen, hatte er alle Hände voll zu tun, damit nichts verdirbt und niemand etwas stiehlt. Diese Situation wurde ihm eines Tages unerträglich und er grübelte, wie er diese Last wieder loswird. Er blickte aber ständig in das Gesicht des Kobolds, der ihm inzwischen höhnisch grinsend und schadenfroh auf Schritt und Tritt folgte. Der Meister ging in seiner Not zum Pfarrer und bat ihn um Hilfe. Am Sonntag darauf stand der Pfarrer bei ihm vor der Tür, hinter ihm reihten sich die Pfarrkinder auf, jedes ein Gesangbuch in der Hand. Der Pfarrer murmelte einige Bannformeln im Haus des Schmieds und zog dann mit seinen Begleitern zu einer nahen Felsklippe, in die er den Kobold verfrachten wollte. Die Kaltohmfelder sangen aus Leibeskräften, es schien, als sollte es gelingen, den Unhold loszuwerden. Doch da sah sich einer in der Schar der Betenden um, obwohl das streng verboten war. Sogleich flog der Kobold herbei und drehte dem Neugierigen den Hals um. Blitzschnell sprach der Pfarrer noch eine Bannformel, gegen die der Unhold machtlos war. Dann war er in der Felsklippe gefangen. Bis heute soll er dort sein Unwesen treiben. Der Schmied aber war geläutert, wurde ein besserer Mensch und war mit dem zufrieden, was er durch seine Arbeit verdiente.

DER KOBOLD
VON KALTOHMFELD

In Kaltohmfeld schlief eines Nachts ein Knecht bei den Pferden im Stall und wunderte sich, warum sie immer wieder unruhig wurden und auch, warum er unter seiner Decke eine Last auf sich spürte, die unerklärlich war. Sie wälzte sich regelrecht auf ihn, ohne dass er sie loswerden konnte. Es war ein Kobold, der sich im Stall eingenistet hatte und sein Unwesen trieb. Der Knecht verlangte von ihm, dass er verschwinden sollte. Aber der Kobold saß auf ihm und lachte ihn schallend aus. Jetzt drohte der Knecht, er werde ihn mit der Axt erschlagen, worauf er so eine schallende Ohrfeige kassierte, dass ihm Hören und Sehen vergingen. Der Knecht hielt es für besser, nicht mehr im Stall zu übernachten, legte aber, um dem Kobold eins auszuwischen, ein dickes Holzscheit unter die Decke. Am nächsten Morgen wurde ihm ganz schlecht, als er in den Stall kam und ein großes Messer im Scheit stecken sah. Der Kobold hat sich nach diesem bösartigen Streich nie wieder sehen lassen.

DIE RUINE WILDUNGEN

Schon einige Jahre waren im Dreißigjährigen Krieg die Horden durch das Land gezogen, als sich die Schweden dem Eichsfeld näherten. Oh, was für Angst und Schrecken sie verbreiteten! Die Bewohner vieler Dörfer packten das Notwendigste ein und flohen in die Wälder.

Das Dörfchen Wildungen aber lag so versteckt im Wald oberhalb von Brehme, dass sich seine Bewohner sicher wähnten. Noch nie waren sie von Feinden entdeckt worden. Doch am Tag vor Maria Himmelfahrt war ein Wildunger in Duderstadt gewesen und hatte auf dem Heimweg einen kleinen Trupp schwedischer Soldaten bemerkt. Das rief nun doch Unruhe im Dorf hervor. Der Pfarrer versuchte, die Menschen zu beruhigen und sprach: „Packt eure wichtigsten Sachen und kommt morgen früh in der Dämmerung zur Kirche. Dort werden wir eine heilige Messe feiern und die Gottesmutter um Schutz für unser Dorf bitten." Danach, so befahl er, sollte man ein sicheres Versteck im Ohmberg aufsuchen, das schon die Vorfahren angelegt hatten.

Früh am Morgen saßen alle Dorfbewohner bis auf einige junge Mütter, die ihre Kinder nicht allein lassen wollten, in der Kirche und beteten. Der Pfarrer war gerade bei der Wandlung, als jemand die Kirchentür aufriss. „Die Schweden sind da", schrie eine Frau voller Angst. Die Menschen sprangen auf und drängten zum Ausgang, der Pfarrer aber ließ sich bei der heiligen Handlung nicht stören. Schon drängten sich die ersten Schweden in die Kirche, der Anführer zog den Degen und schrie: „Fahr zur Hölle, du Betrüger!" Er stieß dem Pfarrer die Klinge in die Brust. Tot sank dieser zu Boden. Als der Mörder die heiligen Gefäße vom Altar reißen wollte, geschah aber etwas Wunderbares: Die Statue der Jungfrau Maria über dem Altar wurde plötzlich lebendig. Sie schwebte herab und sah den Mörder mit einem hoheitsvollen Blick an, sodass dieser weiß wie die Wand wurde. Er stieß einen markerschütternden Schrei aus und sank tot um. Seine Kumpane stürzten daraufhin fluchtartig aus der Kirche. Die Gottesmutter nahm die Gefäße an sich und entschwebte in Begleitung heiliger Gestalten in Richtung Brehme.

Die Wildunger eilten aus der Kirche, nur um ihr Dorf inmitten eines Flammenmeers zu sehen. Sie griffen, was sie retten konnten, und flüchteten in den Wald, während die Schweden sich schleunigst von dannen machten und niemals wieder diesen Ort betraten. Die Wildunger bauten ihr Dorf nicht wieder auf, sondern ließen sich in den Nachbarorten, vor allem in Brehme nieder. Dorthin war ja auch Maria entschwunden. Nur die Wand der Kirche zeugt heute noch von dem, was einst war.

Der Muttergottesbrunnen

Zu der Zeit, als Jesus Nazareth den Rücken kehrte und mit dem Predigen begann, sah seine Mutter, die Jungfrau Maria, wie er umherzog, zum Volk sprach und Wunder wirkte. Sie wollte gern wissen, welche Aufgabe Gott seinem Sohn auf Erden übertragen hatte, und sie bat Gott, ihr zu zeigen, wo Jesus überall noch seine Werke tun sollte. Gott sprach zu ihr: „Wende dich immer nach Westen. Wohin auch dein Auge schaut: Überall ist das Arbeitsfeld des Gottessohnes."

Maria wandte ihren Schritt nach Westen und zog auf ihrem Weg durch viele Länder. Sie sah, wie niemand etwas von Gott wissen wollte. Un- und Irrglauben waren weit verbreitet. Maria verließ die Hoffnung und sie wurde traurig. In dieser Stimmung erreichte sie den Sonnenstein im Eichsfeld. Dort sah sie die wunderbare Landschaft vor sich wie einen gepflegten Garten. Aber sie sah auch die Menschen, die hier lebten. Sie beobachtete, wie die Menschen in seltsamen Riten ihre Hände zur Sonne, zum Mond und zu den Sternen hoben und sie anbeteten. Sie schlachteten weiße Pferde auf Altären aus Stein und fingen das Blut als Opfergabe für ihre Götter ein. Maria wurde dadurch noch betrübter.

Es war ein heißer Tag, die Glut der Sonne brannte unbarmherzig hernieder, zudem war die Luft sehr schwül. Daher wollte die Gottesmutter nicht mehr weiterlaufen, zumal sie brennenden Durst spürte. Unter etwas Schatten spendendem Buchenlaub setzte sie sich nieder und dachte an das, was sie gesehen hatte. Ihr wurde so weh ums Herz, dass ihr die Tränen über die Wangen liefen. Sie fielen wie Perlen zu Boden. Genau dort brach ein klares Gewässer aus dem steinigen Boden hervor und bildete eine Quelle, die niemals versiegte. Die Menschen wussten, wie sie entstand. Und so heißt sie bis heute „Muttergottesbrunnen".

DIE HÖLLE
IM OHMGEBIRGE

Nach mehreren Missernten drohte einst rings um das Ohmgebirge eine große Hungersnot. Die Vorräte waren nahezu aufgebraucht. Da machte sich ein Bauer aus Brehme auf den Weg nach Duderstadt. Aber es gab auch dort nichts mehr. Der Bauer bekam kein Stück Brot, so viel er auch bezahlen wollte. Voller Sorge kehrte er nach Hause zurück, wo seine vielen Kinder schon vor Hunger weinten. Da wusste seine Frau nur noch den Rat, sich an die reichen Leute oben auf dem Berg zu wenden.

Heimlich schlich sie sich aus dem Haus und wählte den Weg zum Wald entlang des Bachlaufs. Als sie durch Wildungen kam, brach der Abend herein. Immer dichter und dunkler wurden Wald und Himmel. Da kam plötzlich ein Mann auf sie zu, so schnell, wie es jemand aus Fleisch und Blut nicht vermochte. Die Frau merkte sofort, dass sie es mit dem Teufel zu tun hatte. Der kam auch gleich zur Sache: „Ja, ich bin der Teufel und kann dir helfen", sagte er. „Verschreib mir deine Seele und die deiner Familie, so werde ich euch von der Not erlösen." Er hielt der Frau ein Goldstück hin, das so stark glänzte, das der Wald erleuchtet war. „Nimm die Münze, dann wird nie wieder Not bei euch herrschen", drängte der Satan. Die Frau wusste nicht, was sie sagen sollte. Aus lauter Verlegenheit und Angst holte sie aus ihrer Schürzentasche einen Rosenkranz hervor und begann zu beten. Kaum hatte sie die ersten Worte gesprochen, da wurde der Teufel riesengroß. Es folgte ein ohrenbetäubender Donnerschlag und der Teufel fuhr mit Getöse in den Boden hinab. Es gab einen letzten höllischen Schrei, dann war der Spuk vorbei. Vor den Füßen der Frau gähnte nun ein tiefer Abgrund, in den sich sofort der Bach, der nach Wildungen floss, ergoss.

Die Frau brauchte eine Weile, um sich aus der Schockstarre zu lösen, dann rannte sie durch den Wald zurück. Erst am Wildunger Teich hielt sie an, um Atem zu schöpfen. Da sah sie eine strahlende Frauengestalt am Teichufer wandeln, die einen weißen Schleier und darauf eine mit Edelsteinen besetzte Krone trug. Als die Gestalt auf sie zulief, bekam die arme gequälte Frau den nächsten Schreck. Aber die schöne Jungfrau lächelte und strahlte Trost und Zuversicht aus. „Fürchte dich nicht", sagte sie sanft und herzlich. „Ich bin die seligste Jungfrau. Hier ist ein großes Brot für dich. Eure Armut hat ein Ende, denn dieses Brot wird nie zu Ende gehen. Nimm es als Lohn für deine Standhaftigkeit gegenüber dem Teufel." Zitternd, aber dankbar, nahm die Frau das Brot, woraufhin die edle Gestalt wieder verschwand. Sofort eilte die Mutter nach Hause und weckte die hungernden Kinder. Endlich konnten sie essen, so viel sie wollten, denn das Brot ging ihnen wirklich nie aus.

DER RIESENHÜGEL
ODER WIE DER BRAUNE BÜHL ENTSTAND

Einst war ein Riese von Osten kommend in Richtung Rhein unterwegs. Noch am Morgen war er in der Mark Brandenburg aufgebrochen, als er gegen Abend im Eichsfeld ankam. Er war von Sonnenstein und Ohmgebirge so entzückt, dass er sich niedersetzte, um die Aussicht zu genießen. Die Nacht über schlief er sich dort gut aus. Als er am nächsten Morgen mit dem Sonnenaufgang weiterziehen wollte, merkte er, dass ihn an den Füßen etwas drückte. Er zog beide Stiefel aus und stellte fest, dass sie mit märkischem Sand gefüllt waren. Er schüttete erst den einen Stiefel aus, dann den Inhalt des zweiten obendrauf. Einige Bewohner der Gegend, die das Ereignis beobachtet hatten, gaben dem neuen Berg den Namen Riesenhügel. Bekannt ist er auch als Brauner Bühl. Eine weitere Sage aber erzählt, dass eines Tages im Himmel Großreinemachen angesagt war. Doch wohin mit dem ganzen Kehricht? Da gab Sankt Peter den Befehl, ein Loch in den Himmel zu machen und den ganzen Haufen auf die Erde zu schütten. Ausgerechnet über dem Eichsfeld! Seither nennen manche Leute den sandigen Hügel auch Himmelsberg, da er der Sage nach aus Himmelsstaub besteht.

DIE SAGE
VOM SONNENSTEIN

In grauer Vorzeit stand auf der Höhe des Sonnensteins eine große Festung, in der ein mächtiges Riesengeschlecht hauste, das die Umgebung beherrschte. Im letzten Vertreter des Stammes aber schien sich die ganze Kraft und Frevelhaftigkeit noch einmal gesammelt und vervielfacht zu haben. Er war zudem ein meisterhafter Bogenschütze. Oft suchte er sich als Ziel Kühe oder Pferde im Tal aus, sodass die Bauern die Treffsicherheit des Riesen immer wieder verfluchten.

Einst kam der Tag vor der Sommersonnenwende. Der Riese hatte mit seinen Saufkumpanen ein großes Gelage abgehalten und trat auf die Zinne des Festungsturmes, den unvermeidlichen Bogen in der Hand. Sein Blick fiel auf den heiligen Hain in der Senke des Ohmgebirges, wo die Rösser weideten, die Wotan geweiht waren. In dem Moment betrat der Oberpriester die heilige Stelle, um dem Fohlen, das am nächsten Tag dem Gott geopfert werden sollte, einen Mistelkranz um den Hals zu hängen. Der Riese hob den Bogen und spannte die Sehne. Seine Kumpane wollten ihn noch davon abhalten, aber es war zu spät. Der Pfeil schnellte von der Sehne und fand treffsicher sein Ziel. Das Fohlen sank blutüberströmt zu Boden. Der Priester schaute voller Entsetzen empor und gewahrte den Riesen, der den Bogen noch in der Hand hielt. Mit weithin grollender Stimme verfluchte der Priester den Übeltäter.

Schon in der gleichen Nacht sollte der Fluch in Erfüllung gehen. Um Mitternacht begann ein Grollen, Krachen und Poltern, und als der Tag dämmerte, lag die Festung zertrümmert am Fuße des Sonnensteins. Der Riese selbst hing tot an einem Felsen. Der Frevel war gerächt.

Die Urbenschanze

An der Westseite des Sonnensteins liegt versteckt auf halber Höhe hinter dem Gebüsch die Urbenschanze. Der Volksmund sagt, sie sei ein Überbleibsel einer Felsenhöhle, die über die Jahrhunderte hinweg verfiel und zerstört wurde. Der Sage nach war diese Höhle der Stall des Rosses, das einem bösen Räuber mit Namen Urban gehörte. Er trieb im Gehölz des Sonnensteins sein Unwesen. Sein Rapphengst war schnell wie ein Sturm. Egal, was seine Häscher auch versuchten, Urban gelang es immer, zu entkommen und seine Verfolger in die Irre zu führen. Ebenfalls verstand er die Kunst des Hufschmiedes meisterhaft. Er passte dem Pferd die Hufeisen so geschickt verkehrt herum an, dass das Pferd nicht beim Galopp gestört wurde, die Abdrücke aber in genau die entgegengesetzte Richtung wiesen. Jahrelang ging alles gut, bis Urban übermütig wurde und auf seine List verzichtete. So gelang es, ihn eines Tages in seinem Versteck zu überraschen, ihn zu binden und der Gerechtigkeit anheim zu geben. Seitdem heißt die Höhle Urbenschanze und wird manchmal sogar als Pferdestall bezeichnet.

Wie der Rat der Stadt Duderstadt in Besitz des Sonnensteins kam

Etwa bis zur Mitte des vierzehnten Jahrhunderts, so wird erzählt, gehörte der Sonnenstein dem Kloster Gerode. Schon lange hatte der Duderstädter Rat ein Auge auf den Berg geworfen. Der damalige Abt des Klosters verstand vom Haushalten nicht viel und war zudem noch von sorglosem Gemüt. So stürzte er das Kloster nach und nach in große Schulden. Es kam der Tag, an dem in Gerode ein großes Fest gefeiert werden sollte. Der Abt suchte den Rat in Duderstadt auf und bat um Überlassung von drei großen Fässern des berühmten Duderstädter Bieres, dazu wollte er gern noch einen großen Korb voller Honigkuchen. Der Rat wusste aber um die Verschwendungssucht des Abtes und wie knapp bei Kasse das Kloster war und verlangte daher Barzahlung. Sollte das Geld nicht da sein, dann verlangte man den Sonnenstein. Der Abt versuchte alles, konnte aber das Bargeld nicht auftreiben. So gelangte der Sonnenstein für sage und schreibe drei Fässer Bier und einen Korb Honigkuchen in den Besitz der Stadt Duderstadt.

DER VERSCHWUNDENE BACH
BEI HOLUNGEN

Vor langer Zeit wollten die Bewohner von Holungen in ruhigen Sommernächten ein unterirdisches Rauschen gehört haben. Sie schworen Stein und Bein, dass es das Wasser der Hörkopfsquelle sei, das im Teichhölzchen als Brehmesprung wieder auftauche. Die Müller von Bischofferode und Holungen aber hätten das Wasser gern für ihre Mühlen gehabt und fassten den Plan, den Lauf der Bode ab dem Graseforst durch Abstechen und Umverlegung zu ändern, damit es nicht verschwindet. Los ging es mit Hacken und Spaten. Als sie eine Weile gearbeitet hatten, stand plötzlich ein uralter Mann vor ihnen, den niemand zuvor gesehen hatte oder kannte. Warnend hob er einen knöchrigen Finger. „Leute, lasst ab von der Arbeit, hier sind die Einwohner von Holungen begraben, die die Pest geholt hat. Ihr könnt leicht den Pesthauch wieder freisetzen." Der Greis verschwand darauf wieder. Die Arbeiter waren so entsetzt, dass sie sofort von ihrem Vorhaben abließen. Das Loch soll heute noch auf dem Grabenforst zu sehen sein.

DER DIEBSBRUNNEN
VON BISCHOFFERODE

Vor vielen Jahrhunderten gab es eine Zeit, in der es in Bischofferode an Wasser mangelte. Lange überlegten die Leute hin und her, wie sie hier Abhilfe schaffen könnten. Sie kamen auf eine ganz gemeine Idee: Heimlich leiteten sie eine dem Nachbardorf Hauröden gehörende Quelle um. Dafür arbeiteten sie des Nachts still und heimlich. Als die Hauröder die Bescherung sahen, waren sie stocksauer auf die Bischofferöder und nannten den Brunnen, den die Quelle nun speiste, den „Diebsbrunnen."

DAS MÄNNERHOLZ
BEI BISCHOFFERODE

Nördlich von Bischofferode, den Klosterberg hinauf, gibt es einen Wald, der einst den Gerechtigkeitsbesitzern von Bischofferode gehörte. Das waren Hauseigentümer, die das Recht hatten, dort für ihren eigenen Bedarf eine bestimmte Menge Holz zu schlagen. Der Wald grenzte ebenfalls direkt an die Besitzungen des Klosters Gerode. Einer der Äbte aber war sehr bemüht, auch dieses Waldstück in seinen Besitz zu bringen. Er lud die Männer von Bischofferode ein und ging ihnen so lange freundlich um den Bart, dass diese bald damit einverstanden waren, das Waldstück gegen eine Entschädigung abzutreten, und den Vertrag unterschrieben.

Die Herren waren der Meinung, ein gutes Geschäft gemacht zu haben und kamen in entsprechend fröhlicher Stimmung wieder in Bischofferode an. Als die Frauen aber davon hörten, brach die Hölle über ihre Männer herein. Die Worte und Bezeichnungen, die die Frauen für ihre Angetrauten fanden, sollten nirgendwo niedergeschrieben oder wiederholt werden. Die Frauen rotteten sich zusammen und zogen gen Kloster Gerode. Als sie dort ankamen, schwante dem Abt nichts Gutes, sofort ließ er die Klosterpforte schließen. Aber abhalten ließen sich die Frauen aus Bischofferode davon nicht. Es brach ein Tumult aus. Immer wieder schrien sie „Das ist unsern Männern ihr Holz!" Einigen findigen Damen war es indes gelungen, durch eine unversperrte Nebenpforte ins Kloster zu gelangen. Sie riegelten das Tor auf, sodass die ganze Horde bald auf dem Flur des Abtes stand. „Das ist unsern Männern ihr Holz! Gebt das Schriftstück heraus!", skandierten die Frauen. Dem Abt blieb in seiner Not nichts anderes übrig, als den Vertrag herauszurücken. Draußen zerriss die Weiberschar das Papier jubelnd in Fetzen und zog im Triumph nach Bischofferode zurück. Am Dorfeingang riefen die Frauen laut: „Jetzt ist es wieder unsern Männern ihr Holz!" Seitdem heißt das Stück im Wald Männerholz.

Das seltsame Wirtshaus

Ein Musikant aus Jützenbach reiste einst nach Bischofferode zur Kirmes. Drei Tage lang spielte er dort zum Tanz auf. Nach dem letzten Abend machte er sich trotz der späten Stunde noch auf den Heimweg, die Geige in einer Tasche über die Schulter gehängt. Er selbst war hundemüde, aber sein Pferd war nach den drei Tagen gut ausgeruht und schlug einen ordentlichen Trab an. Als es im Wald am Kreuzweg ankam, begann es jedoch laut zu schnauben. Der Musikant hörte, wie sein Pferdchen auf einmal einen gewaltigen Schlag bekam. Es sprang hoch und stürzte zu Boden. Nur mit Mühe konnte der Musikant es wieder auf die Beine bringen, bloß um sofort wieder umzufallen. Das Pferd war nicht mehr hochzukriegen. Der Musikant beschloss, Hilfe zu suchen und wandte sich zum Sonnenstein. Er lief und lief, er hätte schon längst aus dem Wald heraus sein müssen, aber die Bäume standen immer dichter. Irgendwann stellte er fest, dass er in einer ihm völlig unbekannten Gegend war. Durch die Bäume sah er schließlich ein Licht, dem er sofort nachging, es blieb ihm kaum etwas anderes übrig. Auf einmal stand er vor einem großen hell erleuchteten Wirtshaus. Er schaute durch das Fenster hinein und sah, dass getanzt wurde. So sehr er auch lauschte, er konnte aber keine Musik hören. Da packte ihn die Neugier. Er ging hinein und wurde ganz freundlich willkommen geheißen. Die Gesellschaft sah die Geige und bat ihn inständig, doch ein Liedchen zu spielen. Da der Musikant seine Sache sehr gut verstand, flog ihm so manches Geldstück zu. Tanz folgte auf Tanz, bis er auf einmal sah, dass jeder der Tänzer einen Pferdefuß hatte. Auf einmal standen ihm die Haare zu Berge.

Er machte eine Pause und bat, kurz an die frische Luft zu dürfen. Das wurde ihm aber verwehrt und er musste weiterspielen, obwohl es ihm immer unheimlicher wurde. Er bekam solche Angst, dass er die Hände faltete und sprach: „Du lieber Gott, wo bin ich denn hier hineingeraten? Bitte hilf mir aus dieser Not.“ Kaum hatte er das gesagt, gab es ein furchtbares Krachen und das Wirtshaus war verschwunden. Der Musikant fand sich selbst auf einer Wiese liegend, die Geige hing an einem Busch. Auch sein Pferd kam angetrabt und stupste ihn freundlich an. Das war das letzte Mal, das der Jützenbacher in seinem Leben zum Tanz aufgespielt hat.

Die wilde Kirche

Vor vielen Jahrhunderten ging an einem strahlenden Junimorgen ein ergrauter Holzfäller dem Walde zu. Auf dem Rücken hatte er Axt und Schaufel. Sein Weg führte ihn bis weit in das Fischbachtal. An seiner Arbeitsstätte angekommen, zog er den Kittel aus und machte sich an sein Tagewerk. Immer höher stieg die Sonne, sodass der Holzhauer ab und zu eine Pause machen und sich den Schweiß von der Stirn wischen musste. Er spürte sein Alter merklich und das ärgerte ihn. Darum übernahm er am liebsten Arbeiten, die er allein bewältigen konnte.

Er schaute nach dem Stand der Sonne und ging zu einer riesigen Eiche, in deren Schatten er seinen Kittel und den Beutel mit dem Frühstück abzulegen pflegte. Bald würde seine Frau mit dem Mittagessen kommen. Er musste nicht lange warten, da sah er sie, in der einen Hand einen Henkeltopf mit der Suppe, in der anderen einen leeren. Während ihr Mann aß, pflückte sie nämlich gern die süßen Walderdbeeren und andere Beeren, die es hier zuhauf gab. Sie würden für ihren Mann die Nachspeise sein. Wenn er fertig war, pflückte sie noch einmal beide Henkelmänner voll, um sie mit nach Haus zu nehmen. Manchmal aber wartete sie auch, bis die Arbeit beendet war, dann gingen sie zusammen ins Dorf zurück.

An diesem Tag aber sagte die Frau, dass nicht mehr viele Beeren zu finden seien, da ihr Mann schon sehr lange an diesem Platz arbeitete und neue Beeren noch nicht nachwachsen konnten. „Ich gehe los“, antwortete sie auf sein stummes Fragen. Vieler Worte brauchte es zwischen den beiden nicht. „Ich will noch woanders nach Beeren suchen“, erklärte sie trotzdem. Er nickte und machte sich wieder an seine Arbeit. Eine halbe Stunde mochte die Frau schon gegangen sein, bis sie eine gute Stelle zum Beerenpflücken fand. Rot und saftig leuchteten die Walderdbeeren durch das Grün der Blätter. Eifrig begann sie zu sammeln, vergaß dabei aber auch den eigenen Mund nicht. Plötzlich horchte sie auf. Silberhelle Töne wie von einer Glocke drangen durch die Stille des Waldes. Die Frau stutzte. Weit und breit gab es kein Gebäude, erst recht keinen Glockenturm. Sie wurde neugierig, ließ ihre Erdbeertöpfe stehen und ging dem Klang nach.

Als der Holzfäller am Abend nach Hause kam, fand er seine Frau nicht. Wie verwaist lag das Häuschen da. Er suchte sie im ganzen Dorf, aber es war vergebens. Als sie am nächsten Morgen immer noch verschwunden war, machte sich das ganze Dorf auf die

Suche. Nach Stunden fand man die beiden gefüllten Erdbeertöpfe, aber von der Frau selbst fehlte jede Spur. Bald gab man die Suche auf. Zu abergläubisch waren die Leute.

Die Frau indes hatte auf der Suche nach dem Ursprung des Glockenläutens das Strauchwerk mit beiden Händen auseinandergebogen und war immer weiter in den Wald vorgedrungen. Bald aber schien es ihr, als bögen sich die Büsche von allein auseinander, um sie durchzulassen. Immer klarer und lauter wurde der Klang, bis die Frau auf einmal wie angewurzelt stehenblieb. Ein großer Dom, eine prächtige Kirche stand vor ihr, so schön, wie sie noch nie ein Gotteshaus gesehen hatte. Uralte Linden umstanden den Dom, im Hintergrund hörte die Frau feierliches Orgelspiel. Da öffnete sich die große Flügeltür. Ein überirdischer Glanz, ein himmlisches Leuchten ging vom Altar ganz hinten im Chorraum aus, umstanden von unzähligen brennenden Kerzen. Es war so hell, dass die Frau wie geblendet war und die Augen schützen musste. Auf einmal erschien ein Bischof am Altar, der die herrlichsten Gewänder trug, um das Messopfer zu bringen. Umgeben war er von Priestern und Messdienern. Wie von einer sanften Gewalt gezogen, stieg die Frau die Treppen hinauf und trat in die Kirche, während sich in ihrem Inneren ein wunderbares, weltentrückendes Gefühl ausbreitete. Sie hatte Mühe, sich von ihrem Staunen zu erholen, als sie eine andächtige Menschenmenge im Gestühl wahrnahm. Als die Glöckchen der Messdiener anzeigten, dass durch die Wandlungsworte der Gottessohn selbst auf den Altar herabkam, sank auch die arme Frau auf die Knie. Dann setzte da Orgelspiel mit gewaltigem Klang wieder ein. Dann passierte aber etwas Seltsames. Die Orgel wurde leiser und leiser, in der gleichen Geschwindigkeit verblasste auch das Bild der Kirche vor ihren Augen. Übrig blieb von der ganzen Pracht nur ein eigentümlicher Mauerrest, das Stück eines Turms – der Formation, die heute noch die „Wilde Kirche“ genannt wird.

Die Frau dachte an ihren Mann. Auch er sollte das sehen. Sie rannte ins Dorf, konnte aber vor Aufregung kein Wort sprechen. Stattdessen gestikulierte sie, er sollte sofort mitkommen. An Ort und Stelle war aber nichts mehr zu sehen. Wer wollte es dem armen Holzfäller verübeln, wenn er dachte, seine Frau habe über Nacht den Verstand verloren?

Der Bauer und sein Weib

Eine zweite Sage von der Wilden Kirche

In Holungen lebte einmal ein wirklich ausgesprochen dummer Bauer, der aber das Glück hatte, eine kluge und entschlossene Frau zu haben. Da der Bauer wusste, wie einfältig er war, hatte er es sich zur Gewohnheit gemacht, nichts selbst zu entscheiden, sondern immer seine Frau vorher zu fragen.

Eines Tages wollte die Tochter nach Bischofferode heiraten. Sie hatte eine sogenannte „gute Partie“ gemacht, dementsprechend groß sollte auch die Hochzeit ausfallen. Aber das Geld war nicht üppig gesät, denn die Zeiten waren schlecht. Der Bauer beriet sich mit seiner Frau, stieg dann auf sein Pferd und ritt nach Kaltohmfeld hinauf, wo ein guter Freund von ihm wohnte. Tief versunken in seine Gedanken war er unterwegs, wie er sein Anliegen wohl am besten vorbringen wollte. Er erreichte das Ohmgebirge und plötzlich stand wie aus der Erde gestampft ein Mann vor ihm! Schwarze und stechende Augen hatte er. „Ich will dir das Geld geben, das du brauchst", sagte er. „Wenn du dieses Schriftstück hier unterzeichnest." Dem Bauer kam der Fremde nicht ganz geheuer vor und sagte, er wollte erstmal seine Frau fragen. Er drehte um und erzählte seiner Frau von der Begegnung. „Den möchte ich mir etwas näher ansehen", meinte sie. Beide ritten nun zurück ins Ohmgebirge, der Bauer auf seinem Pferd, seine Frau auf einem Esel hinterdrein. Im Wald aber stieg die Frau ab, band den Esel an einen Baum und kniete nieder, um zu beten. Ihr Mann bemerkte das gar nicht und ritt ein Stückchen weiter. „Hier hast du das Geld", ertönte es vor ihm, der Fremde war erschienen. Der Bauer nahm den Beutel, aber als er das Schriftstück mit seinem Blut unterschreiben sollte, sagte er, da müsste seine Frau dabei sein. In Begleitung des Fremden ritt er zurück. Kaum hatte der aber die Frau erblickt, die in tiefer Andacht versunken war, fiel sein Blick auf den Esel. Auf dessen Rücken saß eine strahlend schöne Frau mit einem ebensolchen Kind im Arm. Der Fremde begann zu zittern, dann gab es einen heftigen Schlag. Im Felsen hatte sich ein tiefer Riss gebildet, in dem der unheimliche Mann verschwunden war. In der Felsöffnung ließ die kluge Frau bald ein Bildnis der heiligen Jungfrau mit dem Kind aufstellen. Beide besuchten diese Stelle fleißig, wie auch bald viele andere Menschen. Wegen der wilden Schönheit des Ortes bekam die Stelle bald den Namen „Wilde Kirche".

DER PESTHUND
VON HAYNRODE

Der schwarze Tod hat das Eichsfeld mehrfach heimgesucht. Letztmalig wütete sie im Jahr 1682 und forderte viele Seelen. Auch nach Haynrode kam sie. Ein Junge, so die Sage, wollte abends noch einmal nachsehen, ob die Gartentür ordentlich verschlossen ist. Da sah er im Garten einen großen schwarzen Hund. Vor Schreck kehrte er um und warf die Haustür hinter sich zu. Kaum hatte er die Stube betreten, fiel er jedoch tot um, denn er hatte den Pesthund gesehen. Bei jedem Grundstück, das der Pesthund betrat, starben alle Bewohner. Nur ein einziger Hof soll verschont geblieben sein.

DIE HASENBURG
BEI HAYNRODE

Die Hasenburg östlich von Haynrode soll schon während der Sachsenkriege 743 und 744 als Kastell Osenburg erwähnt worden sein, sowie 1073, als sie erneut von aufständischen Sachsen belagert wurde. Ihr letzter Inhaber soll der Sage nach Ritter

Spitznase gewesen sein. Der war ein arger Wegelagerer und hatte so einiges auf dem Kerbholz. Eines Tages hatten die Bewohner und andere Ritter die Nase voll von ihm und starteten einen Feldzug. Lange dauerte die Belagerung, bis Ritter Spitznase ihnen endlich versprach, sich zu ergeben, wenn man ihm freien Abzug gewährte. Darauf ließen sich die Sieger ein. Ab dann hauste der Tunichtgut in Wallrode, während die Burgmauern niedergerissen und niedergebrannt wurden. Ab diesem Zeitpunkt rankten sich Legenden um die einsame Burgruine. Angeblich sollen unermessliche Schätze unter ihren Kellern liegen. Mehrfach versuchten Glücksritter, an die Schätze zu gelangen, teils kamen sie von weit her. Einmal bestiegen bei schönem Wetter am zweiten Pfingsttag einige Einwohner von Kraja im Osten der Hasenburg den Hügel. Sie wollten sich an der schönen Aussicht erfreuen. Plötzlich habe ein Mann in fremdländischer Kleidung vor ihnen gestanden, der nach dem Ritterkeller fragte. Einer der Männer stand auf und zeigte ihm den Eingang, wofür er einen Taler in die Hand gedrückt bekam. Der Fremde verschwand im Gang – und kehrte nicht wieder.

Das Turnier um Mitternacht auf der Hasenburg

Auf der Hasenburg soll es mitternächtliche Ritterturniere als Geistererscheinung gegeben haben. Der Waffenlärm war so laut, dass man ihn sogar unten im Tal hörte. Aber wenn die Uhr eins schlug, war sofort Stille. Die Kämpfer sollen in einer Felsspalte auf der Nordflanke des Berges verschwunden sein.

Ein Haynröder Jäger war eines Tages auf der Hasenburg auf Pirsch. Er quartierte sich hinter einem günstig gelegenen Busch ein. Aber es wollte sich kein Wild einstellen. Mild war der Abend, ein wunderbarer Vollmond leuchtete über der Hasenburg. Der Jäger schlief ein. Als er wieder aufwachte, hörte er die Turmuhr von Neustadt schlagen. Er zählte mit: Es waren zwölf Schläge. Als der letzte verklungen war, sah der Jäger auf dem von Buhla her kommenden Burgweg eine ganze Zahl stattlicher Ritter heraufkommen. Hinter ihnen schritt ein ehrwürdiger Greis, umgeben von einer Schar edler Frauen. Sie nahmen auf einer plötzlich erschienenen geschmückten Empore Platz. Die Ritter verbeugten sich artig vor den Damen, der alte Mann gab ein Zeichen – und schon begannen die Kämpfe. Ein Ritter nach dem anderen fiel, bis am Ende nur noch zwei übrig waren, die gegeneinander antraten. Erst gab es ein Lanzenstechen – unentschieden. Da zogen die beiden ihre riesigen Schwerter und gingen aufeinander los, bis einer zu Boden fiel. Der Sieger bekam vom schönsten Fräulein eine goldene Kette umgehängt. Genau in diesem Augenblick schlug es eins und von der ganzen Erscheinung war nichts mehr zu sehen.

DER SCHWARZE HUND
AUF DER HASENBURG

Oft wurde früher genau dann, wenn die Sonne am höchsten stand, ein schwarzer Hund auf der Hasenburg gesehen. Schwanzwedelnd begrüßte er die Wanderer freundlich und versuchte sie dazu zu bewegen, ihm zu folgen. Eines Tages war ein furchtloser Bengel aus Neustadt oben auf der Hasenburg, um wilde Erdbeeren zu pflücken, als der schwarze Hund auftauchte. Angst kannte der Knabe nicht, er war eher neugierig, was der Hund ihm zeigen wollte.

Der Hund wandte sich zur Burgruine und verschwand in einem langen Gang, der dem Jungen noch nie aufgefallen war. Er schritt hinterdrein. Eine Tür öffnete sich von selbst und gab den Blick in einen Raum mit schummriger Beleuchtung frei, in dem eine lange Tafel stand, auf der viele Haufen aus Münzen lagen. Die aber waren arg mitgenommen, Grünspan hing an den Kupfermünzen, das Silber war schwarz angelaufen, auch das Gold wirkte stark verrostet. Da begann der Hund mit menschlicher Stimme zu sprechen. „Ich war in meinem menschlichen Leben ein schlimmer Wucherer, habe viele Menschen ins Elend gestürzt und an den Bettelstab gebracht. Zur Strafe muss ich als Hund die unberechtigt zusammengerafften Schätze bewachen. Aber es liegt ein Fluch auf ihnen, darum sind sie alle verrostet. Auch deine Vorfahren habe ich nach Strich und Faden betrogen.“ Der Hund zeigte dem Jungen einen ganz bestimmten Haufen auf dem Tisch. „Nimm diese Summe und steck sie ein, es ist Eigentum deiner Familie. Beeil dich aber, um ein Uhr ist der Ausgang verschlossen.“ Der Junge folgte der Anweisung sofort und trat den Rückweg an. Plötzlich gab es einen lauten Krach, und der Junge fand sich auf seiner Erdbeerwiese wieder. Er dachte zunächst, er habe geträumt, doch als er in die Taschen fasste, steckten sie voller verrosteter Münzen.

DIE HARBURG
BEI HAYNRODE

Zwischen Haynrode und Ascherode stand einst die stolze Harburg, die eine Festung der Wenden gewesen sein soll. Auch hier war es zur Geisterstunde nicht ganz richtig. Manche Leute wollen gesehen haben, wie sich um Mitternacht ein Leichenzug den Berg herab bewegt habe. Voran sei ein Mönch ohne Kopf gegangen. Sechs Reisige in Waffen trugen den Sarg, dahinter vier Bauern in Ketten, die Brandfackeln in den Händen trugen. Sie sollen die Harburg angezündet haben. Am Forsthaus Hahn verschwand der Zug dann im Wald.

Wie bei jeder Burgruine soll auch unter der Harburg ein Schatz tief vergraben liegen. Dieser könnte nur in der Thomasnacht am 21. Dezember um Mitternacht gehoben werden. Das wurde einem Mann aus Haynrode im Traum gesagt. Kein Laut dürfte aber gesprochen werden. Wo der Schatz liege, verrate ein matter Schein. Am nächsten

Morgen zog der Mann seinen ältesten Sohn ins Vertrauen. Sie fieberten der Thomasnacht entgegen. Spitzhacke, Spaten und Schaufeln hatten die beiden auf den Schultern, als sie schließlich aus dem Haus schlichen. Noch einmal schärfte der Mann seinem Jungen ein, auf keinen Fall ein Wort zu sprechen, was immer auch passieren mag. Sie hatten die Zeit gut eingeteilt. In dem Moment, als sie an der Harburg ankamen, schlug die Turmuhr in Haynrode Mitternacht. Da entdeckten sie den Schein nahe der Ruine. Sofort machten sie sich an die Arbeit. Eine große Eule kam auf die Mauerwand geflattert und schrie zum Gotterbarmen. Kurz darauf gesellte sich eine schwarze Katze mit glühenden Augen zur Eule. Noch immer sprachen die beiden kein Wort. Da kroch aus der Erde ein schwarzer Hund. Er hatte eine feurige Zunge, die ihm aus dem Maul hing, und bellte heiser durch die Nacht. Da stießen die beiden Schatzgräber auf etwas aus Metall. Sie halfen mit den Händen nach und sahen einen eisernen Topf. Als der Vater den Deckel abnahm, glänzte ihnen Gold entgegen. Er griff hinein und holte mehrere Goldstücke heraus, die schwer in seiner Hand lagen. In dem Moment erhoben die drei Tiere ein markerschütterndes Geschrei und sprangen auf den Jungen zu. „Er beißt mich!", schrie der entsetzt auf. Es gab einen furchtbaren Krach, der Topf sank in die Erde zurück und die Tiere waren wieder verschwunden. Die Schatzgräber standen wie festgewurzelt sprachlos da. „Ich würde glauben, es wäre ein Traum, hätte ich nicht Gold in der Hand", meinte der Vater. So war ihre Arbeit nicht ganz umsonst gewesen. Sie gingen recht vergnügt heim und waren es auch in den nächsten Tagen, denn das Gold blieb Gold.

DIE FLACHSKNOTEN

Als in Wallrode Holzauktion war, machten sich drei Bauern aus dem Nachbardorf Haynrode auf den Weg dorthin. Die Geschäfte waren überaus schnell erledigt, sodass sie früher wieder daheim zu sein dachten als erst geplant, und zwar vor Sonnenuntergang. Als sie aber in der Nähe eines recht großen Teiches ankamen, stand dort eine Frau in schneeweißen Gewändern. Sie hatte große, reine Tücher ausgebreitet. Und auf denen sahen die Bauern goldgelbe Flachsknoten liegen. So etwas hatten die verblüfften Haynröder noch nie gesehen. Einer von ihnen, der sich etwas schneller zusammenriss, fragte die Frau, ob man denn nicht eine Handvoll davon mitnehmen könne. Doch wie keck die Frage auch war, die Frau nickte mehrfach. Daraufhin griffen zwei Bauern vorsichtig zu und steckten sich einige der Flachsknoten in die Hosentaschen. Derjenige, der die Frage gestellt hatte, schnallte sich seinen Gürtel um den blauen Kittel und stopfte sich so den ganzen Kittel voll.

Daheim angekommen, sagte er seiner Frau, er habe ihr etwas mitgebracht. Er war fest überzeugt, so viele Flachsknoten eingeheimst zu haben, dass es für die Saat im kommenden Jahr auf seinem Acker reichen würde. Wie erstaunt aber waren beide, als auf dem Tisch, auf den er den Kittel ausgeleert hatte, lauter glänzende Goldkörner lagen. Jetzt war ihm auch klar, warum sein Kittel unterwegs immer schwerer geworden war.

Der Bauer eilte sofort zu seinen beiden Freunden, die sich ärgerten, nur so wenig mitgenommen zu haben, während ihr Freund nun reich geworden war. Die beiden eilten sofort mit Säcken zurück zum Teich. Aber von der weißen Frau und den Flachsknoten war keine Spur mehr zu sehen.

Der Glockenbrunnen bei Wernigerode

Es war nach dem Dreißigjährigen Krieg. Land und Leute waren damit beschäftigt, die vielen zerstörten und gebrandschatzten Dörfer wieder aufzubauen oder sich in einem anderen Dorf ein neues Leben einzurichten. Einige Siedlungen waren so zerstört, dass die Bewohner entschieden, wegzugehen, zunächst bei Verwandten unterzukommen und neue Wurzeln zu schlagen. So fielen eine Menge Dörfer wüst. Ein noch schlimmeres Schicksal ereilte auch ein Dörfchen zwischen Werningerode und Bischofferode. „Liebesdorf", so ist es überliefert, soll es geheißen haben. Es hatte nicht nur unter den Schweden zu leiden, sondern sämtliche Einwohner wurden von der Pest dahingerafft. Damit der Pesthauch nicht weitergetragen werden konnte, wurde das Dörfchen dem Erdboden gleichgemacht. Kein Stein blieb auf dem anderen.

Jahre später hütete ein Mädchen aus Werningerode in der Gegend eine Herde Schweine. Es war ein wunderbarer Sommertag. Das Mädchen saß im Schatten der Bäume und hatte ein Auge auf die Schweine, die sich selig suhlten oder sich an Eicheln und Bucheckern gütlich taten. Auf einmal wurde das Mädchen aufmerksam. Eines der Schweine wühlte sich an einer Stelle immer tiefer in den Boden, als auf einmal etwas glänzend aufblitzte. Das Mädchen stand auf, um nachzusehen, was es war. Wie groß war das Erstaunen, als die kleine Hirtin sah, dass ein Gegenstand aus Metall aus dem Boden hervorglänzte. Schnell lief es ins Dorf zurück und holte Hilfe. Mehrere Männer begleiteten sie. Als sie tiefer gruben, wurde ihnen klar, so erzählt man sich im Dorf, dass es sich um die Glocke handeln musste, die die Zerstörung von Liebesdorf unversehrt überstanden hatte. Mit vereinten Kräften hoben sie die Glocke und schafften sie auf einem Wagen ins Dorf. Die Frauen machten sich daran, sie vom Schmutz zu befreien. Dann wurde sie im Kirchturm aufgehängt. An der Stelle, wo die Glocke gefunden wurde, brach ein Quell aus dem Boden hervor. Er bekam den Namen „Glockenbrunnen".

Ein Bauer als Abt vom Kloster Gerode

Damals, als die Dörfer Jützenbach, Weißenborn, Lüderode, Bischofferode und Holungen noch Frondienste für das Kloster Gerode leisten mussten, lebte in Bischofferode ein gewitzter Bauer namens Friedrich Rust. Er musste oft ins Kloster kommen, um Flachs für das Spinnrad vorzubereiten. Er war bei den Benediktinern gern gesehen, denn der Bauer war ein rechter Spaßvogel mit drolligen Einfällen. War er da, gab es meist etwas zu lachen.

Der Vater des Bauern hatte einst in einer Notlage vom Kloster die Summe von zweihundertfünfzig Talern geliehen und auch das Zinszahlen als Erbe für den Sohn hinterlassen. Die Last drückte. Tag und Nacht überlegte das Bäuerlein, wie er die Schuld wohl schnell und einfach loswerden konnte. Auch der Abt erlaubte sich ab und an ein Späßchen mit dem Bauern – und in dem reifte ein Plan.

Eines Tages war er wieder einmal im Klosterhof mit dem Flachs beschäftigt, als der Abt zu ihm trat und ihn lobte. Der Bauer aber machte ein gar trübseliges Gesicht. „Was hast du denn?", fragte der Abt ganz besorgt. „Ach, hochwürdiger Herr", antwortete das Bäuerlein. „Ihr habt es so gut... aber unsereins muss sich ständig und immerfort plagen und schinden. Wenn ich doch einen Tag Abt sein könnte... hach, und wäre es nur für eine Viertelstunde." Der Abt lächelte, wurde aber neugierig, wie der Bauer sich wohl als Abt verhalten würde. Kurz entschlossen sagte er zu dem Bauern: „Deine Bitte sei dir gewährt. Aber eine Bedingung gibt es: Du darfst nichts tun, was eines Abtes unwürdig wäre." Oh, da brauche sich der Herr keine Sorgen machen, meinte der Bauer.

Sogleich übernahm Rust die neue Würde. Im Amtszimmer ließ er sich erst einmal den Amtsstab überreichen. Als nächstes ließ er sich das dicke Schuldbuch des Klosters überreichen, in dem der Kredit seines Vaters vermerkt war. Flugs nahm er die Feder, strich die Summe durch und schrieb sorgfältig daneben: „Friedrich Rust aus Bischofferode hat alles bezahlt."

Der Abt hatte mit so etwas nicht gerechnet, konnte sich aber eines anerkennenden Lächelns über den Schlaumeier nicht erwehren, so sehr er es auch versuchte. Er war einverstanden, und so wurde Friedrich Rust binnen weniger Sekunden schuldenfrei.

DIE WEISSEN TAUBEN VON GERODE

Es ist Jahrhunderte her, da lebte einmal im Benediktinerkloster Gerode ein Laienbruder, der es geschafft hatte, sich ein kindlich frommes Gemüt zu bewahren, vielleicht gewollt oder vielleicht auch ungewollt. Er hatte eine Liebe zu schneeweißen Tauben entwickelt. Sie bekamen von ihm nur das beste Futter. Sie wurden so zahm bei ihm, dass sie ihm aus der Hand fraßen und sich ruhig streicheln ließen. Der Abt, der das mit Wohlwollen sah, ordnete an, dass niemals eines der Tiere als Braten in der Küche landen durfte.

Bis in sein hohes Alter lebte der Laienbruder fromm und glücklich in den Mauern des Klosters, seine geliebten Tauben um sich herum. Doch eines Morgens brach die sprichwörtliche Hölle über Gerode herein. Eine Kriegshorde drang in das Kloster ein, plünderte und steckte es in Brand. Als die Flammen am Haupthaus emporkrochen, bemerkte der Bruder, dass der Taubenschlag noch verschlossen war. Voller Schrecken eilte er in das brennende Haus und wollte seine Lieblinge retten.

Doch er kam zu spät. Die Tauben waren bereits erstickt, nicht eine konnte mehr fliehen. Der Bruder fiel in Ohnmacht und erstickte ebenfalls an dem beißenden Qualm. Erst als der Brand gelöscht war, fand man den toten Bruder, der in der Hand eine versengte Taube hielt.

Seitdem zeigte sich jedes Mal, wenn dem Kloster ein Unheil bevorstand, ein Schwarm schneeweißer Tauben auf dem hohen Dach der Kirche. Es ist überliefert, dass sie eine Zeit ruhig dasaßen, dann dreimal ängstlich um das Kloster flogen und schließlich verschwanden.

Wie ein Schäfer den Abt von Gerode rettete

Im Braunschweigischen lebte einmal ein schnurriger Herzog, der diejenigen, auf die er nicht gut zu sprechen war, gern an der Nase herumführte. Seine besondere Vorliebe galt Sprichwörtern, die er zu jeder Gelegenheit zum Besten gab. Sein Vorrat war unerschöpflich. Ebenfalls traktierte er seine Untergebenen gern mit Rätseln. „Heinrich der Wunderliche“ wurde er genannt.

Zu der Zeit gehörte auch das Kloster Gerode zu seinem Machtbereich. Der Abt war ein stattlicher Herr vom Benediktinerorden. Es war wieder einmal Krieg, in den aber der Herzog selbst mitzog. Gut konnte er mit Waffen umgehen, schlief sogar im Kriegspanzer in seinem Kriegszelt. Nicht immer hatte er bei diesen Zügen etwas zu beißen. Der Abt hingegen wusste sich besser zu nähren und zu betten. Sein Schmerbäuchlein konnten zwei Männer kaum umfassen.

Eines Sommertages ritt der Herzog in glühender Hitze mit seinem Gefolge am Kloster vorbei, aus dem gerade der Abt trat, um sich mit einem kleinen Verdauungsspaziergang zu beschäftigen. Dem Herzog, der abgezehrt vom Krieg zurückkam, missfiel das. Er suchte Hader mit unserem Abt. „Ha, der kommt mir gerade recht“, dachte sich der Herzog. Erst überlegte er, dem Pfäfflein ein paar Rätsel aufzugeben, aber dann fiel ihm ein, dass Mönche belesene Menschen waren und sich oft mit Rätseln beschäftigen. Lieber wollte er ihn mit ein paar ausgefallenen Sinnsprüchen hereinlegen. „Knecht Gottes, wie geht es Euch?“, rief er höhnisch. „Mir deucht, wenn ich recht sehe, dass Euch das Fasten und Beten nicht schlecht bekommt! Auch glaube ich, Euch plagt Langeweile. Ich denke, Ihr dankt mir, wenn ich Euch ein wenig Arbeit aufgebe.“ Dem Abt verschlug es die Sprache. Da fuhr der Herzog auch schon fort: „Man rühmt, Ihr wäret der pfiffigste Mann weit und breit. Darum gebe ich Euch drei Nüsse zu knacken. Zehn Tage habt Ihr Zeit, dann will ich auf meine Fragen Antwort.“ Wenn er nicht antworten könne, dann sei er die längste Zeit Abt gewesen.

Drei Sprichwörter sagte der Herzog zur Hälfte auf, die der Abt vervollständigen sollte. Das erste war: „Wenn man im Rohre sitzt…“, das zweite „Der ist weise und geschickt…“ und das dritte „Die Frau kann mit der Schürze mehr aus dem Haus tragen…" Der Herzog trabte lachend davon, nachdem er noch den Ort des Treffens genannt hatte. Der Abt stand immer noch wie vom Donner gerührt.

Jetzt war guter Rat teuer. Der Abt zermarterte sich das Hirn. Rätsel, ja, die hätte er von seinen Brüdern lösen lassen können. Aber hier versagten allesamt. Der Abt setzte Prämien aus, holte sogar Doktoren aus Göttingen, aber selbst die schüttelten die zerrauften Köpfe und konnten die Sätze nicht zu Ende bringen. Der Termin rückte immer näher, dem Abt war schon gelb und grün vor Augen. Er irrte bleich, hohlwangig und verzweifelt durch die Wälder, bis er auf seinen Schäfer Anton Reinecke traf. „Herr Abt", sprach der ihn an. „Was mag Euch so grämen? Ihr schwindet wie ein Schatten dahin. Maria und Josef! Ihr seid ja schon ganz zusammengehutzelt!" – „Ach Anton", antwortete der Abt. „Der Herzog will mir was am Zeug flicken. Er hat mir drei Nüsse auf die Zähne gepackt, die nicht einmal der Teufel knacken kann." Und er erzählte dem Schäfer die Geschichte. „Na, wenn es weiter nichts ist", lachte der. Die Antworten hätte er parat.

Der Abt war hocherfreut, wurde dann aber wieder traurig. „Was ist denn jetzt?", fragte Anton. „Wenn ich die Antworten weiß, ist es eine Sache, aber was ist, wenn mich der Herzog weiter traktiert und ich nichts weiß?" Der Schäfer hatte einen Vorschlag: „Borgt mir euren Talar, das Kreuz und das Käppchen, so will ich alles ins rechte Lot bringen."

Gesagt, getan. Trefflich geschmückt und rundlich ausstaffiert, machte sich Anton am zehnten Tag auf den Weg ins Heerlager. Um aber auf dem beschwerlichen Marsch eine Stütze zu haben, nahm er seinen Hirtenstab mit. Der Herzog thronte gerade in seinem Zelt beim fürstlichen Rate, als der Gast eintrat. Der Adlige blickte von oben auf das Käppchen. „Na, hat er die Antworten parat? Ich höre!" Und der Schäfer antwortete mit verstellter Stimme: „Mein Herzog. Wenn man im Rohre sitzt, soll man die Pfeifen schneiden. Der ist weise und geschickt, der selber seine Hosen flickt. Und drittens kann die Frau mit der Schürze mehr aus dem Hause tragen, als der Mann mit dem Leiterwagen hineinfährt." – „Bravo", rief der Herzog. Mit einem listigen Seitenblick auf den Hirtenstab des Schäfers, der vergessen hatte, ihn vor dem Zelt zu lassen, stellte er eine letzte Aufgabe: „Was ist, wenn der Hirte schläft?" Der Schäfer wusste, dass er durchschaut war. Was soll's, dachte er. „Wenn der Hirt schläft, stehen die Schafe in Furcht!", antwortete er mit seiner normalen Stimme. „Zum Henker, Ihr seid nicht der Abt von Gerode", sagte der Herzog lachend. „Nein", antwortete Anton. „Ich bin nur sein Schäfer und bitte um Verzeihung." „So sollst du von nun an der Abt sein. Ich will dich belehen mit dem Ring und dem Stabe. Dein Vorgänger aber soll begreifen: Wenn man ernten will, muss man erst säen." Der Schäfer meinte jedoch, es sei der Ehre zu viel. Er könne kein Sterbenswörtchen Latein. „Und was Hänschen nicht lernt, lernt Hans nimmermehr." Der Herzog schmunzelte. Nun denn, wenn ihm das Amt nicht gefiele, so verfüge er, dass er die Schafe nicht mehr hüten, sondern er sich im Kloster hegen und pflegen lassen solle bis ans Ende seiner Tage. „Geh hin und sag dem Abt, das sei des Herzogs Gebot."

Fröhlich machte sich Anton auf den Heimweg, aber weil er seine Schafe, die frische Luft, die Sonne und die Eichsfelder Höhen und Täler über alles liebte, behielt er das Gebot des Herzogs für sich. Der Abt blieb ihm bis zu seinem Tode wohlgesonnen.

DER GEBANNTE HAMMELDIEB VON GERODE

Vor langer Zeit hütete ein alter Schäfer die Schafe des Klosters Gerode. Er verbrachte auch die Nächte bei seinen Tieren, nichts konnte ihn davon abhalten, weder Kälte noch Hitze oder ein Unwetter. Das wusste jeder in der Gegend und auch, dass nur ganz selten in all den Jahren ein Schaf gestohlen wurde. Der Abt des Klosters wusste die treuen Dienste des alten Schäfers zu schätzen, aber ihn beschäftigte auch, dass sich der Schäfer nicht bewegen ließ, die Schafe in den kalten Nächten zu verlassen und an einem warmen Feuer zu sitzen oder zu schlafen.

Eines kühlen Herbstabends gingen der Abt und der Prior gemeinsam zu dem alten Schäfer. „Nun, Alter, was schaffst du denn noch?", sprach der Abt ihn wohlwollend an. „Komm doch mit ins Kloster, du kannst da ein wärmeres Lager haben. Das hast du wahrlich verdient." Der Schäfer lehnte aber ab. „Nein, Euer Gnaden, ich kann die Schafe nicht im Stich lassen." Der Abt wusste, warum. Er trat an den Pferch und sprach: „Jeder Schafdieb sei gebannt!" Daraufhin wurde der Schäfer nachgiebig. „Heiliger Wendelin, beschütze mir meine Herde", sagte er und folgte den beiden Mönchen ins Kloster.

Bald war es dunkel, alles lag im Kloster im tiefen Schlaf. Nur in der Pförtnerstube brannte noch Licht. „Jetzt ist es Zeit", murmelte der Oberknecht Johann, der beobachtet hatte, dass der alte Schäfer im Kloster nächtigte. Im Schutze der Dunkelheit schlich er leise an der Innenseite der Klostermauer entlang, überstieg sie und ging dann langsam über das schon gepflügte Feld zu den Schafen. Er griff sich ein stattliches Exemplar heraus, warf es sich auf den Rücken und wollte mit ihm davonlaufen. Aber er konnte sich nicht bewegen. Keinen Fuß bekam er von der Erde, während das Gewicht des Hammels immer schwerer wurde. Da bekam er es mit der Angst zu tun.

Endlich schlug die fünfte Stunde, das Kloster erwachte zum Leben. Aber die Angst des Diebes nahm von Minute zu Minute zu, denn es war klar, dass man ihn erwischen würde. Er hörte das Klostertor knarren und sah eine Gestalt auf sich zukommen. Es war der alte Schäfer. „Setz das Schaf ab!", schrie er. Doch es ging nicht. Erregt rannte der Schäfer zurück ins Kloster, um den Abt zu holen und ihm zu verraten, wer der dreiste Dieb war. „Johann kann weder loskommen noch das Schaf abwerfen", stammelte er. Der Abt lächelte und kam mit hinaus. „Sei erlöst", sagte er leise. Im gleichen Moment konnte Johann das Schaf abwerfen. Gleich darauf warf er sich um Vergebung bittend dem Abt zu Füßen. Der nahm sanft dessen Hand und sagte leise tadelnd: „Merke dir, Johann: Du sollst nicht stehlen." Nie wieder, so heißt es, sei dem alten Schäfer ein Schaf abhandengekommen.

DER HOHE TAGELOHN ODER
DIE VERSCHMÄHTEN ERBSEN

Nahe des Klosters Gerode gibt es einen arg verwitterten Gedenkstein. Die Inschrift ist nicht mehr zu entziffern, aber auf dem Stein lassen sich noch einige erbsengroße merkwürdige Beulen erahnen. Wie sie entstanden sind, das erzählt die Sage.

Der Baumeister, der das Kloster Gerode erbaute, war ein hervorragender Handwerker. Darum bekam er auch einen Tagelohn von vier Pfennig. Das war ansehnlich zu dieser Zeit. So ging er sehr selbstbewusst umher und verlangte von seinen Untergebenen und seiner Familie auch entsprechenden Respekt. Seine Frau brachte ihm täglich das Mittagessen auf die Baustelle. Einmal reichte sie ihm Erbsen mit Speck. Als der Meister das so gewöhnliche Essen sah, war die Hölle los. Wütend riss er ihr den Topf aus der Hand, warf ihn mitsamt den Erbsen zu Boden und schrie: „Ein Mann wie ich, der täglich seine vier Pfennige verdient, braucht keine Erbsen zu essen! Dem steht etwas Besseres zu.“ Das sprach sich bald herum.

Der Bau des Klosters neigte sich dem Ende entgegen, aber da verunglückte der Meister tragisch. An der Stelle, wo er den Tod fand, wurde der Stein gesetzt. Er war glatt und ordentlich, wie es sich für einen Gedenkstein gehört. Mit der Zeit aber bildeten sich die merkwürdigen erbsengroßen Beulen. Das sei der Lohn dafür, dass er eine Gottesgabe, wie es die Erbsen sind, verachtet hatte, sagten die Leute und schlugen das Kreuzzeichen.

Quellen

Duval, Carl: Das Eichsfeld. Druck und Verlag von Friedrich August Eupel, Sondershausen, 1845

Wüstefeld, Karl: Sagenschatz des Untereichsfeldes, Band 1, Druck und Verlag von G. Hövener, Duderstadt, 1913

Wüstefeld, Karl: Sagenschatz des Untereichsfeldes, Band 2, Druck und Verlag von G. Hövener, Duderstadt, 1913

Wüstefeld, Karl: Obereichsfelder Sagenschatz, zweite vermehrte Auflage, Verlag von F. W. Cordier, Heiligenstadt, 1924

Linge, Rudolf: Der Hahn auf dem Kirchturm, 1. Auflage, St.-Benno-Verlag Leipzig, 1978

Mecke, Christian: „Versunkene Schätze des Eichsfeldes – Die schönsten alten Sagen", zusammengestellt und bearbeitet von Christian Mecke, Mecke Druck und Verlag, Duderstadt, 1991

Mecke, Helmut (Hg.): Die schönsten Eichsfelder Sagen, zusammengestellt und bearbeitet von Helmut Godehardt, Mecke Druck und Verlag, Duderstadt, 2005

Müller, Torsten W.: Silberflügelchen und Schlampanjesmann -- Sagen aus dem Eichsfeld, Sutton-Verlag, Erfurt, 2021

Porkert, Kurt: Geheimnisvolle Brunnen und Gewässer im Eichsfeld und in angrenzenden Gegenden, Hg. Verein für Eichsfeldische Heimatkunde. Mecke Verlag, Duderstadt, 2018

Weinrich, Martin: Der Heiligenborn in Uder. In: Unser Eichsfeld 19 (1924)

Mickeleit, Ditmar-Eckehard: Legenden landab und landauf – Wander- und Reisegeschichten (Teil 1), Engelsdorfer Verlag, Leipzig, 2013

Ludwig Bechstein: Deutsches Sagenbuch, online bei Projekt Gutenberg, www.projekt-gutenberg.org/bechstei/dtsagen/chap001.html, Zugriff am 4. Februar 2024

Florian Russi: „Wie die Unstrut zu ihrem Namen kam", www.thueringen-lese.de/index.php?article_id=438, Zugriff am 23. Januar 2024

Persönliche Gespräche und Korrespondenz mit Andreas Breuer (Silberhausen), den Ortschronisten Markus Janitzki (Geisleden), Siegfried Arand (Uder), Georg Pfützenreuter (Deuna, Niederorschel), Werner Stitz (Wingerode) und Lothar Wandt (Brehme), mit der Werningeröder Bürgermeisterin Ramona Schlichting, dem Jützenbacher Bürgermeister Benno Bause, den Historikern Torsten W. Müller und Thomas Müller, mit dem Verein für Eichsfeldische Heimatkunde unter Vorsitz von Peter Anhalt und dem Heimat- und Verkehrsverband Eichsfeld Touristik unter Vorsitz von Gerold Wucherpfennig.

Foto: Olaf Schäfer

Die Autorin

Silvana Tismer wurde in Heiligenstadt geboren und ist dort aufgewachsen. Sie ist mit Herz und Seele Eichsfelderin. Sie sieht es als echtes Glück, der Berufung als Journalistin dort nachzugehen, wo sie zuhause ist. Seit 2016 leitet sie die gemeinsame Lokalredaktion der Thüringer Allgemeine und der Thüringischen Landeszeitung im Eichsfeld.